语言服务书系·翻译研究

粤方言语境下的中英互译

（澳）林巍　著

暨南大學出版社
JINAN UNIVERSITY PRESS

中国·广州

本书由作者林巍授权暨南大学出版社公开出版发行。

广东省版权局著作权合同登记号：图字 19－2017－160 号

图书在版编目（CIP）数据

粤方言语境下的中英互译／（澳）林巍著．— 广州：暨南大学出版社，2017.8
（语言服务书系．翻译研究）
ISBN 978－7－5668－2124－9

Ⅰ.①粤… Ⅱ.①林… Ⅲ.①英语—翻译—研究 Ⅳ.①H315.9

中国版本图书馆 CIP 数据核字（2017）第 123162 号

粤方言语境下的中英互译
YUEFANGYAN YUJING XIA DE ZHONGYING HUYI
著者：（澳）林巍

…………………………………………………………………………

出 版 人： 徐义雄
策划编辑： 杜小陆　刘　晶
责任编辑： 杜小陆　黄海燕
责任校对： 颜　彦　苏　洁
责任印制： 汤慧君　周一丹

出版发行： 暨南大学出版社（510630）
电　　话： 总编室（8620）85221601
营销部（8620）85225284　85228291　85228292（邮购）
传　　真：（8620）85221583（办公室）　85223774（营销部）
网　　址： http：//www.jnupress.com
排　　版： 广州市天河星辰文化发展部照排中心
印　　刷： 佛山市浩文彩色印刷有限公司
开　　本： 787mm×1092mm　1/16
印　　张： 23.75
字　　数： 420 千
版　　次： 2017 年 8 月第 1 版
印　　次： 2017 年 8 月第 1 次
定　　价： 65.00 元

前 言

在港澳教授汉英翻译的方法与在内地不同，笔者在香港中文大学翻译系和澳门诸所大学教书时，潜心积累了一些教学笔记。

凡在我课堂上用过、效果不错的广东话教学方法，便保留了下来，又做了些加工，力求理论与实践相结合。全书主要有四大部分：①概论，以港澳本地教学材料为基础，故曰“港澳篇”；其重点不在汉英语言的对比与互译的理论探讨，而是力求使学生通过对具体实例的分析加以领会。其中广东话与普通话之间的互译，对于港澳学生进行英汉翻译的学习，是一个基本环节；关于英汉翻译的主要技巧，则在相关研究的基础上，总结出一个“基本技巧”框架，以便实际应用。在教学实践中，笔者感到此种方法对于学生的实际操作颇为有效。②港澳时文翻译，原文主要是从港澳当时媒体报刊上撷取的文章，内容广泛，分英译汉、汉译英两部分，根据港澳学生容易出现的问题，对文章加以分析、翻译，以期收到举一反三的效果。③澳门法律公文翻译，这是很有特色的内容，故单独列出，其中涉及许多法律翻译的共性问题。④有关港澳广东话、普通话及英文翻译实例，此部分力求总结出一些带有规律性的东西。

光阴荏苒，一晃竟然已是十余年前的经历。尽管之后我离开了港澳，但那段粤方言语境下的中英翻译教学，给我留下了有益的经验，至今不乏借鉴作用，故加以修订出版。

林 巍

于广东珠海龙洲湾

2017 年 5 月

目　录

第一章　概论
（Generality）

第一节　普通话与广东话对比和互译概述
（A Comparison between Cantonese and Mandarin and the Two-way Translation）

在港澳进行中英翻译的教学，有一个不可回避的现实问题，就是广东话。就港澳的语言环境特点而言，广东话与普通话之间的互译，无论是在翻译实践还是在翻译教学方面，都是一个基础环节。

一、普通话的基本特点（Basic Characteristics of Mandarin）

普通话是现代汉语的标准语言，是中华民族的共同语。“普通”是“普遍”“通用”的意思，而非“普普通通”。普通话有三个最基本的特点。

首先，以北京语音为标准语音。世界上任何一个民族的语言，都是以一种方言语音系统为标准的，如英语以伦敦音为标准，日语以东京音为标准等。否则，对同一个字词，各地方言有不同的读音，即使同一民族沟通起来，也会产生困难与误解。因此，在语言的规范与使用上，就必须以某地方言的语音为标准读音，从而形成一种标准的“通用语”。

我们中华民族的通用语之所以以北京语音为标准语音，是有其历史、政治、文化及语言学等因素的。以北京语音为基础的北方话，自明、清以来就是所谓的官话（Mandarin），随着当时的政治势力扩展到各地。五四新文化运动后，出现了“国语统一运动”，而“国语”“国音”都是以北京音为标准的。

随后大量的优秀电影、话剧、曲艺、广播等都采用了北京语音。北京语音已被中华民族大多数人接受。此外，从语言学的角度看，北京话比其他方言具有更多优点。如音素简单（32 个）、音节较少（400 个左右）、声调突出（4 声）、字音清晰（没有混音现象），且起伏性较大、富有音乐性等。

其次，以北方话为基础方言。因讲北方话的人占汉族人口的 70% 以上，故以北方话为基础方言，考虑了大多数人的语言条件。

但“基础方言”并非“绝对方言”，而是以其为基础，对于普遍使用的词汇、语法等语言现象加以吸收、整理，摒弃那些并非通用的“土词土语”，从而形成一套有普遍使用价值的、以北方话的词汇和语法为基础的标准语言。

再次，以典型的现代白话文著作为语法规范。所谓白话文，它是相对文言文的一种语体文，即以现代汉语口语为基础的经过加工的书面语言。在历史沿革上，白话文是唐宋以来在口语基础上形成的一种日常话语，起初用于通俗文学作品，如唐代的变文，宋、元、明、清的话本、小说等，以及宋、元以后的学术著作和官方文书，但到了五四新文化运动，经胡适、鲁迅、郭沫若等知识分子的大力提倡和实践，出现了一批有代表性的文学作品之后，才被全社会所认可，成为普遍应用的现代汉语书面语。

同其他方言一样，北方话的口语语法与修辞比较随意，没有书面语那样精密与完善，而在日常表达上，却有其特殊效果。譬如，在普通话的运用中，有鲜明的轻重音与“儿化音”的变化，使词语清晰、语义明显、语气活泼、富有感情，故能起到特殊的语法和修辞作用。

二、广东话与普通话的基本差异（Basic Differences between Cantonese and Mandarin）

（一）语汇差异

广东话与普通话，虽同属汉语，有大量相同的语汇，但由于历史背景、地理条件、生活习惯等存在差异，二者仍有许多不同之处。主要有以下四个方面：

1. 古汉语成分的保留

这一方面，广东话显然多于普通话。广东话的特色之一是保留了许多单音节词，而现代汉语多用双音节。例如：

广东话	普通话	广东话	普通话
饭	米饭	衫	衣服
袋	口袋	簿	本子
柴	木柴	利	锋利
食	吃饭	弊	糟糕
企	站立	醒	聪明
颈	脖子	悭	节约
翼	翅膀	朝	早上

2. 词义扩大和词性灵活

普通话里的一个字，在广东话中往往有更多、更灵活的含义。例如：

	普通话	广东话
纸	纸张	港纸、律师纸、申请纸、落货纸、医生纸、牛皮纸、散纸、厕纸、沙纸（certificate）
鼠	老鼠、鼠类	老鼠货、有人鼠、人鼠
鬼	鬼怪、烟鬼、鬼天气	鬼知、鬼影、鬼佬、鬼、好鬼、走鬼

3. 词语简练

普通话的书面语，已相当简练，但其口头语不如广东话简化。或者说，在某种意义上，广东话的表达过于简化。例如：

广东话	普通话
位	座位
泳衣	游泳衣
靓仔	漂亮小伙子
拍拖	谈恋爱
洗粉	洗衣粉
陈太	陈太太
乐迷	音乐迷

（续上表）

广东话	普通话
香港地	香港这地方
叻	很能干
哏	就这样
拎	提取

4. 独特方言词义

就标准的现代汉语书写系统而言，在普通话中，凡能说出的，便可以写出，即“有其音便有其字”。然而在广东话中却并非如此，因有许多独特的方言词语须“特造”出其书写形式。例如：

广东话	普通话
佢哋	他们，她们
咁	这样，这么，那么
冇	没有
倾偈	谈话，聊天
嚟	来
啱	对，可以
盖	遮

还有一些方言词义，在两种语言中，也不尽相同。例如：

广东话	普通话
水	钱财
放水	私下给人利益与方便
心水	喜欢，偏爱
冰	冷饮
冲凉	洗澡
三字经	意近“他妈的”，被戏称为广东省的“省骂”
手硬	有本事，够手段（含贬义）

（续上表）

广东话	普通话
喉底	本领
唐人	华侨，华裔
姑娘	护士
好彩	好运气
屋企	家

以上四个主要方面，是就二者总体而言的。若进一步分析，还有许多细微的不同之处（曾子凡，2002），这里不赘述。

（二）语法差异

1. 语法比较概述

广东话与普通话的语法体系对比，可概述为以下几个主要部分：

（1）词的分类。

词类		广东话	普通话
实词	名词	台、老豆	桌子、父亲
	代词	佢、我哋	他、她；我们
	形容词	叻、肥	能干、胖
	动词	睇、喊	看、哭
	数量值	廿蚊、卅坡	二十块钱、三十株
虚词	副词	而家、仲	现在；还、更
	介词	系、在	于；给、被
	连词	同埋、定还	还有；还是、或者
	语气词	涡、渚、啊	哇；呢；吧

（2）构词法。

双音节词以及三个音节以上的多音节词统称为“合成词”，其具体形式比较如下：

1）联合式：前后部分地位是平等的。例如：

广东话	普通话
鬼马	狡猾、机灵古怪
沙尘	轻浮、骄傲

2）偏正式：前一部分修饰后一部分，后一部分是中心语，前一部分是修饰语。例如：

广东话	普通话
艇家	水上人家
豆沙喉	沙哑的嗓子

3）动宾式：前一部分表示动作行为，后一部分表示动作所涉及的事物。例如：

广东话	普通话
甩须	丢脸
顶劲	拌嘴、抬扛

4）补充式：前一部分表示动作行为或性质状态，后一部分对前一部分作补充说明。例如：

广东话	普通话
冲凉	洗澡
行开	离开

5）主谓式：前一部分表示所说的对象，后一部分是对前一部分的陈述或说明。前一部分是主语，后一部分是谓语。例如：

广东话	普通话
肉酸	肉麻、难看
心淡	心灰意冷

（三）句子成分差异

1. 主语

主语是句子的主体，表示所述的人或事物。例如：

广东话	普通话
游香港足足用咗三成日。	游览香港整整花了三天。

2. 谓语

谓语是对主语的陈述，表示主语“做什么”“是什么”或“怎么样”。例如：

广东话	普通话
我而家读紧传译。	我正在学习传译。

3. 宾语

宾语指谓语所涉及的对象。例如：

广东话	普通话
我睇埋信先。	我先看完这封信。

4. 定语

定语为句子中名词前表示性质、领属、数量、状态等的成分。例如：

广东话	普通话
香港啲生果大把。	香港的水果多得很。

5. 状语

状语为句子中动词、形容词前表示时间、地点、原因、结果、目的、条件、方法及程度的成分。例如：

广东话	普通话
佢家姐李嘉欣琴日番咗香港。	她姐姐李嘉欣昨天回香港了。

以上就广东话与普通话的主要语法对比方面进行了概述，这对于广东话和普通话的互译是一种基础知识，而在实际的互译当中，又会不断地加深对于这种基础知识的理解。

三、广东话与普通话互译技巧（Translation Techniques between Cantonese and Mandarin）

以下主要从语汇和语法方面，就广东话与普通话互译的技巧作一概述性的分析。

（一）语汇互译

首先，就广东话与普通话中部分不同及完全不同的语汇类型作一归纳总结，这些也是广—普传译中常见的语汇对比类型（曾子凡，2002）。

1. 一字之差

所指的词、词组或短语，意思一样，但其中有一字不同。例如：

广东话	普通话
蚊	蚊子
洗衫	洗衣服
窗	窗户
面	面条
我知	我知道
你识	你认识
不明	不明白
不惯	不习惯
肚饿	饿
西饼	西点
雪水	冰水
番薯	白薯
肉粒	肉丁

（续上表）

广东话	普通话
银包	钱包
饭堂	食堂
大堂	大厅
行街	逛街

2．次序相反

词或词组的意思相同，但次序相反。例如：

广东话	普通话
经已	已经
人客	客人
欢喜	喜欢
紧要	要紧
齐整	整齐
和缓	缓和
兵士	士兵
鸡公	公鸡
比对	对比
利便	便利

3．各取一字

在广东话与普通话中，同一个双音词，合用时用法一致，单用时则各取一半。例如：

	广东话	普通话
溶化	糖溶晒嘞	糖全化了
鬼怪	鬼咁好食	怪好吃的
油漆	油咗红色	漆了红色

（续上表）

	广东话	普通话
忧愁	你忧咩乜啫	你愁什么
肥胖	佢肥咗嘞	他胖了
霸占	同我霸个位	给我占个位子
计算	计吓呢个数	算算这笔账

4. 同字异义

在广东话和普通话中，有时同一个字、词却有着部分或完全不同的意思。据统计，这类词有150个以上，须特别注意。例如：

广东话	实际意思	相对应的普通话说法
班房	教室	监狱、拘留所
地牢	地下室	地下牢狱
醒目	机灵	显眼
讲大话	撒谎	吹牛、骗人
热气	上火	热空气
着数	占便宜	下棋的步子、谋计
得意	有意思	高兴

5. 习惯不同

虽然在广东话与普通话里有许多同义字词，但在口语里，由于习惯的不同，使用不同的词语。例如：

广东话	普通话
游水	游泳
冲茶	沏茶
英文	英语
习作	作业、练习
滚水	开水

6. 关于外来词语的译法

在吸收外来词语的方式与译音方面，广东话与普通话亦有所不同。例如：

英语	广东话	普通话
Motorcycle	电单车	摩托车
Mobile phone	流动电话	移动电话
Mickey Mouse	米奇老鼠	米老鼠
Sandwich	三文治	三明治
Cheese	芝士	干酪
Apple pie	苹果派	苹果馅饼
Bacon	烟肉	熏肉
Disco	的士高	迪斯科
Digital	数码	数字
Sofa	梳化	沙发
Chocolate	朱古力	巧克力
Sydney	雪梨	悉尼
Refrigerator	雪柜	电冰箱
Cartoon	卡通片	动画片
Miniskirt	迷你裙	超短裙
Socket	插苏	插座

除此之外，还有许多熟语、歇后语、忌讳与彩头等表达方式，在广东话与普通话中都有许多不同之处，须格外留心。

（二）语法互译

以下从语法方面，就两种语言的互译作一些探讨。

1. 动词、副词词序比较

广东话	普通话
对唔住，我仲有考试，我走先了。	对不起，我还有考试，先走了。
呢两日好冻嚡，着多件衫呀！	这两天很冷，多穿件衣服吧！
讲少哋啦，讲多错多。	少说点儿吧，说得多错得多。

在广东话中，副词（如“先”“多”“少”）用在动词（如“行”“着”“讲”）的后面，而在普通话中，副词用在动词的前面。

2. 形容词词序比较

广东话	普通话
母语教学好过英文教学多多声。	母语教学比英语教学好得多。
你着呢件衫啱身过我。	你穿这件衣服比我更合身。
我话中餐好食过西餐。	我认为中餐比西餐更好吃。

广东话中，在形容词谓语后直接加“过”用以比较二者，但普通话中没有这种说法，而必须用“……比 + 名词 + 形容词”的句式。

3. 直接宾语与间接宾语词序比较

广东话	普通话
佢送呢本书我。	他送了我那本书。
你写封信俾佢啦！	你给他写封信吧！
你打电话俾阿东喽！	你给阿东打个电话喽！

在广东话中，直接宾语（如“书”“信”“电话”）在前，间接宾语（如“我”“佢”“阿东”）在后，普通话中的词序则恰恰相反。

4. 介词比较

广东话中的介词，大都为其特有的。其中，最具代表性的有以下10个：

	广东话	普通话
喺（响）	你住喺（响）边度？	你住在什么地方？
运	去九龙，去运边条路行会近嗰呢？	要去九龙，打（从）哪条路会近点儿呢？
将	佢将封信睇咗一次又一次，忍唔住喊起来。	他把那封信看了一次又一次，忍不住哭了起来。
同	同琴日比，今日要冻得多。	和昨天比，今天要冷得多。
帮	佢帮我一齐去旅行，但而家居然连我都认唔出嘅。	他曾经和我一起去旅行，但现在居然连我也认不出来了。
问	又唔则问你借，使乜咁紧张呀！	又不是向你借（钱），用不着这么紧张。
畀	我想早啲回家食饭，但畀佢捉住走唔甩。	我想早点回家吃饭，但给（被）他拉住，跑不掉了。
戥	佢呢次考试第一，我都戥佢开心。	他这次考了第一，我也替他高兴。
过	好简单啫，寄封信过佢，话我已经决定咗同佢掟煲唔系得啰！	很简单，给他寄封信，就说我已和他分手，不就行了！
啰（揾）	啰（揾）的清漆油一油佢。	用清漆把它漆一漆。

以上是10个最主要也是最常用的广东话介词，及其在两种语言中的比较，其使用频率非常高，须认真辨别与掌握。

5．动态助词比较

广东话	普通话
我写咗两万字喇，仲未写完。	我已经写了两万字，但还没有写完呢。
我而家上紧堂，打电话不得啲。	我现在正在上课，不可以打电话。
佢谂住呢个题，仲未知答案。	他正考虑着那个问题，还不知道答案。

如同广东话中的“咗”，及与之对应的普通话的“了”，动态助词在两种语言中的位置都在动词之后，而且只与动词的完成有关，与发生动作的时间无关，因此既可用于过去时，也可用于将来时；而广东话中的“紧”

与“住”都相当于普通话中的“着”，在句中起强调作用，不能省略。

6. 选择疑问词词序比较

广东话	普通话
你哋有冇去过北京呀？	你们去过北京没有？
你有冇打电话俾李生？	你给李先生打过电话了吗？
校长有冇出席我哋嘅毕业典礼？	校长出席我们的毕业典礼了吗？

广东话中的“有冇”相当于普通话中“动词＋过＋名词＋补语”（或“了”）的句型。如：

去＋过＋北京＋没有？

打＋过＋电话＋了吗？

再者，广东话中的“有”常在动词之前，普通话中却没有这种用法，只有这种句型：动词（做谓语）＋宾语＋疑问词？如：出席＋毕业典礼＋（了）吗？

7. 递进语气比较

广东话	普通话
佢唔止书读得好，音乐、跳舞仲样样都叻添！	她不但学习好，而且在音乐、跳舞方面样样都行！
佢唔单止英文好，日文、法文仲讲得好犀利添。	他不光英语好，日语、法语也很棒。
佢嘅画唔单止喺国内有名，喺国外都好受欢迎添。	他的画不单在国内有名，在国外也相当受欢迎呢。

广东话中语气词“仲……添”在句中起递进的作用，普通话中没有这种说法，故只能译作“不但（不单、不光等）……而且”等句型。

8. 推测语气比较

广东话	普通话
打极电话都冇人听，冇人喺屋企卦？	打了半天电话都没人接，是没人在家吧？
佢通常都呢个钟嚟，但还而家我嚟等咗佢一个钟喇，仲唔见佢的影，佢唔会嚟嘞卦？	他平时都这个时间来，但现在我们等了一个小时了，还不见他的影儿，他不会来了吧？
一连落咗成个礼拜雨嘅，唔会再落嘞卦？	一连下了一个星期雨了，不会再下了吧？

广东话中的“卦”“嘞”“卦”，在普通话中相当于“吧”或“了吧”。

9. 动词、形容词重叠式比较

广东话	普通话
你中唔中意呢份工？	你喜欢不喜欢那份工作？
你喺香港住，习唔习惯？	你在香港住，习惯不习惯？
你介唔介绍佢俾我哋认识呀？	你介绍不介绍她给我们认识呀？
呢件衫靓唔靓？	那件衣裳漂亮不漂亮？
你住啲地方清唔清静？	你住的地方清静不清静？
而家我哋一起去，你方唔方便？	我们现在一起去，你方便不方便？

前两句是动词重叠式，其余的是形容词重叠式。广东话中动词和形容词的结构为“A＋唔＋AB”，而普通话则为“AB＋不＋AB”。

10. 词尾、虚词、叹词比较

广东话	普通话
的细佬喺呢度打波，因住掟亲。	那些孩子们在那里玩儿球，小心让球砸着。
而今水好滚，因住捺亲。	现在水很热，小心烫着。
你去澳洲留学四年，学乜嘢嚟呀？	你去澳大利亚留学四年，学什么来着？
你唔记得旧时老师点教我地嚟？	你忘了从前老师怎么教我们来着？
呢个系公司嘅事，你就唔使担心啦。	那是公司的事，你就不用担心了。

（续上表）

广东话	普通话
呢间学校系李生捐款盖起嘅。	这所学校是李先生捐款盖起来的。
演唱会七点钟先至开场噃。	演唱会七点钟才开场呢。
你学英文呀，抑或法文呀？	你学英语还是法语呢？
吓，你嘅计算机仲未整嗮呀？	嘿，你的计算机还没修好吗？
哈哈！你睇吓我啰咗啲鱼，好大！	嘿嘿！看我捉住的鱼多大！
嘿，惊乜嘢，有我噃。	喂，不用怕，有我呢！

由以上例句可以看出，两种语言的词尾、虚词、叹词等，在互译时有一定的规律，主要靠平时多听、多说，掌握语感，届时便会脱口而出。

综上所述，这些是广东话与普通话互译时所遇到的最主要与最基本的语音、语汇及语法方面的问题，当然不是包罗万象的。重要的是，对这两种语言体系的异同有一比较、分析，之后有的放矢地进行练习，就会收到事半功倍的效果。

第二节　汉英语言对比概述（港澳篇）
（A Comparison between Chinese and English）

在广东话与普通话互译的基础上，本节就汉英两种语言的相同与不同之处的主要特征作一概述。这是从事汉英互译的基本知识。

一、汉英语言的深层共性（A Common Ground in Deep Structure between Chinese and English）

汉语和英语是两种表面上看来截然不同的语言，但是在其深层结构上，又有某些共性。这两种语言在词类划分、句子要素及基本句型等方面，都有许多相同或相似之处。

就词类而言，英语和汉语都有实词和虚词两大类，而实词中的名词、数词、动词、形容词、副词、代词等的语法功能基本相同，虚词中的介词、连词、语气词（汉语无英语中的冠词）等的语法功能亦有不少相似之处。

就句子要素而言，两种语言都有主语、谓语、宾（表）语、定语、状语，基本框架一致，即“主语 + 谓语动词 + 宾语”结构（Subject +

Verb + Object 结构），如：

我学习翻译。（汉语）

I study translation. （英语）

以上两句都是“S + V + O”结构，而不是日语的“S + O + V”结构（わたしは翻訳を勉强する），即宾语总是在动词的前面。

而两种语言的基本句型（英语有五种，汉语有九种），也大致吻合（宋天赐，2000），这里不一一列举。

以下仅就汉英对照的基本架构为例，作一比较：

原文：汉语词组有名词词组和动词词组。以名词为中心，一般包括名词及其定语，在句中作用相当于一个名词的，为名词词组。以动词为中心，一般包括动词及其状语，在句中作用相当于一个动词的，为动词词组。此外，在用法注释中有时提到词或词组，其中词组和前面说到的词，往往起同一作用。

译文：Chinese phrases include nominal phrases and verbal phrases. A phrase with a noun as its core, usually a noun and its attributive, functioning as a noun in a sentence, is known as nominal phrase. A phrase with a verb as its core, usually a verb and its adverbial adjunct, functioning as a verb in a sentence, is known as verbal phrase. Moreover, in usage notes, sometimes "a word or phrase" is used and the "phrase" here usually has the same function as the "word" mentioned above.

原文：People are always talking about "the problem of youth" . If there is one-which I take leave to doubt—then it is older people who create it, not the young themselves. Let us get down to fundamentals and agree that the young are after all human beings—people just like their elders. There is only difference between an old man and a young one: the young man has a glorious future before him and the old one has a splendid future behind him, and maybe that is where the rub is.

译文：人们总是谈论着“年轻人的问题”。如果有这种问题的话——对此我颇感怀疑——那也是老年人提出的，而非年轻人自己。我们不妨考虑一下根本的问题，即年轻人毕竟也是人，正如他们的长辈一样。年轻人和老年人之间只有一点不同：年轻人的前面有着光辉的未来，而老年人的光辉已经留在了身后，大概这便是问题的症结。

从以上两段英汉原文和译文中，可见两种语言的语序和基本句法结构大同小异，即便是复原翻译，也不会有太大出入。特别是在公文、新闻、广告等应用文体中，这种特点就更加突出。当然，这仅是英汉对比中一个基本的方面，毕竟二者是两种不同的语言。

二、汉英语言的差异及弥合（Differences and Links between Chinese and English）

汉英两种语言之间的差异是明显的，概括起来主要有以下几个主要方面。

（一）词形与时态

英语有人称、时态、语态及词形等的变化；汉语则没有这些变化，主要靠词语、词序及内在逻辑关系来表达语言意义。英语的人称有主格、宾格、所有格等之分，如 he，him，his；汉语中则为“他”“他的”，或不变或加词（“的”）来解决。英语中的动词有时态变化，如以 do（做）为例，因发生时间不同，便有 did，done，does，doing 的变化；汉语中只有一个“做”字相对应。例如：

He did the job last week.	他上周做了那事。
He has done the job.	他完成了此事。
He does a good job.	他做得很好。
He is doing the job.	他正在做此事。

可以说，汉语相对英语而言，是借着词语的加减来“以不变应万变”的。

再如被动语态的表示方式，英语要比汉语多得多。例如：

What languages are spoken in Macao?（被动语态）

在澳门讲什么语言？（主动语态）

Since Hong Kong is a tiny place, every inch of the land should be made very good use of.（被动语态）

香港是个弹丸之地，每寸土地都要好好利用。（主动语态）

应让香港学生多讲普通话。（主动语态）

Students in Hong Kong should be encouraged to speak more Mandarin.（被动语态）

立法会一致通过了该议案。（主动语态）

The Bill has been adopted unanimously by the Legislative Assembly.（被动语态）

此外，有些汉语结构在形式上是主动句，实际上却是谓语动词的受动者，使得整个结构的表达具有被动意义。此种结构在语法上称为“当然被动句”，如“那些东西都卖了”“E-mail 收到了”等。英语中的大部分被动结构都可被译为这种类型的句子。当然，如上所述，此种结构也可被译为主动形式。总之，在汉译英时，应特别具有被动语态的意识；而在英译汉时，又不应过分拘泥于原文的语态结构，而应根据汉语的表达习惯，作出相应的转换。如若语态转换不当，必然会使译文显得相当别扭（有关这一问题，在“第三节　英汉互译基本技巧”中还会涉及）。

（二）形合与意合

概括而言，英语重形合，汉语重意合。所谓形合（hypotactic），是指句中的成分依靠语言的形式连接起来，以表示语法意义和逻辑关系。英文解释为：“The dependent or subordinate construction or relationship of clauses with connectives. For example，I shall despair if you don't come.”（*Merriam-Webster's Unbridged Dictionary*，2001）所谓意合（paratactic），是指句中的语法意义和逻辑关系是通过词语和分句的含义来表达的。英文解释为：“The arranging of clauses one after the other without connectives showing the relation between them. Example：The rain fell；the river flooded；the house washed away.”（*Merriam-Webster's Unbridged Dictionary*，2001）

英语的形合方式种类众多，可概括为以下三种：

第一，关系词和连接词。关系词主要有 who，whom，whose，which，what，when，where，why，how，that 等；连接词主要有 and，but，or，so，however，as well as，when，while，as，since，until，so … that，unless，lest，either…or，neither…nor 等。而这些，在译成中文时却并不一定出现。

例如：

All was cleared up sometime later when news came from a distant place that an earthquake was felt the very day the little copper ball fell.

过了些时候，从远方传来了消息：在小铜球坠落的当天，确实发生了地震。这一切终于得到了澄清。

When I try to understand what it is that prevents so many Americans from being as happy as one might expect, it seems to me that there are two causes, of which one goes much deeper than the other.

为什么如此众多的美国人不能如想象中那样幸福呢？我认为原因有二，且两者之间有主次之分。

第二，介词。英语中的介词有近300个，是最活跃的词类之一，包括简单介词（如 with，to，in，of，about，between，through 等）、合成介词（如 inside，onto，upon，within，without，throughout 等）和成语介词（如 according to，along with，on behalf，with regard to，apart from，in front of 等）。

可以说，英语中几乎离不开介词，汉语则不然。这是在英汉互译中必须时刻意识到的一个敏感问题。

例如：

He had a disconcerting habit of expressing contradictory ideas in rapid succession.

他有一种令人难堪的习惯：一会儿一个看法，自相矛盾，变化无常。

This was an intelligently organized and fervent meeting in a packed Town Hall, with the Chief Executive in the chair.

这是一次精心组织的会议。会议厅里高朋满座，主持会议的是特首。

Power can be transmitted over a great distance with practically negligible loss if it is carried by an electric current.

电流可以把动力传送到很远的地方，其消耗几乎可以忽略不计。

第三，其他连接方式。包括动词、名词、代词、形容词和副词的形态变化，语法一致性以及形式主语的使用等。

例如：

While the exact nature of electricity is unknown, a great deal is known about what it can do.

虽然电的确切性质目前尚不清楚，但关于其用途却了解了很多。

Though the medical community is overwhelmingly convinced that AIDS can't be caught by casual contact, that is what most people worry about.

尽管医学界绝对肯定，人们不会由于偶然的接触而感染上艾滋病，但人们仍对此感到担忧。

Such conduct will be looked down upon by those with good manners.

这种行为会受到彬彬有礼者的鄙视。

汉语的意合法，主要是指其注重隐性连贯（covert coherence）、内在逻辑、意义功能，简言之，以神统形。以介词为例，固然汉语中也靠介词来造句，但其性质与英语是不同的。正如著名语言学家王力指出的，汉语所谓欧化的介词当中，其实大部分不是真的介词，只是靠着西文的反映，显得它们具有介词性罢了（王力，1970）。譬如，汉语中的常用介词“在”“从”“给”“用”“拿”“到”等原本都是动词。著名语言学家高名凯也曾指出，汉人平常说话不喜欢用太多没有基本意义的虚词，只是把事情或意思排列起来，让人去了解这两个事情或两个意思之间所产生的关系如何。不过这并不是说汉人说话不合逻辑，因为不加虚词，我们也知道这句话的意思（高名凯，1990）。

汉语意合法的特点，可概括为以下三种：

第 ，重语序。汉语的许多复合句，虽不用关联词（如“因为”“所以”“如果”“即使”“不但”“而且”等），但亦有主次之分。据统计，汉语中 2/3 的因果句，非到必要时不必使用关联词（宋天赐，2002）。例如：

（因为）她不老实，我不能信任她。

Because she is not honest, I can't trust her.

我（之所以）不能信任她，（是因为）她不老实。

I can't trust her, because she is not honest.

说是说了，（但）没有结果。

I've made proposals, but they proved futile.

（如果）打肿脸充胖子，吃亏的是自己。

If you get beyond your depth, you will suffer.

第二，重对比与对仗。汉语的这种词语、句式的整齐和均称，使得关联词显得多余。例如：

他不来，我不去。

If he won't come here, I'll not go there.

种瓜得瓜，种豆得豆。

What you sow, what you reap.

不怕慢，只怕站。

It's better to move ahead slowly than just to mark time.

吃苦在前，享受在后。

Be the first to bear hardships and the last to enjoy comforts.

不知苦中苦，哪知甜中甜。

If you have never tasted the bitterness of gall, how can you know the sweetness of honey?

第三，重紧缩与简约。“紧”就是紧凑，“缩”就是压缩，“简”就是简化，“约”就是语言因素间内在隐含的关系。例如：

有饭大家吃。

Let everybody share the food if there is any.

不到黄河心不死。

Until all is over, ambition never dies.

问遍千家成行家。

Learn from numerous advisers, and you'll become a master.

上梁不正下梁歪。

When those above behave unworthily, those below will do the same.

其实，英语和汉语里都有形合句和意合句。就整体而言，英语形合句居多，而汉语意合句居多。

中国杰出学者和翻译家严复，有一段关于翻译的著名论述。该文以文言文写成，行文充分体现了汉语意合法的特点。摘录如下：

译事三难信达雅。求其信达雅。求其信已大难矣。顾信矣不答。虽译忧不译也。则达尚焉。……易曰修辞立诚。子曰辞达而已。又曰言之无文。行之不远。三者乃文章正轨。亦即为译释楷模。故信达而外。求其尔雅。此不仅期以行远已耳。实则精理微言。用汉以前字法句法。则为达易。用近世利俗文字。则求达难。往往抑义就词。毫厘千里。审择于二者之间。夫固有所不得已也。岂钓奇哉。……新理踵出。名目纷繁。索之中文。渺不可得。即有牵合。终嫌参差。译者偶此。独有自具衡量。即义衡量。即义定名。……一名之立。旬月踟蹰。(严复:《天演论·译例言》)

而与其对应的英译文,又充分体现了形合法的特点:

Translation has to do three difficult things: to be faithful, expressive, and elegant. It is difficult enough to be faithful to the original, and yet if a translation is not expressive, it is tantamount to having no translation. Hence expressiveness should be required too...

The Book of Change says that the first requisite of rhetoric is truthfulness. Confucius says that expressiveness is all that matters in language. He adds that if one's language lacks grace, it won't go far. These three qualities, then, are the criteria of good writing and, I believe, of good translation too. Hence besides faithfulness and expressiveness, I also aim at elegance. I strive for elegance not just to make my translations travel far, but to express the original writer's ideas better, for I find that subtle thoughts are better expressed in the vocabulary and syntax of pre-Han prose than those of the vulgar writings of today. Using the latter often leads to distortion of meaning, which, however slight, results in vast misunderstanding. Weighing the pros and cons, I opted for the former, as a matter of necessity, not trying to be different...

New ideas come one after another, with a multiplicity of new names. No equivalents can be found for them in Chinese. Straining for resemblances, one gets only contrarieties. The translator is obliged to use his own discretion, doing his best to find a term suited to the sense...A single term often took weeks and months of deliberation... (王佐良译,1997)

显然,关于汉语意合法的特点和英语形合法的特点,在上述原文与译文的对比中,得到了典型的体现。

(三)句式顺序

简言之,英语的句式是"头重脚轻",即将最近发生的或重要的放在句首,汉语则基本上是按时间和事理的顺序排列的。所以,在英汉互译时就要进行调整。例如:

We believe that it is right and necessary that people with different political and social systems should live side by side—not just in a passive way but as active friends.

我们认为生活在不同政治社会制度下的各国人民应该共处，不仅仅是消极共处，而是要积极地友好相处，这是正确而必要的。

The visit gives us the opportunity that I have long sought, to see for ourselves the achievements of Macao people since the liberalization of the gaming industry.

这次访问使我们有机会亲眼看看澳门人们自赌权开放后所取得的成就，这是我们向往已久的。

I am heartened by the assurance which your Government has repeatedly given that the arrangements for Macao contained in the Agreement are not measures of expediency.

贵国政府一再表示，协议中有关澳门的安排不是权宜之计，这种保证令我鼓舞。

其实，句式顺序问题还涉及中西方的思维方式，在之后的章节中还会有所论述。

（四）语篇对应

任何翻译最后都要达到语篇的层次，而语篇的处理又离不开语义的处理；语义则取决于上下文的语境。例如：

Certainly I don't teach because teaching is easy for me. Nor do I teach because I think I know answers, or because I have knowledge I feel compelled to share.

原译：因为教书对我很容易，所以我才不教书。我不教书，也是因为我认为我能够回答问题，觉得非与别人分享不可。

在含有 because 的丛句中，否定词会发生“否定转译”的现象，既可以否定谓语，也可以否定从句，这要根据上下文作出恰当判断。故此句应在更高层次上作出调整。

改译：当然，我之所以教书，不是因为我觉得教书轻松。我之所以教书，也不是因为我自己能够解答问题，或者因为我有满腹学问，觉得非与别人分享不可。

再如：

By very careful control of the dosage of light energy in the flash of a laser beam the surgeon can perform operations on the human eye which are much more difficult to do than by other means，for example，in the case of damage to the retina.

原译：通过对激光束闪射时的光能剂量的严格控制，外科医生可以对人眼动手术，这远比其他方法困难得多，例如在视网膜损坏的情况下。

这里有一个对 which 的理解问题：既可以理解为是指“手术的方法”（即 which 前的全部），亦可以理解为是“手术”本身（即 operations），根据上下文的判断（语篇层次），显然应该是后者。

故可改译为：通过对激光束闪射时光能剂量大小的精确控制，外科医生可以对人眼进行比用其他方法进行手术难度要大得多的手术，诸如视网膜修补术。

同时，在翻译中还须运用逻辑思维的能力。例如：

In other words，a baby would learn if he got food or drink or some sort of physical comfort，not otherwise.

原译：换句话说，婴儿们会了解到他们能否得到食品、酒或者某种身体上的舒适感，反之就不会了解。

显然，这在逻辑上讲不通：婴儿怎么会了解这些事？特别是“酒”。

故应译为：换句话说，婴儿如果得到食物、饮料或某种身体上的舒适感，他们就愿意学习，否则就不肯。

准确地说，翻译时需要常识与逻辑的结合。

三、中西思维逻辑比较与翻译（A Comparison of Two Kinds of Logical Thinking and the Translation）

语言是思维的载体，思维通过语言得以表述。所以，在翻译中对于语言的理解，在本质上是对于思维的理解。

（一）综合思维与分析思维

中国人的综合思维特征来源于中国的哲学传统。儒家大师孟子主张“万物皆备于我”，道家鼻祖庄周认为“天地与我并生，而万物与我为一”。之后的儒学大师董仲舒、理学大家朱熹大大发展了这种天地万物一体的整体观念。于是就形成了中华文化强调天人合一、知行合一、情景合一、德刑一体、诸权一统的特征。而在西方，特别是在文艺复兴以后，随着科学技术的发展，各门学科的分类日益精细。分析方法论推动了科学技术的进步，反映在语言表述上，汉语是“以意统形”“以神统形”，其句子的构建和语义信息的表达是由其内在关系来决定的；英语则是“结构分明”“要素齐全”。例如，汉语说“下雨了”“谁呀”可以不要主语，而译成英语时则为“It's raining”“who is it”。至于复杂一点的，“你真是进步啦！”则要译为“You have really made progress!”不但主谓宾要齐全，就是仅起语法作用的助词等也不能少，而且如上所述，动词本身还要作相应的变化。

就一段落而言，也是如此。例如：“突然收住，他摇摇身体站起来，从烟盒里取出一支放在嘴里，又将那烟盒往她面前一推，作了个‘请吧’的手势，便又埋在沙发里，架起腿，点着了烟。”这一连串的动作，靠着汉语松散的结构组合起来，意图明确、意思完整，词项常常可以省略。而这在英语里是绝对不可以的，故定要译成：

With this, he suddenly swung his feet to the floor and stood up. He took a cigarette from the case on the table and stuck it between his teeth, then slid the case towards her with a gesture of invitation to help herself. He settled himself on the sofa again, propped up his legs, slowly stuck a match, and began lighting his cigarette.

所以，中国人写的英语，在母语为英语的人看来，常常是“缺项”的，便是这个道理，故须在思维方式上有所调整。

（二）直觉思维与逻辑思维

人类的思维可分为直觉思维和逻辑思维。汉字演化的历史，其实就是中国人以直觉方式认识和反映历史的过程。在文学表达中，更是如此，如元·马致远在《秋思》中，就连用了“枯藤、老树、昏鸦，小桥、流水、人家，古道、西风、瘦马”九个名词，展现出九种直觉形象，将萧瑟悲凉的秋景栩栩如生地展现在人们的面前。

在中国传统文化里，先哲们提出要“体认”“诚明之知”“湛然之知”等，故注重以直观经验、感觉、知觉、表象为依据，来体悟事理。在西方则相反，如爱因斯坦在总结西方文化时说，西方科学的成就归功于两大因素，即亚里士多德创立的形式逻辑和近代兴起的科学实验（爱因斯坦，1977）。逻辑思维的特点，是从纷杂的表面现象中探究其内在的联系和规律，从而力求在本质上加以把握。

反映在语言上，汉语善于用形象的手法表现抽象的事情，英语则要用精确的概念来表达事理。例如，“车”的概念是“有轮的交通工具”，其含义则由其上下文所确定，如“院子里有很多车”和“路上有许多车”，前者是指静止状态的（可能意指来了许多人），而后者则指交通繁忙。译成英语时，分别为“There are a lot of vehicles in the yard”和“There are too much traffic on the road”。其中 vehicle 指的是“运输工具”，而 traffic 是指“运行着的车辆”及“交通状况”。两种思维类型的表述，由此可见一斑。

（三）顺向思维与逆向思维

总体而言，汉语是顺向思维，即按事物的发展顺序来进行叙述和判断；而英语为逆向思维，即按主体的感受将认为重要的成分放在语序的前面，将认为次要的成分放在后面加以表述。例如：

我在中国香港中文大学翻译系学习翻译。

I study translation in Translation Department of the University of Hong Kong in Hong Kong，China.

可见汉英两种语言的语序是相反的。

就时间的先后概念而言，中西方的思维方式也是不同的。英语中用 back 指称过去的时间，用 forward 指称未来的时间，而中国人的思维习惯则相反，用“前”指过去的时间，用“后”指未来的时间。如唐诗中的“前不见古人，后不见来者，念天地之悠悠，独怆然而涕下”。再如，“a task for the period ahead”应译为“今后的任务”；而“惩前毖后”，则译为“learn from the past mistakes to avoid future ones”。对此，在翻译时应特别加以注意。

在段落中，更是如此。例如：

①He actually burst into tears，②which flowed down his stick like raindrops，③and nearly drowned two little beetles，④who were just thinking of setting up house together，⑤and were looking for a nice spot to live in.

①他真的流出眼泪来，②泪水如雨点一般，沿着他的棍子流下，③差一点被这泪水淹死，④两个正打算一块安家，⑤想找块宝地住进去的小甲虫。

在翻译中，这种语序的调整，实则是对思维调整的反应。

此外，汉语中的“九五折”，英语为“5% discount”，汉语指的是打折后实际付款的比例，而英语侧重于打折后无须付款的比例；汉语讲“自学”，英文则为“self-taught”，前者侧重“学”，而后者侧重“教”；汉语讲“防寒服”，英语则为“warm clothes”，前者侧重的是外在的“御寒”，而后者侧重的是内在的“保暖”等。这些都与思维的顺序、视角有关。

（四）主体思维与客体思维

如上所述，中国传统思维方式主张通过主体与客体的融合去感受、领悟万物，而西方的思维方式则强调客观的存在，这种特点也在两种语言的表述上有所体现。例如：

September 2000 found me studying at the Chinese University of Hong Kong.

2000 年 9 月，我在香港中文大学学习。

His success was complete.

他取得了圆满成功。

Formality has always characterized their relationship.

他们之间的关系有一个特点，就是以礼相待。

The Returning Day is enthusiastically celebrated by us in Hong Kong every year.

在香港我们每年都要热烈庆祝回归日。

由此可以看到，汉语中习惯以表示人或与人有关的词（主体）做主语，英语中则以客观的事物（客体）做主语。这些从表面上看是语言问题，其实都可以从文化传统和思维方式中找到根源。

四、文化因素与英汉互译（The Cultural Elements and the Two-way Translation between Chinese and English）

语言是文化中的一个特殊组成部分，它既是文化的基础，又是文化的直接反映。从某种意义上而言，翻译不仅是两种语言之间的转换，更是两种文化之间的交流。所以，翻译的学习与研究离不开对与之相应文化的学习与研究。就英汉互译而言，文化对于翻译的影响，主要体现在以下诸方面：

（一）价值观念

在词汇中渗透和反映出来的，实际是其本身所代表的文化价值系统和观念。例如：

privacy	隐私权
sandwichman	夹板广告员
hippies	嬉皮士
sexual partners	性伴侣
sexual worker	性工作者
trial marriage	试婚
stripers	脱衣女郎
liberalism	自由主义
loosely-bound family	松散的家庭

这些词汇是西方社会、文化的产物。由这些词，也可窥见西方社会的某些侧面。

又如：

一国两制	one country and two systems
港人治港	Hong Kong people govern Hong Kong
博彩业	the gaming industry

赌权开放	liberalization of the gaming industry
非法劳工	illegal labor
洗黑钱	money laundering

看到这些词汇，便会很容易联想到港澳当前的社会；相反，若不了解这些词汇，便无法准确地描述港澳现在的实际情况。

这些“文化负载词汇”（culturally-loaded words），除了所具有的“所指意义”（referential meaning），还有“内涵意义”（connotative meaning），反映某一地区或民族的历史、文化、习俗、信仰及生活方式等。由于语言和文化的差异，英汉互译中常常会出现“低负载翻译”或“超负载翻译”，前者是指原语的文化内涵大于目的语的文化内涵，后者则相反。因而，在翻译中有时可采取变通、加释、意译等方法（金惠康，2003）。

（二）心理联想

英汉两种语言反映出中西文化中有不少重合之处，如都用雪比喻白，都用猴子比喻灵活等，但由于文化发展的社会背景不同，同样的思想有时也用不同的比喻来表达。例如：“狗”，在中国文化里，历来有很多坏的形象，如“狼心狗肺”“狗仗人势”“狗改不了吃屎”“狗腿子”等，而在西方，狗历来被看成是人类的宠物和伙伴，故有“love me, love my dog”（爱屋及乌），“lucky dog”（幸运儿）等。又如：汉语说“身壮如牛”，英语则说“as strong as a horse”；汉语说“山中无老虎，猴子称霸王”，英语则说“In the land of the blind, the one-eyed man is king”。

类似的还有：

as timid as a rabbit	胆小如鼠
like a duck to water	如鱼得水
to fish in the air	水中捞月
as dumb as an oyster	守口如瓶
to spend money like water	挥金如土
the apple of one’s eye	掌上明珠
to look for a needle in a haystack	海底捞针
to cry up wine and sell vinegar	挂羊头卖狗肉

表达意义与联想意义息息相关，比喻的基础是词汇在语言上的相似

性，比喻过程则是一种浸透于文化中的情感活动。比喻大都采用描述性词汇，而当用另一种语言表述这些用法时，应特别注重其中所蕴含的不同的文化因素，否则就难免失当。

（三）审美习惯

审美观念和习惯的差异，也是翻译中应特别注意的敏感问题。例如，“龙”作为炎黄子孙的象征，历来备受中国人的推崇和赞美，如“龙的传人”“龙飞凤舞”“龙凤呈祥”“龙腾虎跃”“望子成龙”等。然而，dragon 在英语里却是不祥之物，在翻译中可作适当的变通处理。又如，猫头鹰在汉语里是不吉祥的，而英语里却有“as wise as an owl”，以此表示智慧。

（四）日常寒暄

日常寒暄，看起来是小事，其实同样是一种文化的折射。在翻译时，不可死板地原封照搬，而要作恰当的变通。例如，若将国人见面时的寒暄“吃了吗?”译为“Have you eaten?”对方会误以为这与吃饭邀请、时间安排或宗教信仰有什么关系，所以不妨简单译为“Hello?”“How are you?”等。若将“你去哪?”译为“Where are you going?”对方会觉得你干预了他的私事，易引起反感，甚至可能回复一句“It's none of your business!”所以不妨译为“How's everything?”等。若将“你路上辛苦了!”简单地译为“You must have gone through a lot of hardship!”对方会感到莫名其妙，可译为“Did you enjoy your trip?”等。分别时，国人常说“慢走，慢走”“请走好”，若将这些生硬地译为“Walk slowly，slowly. ”“Please take a good step. ”等，则完全不是英语的话语习惯，令人感到不快，故约定俗成地译为“Bye-bye. ”“See you later. ”“It's a pleasure to meet you. ”“All the best!”等。

（五）头衔称谓

无论是书面语还是口头语，汉语的称谓都是世界上最丰富、最复杂的，相比而言，英语里的称谓则要简单得多。例如，汉语里，对于父母同辈的两性亲属有严格的区分，男性分别定为“伯父”“叔父”“舅父”“姑父”“姨夫”等，女性则定为“伯母”“婶母”“舅母”“姑母”“姨母”等；而在英语里，则只用一个“uncle”来统称男性尊长，一个“aunt”统称女性尊长，非常笼统。若有人将“你好，表哥”机械地译为“Hello，my male-cousin on mother's side”或“paternal-aunt's side-elder-than myself”，简直是一种玩笑。

同时，在中国传统文化里，有着许多尊称、谦称等，如某某先生、君、公、老等，以及小弟、小人、寡人、鄙人、愚、在下等，而这些在英语里没有与之相对称的词语，故在这一点上，很难做到翻译上的“等效”。一般而言，可将“君、公、老”等译为“gentleman ×××，senior ×××，respected ×××”等，将“小人、寡人、鄙人、愚”等译为“your humble servant”，但这种称谓现在很少用，“sincerely yours”已多少有点此意（田惠刚，1997）。

（六）成语转述

成语可以说是一种语言的结晶，往往言简意赅、寓意深刻。然而，成语的翻译需思虑周到。概括而言，主要有以下三种方式：

第一，直译法。应当承认，在英汉两种语言里，有着一些“形同意合”的成语。例如：

Facts speak louder than words.	事实胜于雄辩
golden age	黄金岁月
to turn over a new leaf	翻开新的一页，重新开始
Failure is the mother of success.	失败乃成功之母
Time is money.	时间就是金钱

第二，似译法。即对表面上看来有些出入的成语，以相似的方式加以转述。例如：

kill two birds with one clean	一箭双雕
teach fish to swim	班门弄斧
Let sleeping dogs lie.	勿打草惊蛇
Man proposes，God disposes	谋事在人，成事在天
out of order	杂乱无章

第三，意译法。即对表面上看来毫无关系的成语，根据其实际相通的内在含义加以转述。例如：

Nothing venture，nothing have.	不入虎穴，焉得虎子
A bad conscience is a snake in one's heart.	做贼心虚

Do in Rome as the Romans do.	入乡随俗
The pot calls the kettle black.	五十步笑百步
Short pleasure，long lament.	一失足成千古恨

此外，对有些典故，还须辅之以某些注释。如，“守株待兔”，可先译为“Watching the stump and waiting for a hare.”然后注释道：“From the story of a peasant who，seeing a hare run headlong against a tree-stump and break its neck，abandoned his plough and waited by the stump in the hope that another hare would do the same thing.”当然，还可译为“Waiting for gains without pains.”

上文就汉英两种语言的基本异同，分别从语法、思维及文化等角度作了一提纲挈领式的概述。应当说，这里并没有高深的理论，也不是本书的重点，却是从事翻译的基础知识。重要的是，要在翻译中对此有所意识，在实践中体会、分析、总结，从而对提高翻译质量起到实际的指导与借鉴作用。

第三节 英汉互译基本技巧（港澳篇）
（Basic Skills in E-C and C-E Translation）

关于汉英及英汉翻译的技巧，学术界已经进行了广泛而深入的研究。概括而言，主要有以下内容：*词语选择，词语增补，词语省略，词类转换，语序调整，语态变换，被动语态处理，肯定句与否定句转译，无主句译法，省略句译法，正说与反说，比较句翻译，区分主从句，连动式和兼语式译法，重复词语处理，重复结构处理，外位语结构处理，比喻性词语译法，习语译法，成语译法，标点符号转换，长句处理，分句、合句法，从句译法，外来词语处理*等（斜体部分为其他学术著作中的相关内容所用术语）（宋天锡等，2002）。

作为学术研究，这种对于英汉互译技巧所进行的诸多方面的肢解与分析是必要的。但是根据笔者的翻译实践和翻译教学体会，为了应用的目的，这种互译技巧的归纳、总结，以提纲挈领为宜，以简明精要为佳。我们从事英汉互译技巧的研究，不要陷入理论的寻源之中，而要对以往的实践作一鸟瞰，从而可以高屋建瓴，更加自觉地从事互译实践。为此，笔者将以上所列关于英汉互译技巧的方方面面，分别纳入三大层次——词义处理、句式处理和正反处理。具体结构如下：

第一层次：词义处理（Dealing with Words）

（1）遣词用字（Diction）。词语选择，连动式和兼语式译法，重复词语处理，比喻性词语译法，习语译法，成语译法，标点符号转换，外来词语处理。

（2）转换词性（Conversion）。

词类转换。

第二层次：句式处理（Dealing with Sentence Patterns）

（1）增词法（Amplification）。

词语增补。

（2）减词法（Omission）。

词语省略。

（3）结构重组（Reconstruction）。

语序调整，无主句译法，省略句译法，比较句翻译，区分主从句，重复结构处理，外位语结构处理，长句处理，分句、合句法，从句译法。

第三层次：正反处理（Dealing with Opposite Expressions）

（1）肯定与否定表达方式（Affirmative VS. Negative）。

肯定句与否定句转译，正说与反说。

（2）主动语态与被动语态表达方式（Active Voice VS. Passive Voice）。

语态变换，被动语态处理。

在实际操作中，遇到实际翻译问题时，主要从这三方面着眼处理。而其实际递进顺序是相反的。故笔者在教学中，将其简化、排列为如下格式：

3. 第三层次：正反处理
（Dealing with Opposite Expressions）
（1）肯定与否定表达方式
（Affirmative VS. Negative）
（2）主动语态与被动语态表达方式
（Active Voice VS. Passive Voice）

2. 第二层次：句式处理
（Dealing with Sentence Patterns）
（1）增词法（Amplification）
（2）减词法（Omission）
（3）结构重组（Reconstruction）

1. 第一层次：词义处理
（Dealing with Words）
（1）遣词用字（Diction）
（2）转换词性（Conversion）

根据笔者的教学经验，这样便于记忆和操作。而具体技巧细节，可在翻译过程中随时加入。重要的是要有这样一种框架结构。知识和能力最宜在结构中得到积累，而问题也最易在结构中加以解决。

下面就这些技巧加以具体讲解。

一、第一层次：词义处理（Dealing with Words）

这是英汉互译中最常见、最大量的基本问题，故属第一层次。其中包含两个主要方面，即"遣词用字"与"转换词性"。

（一）遣词用字

在汉英互译中，"词义"与"符号"之间存在着不可分割的联系。词义不能独立存在，它必须由一些符号负载，而在负载意义的符号中，最主要、最普遍的莫过于语言。翻译就其形式而言，是语言和符号的转换，而这种转换的根本目的是词义的再生。所以，词义处理是英汉互译的根本。

英、汉两种语言存在巨大的差别，首先反映在词义的差异与丰富多样的搭配等方面。就英译汉而言，如含有 good 的词组，便有如下多种汉译词组的搭配：

good soil	肥沃的土壤
good eggs	新鲜的鸡蛋
good joke	有趣的笑话
good gold	纯金
good looks	漂亮的外表
good Christian	虔诚的基督徒
good exercise	健康的运动
good worker	合格的工人
good excuse	巧妙的托词
good eyesight	敏锐的眼光
good dinner	丰盛的晚餐
good life	幸福的生活
good spirit	精神高昂
good for nothing	一无是处
good for everything	无所不能
good and hard	彻底地（做某事）
good and sure	确确实实地（对待某事）
good and proper	得体的（行为等）

而就汉译英而言，一个含有“好”字的短语，又有不同的英译方式。例如：

她对我真好	she is very kind to me
他性格好	he is easy going
这道题好回答	this question is easy to answer
这座桥的质量不好	this bridge is not well built
他的生意很好	he is doing very well
今天天气真好	today is lovely weather
他是把好手	he is a wonderful player
她运气好	she is very lucky

由此可见，一名合格的翻译和传译员的一项基本功便是要掌握丰富的

英文与规范普通话的词汇，以及在二者之间熟练地进行转换、搭配的技能，从而做到准确、恰当、游刃有余。

其中，最主要的是要根据上下文来确定该词的具体含义。例如：

Story

a. The handover to its motherland was the most important story in Hong Kong's history. (event)

b. Five years later, it's quite another story now in Hong Kong. (situation)

c. After ten years of silence, she finally broke the story to the SAR Government. (inside information)

d. Your story just doesn't hold water. (statement)

e. His story is a typical one. (experience)

f. The girl came to police office with a story. (law case)

g. The news that he was sacked in the media everywhere, but the officials so far have refused to confirm the story. (news)

h. The story about her has gradually vanished from the press. (report)

这里，英语中的 story 在不同的句子里，分别为括号里的意思，故在翻译时应区别对待，选择最恰当的词语：

a. 回归祖国是香港历史上最重要的事件。

b. 五年后，现在香港的情况完全不同了。

c. 沉默了十年之后，她终于向特区政府吐露了真情。

d. 你的说法不合情理。

e. 他的经历很典型。

f. 那女孩到公安局报了案。

g. 媒体到处报道他被“炒”了，但目前官方拒绝证实此消息。

h. 关于她的报道已逐渐从新闻上消失了。

而在汉译英中，有着同样的问题。例如，“问题”一词，在不同的句子里应有不同的英语译文。例如：

a. 问题是要教会学生如何去找答案。

The problem is to teach students how to find the answers.

b. 你必须学会正确回答问题的方式。
You must know the correct way to answer the questions.

c. 不管情况如何，重要的问题是要明确具体的目标。
Under whatever circumstances, the important thing is to be clear about your concrete target.

d. 我就该问题参阅了许多书籍。
I have consulted many books concerning this subject.

e. 大会就这一问题进行了广泛的讨论。
This topic has been widely discussed during the conference.

f. 那台计算机出了问题。
Something has gone wrong with the computer.

g. 看来按时完成，问题不大。
It is quite possible to complete the task on schedule.

h. 那种问题，不适合在这样的场合讲。
Issues like that, shouldn't be discussed at the moment in such occasion.

i. 现在应特别注意的是在执行过程中的潜在问题。
During the implementation, special attention should be paid to some obstacles preventing the process.

j. 因为丈夫有问题，所以长期以来这对夫妻没有孩子。
During to the husband's infertility, the couple has so far not been able to have a child.

k. 就我的经历而言，其实可写的东西很多，问题在于挖掘和提炼。
As far as my experience is concerned, there are many things could write about; the point is how to explore and select them.

l. 旅途上没出什么问题。
The trip went off without mishap.

同样的词“问题”，在英语译文里，可以有十种以上不同的表达方式。由此可见在翻译中根据上下文遣词用字的重要性。

关于英汉互译中“重复词语处理”的问题，亦可归纳到词义处理层次。就整体而言，英语用词避免重复，常以替代、省略及变换表达方式等加以处理。而汉语用词则不避讳甚至有意识地利用重复来增加表现力。从以下互译中，不难看出这种特点。

在英译汉里，例如：

a. Translation from Chinese into English is not so easy as that from English into Portuguese.
汉译英不如英译葡容易。
(英语中以 that 来代替 translation，以避免重复，而汉语里则非重复不可，否则难以表明。)

b. Electrical charges of a similar kind repel each other and those that are dissimilar attract.
同性电荷相斥，异性电荷相吸。
(用 those 来代替 electrical charges，以避免重复。)

c. He has chosen only a new book instead of several old ones as he normally did.
他没有像往常那样选择几本旧书，而是只选了一本新书。
(英语里用 ones 代替了 book，而 chosen 和 book 在汉语里都重复了。)

d. Everyone has a responsibility to the community of which he is part and through this to Chinese society as a whole.
每个人都对他所属的社团负责，并通过社团对整个中国社会负责。
(英语里用 this 代替了 community，而在 to Chinese society 之前省略了 everyone has a responsibility，而在汉语中则重复了“社团”和“对……负责”。)

而在汉译英里，这种情况会更多。例如：

a. 我们应当去掉不良用语，保持优良用语。
We should get rid of the bad language and keep the good.

b. 这是块宝地，要不是宝地，怎么会吸引到这么多人才？
This must be a lucky place; if it isn't, how can it has attracted so many talents from elsewhere?

c. 上头说把沟堵死。好嘛，沟一堵死，下点雨，咱们这儿还不成了海？
The authorities said the ditch would be filled in. Well then, the place would have turned into a lake on rainy days, wouldn't it?

d. 一定的文化，是一定社会生活的反映，而又给予很大影响和作用于一定的社会生活。

Any given culture is a reflection of the social life of a given society, and the former in turn has a tremendous influence and effect on the latter.

e. 在今后五年内，要实现财经状况的根本好转，实现交通物流的根本好转，实现社会风气的根本好转。

In the coming five years, a fundamental turn for the better should be made in the financial and economic situation, in transportation and logistics, and in standards of social conduct.

以上汉英互译中，加下划线的词语，在汉语里出现了两次或三次，而在英语里则只出现了一次，由此可见其差别。

然而，这种对于重复的处理又非绝对的。有时为了保持汉语原文的语气与风格，在某种情况下，在英语译文中适当加以重复，似乎也并不为过。例如：

a. 这对香港来讲是一个值得骄傲的成绩，是香港回归以来最大的成绩，也是香港有史以来最大的成绩。

This is a great achievement that makes Hong Kong very proud of, a greatest achievement following its returning to the motherland, even a greatest achievement without parallel in the history of Hong Kong.

b. 在澳门回归之前，他们偷窃，他们抢劫，他们欺诈，谁也不敢惹他们。

Before Macao returning to its motherland, they stole, they robbed, they swindled; no one dared to cross their path.

c. 这是你们的黄金季节，是港澳学生的黄金季节，也是“海归派”的黄金季节。

This is your golden time, a golden time for students of Hong Kong and Macao, and a golden time also for the talents returning from overseas.

但是，就总体而言，这种用法属于少数，故需把握分寸，才能恰到好处。总之，就比喻性词语、习语及成语译法而言，这一类的词语和表达在英汉互译中，需十分谨慎，然而因涉及跨文化的问题，也是最有意思的。前人对此不乏研究。概括而言，主要有三种译法：直译法、似译法和意译法（参见本章第二节中关于成语转述的叙述），这里不再赘述。

外来词语的处理方式，概括来讲，主要有三种：①音译，如 logic—逻辑，sofa—沙发，humour—幽默，nylon—尼龙，lymph—淋巴，brandy—白兰地等；②意译，如 honeymoon—蜜月，horsepower—马力，Pentagon—五角大楼，*Life*—《生活》，*Time*—《时代》，Cape of Good Hope—好望角等；③半音半意，如 New Zealand—新西兰，tank—坦克车，bar—酒吧，jeep—吉普车，ballet—芭蕾舞，hippy—嬉皮士等（张培基等，2004）。

汉英中连动式和兼语式译法看起来像是句式层次上的问题，其实亦可归纳到用词造句层次上处理。

所谓连动式，是指在汉语原文中，两个或两个以上的动词与同一主语有着主谓关系。其中动词所表示的动作行为在顺序上不宜改动。一般而言，根据英语的特点，将汉语的动词同时译成谓语，或将其中的主要动词译成谓语，而将其他动词按既定语法规则及表达习惯译出。

例如：

a. 他拿过书做起翻译来。
He took the book and then translated it.
（两动词之间用 and 来连接。）

b. 到了车站，他发现那里已空无一人。
Arriving at the station, he found no one was there.
（第一个动词用分词 arriving 译出。）

c. 她做完功课之后就开始写信。
Having finished her homework, she began to write a letter.
（第一个动词采用分词 having 译出。）

d. 那小姑娘下意识地举起手来挠了一下头。
The little girl involuntarily raised her hand to scratch her head.
（将第一个动词“举起”译成谓语 raised，而将后一个动词“挠”译为不定式 to scratch 做目的状语。）

e. 他去年到英国去学英语了。
Last year, he went to England to study English.
（将第一个动词“到”译成谓语 went，而将后一个动词“学”用不定式 to study 译出做目的状语。）

f. 她回房间去取钥匙了。
She went back her room for the key.
（将第二个动词“去取”用含有目的意义的介词 for 译出。）

g. 她尽管站在那里笑。

She just stood there, grinning.

(根据英语表达习惯，将“笑”译为分词 grinning，放在句后。)

h. 雇员们一致起来反对减薪。

Employees rose against the wage-deduction unanimously.

(根据英语表达习惯，用 rose against 译出“起来反对”。)

所谓兼语式，是指在一个句子中，前一动词的宾语同时是后一动词的主语，而前后两个动词并不共享一个主语。例如：

a. 他们让她来教翻译。

They asked her to teach translation.

(将第二个动词“教”译为不定式 to teach 做宾语补足语。)

b. 我们都劝他把烟戒了。

We all advised him to give up smoking.

(将第二个动词“戒”译为不定式 to give up 做宾语补足语。)

c. 我们必须使房间保持整洁。

We must keep the room clean and tidy.

(将第二个动词短语“保持整洁”译为形容词 clean and tidy 做宾语补足语。)

d. 我们选他为我们的代表。

We elected him a representative of us.

(名词 a representative 做宾语补足语。)

e. 媒体批评他没有讲实话。

The media criticized him for failing to tell the truth.

(将第二个动词短语“没有讲实话”译为 for failing to tell the truth，做状语短语。)

f. 小姐，我劝您少管闲事。

Young lady, you'd better mind your own business.

(此句并未按传统的“兼语式”来译，而是根据英语习惯灵活译出。)

至于标点符号转换，也不能一味照搬硬套，应视情况灵活而定，为的是使译文准确、通顺。例如，将逗号改句号，分号改逗号等，或增加、取消标点等，都是常见的。这不仅因为英语标点符号与汉语标点符号有着某些不同之处，而且因为在英汉互译后的语言结构必然发生变化，故标点符号就需作出相应的变动。例如：

a. I work; you sleep.
我工作而你睡觉。

b. When we started, the sky was clear; but before we had gone two *li*, it began to rain.
我们动身时天上明净无云，但走了不到两里路，就开始下雨了。

c. Always, though, there is the underlying idea that organized sport is a valuable and productive use of a young person's time.
然而，总是有一个基本想法存在：有组织的体育活动是对青少年时间的有价值、有成效的利用。

d. His oral English is very poor and probably can only say "yes", "no" and so on.
他英文口语不好，大概只会说"yes"和"no"一类的。

e. 外面在刮着风。
Outside, the wind is blowing.

f. 中秋过后，秋风是一天比一天凉，看看将近初冬；我整天靠着火，也穿上棉袄。
After the Mid-Autumn Festival the wind grew colder everyday, and winter was approaching. Even though I spent all my time by the stove, I had to wear my padded jacket.

g. 中国古代的哲学家们认为，一切物质都是由五种元素构成的，那就是土、木、金、水、火。
Ancient Chinese philosophers believed that all matter was made up of the same five "elements"—earth, wood, gold, water and fire.

h. 他——我那永生难忘的朋友用他最后坚强的生命教育了我。
He, the friend who will always live in my heart, set me an example by his fearless fight and heroic death.

由此可见，在翻译中，标点符号的转换可以是相当灵活的，关键是以转达原文意思为中心。

（二）转换词性

为了能更准确地译出原文的意思，英汉互译中的词汇，须不断地转换其词性；换言之，不可拘泥于原文的词类，即不必硬把名词译成名词，动词译成动词，形容词译成形容词等。理论上，这种转换是没有限制的，原文的任一词性可以转换成译文的任一词性。但从实践来看，这种转换也有着一定规律，突出的是英语多用名词、形容词、副词、介词等，而汉语则多用动词。因此，在英译汉时，词性转换较多地体现在名词、形容词、副词、介词变为动词方面；而汉译英时，词性转换则较多地体现在动词变为名词、副词、形容词和介词方面。

英译汉，例如：

a. He said that he is not sure if he can pass the exam or not.
他说他不敢肯定是否可以通过考试。
（形容词 sure 译作动词“肯定”。）

b. In this case the temperature of the body is up.
在这种情况下，体温便会升高。
（副词 up 译作动词“升高”。）

c. To them，she personified the absolute beauty. 在他们看来，她绝对是美的化身。
（动词 personified 译作名词“化身”。）

d. They did their best to help the elderly and the weak.
他尽力帮助那些老弱者。
（形容词 elderly 和 weak 译作名词“老弱者”。）

e. The operation was a success.
手术是成功的。
（名词 success 译作形容词“成功的”。）

f. Tide is closely related to the moon's movement.
潮汐与月亮的运行有密切的关系。
（副词 closely 译作形容词“密切”。）

g. Only when you are truly efficient in English can you make better use of these teaching materials.
只有真正掌握了英语，你才能更好地利用这些教材。
（形容词 efficient 译作动词“掌握”，形容词 better 译作副词“更好地”。)

h. I have the honor to invite you to give us a lecture.
我荣幸地邀请您给我们讲课。
(名词 honor 译作副词“荣幸地”。)

i. Public opinion was against the proposal.
公众舆论都反对这个提议。
(介词 against 译作动词“反对”。)

j. There is a popular belief among parents that schools are no longer interested in spelling.
学生家长普遍认为学校不再对单词拼写感兴趣。
(名词 belief 译作动词“认为”。)

汉译英，例如:

a. 该产品的特点是经久耐用。
The product is characterized by its strong durability.
(名词“特点”译作动词 characterized。)

b. 他酷爱数学。
He has a strong love for math.
(动词“酷爱”译作名词 love。)

c. 学历对当教师很重要。
Educational qualifications have great importance in becoming a teacher.
(形容词“重要”译作名词 importance。)

d. 这纯粹是胡说八道。
This is a sheer nonsense.
(副词“纯粹”译作形容词 sheer。)

e. 他负责翻译这个章节。
He is responsible for the translation of this chapter.
(动词“翻译”译作名词 translation。)

f. 学生们都应该德、智、体全面发展。
All the students should develop morally, intellectually and physically.
(名词“德、智、体”分别译作副词 morally, intellectually and physically。)

除此之外，句子成分（如主、谓、宾语）及句式（如疑问、陈述句式）等，在翻译或传译时，也都可以互相转换，这里不再一一列举。

二、第二层次：句式处理（Dealing with Sentence Patterns）

在翻译中，只是满足于词义选择的恰当还不够，还要在句子结构上作一些“特殊处理”。主要方法有：①增词法；②减词法；③结构重组。这些表面上看起来是词语问题，实际上却必须从句式上加以解决。

（一）增词法

增词法是指在英汉互译中需要增加原文中虽无其形但有其意的词或词组。这里可能有语法的需要（如时态、语态及词汇形式的变化等），也可能是为了表述规范和通顺的需要。

英译汉，例如：

a. Matter can be changed into energy, and energy into matter.
物质可以转化为能，能也可以转化为物质。
（增加了谓语动词“转化”。）

b. When I negotiate, I get nervous, when I get nervous, I eat.
我在谈判时总是紧张，而一紧张我就吃东西。
（增加了宾语“东西”。）

c. There were no speeches, no foreign diplomats, no “ordinary Chinese” with paper flags and bouquets of flowers.
没有人发表讲话，没有各国外交官到场，也没有老百姓挥舞着纸旗和花束的场面。
（增加了三个动词“发表”“到场”“挥舞”做谓语，增加了名词“场面”做宾语。）

d. As he had drank the tea and began talking, words poured out.
他喝了茶便开讲了，滔滔不绝地讲个没完。
（增加了副词“滔滔不绝地”做状语。）

e. With what enthusiasm the foreigners are studying Chinese!
那些外国人学习中文的热情有多高呀！
（增加了形容词“高”做谓语。）

f. This computer is really cheap and fine.
这部计算机真是价廉物美。
(增加了名词“价”和“物”做复合宾语中的主语。)

g. Flowers bloom all over the yard.
朵朵鲜花开满了庭院。
(增加了量词“朵朵”做定语。)

h. Reporters went flying off to China.
记者们纷纷飞到中国去了。
(增加了副词“纷纷”做状语。)

汉译英，例如：

a. 收到邀请，十分高兴。
I was very glad to have received your invitation.
(增加了英语中不可缺少的代词 I 和动词 was，以及起语法功能的 have。)

b. 吃饭防噎，走路防跌。
While eating, take heed that you do not choke; while walking, take heed that you do not fall.
(增加了必要的连接词 while 和 that。)

c. 君子识大体。
A gentleman he who always advocates the spirit of taking the whole situation into consideration.
(增加了并列主语 he、who 和副词 always，以及介词 into。)

d. 送君千里，终有一别。
Although you may escort a guest a thousand miles, yet must the parting come at last.
(增加了必要的介词 although、may、yet。)

(二) 减词法

减词法是指在英汉互译里将原文中译意已明或不言而喻的词语略去不译。一般而言，汉语特别是普通话比英语简练，因此在英译汉时，多用到此法；在汉译英中，有时也会用到此法。换言之，减词法是减去可有可无、有了反嫌累赘、违背译文语言习惯的词语。

英译汉，例如：

a. The time-keeping devices of electronic watches are much more accurate than those of mechanical ones.
电子表比机械表准确得多。
（省去了名词 the time-keeping devices 及 those。）

b. She put the money into her purse and then carried her baby, run out.
她把钱放进钱包，抱着孩子跑出去了。
（省去了代词 her，以及连词 and、then。）

c. If I knew it, I wouldn't come.
早知道，我就不来了。
（省去了介词 if。）

d. When the pressure gets low, the boiling point becomes low.
气压低，沸点就低。
（省去了动词 gets、becomes，以及介词 when。）

e. Smoking is not prohibited in public places.
公共场所不许吸烟。
（省去了介词 in。）

f. It's raining outside.
外面下雨了。
（省去了代词 it。）

汉译英，例如：

a. 质子带正电，电子带负电，而中子既不带正电，也不带负电。
A proton has a positive charge and an electron a negative charge, but a neutron has neither.
（用 neither 取代汉语中重复的部分。）

b. 我已经提前完成了学习计划，他也提前完成了他的学习计划。
I have completed my study ahead of schedule, so has he.
（用 so has he 取代汉语中重复的部分。）

c. 他每天来干活，扫地、擦地板、收拾房间。
He came to his work—sweeping, scrubbing, cleaning.

（去掉了汉语中的宾语“地”“地板”和“房间”。）

d. 头一遭借钱，下一遭就讨饭。

First you borrow, then you beg.

（去掉了汉语中的宾语“钱”和“饭”。）

（三）结构重组

在英汉互译中，只是词义上的增减还不够，有时还必须就词的顺序及整句的结构来进行调整，以期更为恰当、通顺地表达原意。总体而言，英语的句子形态严谨，句与句之间连接紧密，具有形态标记，这使英语的句子呈现出树状结构，分支多而不乱。而汉语的句子形态松散，连接不紧密，呈流水线状。或可说，汉语以意义终结为断句依据，英语则以形态结构完整为断句依据，故在英汉互译时须进行某些结构重组。

英译汉，例如：

a. Most of information we have got about China is through the media.

我们得到的大部分有关中国的消息是通过媒体而来的。

（改变定语位置。）

b. He is a tough-minded person.

他是个意志坚强的人。

（调整定语中的词序。）

c. He had to reenroll himself for an extra year after he had failed his exam.

考试没有通过，他还要重新注册，多读一年。

（因果关系调整。）

d. I cannot bear to think of my hometown being disturbed by earthquake.

家乡受到地震破坏，这件事我一想就难过。

（主—谓—宾语顺序调整，以符合规范普通话的表达方式。）

e. Not surprisingly, she didn't respond to us.

她没有理睬我们，这不足为奇。

（调整副词位置。）

f. It was a great disappointment that I had to postpone the visit I had intended to pay to Hong Kong in February this year.

我本想今年二月来港访问，后来不得已推迟了，这使我深感失望。

（因果从句调整。）

汉译英，例如：

a. 我将永远不会忘了我第一次来大学的那一天。
I shall never forget the day I first came to the University.
(定语位置调整。)

b. 天下没有不散的筵席。
All parties must come to an end.
(主、谓、宾语位置调整。)

c. 她原来是个可爱的女孩子，可成名之后，却变成了一位可憎的“铁娘子”。
Success has turned her from a lovely girl into a nasty “iron lady”.
(主语内涵调整。)

d. 这是市场上能买到最新式的计算机。
This is the most current computer available in the market.
(状语位置调整。)

e. 我们笑着、呼喊着到达了山顶。
Laughing and shouting, we reached the top of the hill at last.
(状语位置调整。)

广义来讲，其他教材中分门别类的相关题目，其实都可囊括在“结构重组”这个大框架之内，从而可以提纲挈领地加以把握。如上述所列的长句处理，分句、合句法，从句译法，区分主从句，无主句译法，比较句翻译，外位语结构处理，等等。以下对此作一概述性分析。

有的或属于一般语法问题（如比较句、外位语结构等），或属于词汇增、减及结构调整（如重复结构、省略句）等。在熟悉掌握英汉语法的基础上，灵活运用上述基本技巧，是不难处理所遇问题的。这里，仅重点分析长句的翻译处理。概括而言，长句的翻译主要有四种办法，即拆短法、顺译法、逆译法和综合法。

1. 拆短法

所谓“长句”，即字数多、从句多、结构复杂的句子。对此，首要的办法是将其拆短，此为“拆短法”。

英译汉，例如：

a. The CEO said at a press conference dominated by questions on his new casino which started to operate yesterday that he also could not explain why so many people had been driven out of other casinos, which in the end would make an impact on the casino industry in Macao as a whole.

该句词汇众多，由一个带有分词短语的主句、两个宾语从句和一个非限制性定语从句组成。全句主要有三层含义：①CEO 在一次记者会上讲话；②他不能解释为何新赌场带走了其他赌场的客人；③此事将给整个澳门赌业带来影响。故此，可以将其分成三个单句来译：

a. 在记者招待会上，人们的问题集中在昨天刚开业的赌场上，首席执行官就此发了言。他说为何从其他赌场招来了这么多人，他也不得而知。此事最终会给整个澳门赌业造成影响。

再如：

b. Human beings have distinguished themselves from other animals, and in doing so ensured their survival, by the ability to observe and understand their environment and then either to adapt to that environment or to control and adapt it to their own needs.

此句亦有四层含义：①人类与其他动物不同；②人类有观察和理解周围环境的能力；③人类或适应或改造环境；④人类以此生存下来（此句在前）。故此，可以译成四个单句：

b. 人类将自己和其他动物区分开来。而且，人类具有观察和理解周围环境的能力。他们或适应或根据自身的需要来改造环境。人类就是以此而延续下来的。

又如：

c. Hereby, too, I shall indulge the inclination so natural in old men, to be talking of themselves and their own past actions; and I shall indulge it without being tiresome to others, who, through respect to age, might conceive themselves obliged to give me a hearing, since this may be read or not as any one pleases. And, lastly (I may as well confess it, since my denial of it will be believed by nobody), perhaps I shall admit that this will do a good deal to gratify my own vanity.

这两句话看起来复杂，但分解开来并不难理解。主要有三层含义：①老人好回忆；②将回忆写下来，可由读者自便；③这样做会带来一种自我满足感。故此，可以分句（包括加括号和破折号）来译：

c. 如此这样，我便会陷入一种老人常有的癖好，那就是谈论自己及往事，而我的方式不会使人厌烦（人们可能因为敬老而不得不听我讲），因为对于写下来的东西，人们可以随其所好，或读或不读。最后，我还是要承认——即使我承认也没人会信——这样做会极大地满足我的自负心理。

在汉译英时，也可采取类似方法。例如：

a. 历来只有真正老实的劳动者，才懂得劳动发财致富的道理，才会排除想入非非的发家想法，因而踏踏实实地以自己的辛勤劳动，为自己也为社会创造和积累财富。

此句有三层含义：①The real honest laboring guys know the truth that wealth is created through labor; ②They can get rid of any fantastic idea of getting rich over night; ③In that way, wealth can be created and accumulated for both themselves and society. 据此，可译为以下三个句子：

a. Throughout the ages only honest laboring people see the truth that wealth is created through labor. Only they can free their minds of any fantastic ideas of getting rich over night. With hard practical laboring, wealth can be created and accumulated for both themselves and society.

又如：

b. 如今没奈何，把你雇给隔壁当帮厨，每月可以得他几千块钱，又有饭吃，只在明天就要去了。

此句有三层含义：①There is no other better way than working for our neighbor as a kitchen hand；②Where you can earn money and have meals；③It's better for you to go there tomorrow. 据此，可译为以下三句：

b. There is no way out but to set you to work as a kitchen hand for our neighbor. You will make several thousand yuan and get your meals there too. You are to start tomorrow.

当然，不是所有的汉语原文译成英文时都要拆成短句，这只是在准确转述意思的基础上相对而言的。

再如：

c. 因此，我们需要正视现行多边贸易体制中存在的明显缺陷，使多边贸易体制更加充分地反映发展中国家的利益和要求，并让所有成员平等参与、相互协商，制定新世纪的国际贸易规则，让更多的发展中国家分享经济全球化带来的机会和利益，避免贫富差距继续扩大，避免一部分国家被边缘化。

此句虽长，但主要有三层含义：①We should face up the defects of the existing multilateral trading system；②By way of formulating new international trade rules，we can invite all member countries to equally participate in international trade and share the opportunities and interests provided by the globalization；③In that way，some of negative impact of globalization can be minimized. 据此，可有以下译文：

c. Therefore，we should face up to the obvious defects of the exiting multilateral trading system so as to reflect the interests and demands of developing countries more adequately. In the meantime，all member countries should be invited to formulate the international trade rules of the new century through equal participation and consultation，enabling more developing countries to share the opportunities and interests brought about by the economic globalization and to avoid widening the gap between rich and poor and prevent some countries from being marginalized.

2. 顺译法

顺译，即在源语（Source Language）和目的语（Target Language）结构大致相似的情况下，尽可能地顺着原文的语序进行翻译。

英译汉，例如：

a. My brothers, and sisters, and cousins, told me I had given four times as much for the whistle as it was worth; put me in mind what good things I might have bought with the rest of the money; and laughed at me so much for my folly, that I cried with vexation; and the reflection gave me more chagrin than it gave me pleasure.
我的兄妹及堂兄妹们告诉我，我买的那个口哨是花了四倍的钱，使我想到那剩下的钱可以买多少好东西。他们还嘲笑我的愚蠢，使我懊恼地大哭起来。这件事带给我的悔恨比快乐多得多。

b. I disliked the trade, and had a strong inclination for the sea, but my father declared against it; however, living near the water, I was much in and about it, learned early to swim well, and to manage boats; and when in a boat or canoe with other boys, I was commonly allowed to govern, especially in any case of difficulty; and upon other occasions I was generally a leader among the boys, and sometimes led them into scrapes, of which I will mention one instance, as it shows an early projecting public spirit, though not then justly conducted.
我并不喜欢这一行，倒是总想去航海，但父亲极为反对。因为住在海边，我就常到水里去，早早学会了游泳、划船，在船上、独木舟上，那些年孩子们通常是听我的，特别是在有麻烦的时候。在其他场合我一般也是孩子们的头儿，有时甚至把他们带入窘境。这里我仅举一例，因为这事显出我早年热心公益的精神，尽管当时的做法并不一定妥当。

c. I grew convinced that truth, sincerity, and integrity in dealings between man and man were of the utmost importance to the felicity of life; and I formed written resolutions, which still remain in my journal book, to practice them over while I lived. The regulation had indeed no weight with me, as such; but I entertained an opinion that, though certain actions might not be bad because they were forbidden by it, or good because it commanded them, yet probably those actions might be forbidden because they were bad for us, or commanded because they were beneficial to us, in their own natures.

我渐渐坚信，人与人之间的真实、诚恳和正直是人生最大的幸福。我写下我的决心（现在仍保存在我的日记本里），要在我的一生中加以实践。对于清规戒律本身我并不看重，我认为有些行为虽被禁止了，但不一定就是不好的，有些行为是因为戒律叫我们做，就一定是好的。也许这些行为对我们不利，我们才要禁止，或是因为行为本身对我们有利，我们才去做的。

汉译英，例如：

a. 大道盛行的时代，天下是天下人公有的，人们推选有道德、有才能的管理天下，讲究人与人之间的相互信任，和睦相处，因而人们不只是把自己的亲人当作亲人，不只是把自己的孩子当作孩子，同时让全社会的老年人晚年有所依靠，壮年人能够有施展才能的地方，幼儿能够健康成长，那些鳏夫、寡妇、孤儿、无子女的老人、残疾者、患病者都能得到供养；男人各有自己的工作，女子都有夫家；对财物，人们虽不愿掷之于地而不管，但也不必藏于自己家中，归为己有；对气力，人们虽恨不得从自己身上全部使出来，但又完全不是为了自己；各种不道德的计谋都不会发生，抢劫、盗窃、作乱、害人的事也不会出现，社会太平，连外面的大门不用关也安然无恙，这样的社会就叫做大同世界。

When the Great Way was practised, the world was shared by everyone. At that time, the worthy and the able were promoted to office, and men practiced good faith and lived in affection. Therefore, people relate everyone as their relatives, and treat other people's children as their own. The aged found a fitting place close to their lives, the robust, their proper employment; the young were provided with an upbringing, and the widow and widower, the orphaned and the sick, with proper care. Men had their own occupations, and women their hearths. People hated to see goods lying about in waste, yet they did not hoard them solely for themselves; they were anxious to expend all their energies, yet they never used them for their private ends. Therefore, all evil plotting was prevented, and thieves, robbers, trouble-makers and rebels disappeared, so that people could leave their outer gates unbolted even at night. That was the world of Grand Unity.

b. 因为旅游是一项集观光、娱乐、健身为一体的愉快而美好的活动，所以旅游的人数在逐年增多，旅游的经济地位也在显著提高，旅游活动已日益成为人们进行文化交流、增加了解、扩大交往的重要途径，对于人们生活和社会进步产生了越来越广泛的影响。其实，古往今来，旅游一直是人们增长知识、丰富阅历、强健体魄的美好追求，譬如在我国古代，先哲们就提出了“观国之光”的思想，主张“读万卷书，行万里路”，游历名山大川，承天地之灵气，偕山水之精华。

Since tourism represents a kind of popular and pleasant activity that combines sightseeing, recreation and physical exercise, the number of tourists has ever been on the rise, the economic importance of tourism has also been increasingly realized. Tourism has gradually become a significant bridge of cultural exchange, mutual understanding, and extended communication. It exerts more and more profound influence on people's life and social progress. In fact, from ancient times till now, tourism has represented people's happy wish for more knowledge, varied experience and good health. As ancient Chinese sages believed in the idea that "appreciating the landscape through sightseeing" and advised people to "travel ten thousand *li* and read ten thousand books", find pleasure in enriching themselves mentally and physically through traveling over famous mountains and rivers.

c. 大学的教学法是，在错误的思想行为产生之前就加以禁止，叫做预防；选择适当时机施教，叫做及时；教学不违背循序渐进的规律，叫做有序；相互观察学习情况而使彼此得到益处，叫做观摩。这四点是教育成功的基础。

The Grand Academy adopted a unique methodology: they prohibited errors before they were actually committed—that was known as "preventive method"; they taught their students by allocating the best time—that was known as "timing method"; they taught by abiding by the law of progressing step by step—that was known as "gradual method"; and in teaching them to inspect and learn from each other—

that was known as “demonstrative method”. These four methods listed above were the foundation for the educational success.

3. *逆译法*

当源语与目的语结构出入较大时，不妨采取与源语相反的语序进行翻译，此为逆译法。

英译汉，例如：

a. We take the heart from the fact that Macao has so far achieved double-digit growth which previously thought was impossible by economists both in Macao and overseas, given the financial situation in Hong Kong.
鉴于香港的财经形势，澳门目前已经取得了双位数的经济增长——而这在以前被澳门和海外经济学家认为是不可能的——这使我们增强了信心。

b. It was our view that the United States could be effective in both the tasks outlined by the President—that is, of ending hostilities as well as of making a contribution to a permanent peace in the Middle East—if we conducted ourselves so that we could remain in permanent contact with all of these elements in the equation.
如果我们采取行动以便能够继续与中东问题各方始终保持接触，那么我们美国就能有效地担当起总统所提出的两项任务，那就是在中东结束敌对行动以及为该地区的永久和平做出贡献。这就是我们的观点。

c. Through scientific practice we have come to realize that matter can neither come from naught nor can it be reduced to naught; the total mass of reagents before reaction is constantly equivalent to that of resultants after reaction—the law of conservation of matter.
物质不能由无到有，也不能由有到无；化学反应物的质量之总和与化学反应后生成物的质量之总和是恒等的，这就是物质守恒定律。我们通过科学实践认识了上述规律。

汉译英，例如：

a. 在不能用现金兑换筹码的情况下，使用信用卡是完全可以的。

It is perfect acceptable to change chips by using your credit card if you cannot pay cash.

b. 为了适应在澳门的紧张学习，三年来她无论在外表还是在精神状态上都发生了很大变化。

She has shown remarkable changes in her appearance and mental well-being in becoming adapted to the intensive study in Macao over the past three years.

4. 综合法

有的长句是由多种因素和结构组成的，所以在翻译时需采取不同的方法综合处理。

英译汉，例如：

a. These branches do business with their foreign counterparts in Macao under the guidance of their Beijing head office and in accordance with the CEPA guidelines.

该句有两个基本意思：①根据《合作》的原则来进行对外贸易；②在北京总部的指导下。故可译为：

这些在澳门的分公司是在北京总部的指导下，根据《合作》的原则来进行对外贸易的。

b. A complex bureaucracy favors the status quo, because short of an unambiguous catastrophe, the status quo has advantage of familiarity, and it is never possible to prove that another course would yield superior results. It seemed no accident that most great statesmen had been locked in permanent struggle with the experts in their foreign offices, for the scope of the statesman's conception challenges that inclination of the expert toward minimizing risk.

复杂的官僚机构乐于维持现状，因为既然没有发生明显的重大危机，则维持现状可以驾轻就熟；而且根本不可能证明另一种处事方案可以产生远胜于现行方案的结果。大多数伟大的政治家都曾陷入与其外事机构中的专家们进行永无休止的纷争之中，这似乎并非偶然。因为政治家见识广博，与专家们那种力求少冒风险的倾向针锋相对。

c. This spirit of fair-play, which in the public schools, at any rate, is absorbed as the most inviolable of traditions, has stood our race in good stead in the professions, and especially in the administration of dependencies, where the obvious desire of the officials to deal justly and see fair-play in disputes between natives and Portuguese has partly compensated for a grant of sympathetic understanding, which has kept the Portuguese strangers in lands of alien culture.

这种公平的精神，至少在公立学校中是被视为最神圣的传统而遵循的。这种精神在施政特别是在其属地的管制上，对葡萄牙是有利的。在管制属地时，葡国官员抱着一种显然的愿望，即在处理当地人与葡萄牙人之间的争执时，能够公正地解决。这样，会使葡萄牙人在异国他乡的文化中因缺乏同情心而格格不入的情形，多少得到一些弥补。

汉译英，例如：

a. 中国的问题，无论初看起来怎样错综复杂，其本质都是文化冲突与文化重新调整的问题，是如何形成一种令人满意的文化调整问题——一个古老的文明已被强制地纳入与西方新文明经常而密切的接触之中，而因此带来了思想界的一些混乱。

该句主要有三层含义：①The problem of China ... cultural conflict and readjustment；②An ancient civilization is forced against its own will into ... contact with the civilization of the West；③Intellectual confusion. 故可译为：

The problem of China, however multifarious and complicated it may seem at first sight, is in reality one of cultural conflict and readjustment. It is the problem of how to bring about a satisfactory adjustment in a situation where an ancient civilization has been forced against its own will into daily and intimate contact with the new civilization of the West, and certain intellectual confusion has consequently occurred.

b. 我们应充分重视澳门赌权开放后病态赌徒增多的问题，忽视了这一点，就不能充分享受因此而带来的经济利益。

Full attention must be paid to the increase of pathological gamblers following the liberalization of gaming industry in Macao. Negligence in this respect will result in failing to enjoy the economic benefits of the reform.

c. 对于台湾领导人，我们一贯的政策是“爱国一家”“爱国不分先后”，希望他们认清形势，遵循港澳“一国两制”的模式，走爱国统一的道路。

As for leaders of Taiwan, it has been our consistent policy that “all patriots belong to one big family”, “whether they come over early or late”. It is our hope that they will clearly see the general trend of events and take the road of patriotism and unification of the motherland following the pattern of “one country and two systems” established in Hong Kong and Macao.

三、第三层次：正反处理（Dealing with Opposite Expressions）

正反表达方面的调整，是对译者的语言表达能力特别是对规范的普通话与地道英语的驾驭能力提出的更高层次要求。这里，主要讲两个方面：肯定与否定表达方式（Affirmative VS. Negative），主动语态与被动语态表达方式（Active Voice VS. Passive Voice）。

（一）肯定与否定表达方式

任何一种语言都有自己独特的肯定与否定的处理办法与表达方式，而当其被译成另一种语言时，与之相应的处理办法及表达方式也会有所不同。从语法角度而言，negation（否定）可分为以下几类：完全否定、部分否定、半否定、双重否定、含否定意义的词和短语等。从翻译角度来看，negation 是指在实践中，为了使译文忠实且符合目的语的表达习惯，有时须把原文中的肯定说法变成译文的否定说法，或把原文中的否定说法变成译文中的肯定说法。在英汉互译中，“正说反译”“反说正译”等技巧应当熟练掌握，以求更富有表现力地进行翻译。

英译汉，例如：

a. Such a chance denied me.
我没有得到这样一个机会。
（英正汉反）

b. I have read your works and I expect to meet an older person.
我拜读了您的书，没想到您这样年轻。
（英正汉反）

c. She knew she was mortally ill.
她知道她得的是不治之症。
（英正汉反）

d. I hope the weather can hold a couple of days.
我希望这样的天气能在几天之内保持不变。
（英正汉反）

e. The problem was still unsolved after his repairmen.
他修理之后，毛病仍在。
（英反汉正）

f. She came to the hotel room and unpacked.
她进了客房，打开行李。
（英反汉正）

g. She said that someone had sown discord.
她说有人在他们之间挑拨离间。
（英反汉正）

h. Students, with no exception, are required to take the exam.
学生都要参加考试。
（英反汉正）

汉译英，例如：

a. 在我们的商讨中，不应忘记这些基本条件。
These basic conditions should be kept in mind in our discussion.
（汉反英正）

b. 男儿有泪不轻弹，只因未到伤心处。
Men only weep when deeply hurt.
（汉反英正）

c. 这说明香港大有人才。

This indicates that there is no lack of talents in Hong Kong.
(汉正英反)

d. 她很快就会读完那本书。
She will finish that book in no time.
(汉正英反)

当然，还有许多句子可以同时有正反两种译法，例如：

a. I'm new to the job.
我对这一行是生手。/这一行我不熟悉。

b. 她感到不自在。
She feels uneasy. /She is upset.

（二）主动语态与被动语态表达方式

这是英汉互译中另一种重要的正反表达方式。如前所述，英语的被动语态应用得极为广泛，在不必说出主动者、不愿说出主动者、无从说出主动者或出于上下文需要等情况时，往往使用被动语态，在译成汉语时，则要作相应的调整。

在英译汉时，不应拘泥于原文的语态结构，须根据汉语的表达习惯，在语态上作出相应的转换，而不要一看到英文的被动语态，就用“被”字，其实在许多情况下，并非如此。例如：

a. Our university is located near the park.
我们的大学位于公园附近。
(英被汉主——主、宾相同)

b. My MA. was obtained in England.
我的硕士学位是在英国获得的。
(英被汉主——主、宾相同)

c. Everyone was motivated by his speech.
他的演讲鼓舞了每一个人。
(英被汉主——主、宾相反)

d. It is well known that smoking is harmful to the health.
我们知道，吸烟有害健康。
(加入主语)

与英语相反，汉语常用意义被动式（即以其本身的意义来表明其被动语气），而少用结构被动式（即以语言结构来表明其被动语气）。在翻译时，可以用词汇意义来表达，也可以直接采用英语的被动式。例如：

a. 人们非常爱戴她。
She is deeply loved by everyone.
（汉主英被）

b. 这出戏在 1999 年首次上演。
The play was first performed in 1999.
（汉主英被）

c. 截止日期延长了一个星期。
The deadline was extended a week.
（汉主英被）

d. 该项教学计划将由一个特别委员会审定。
The teaching plan will be examined by a special committee.
（汉主英被）

e. 桥被人破坏了。
Someone has damaged the bridge.
（汉被英主）

f. 奇迹被他们创造出来了。
They have performed a miracle.
（汉被英主）

总之，涉及英汉互译的技巧问题，可谓千头万绪。翻译时最重要的是，在纷繁杂乱的语言现象面前，善于抓住要领，从而做到提纲挈领。正是出于这一目的，以上总结归纳出了三个层次、七个方面的技巧。在实践中需要对这些技巧有所比较、分析和体会，从而做到举一反三、触类旁通。

第二章　港澳时文翻译
(Translation for Current Affairs)

在翻译实践中，要有一定的量，方能达到一定的质。本章分为英译汉与汉译英两部分，内容涉及澳门社会的方方面面，如博彩、旅游、经济、教育、地产、市政、行政、管理、法律、监察等，其中部分时文引自 *Macao Post Daily* (Macao Everbight C. Ltd. Publishing, Editing & Consultancy, Director: Harald Buning, 2005)。

鉴于澳门语言环境的特点，在翻译中作了些必要的"特殊处理"。例如，将 salary 译为"人工"（内地为"工资"），hunting for a job 译为"揾工"（内地为"找工作"），fry a flat 译为"炒楼"（内地为"炒卖房产"），将"前葡萄牙管辖地"译为 the former enclave 等。

第一节　英译汉
(English to Chinese)

在本质上，英译汉是在两种语义之间的对应转换。"语义"是个笼统概念，在具体翻译中又分为不同的层面和角度，如词汇、语态、语序、语篇等，但词汇层面始终是基础，也最复杂和变化多端。例如：As luck would have it, no one was hurt in the accident. 幸运的是，在事故中没人受伤。又如：As luck would have it, we were caught in the rain. 倒霉的是，我们赶上雨了。同样的 luck，在不同的语境中，语义恰恰相反。之所以如此，是因语言符号的意义潜势具有随意性和社会性，正如著名翻译家奈达 (Nida) 指出的：From a sociosemiotic point of view meaning is not to be found merely in words or grammatical constructions. Signs have meaning whether on a lexical, grammatical, or rhetorical level and whether paralinguistic or extralinguistic. ①（从社会符号学的角度来看，语义不仅存在于词汇或语法结构上；在词汇层面、语法层面、修辞层面，甚至超语言层面或语言外层面等，都存有语义。）如第一章第二节所述，有词形与时态、形合与意合、句式顺序、语篇对应等的比较；关于翻译基本技巧，有第一章第三节的词义处理、句式处理、结构重组等。

该节在时文翻译的应用上，主要集中在基本层面的分析与点评，从而以点带面，不断加深对于粤方言语境下中英互译在具体应用中的理解。

一、例文1

Teenager Dropouts for Casinos

Macao currently has 18 casinos with more to come. Some students have dropped out of(1) high school, joining the employment in the gaming industry, which were encouraged by their parents. As the "Monte Carlo of the East" extends, church officials have expressed serious concern(2) about students' future which may be affected by the casinos' "quick cash"(3).

Some have warned(4) that the phenomenon will have some negative effects on the personality of local students, who may end up with a distorted view(5) of what money means. Young casino workers see money changing hands rapidly with gamblers wagering(6) tens of thousands of dollars at a time. They may think money is a means of entertainment.

Compared with the gamblers' stakes, employees may feel their wages too small, and that would arouse a pressing desire to earn fast money. The nature of a dealer's work is actually pretty monotonous featuring with plain techniques for table operations. And yet this kind of training sometimes moves students away from pursuing their formal education.

Lured(7) by the higher wages, which may be doubled compared to those who have similar skill levels working in other vocations in Macao, young students are easily to be attracted to the casino industry. A dealer's monthly wage is roughly

① NIDA, A. EUGENE & JAN DE WAARD. From one language to another. Nashville: Thomas Helson, 1986.

around 12,000 to 15,000 patacas, almost equivalent to that of a junior civil servant who is required to have a university degree.

It is believed that young job hunters should be advised to think more than just the wage a job can offer—they should also take many other important things into consideration, such as job satisfaction, the possibility to develop one's potential and the fulfillment of life. In this sense, the church can help people maintain a proper attitude toward the gaming industry and its employment. A priest said, "as long as we stay rational and responsible for both ourselves and the society, entertainment is benign(8) to a person and acceptable to the church. And yet, the church should witness and emphasize one's outlook of life, morality and responsibility to get rid of temptations and addiction(9)".

【分析】

（1）Drop 的原意为 let or make something or someone fall vertically，使某事或某人垂直落下，这里的 dropped out of 实为 abandon a course of study，译为“辍学”，又如 kids who had dropped out of college，译为“辍学的孩子”。

（2）这里的 concern 是名词，意为 anxiety，worry，unease，apprehension 等。如：Such unsatisfactory work gives cause for concern. 这样令人不满的事值得担忧。通常 concern 用作动词，此句亦可为 People are concerned with such unsatisfactory work. 原文中的 concern 亦可用动词来表达：Church officials have been seriously concerned about students' future…在翻译时，可作同样处理。

（3）Quick cash 以及第三段的 fast money 为一个意思。

（4）Warn 原意为 inform someone in advance of an impending or possible danger，problem，or other unpleasant situation，提前警告人们即将或可能出现的危险、问题或其他不愉快的情形。意思接近的还有 alert 和 alarm，但程度不同，alert 多译为“警告”。如：The doctor alerted me to the dangers of smoking. 医生警告我注意吸烟的危险。而 alarm 多有 give someone notice of danger 之意。如：They heard the fire alarm. 他们听到了火警警报。根据上下文，没有将 warn 译为“警告”而译为“提醒”更符原意。

（5）这里的 distorted view 或为 skew version，意为“被扭曲的、不正确的见解”，这里译为“（对钱的）认识出现偏差”。

（6）Wager 意为“投注”，类似的词还有 bet，stake，venture，

pledge 等。

（7）这里的 lure 意为“引诱（做某些不该做的事）”。如：Don’t let money lure you into a job you don’t like. 别让钱诱惑了去做你并不喜欢的工作。类似的词有 attract，tempt，seduce，entice，beguile 等。Attract，多有挑逗之意。如：He was attracted by her beauty. 他被她的美迷住了。Tempt，强调欲望被激发出来。如：The delicious food tempted her to disregard her diet. 美味佳肴使她忘了节食。Seduce，侧重于有意识地被诱惑。如：The girl often seduced aged rich men. 那女孩经常勾引上了年纪的有钱男人。Entice，也有引诱之意，但不侧重于动机和意向。如：We hope to entice him into joining our discussion. 我们希望能吸引他来参加我们的讨论。Beguile，以欺惑的手段来诱导。如：The lion was beguiled into the trap that the hunter laid. 狮子被引入了猎人的陷阱。

（8）这里的 benign 主要为 gentle，kindly 之意。如：We should have a benign attitude towards the follies of others. 我们应对他人的愚蠢持宽容的态度。原文包括两个短语entertainment is benign to a person and acceptable to the church，一并译为“娱乐业对于个人和教会都是无可非议、可以接受的”。

（9）将 get rid of temptations and addiction 加词译为“以抵御诱惑、消除瘾症”。

【参考译文】

辍学青少年奔赌场

澳门目前有 18 间赌场，之后还会有更多。有些学生在家长的支持下辍学了，到赌场去工作。随着“东方蒙地卡罗”的扩展，学生的前途可能会被到赌场挣“快钱”所影响，教会公职人员对此表示非常关切。

有人提醒，此种现象可能对当地学生的性格产生消极影响，使他们对钱的认识出现偏差。年轻赌场员工看到赌客在顷刻之间一掷千金，会认为钱不过是一种娱乐消遣的工具。

与赌客的赌注相比，员工们会感到自己挣得太少了，由此产生“挣快钱”的强烈愿望。其实荷官的工作性质是十分单调的，只需要一种在赌台上运作的机械技能。而这种技能的培训，有时使学生们中断其正规教育的课程。

受到高人工的诱惑（大约是澳门其他行业中同等技能水平的人工的两

倍)，青年学生们很容易被吸引到赌场工作。一个荷官的月工资为 12 000 ~ 15 000 澳门元，差不多是需要具有大学学位的年轻公务员的工资。

人们认为，对于年轻求职者，需劝告他们不应仅仅看到一份职位的人工，还应考虑其他重要因素，如工作的满意程度、潜在发展的可能性以及生活的意义。在这一点上，教会可以帮助人们对于博彩业及其就业采取正确的态度。正如一位牧师所说，“只要我们对于自己和社会保持理性、富有责任感，娱乐业对于个人和教会都是无可非议、可以接受的，而且教会应当见证、强调人们的生活态度、道德和责任，以抵御诱惑、消除瘾症”。

二、例文 2

Macao's Legal Reform

The Secretary for Administration and Justice recently marked(1) a new stage in the long struggle to streamline Macao's law system. The legal reform efforts were a permanent, orderly and systematic process that required, above all, the definition of clear objectives and adequate schedules.

The legal sectors of any civil society need to undergo permanent reforms to keep up with social, economic, cultural and political developments. Antiquated legal procedures are impediments(2) to social development. Based on its four-century long history as a Chinese city administered by Portugal until 1999, Macao's legal system continues for the most part to follow Portuguese legal norms and doctrines, a fact that is implicitly recognized(3) by the *Sino-Portuguese Joint Declaration on the Question of Macao* and the *Macao Basic Law*.

Basically, Macao's legal system is supposed to remain unchanged for at least 50 years beyond the 1999 handover. However, this does not mean that the local legal system cannot undergo profound reforms. As a matter of fact, the legal system must undergo permanent reforms during that 50-year period in order to remain useful to society. What matters(4) is that the selective reforms will not affect the basic spirit of Macao's existing legal system, which is based on the one in continental Europe including Portugal.

Macao's legal system is still little understood by a large part of the population. Most non-Portuguese foreign residents, namely those from common law jurisdictions, find it hard to grasp the essence and workings of Macao's codified law system. That's why(5) the Legal Reforms Office ought also to ensure that our legal system is properly promoted(6) among Macao's different population segments in different languages, namely Chinese, Portuguese and English.

The main objective of the permanent reforms should be to make our law as citizen-and-investor-friendly as possible without ever jeopardizing its basic principles of justice, particularly the presumption of innocence, the rule of law and the right to fair trial(7).

【分析】

（1）Mark 在这里并非名词，而为动词，英语释为 to indicate, express, or show by a mark or symbol。如：He marked the floor with chalk. 他用粉笔在地板上作记号。又如：She has the qualities that mark a good nurse. 她具有当好护士的素质。这里译为“宣布”。

（2）名词 impediments（to social development），这里译为动词“阻碍”。

（3）… is implicitly recognized 这里译为“默认”。

（4）Matter 在这里不是名词“事物”，而是动词，英语释为 to be of importance。如：It is not death that matters but the fear of death. 死并不可怕，可怕的是对于死的畏惧。又如：What does it matter? 那有什么关系？再如：We usually see eye to eye on the things that really matter. 我们对于重要事情总是看法一致。

（5）That's why 译为“故此”。

（6）Promote 原意为“促进”“提升”，在内地通常译为“宣传”，而在澳门则译为“宣传推广”。

（7）The presumption of innocence 译为“无罪推定”；the rule of law 译为“法治”；the right to fair trial 译为“享有公平审理的权利”。均为法律专业术语。

【参考译文】

澳门法律改革

政务司司长最近宣布长期进行的澳门法律改革进入了新阶段。法律改革是长久、有序和系统化的过程，首先需要明确的目标和适当的程序。

任何市民社会的法律部门都需要进行持久的改革，以适应社会、经济、文化和政治的改革。陈旧的法律程序阻碍着社会的发展。作为被葡萄牙管理长达四个世纪之久的中国城市，直至1999年澳门的大部分法律制度沿用着葡萄牙的法律形式和理念，这在《中葡联合声明》和《澳门基本法》中给予默认。

基本上来讲，澳门法律制度在1999年回归之后应保持50年不变，但这并不意味着其法律制度不需要进行深刻的改革。事实上，在这50年期间其法律制度必须进行不断的改革，以保持对社会的适用性。而有选择性的改革并不会影响澳门现存的建立在欧洲大陆（包括葡萄牙）法制基础上的的基本精神。

澳门的法律制度仍很少被普罗大众了解，大部分非葡萄牙籍的居民，即从普通法系区域来的居民，觉得难以理解澳门成文法体系的实质和内容，故此需要法律改革办公室对于我们现行法律体系以不同语言，即中、葡、英文进行宣传推广。

持久改革的主要目标是使我们的法律尽可能地有利于市民和投资者，而同时不破坏公正的原则，特别是无罪推定、法治及享有公平审理的权利。

三、例文3

Gambling: A Controversial Issue

Gambling has always been a controversial(1) issue. There are in fact different types of gambling behaviors, such as those related to commercial business, personal leisure(2), or organized public affairs and so on. Consequently, public attitudes toward gambling behaviors are diverse due to various beliefs and different considerations of interests, and they shift from time to time.

While disagreements about various aspects of gambling arise, more and more people are now inclined to view gambling as a business or behavior which is multi-faceted. From a government's point of view, authorizing different forms of gambling is mainly based on economic considerations—job creation, more investments, tax revenues, consumer demands, tourist attractions(3) and so on.

Although gambling has become a more acceptable form of entertainment and leisure-time activity and less an inappropriate or unlawful type of behavior, the related "vicious(4) effects" should nevertheless not be ignored. These may be identified as:

- A correlating increase in crime, such as organized gang activities, money laundering, prostitution, causing relevant social problems such as bankruptcies, suicides, health disorders and so on.
- A low-brow life style that is embedded with somewhat immoral behaviors such as abuse of alcohol, tobacco, or drugs; indulging in sexual promiscuity; irresponsibility financially to oneself or one's family.
- A devaluation of respect for education and culture by enjoying a tacky form of entertainment.
- Exploitation of the vulnerable by failing to protect excessive gamblers(5) from their own stupidity.
- Expenditure of tax revenues solving problems the industry created to a great extent than monies generated for the government.

Therefore, government intervention is absolutely necessary and in some way crucial. Generally speaking, a society's public policy on gambling can be classified into four categories based on different positions: A. Regarding gambling as a purely personal choice which has nothing to do with government; B. Gambling as an undesirable activity, in which case governments should be very restrictive; C. Gambling as inevitable, with the result that governments should adopt a realistic approach to adequately managing and controlling the situation; D. Gambling should be allowed for the benefit of the public if its positive effects surpass its negative effects. Currently, public views tend to focus on the last two categories as more and more people have accepted gambling not as an illegal act, but still realizing the potential problems.

【分析】

（1）Controversial 是形容词，其名词形式为 controversy，为“有争议”之意，侧重指有深刻的意见分歧，并引起广泛的兴趣。如：The US government's new policy has caused much controversy. 美国政府的该项新政策引起了许多争议。与此相关的词还有 argument，debate，dispute，quarrel，strife 等。Argument，debate，dispute 均指“用口头方式表达意见的不一致”。Argument 常指个人之间意见不合，争论后也不一定达成意见的统一。如：The arguments in the parliament on same political issues sometimes last for days or months. 议会中对于同样的政治问题有时可以争论多日甚至几个月。Debate 常指经过认真组织、计划的个人或团体之间的辩论。如：After much debate, the Legislative Council has finally passed the bill. 经过多次辩论之后，立法会终于通过了此议案。Dispute 指一种长时间的 argument，常有“激烈冲突”之意。如：The dispute over an international boundary has produced strong allegations in diplomatic language. 这一国际边境的纠纷，引起了激烈的外交论战。Quarrel 常指小范围的意见不合。如：The couple's quarrel was often heard by the neighbors. 邻居们常能听到这对夫妻的争吵。Strife 则指因不和而引起的争斗。如：He often takes the advantages of the strife between the two organizations. 他经常利用两个组织之间的不和（以使自己从中受益）。

（2）Leisure 指人们工作之余的空闲时间。如：Are you quite at leisure now? 你现在很有空吗？类似的词还有 relaxation，relief，comfort，easy 等。Relaxation 指从紧张状态下解脱出来。如：They had been under pressure, they also need relaxation. 他们太紧张了，也需要放松一下。Relief 常指排除了令人不安的因素后的状态。如：It was a relief to me to see her safe. 看到她安全无恙，我松了口气。Comfort 主要指舒适条件。如：We now enjoy these comforts of which formally we could hardly imagine. 我们现在享受的舒适条件是以前难以想象的。Easy 常指容易、轻松等。如：He has acquired easy in translating from a foreign language. 他翻译外语达到了轻松自如的程度。又如：She is at easy about the matter. 她对此事很放心。

（3）Attraction 通常是指吸引力，这里指的是地点、事件、物品等，如：One of the most famous attractions in Macao is Ruins of St. Paul's. 澳门的著名景点之一是大三巴牌坊。

（4）Vicious 为不良、恶劣之意。如 vicious circle 恶性循环，vicious gossip 恶意中伤的闲话，a vicious companion 坏朋友。类似的词还有 evil，corrupt，wicked，depraved 等。Evil 主要指人们的品行。如：There is not an evil bone in her body. 她的品行端正无瑕。Corrupt 一般指地位较高人的不道德行为。如 a corrupt government 腐败的政府，a corrupt official 堕落的官员，lead a corrupt life 过着糜烂的生活等。Wicked 用得较为广泛。如 a wicked urchin 顽童，wicked habits 恶习，wicked cruelty 残暴行为等。Depraved 语气更强烈。如：The judge has described him as a depraved murder. 法官形容他是个杀人不眨眼的刽子手。

（5）“病态赌徒”有几种译法：excessive gambler，pathological gambler，problem gambler，addicted gambler 等。

【参考译文】

有争议的赌博问题

赌博历来是一个具有争议性的问题。赌博行为有不同种类，例如有作为商业经营的赌博，有个人消闲行为的赌博，以及有组织的作为公益事业的赌博等。因此，公众对于赌博的态度也因不同的信仰和不同的利益考虑而有所不同，并且随着时间而变化。

尽管对于赌博的方方面面有种种非议，但是越来越多的人倾向于将赌博视为一种具有复杂性的商业经营或个人行为。从政府的角度而言，批准各种形式的赌博主要是基于经济利益的考虑：创造就业，吸引更多的投资，增加政府税收，满足消费需求，增加旅游景点等等。

虽然赌博已日益成为一种可以接受的娱乐消闲方式，而不是一种违法行为，但其不良影响不应被忽视。其不良影响主要有：

- 随之而来的犯罪的增加，诸如黑社会活动、洗黑钱、卖淫等，以及由此引发的破产、自杀、有损健康等不可忽视的社会问题。
- 迷失于某种程度的不道德行为之中的低级生活方式，例如酗酒、吸烟、吸毒、性滥交，以及对自己和家人的财政不负责任。
- 由于沉迷于低俗形式的娱乐，从而降低了对于教育和文化的尊重。
- 由于没有办法使病态赌徒免受自己愚蠢行为的伤害，因而这些容易受到伤害者处于不利境地。
- 用以解决由赌博产业造成的问题所花费的税款收入，远远超过该产业向政府缴纳的税金。

因此，政府的干预不但是绝对必要的，而且在某些情况下至关重要。一般而言，根据不同的立场，对于赌博的社会公共原则可分为四类：①认为赌博纯属一种个人选择，与政府毫无关系；②赌博是一种不良行为，政府应严加禁止；③赌博是不可避免的，因而政府应采取切实可行的措施加以适当的管理和控制；④若其积极方面超过消极方面，赌博应被允许以使公共利益受惠。目前，公众舆论主要集中在后两类上，越来越多的人接受赌博并不是一种非法行为，但同时也意识到了其潜在的问题。

四、例文 4

Gambling in Different Beliefs

In the West, from the age of enlightenment, there has been a strong notion of "natural rights"(1), including the right to pursue personal pleasure in whatever circumstances. If a person engages in an activity that might be harmful to himself, he should bear the consequences himself not anybody else. A government's role, if any, is not to intervene(2) but to educate and influence the person's behavior.

Views considering gambling as undesirable are mainly based on religious beliefs and political theories. In Christian doctrines, for example, it is believed that "gambling is a menace(3) to society, deadly to the best interests of moral, economic, and spiritual life, and destructive of good government".

Catholic moralists also regard gambling as leading to corrupted behavior, sin and material greed. Despite the many uses of gambling on religious functions in Judaism, it is still frowned upon(4). Professional gamblers have been seen as parasites who are basically engaging in fruitless endeavor and contributing nothing to the world.

In Islam, people regard gambling as "unjustified enrichment", and "receiving a monetary advantage without giving a counter-value". Buddhist believers are warned that they may do wrong by gambling, and that the practice can shorten their life and condemn them to a life of hell. Marxism and Socialism, which are still fundamental theories for many political parties and governments around the world, believe gambling as an activity of capitalist lifestyle that corrupts(5) people's minds and exploits working class people.

As gambling has gradually been accepted as an inevitable activity by the majority, most people tend to enjoy a "controlled risk"(6) in one way or another. Gambling within a "controlled risk" environment is another form of adult play which provides people with pleasure. While gambling may bring a source of entertainment and a place for people to diverse themselves from their ordinary life and personal or social pressures, it may also create employment and generate tax revenues. Therefore, the task for government is to effectively control gambling by formulating and enforcing public policies and regulations adequately.

【分析】

（1）Natural rights，直译为“自然权利”，实则为人的与生俱有的权力和权利，为西方哲学概念。关于何为“自然”，苏格兰哲学家密尔（J. C. Mill）有过这样一段话：“In Aristotle's ethics，nature means a）the original constitution or tendency that a man has without involving human intervention，in contrast to what results in him from law and education，and b）a man's function or the end to which he tends. The task of ethics is to develop this natural tendency in order to achieve the appropriate natural end.”（在亚里士多德的伦理学里，“自然”是指：①人在未受人为干预时所具有的本性或意向，这与法律和教育在他身上所带来的东西是截然不同的；②人的职能或追求的目的。伦理学的任务在于发展这种自然本性以便获取适当的自然目的。）至于“自然权利”，原意为 a right conferred upon man by natural law，即自然法则所赋予人的权利，与 legal right（法律权利）相对。

（2）Intervene 有“干预”“干涉”之意。类似的词有 interfere 和 meddle。Interfere 侧重指无权或在未获允许的情况下而妨碍或干涉他人之事。如：It's really unwise to interfere between husband and wife. 干预他人夫妻之事实在是不明智的。Meddle 多指不知趣地做出不属于自己职责范围的事，即多管闲事。如：He is always inclined to meddle in other people's affairs. 他总喜欢干涉别人的事。Intervene 一般为书面语，有介入争端同时又有干涉他人事情之意。如：He has intervened in their dispute. 他介入了他们的争端（含有为他们化解之意）。又如：We have no intention of intervening in the internal affairs of other countries. 我们无意干涉别国内政。

（3）Menace 有“对……有危害”之意。如：The thug menaced the young lady and took her jewellery. 暴徒恐吓那位年轻女士，并抢走了她的首饰。又如：It looks as if man is at last in a position to defeat the menace of malaria. 看来人类最终将战胜疟疾。类似的词还有 intimidate，cow，blackmail。Intimidate 意为 to frighten someone in order to make them do something，情形更为严重。如：The gangster tried to intimidate the banker into giving him the secret code. 那个黑社会的试图逼迫银行家告诉他密码。Cow 意为 to frighten someone with threats，情形较轻。如：His loud voice didn't cow her. 他的高嗓门并没有把她吓倒。Blackmail，则指 to demand something from someone by threatening to reveal secretes about them，主要为

“敲诈”之意。如：He was able to blackmail her because he knew she had an affair with his friend. 他之所以能敲诈她，是因为他知道她曾与其友有染。

（4）Frown upon/on 为“看不起”“不赞成”之意。如：He has frowned on our very exciting plan from the very beginning. 他从一开始就对我们这个激动人心的计划不屑一顾。类似于 look down on。如：You shouldn't always looked down on him just because he hasn't got the same degree as you have. 你不该因为未能获得与你一样的学位而看不起他。

（5）Corrupt 这里为动词，可简单解释为 to change someone or something from good to bad，但现在多带道德色彩，如前所述，即 cause to act dishonestly in return for money or personal gain; cause to become morally depraved。如：There is a continuing fear of firms corrupting officials in the search for contracts. 人们仍然担心公司会通过贿赂官员来获得合同。又如：She has corrupted the director. 她已买通了主任。类似的词还有 spoil，foul，taint，pollute 等，但这些词一般仅指对物质的污染、破坏等，远没有 corrupt 对人的精神、道德所起到的腐败作用。

（6）Risk 原意为 expose（someone or something valued）to danger，harm，or loss。该词多有“蕴藏着潜在危险”之意，故这里用于赌博行为实属恰当。如：The business insured against the risk of failure. 该公司为防止失败而投了保。类似的词有 danger，其意为 the possibility of suffering harm or injury，多指一种人身的或近期可能受害的情况。如：He had stayed up so late that he was in danger of oversleeping and being late for work. 他睡得太晚，所以得冒因睡过头而上班迟到的风险。

【参考译文】

不同信仰看赌博

在西方，自启蒙运动起，便有自然权利的强烈意识，包括在任何情况下追求个人享乐的权利。若某人从事某种损害自己的活动，本人应承担其后果，而非由他人承担。政府的作用（如果存在的话），只是教育和影响个人的行为，而非干预。

认为赌博是不可取的观点，主要是基于宗教信仰和政治理论而形成的。例如，基督教的理念认为，“赌博有害于社会，与道德、经济和精神生活誓不两立，且有损于清廉的政府”。

信奉天主教的道德家们认为赌博导致腐败行为、罪恶以及物质贪欲。

尽管犹太教利用许多赌博形式来进行宗教活动，人们对于赌博行为还是嗤之以鼻的。职业赌徒被看成是寄生虫，徒劳无益，对社会毫无贡献。

在伊斯兰教里，赌博被认为是“发不义之财”，以及“不劳而获”。佛教徒们则被警告：不可赌博行恶，因那样会折寿、受到诅咒、堕入地狱。至今仍作为世界上许多政党和政府施政基础的马克思主义和社会主义则认为，赌博作为一种资产阶级生活方式的活动，腐蚀人们的思想，剥削普罗大众。

随着赌博作为一种不可避免的行为逐渐为大多数人所接受，人们现在倾向于涉足不同形式的“有控制的冒险”。在此环境下，人们可以享受到另一种形式的成人娱乐，从日常生活和个人或社会的压力中解脱出来，亦可创造就业、增加税收。因此，政府的任务就是通过制定和实施适当的政策和法规，来对赌博行为进行有效的控制。

五、例文 5

The First Anniversary Celebration for Sands

Macao's first Las Vegas-style casino, the Sands, celebrated its first anniversary this month with a glitzy cake-cutting ceremony. Just one year after its opening, the Sands has already become one of Macao's top tourist attractions.

Macao has hit a progressive jackpot(1) with the liberalization of its gaming industry that replaced a monopoly(2)-franchise system which had been in place since the mid-1930s, when it substituted a regime that since the 1840s had comprised a number of rival casino operators.

On the one hand, the opening-up of the gaming sector terminated(3) Stanley Ho's exclusive casino concession(4) that he had held since 1962. On the other hand, the move has tremendously revitalized and energized Mr. Ho, his family and business associates.

Thanks to the business acumen of Mr. Ho and his new competitors—the Lui clan from Hong Kong that runs the Galaxy Casino and American Sheldon Adelson's Venetian Macao that operates the Sands—Macao is now on the way of overtaking Las Vegas as the world's prime gaming destination before long. MGM and Steve Wynn from Las Vegas and the Packer family's PBL from down under(5) will bring further expertise and glamour to Macao, including the world's first underwater casino.

So far, thousands of Macao residents have benefited from the liberalization of the gaming sector by landing relatively well paid jobs in the new casinos. Thousands of more jobs will be created by more casinos, hotels, restaurants and related businesses, such as retail outlets, over the next few years.

The principal challenge for civil society and government is to make sure that all the growing business wealth will gradually but progressively trickle(6) down to the population's lower strata. The rising income from gaming businesses must also be used in a way that Macao's quality of life, including the environment, will be continuously improved. Most importantly, all the progress in terms of buildings and other facilities must never be allowed to jeopardize(7) Macao's unique way of life and Sino-Latin heritage.

【分析】

(1) Jackpot，英语原意为（in various games, esp. poker）stake or prize that continues to be added to until won，即（多种游戏，尤指扑克中）累积的赌注（逐渐增加直到赌赢为止）。有时也译为“最大赌注”。Hit the jackpot 为习语，意为 make a lot of money unexpectedly，意外地得到一大笔钱。这里借用赌博术语来形容澳门走运。

(2) Monopoly，英语原意为 sole right to supply or trade in some commodity or service，即专卖（权）、专利（权），如 gain/hold/secure a monopoly 获得（持有/得到）专利权。同时也释为 commodity or service controlled in this way 专卖品、专营服务。如：In some countries tobacco is a government monopoly. 在有些国家烟草是政府的专卖品。进而引申为 sole possession or control of something，即独占、控制。如：A good education should not be the monopoly of the rich. 良好的教育不应是富人独享的事。又如：You can't have a complete monopoly of the car, I need to use it occasionally. 你不能一人独霸这辆汽车，我偶尔也要用。这里译为“垄断经营”。

(3) Terminate，英语原意为 come to an end or bring (something) to an end，这里译为“结束”，亦为使（某事）终止、终结。如：The meeting terminated in disorder. 会议在混乱中结束。又如 terminate someone 's contract 终止某人的合同，terminate a pregnancy, e. g. by means of an abortion 终止妊

娠（堕胎）。

类似的词还有 finish，stop，cease，expire。概括来讲，finish 原意为 come or bring（something）to an end 结束、完成（某事物）。如：Term finishes next week. 下星期学期结束。又意为 state of being finished or perfect，即完成的或完美的状态，如 furniture with a fine finish 最后工序做得很细致的家具。还可用于比喻。如：His manners lack finish. 他的仪态稍欠文雅。Stop 原意为 put an end to（the movement，progress，operation，etc of a person or thing）；cause to halt or pause 使（人或事物的活动、进展、操作等）停止；使中止或暂停。如 stop a car，train，bicycle，etc，使汽车、火车、自行车等停下来。又如：He never stops talking. 他总是说个没完。She's stopped smoking. 她戒烟了。Will you stop making that horrible noise！你别再弄出那种讨厌的响声来，行不行！Cease 意为 come or bring（something）to an end，stop 停止，中止。如：Hostilities（i. e. fighting）between the two sides ceased at midnight. 双方在午夜停止敌对行动（战斗）。又如：The officer ordered his men to cease fire，i. e. stop shooting. 长官命令士兵停火（停止射击）。Expire 意为（of something that lasts a period of time）come to an end，become no longer in use（指延续一段时间的某事物）结束，不再使用，期满，终止。如：Our present lease on the flat expires next month. 我们这套公寓的租约下月到期。又如：When does your driving license expire？你的驾驶执照何时到期？

（4）Concession 一般的意思为 conceding，承认，让出。如：Employers made concessions to the workers in negotiations. 资方在与工人谈判中作出了让步。但这里的意思为（to do something）right given or sold to somebody by the owner(s) of something，allowing him to use or operate it，即特许权（由某事物的所有者授予或售予某人的使用或经营之权利），如 oil/mining concessions，i. e. allowing oil or minerals to be extracted from the ground 石油（矿产）开采权，a concession to gaming 赌权。

（5）Down under 指从欧洲的角度往南看，代指澳大利亚。如：Down under they speak their own kind of English. 在澳大利亚，人们说的是当地的英语。

（6）Trickle 在此的意思为 come or go somewhere slowly or gradually，即慢慢地或渐渐地来或去；又为 thin flow of liquid，即小股水流，涓涓细流。如：The stream is reduced to a mere trickle in summer. 夏天那小河水量减少，成了涓涓细流。根据上下文，这里译为“渗透”为宜。

类似的词还有 drip，seep，ooze，leak，run 等。具体来讲，除 seep 外，皆可指容器或活门使液体流出的方式。Drip，（allow something to）fall in regular drops，（使某物）有规律地滴落。如：Water is dripping from the pipe. 水从管中滴落。又如：The pipe is dripping（water）. 管子在滴（水）。Leak，（allow something to）get out（through a hole in something），（使某物从孔中）漏出。如：Wine is leaking from the barrel. 酒自桶中渗漏出来。又如：The barrel is leaking（wine）. 酒桶漏（酒）。Ooze，（allow something to）move slowly（out of something）because thick，（使某物）慢慢流出（因很稠）。如：Blood is oozing from the wound. 血从伤口慢慢流出。Run，（allow something to）flow continuously（from something），（使某物）连续不断流出。如：Water is running from the tap. 水从龙头中流出。又如：The tap is running. 水龙头在流水。Seep，move slowly（through a small opening in something）（从细孔中）慢慢流出。如：Oil is seeping from the engine. 油从发动机中渗出。

（7）Jeopardize 在此意为 cause（something）to be harmed，lost or destroyed；put in danger，使（某事物）受到伤害、损失或破坏；使陷于险境。如：The security of the whole operation has been jeopardized by one careless person. 整个作业的安全让一个粗心大意的人给破坏了。故这里译为“破坏”。

类似的词还有 endanger，threaten，put at risk，expose，compromise 等。例如：Smoking endangers your health. 吸烟危害健康。A mistake that threatens to be costly. 可能造成重大损失的错误。Most doctors agree that smoking puts your health at risk. 大多数医生都认为吸烟危害健康。Expose soldiers to unnecessary risks. 使士兵冒不必要的危险。He has irretrievably compromised himself by accepting money from them. 他因收了他们的钱，铸成大错害了自己。

【参考译文】

金沙庆周年

澳门第一家拉斯维加斯风格的赌场——金沙，本月设台切糕，庆祝其周年纪念日。开业仅仅一年，金沙已成为澳门热门旅游景点之一。

赌权开放，澳门走运。早在 19 世纪 40 年代，澳门的赌业曾多头并存，20 世纪 30 年代中期后，直至赌权开放前，则实行垄断经营。

一方面，赌业开放结束了何鸿燊自1962年以来独揽赌业的一统天下；另一方面，又使何家及其合伙生意获取活力、得以重振。

得益于何先生敏锐的经营头脑及其新的竞争者——经营银河娱乐公司的香港吕氏集团、经营金沙的美国希尔顿·安德森澳门威尼斯公司，澳门不久将超过拉斯维加斯，成为世界首屈一指的博彩重地。而拉斯维加斯的MGM、斯蒂文·永利及来自澳大利亚帕克家族的PBL公司，又将为澳门带来专技与光彩，包括建成世界上第一家水下赌场。

目前为止，数千澳门居民在有着相对较高人工的新赌场打工，受益于赌业的开放。而今后几年，还会从更多的赌场、酒店及相关行业如零售业中产生数以千计的职位。

对市民社会和政府的首要挑战，是确保将这些增长的经营财富逐渐、有步骤地渗透到普罗大众的底层。由博彩业而增加的收入，亦应用来提高澳门人的生活质量，包括不断改善环境。最重要的是，任何新的建筑和设施，都绝不应破坏澳门的独特生活方式和中葡遗产。

六、例文6

Real Estate Speculation

Macao's property market has become one of the hottest commodities in the Pearl River Delta. In fact, it has become so hot that some industry sectors, namely bankers, start to worry that they might get their fingers burnt(1) if the authorities fail to quell speculation.

Real estate speculation(2), which insiders claim now accounts for at least a third of all property transactions, has become a hot-button issue. Known in popular Cantonese as *chau lau* ("fry a flat"), property speculation has over the past few months enabled quite a few local residents to make a quick buck by selling their property, particularly flats on Taipa, to investors from Hong Kong and the Mainland. International property agencies have also benefited from the phenomenon. Surely, a certain dose of speculation is an integral part of(3) virtually any economic activity. The crux(4) is that speculation easily gets out of control because of one of mankind's most common foibles(5): greed.

Some bankers have proposed a sector-wide 70 percent mortgage cap to forestall rampant property speculation. Others have suggested the government raise certain property-related duties and increase land supply to stabilize the market. Theoretically, the 70 percent mortgage ceiling appears to be a reasonable measure to protect lenders. However, it is doubtful that whether the cap would be able to quell speculation(6) for the simple reason that many, if not most of the non-local buyers simply do not need a mortgage.

Macao's property market is characterized by the fact that reputedly well over three quarters of local households own at least one flat. Besides, there still exists a considerable amount of long-vacant residential and commercial space. On the other hand, a string of new residential and other buildings are under construction or planned to be built in the near future. The overall situation is rather complex indeed.

One of the reasons for the property boom and speculation is, of course, that our city has become a rather attractive location for investment immigrants from the Mainland and elsewhere. Even among private Hong Kong investors it has become "chic"(7) to engage in property speculation in the erstwhile "sleep enclave". However, according to some analysts in the property sector, prices seem to have begun to "stabilize a bit". In a best-case scenario, market forces, not government intervention, will rectify(8) the situation. After all, Macao is supposed to function as a free-enterprise society.

【分析】

（1）短语 get someone's fingers burnt 或 burn someone's fingers，意为 to suffer because something someone has involved in was a failure or a mistake，可译为"因做某事不当（或卷入失败、错误之中）而吃苦头"。如：He got his fingers burnt over the sale of the business. 他在出售这门生意时吃了亏。

（2）Speculation 一般为"推测、猜想"之意，英语意为 an act of speculating as by engaging in business out of the ordinary, by dealing with a view to making a profit from conjectural fluctuations in the price rather than from earnings of the ordinary profit of trade, or by entering into a business venture involving unusual risks for a chance of an unusually large gain or profit。简言之，即利用市场价格的大幅度起伏，从中牟取暴利。故 real estate speculation，property speculation 都可译为通常说的"炒楼"。

（3）An integral part of ...意为"……有机的一部分"，这里根据上下文，译为"（任何经济活动）所不可避免的"。

（4）Crux，其英语原意主要有这样几层含义：A puzzling，confusing，or difficult problem；a determinative point at issue；a main or central feature（as of an argument or plan）。这里译为"症结"。又如：Here lies the crux of the whole problem of industrial relations. 这便是整个劳资关系的关键所在。They have now reached the crux of their negotiations. 现在他们已经到了谈判的紧要关头。

（5）与 foible 类似的词还有 flaw，fault，defect，blemish，imperfection，shortcoming，failing 等，都可形容人的缺点，只是有轻重和侧重点的不同。Flaw 指"有损事物完整的缺点或瑕疵"。如：I found flaws in his character. 我发现他性格上有缺点。Fault 指"削弱或损害人或事的内在缺点与过失"。如：With all her faults，she is still a pretty good girl. 尽管有这些缺点，她仍然是个相当好的女孩。Defect 指"一般性的缺点"。如：The car was unsafe because of a defect in construction. 由于结构上的缺陷，这辆车不安全。又如：Nobody is without fault. 人人都有缺点。Blemish 通常指表面上的缺陷。如：The mole is a blemish on her face. 那个黑痣是她脸上的缺陷。也常用于比喻。如：It's the only blemish on his record. 这是他历史上唯一的污点。Imperfection 的含义更接近 flaw，但强调的是其形式不完整、缺乏条理或功能方面的不佳。如：His stylistic advances in his art were regarded as imperfections by his contemporaries. 他的艺术风格曾被他的同代人视为缺陷。Failing，则是指"严重后果的失误"。如：The lack of convincing evidence is the book's main failing. 该书的主要失败之处，在于其缺乏令人信服的证据。Shortcoming 与 failing 一样，亦指人或事的缺点与不足，但其更接近 flaw。如：Despite all his shortcomings，he makes a good friend. 尽管他有那些缺点，他仍然算得上一个好朋友。Foible 则指总体中明显的弱点。如：Talking too much is one of his foibles. 太爱讲话是他的缺点之一。这里，根据上下文，将 one of mankind's most common foibles 译为"人类最常见的通病"。

（6）It is doubtful…在这里以 it 为引词的形式主语结构，真正的主语则是 whether the cap would be able to quell speculation，故在翻译时，须将 it is doubtful 置后译出。整句译为"这种封顶是否可以遏制炒楼风，值得怀疑"。

（7）Chic 的原意为 elegantly and stylishly fashionable，这里译为名词"雅致"。如：Over the years she had developed an air of understated chic. 近年来，她逐渐养成了一种含而不露的淡雅风度。

（8）与 rectify 类似的还有 repair，mend，correct，remedy 等，都有

"对有缺陷的事物进行修补、调整及更正"之意。Repair，表示使已损坏的事物重新变得完整及发挥正常功能，通常需要较高的专业知识和技能。如：Please quote me the expense of having the old car repaired. 请告诉我修复这辆旧车所需要的费用。Repair 亦可引申为"具有恢复效果的行为"。如：The ambassadors worked to repair the breach in trade relations. 大使们努力弥补贸易关系上存在的隔阂。Mend，表示将撕裂或破损的东西重新修固起来的过程。如：She has mended the torn page with tape. 她用胶带把撕破那页修补上了。Correct，表示改正不准确、不真实或不完善的事物。如：The American teacher has corrected my mispronunciations. 那位美国老师纠正了我的发音。Remedy，侧重于补救由于坏的影响而造成的损失，以恢复正常状态。如：The government took steps to remedy the conditions that precipitate the illegal gambling. 政府采取步骤消除形成非法赌博的条件。Rectify，通常表示对那些偏离了正确、公正的标准的事物所进行的调整或更正。如：The court has just now rectified a miscarriage of justice. 法院刚刚纠正了一起错案。这里，根据上下文，将其译为"进行调整"。

【参考译文】

地产炒作

澳门的地产市场成了珠江三角洲的一种热卖商品。实际上它热得使有些产业如银行界的人士不禁担心起来：若当局不能遏止炒楼风，他们可能会陷入麻烦。

据知情人说，炒卖地产现已占了所有财产交易的至少三分之一，成为一大热点问题。在过去数月当中，一些本地居民通过"炒楼"（常用的广东话），将房屋（特别是在氹仔的）卖给香港和内地投资者，赚了"快钱"，而国际房地产公司也从中受益。诚然，一定程度的投机成分是任何经济活动所不可避免的，而使投机轻易失控的症结，就在于人类最常见的通病——贪婪。

有的银行界人士建议，实行 70% 的楼宇按揭"封顶"，以遏制蔓延的炒楼风。还有人建议，政府应提高与地产相关的税额，增加土地供应，以稳定市场。从理论上来讲，70% 的按揭封顶是保护借贷者的合理措施。然而，这种封顶是否可以遏制炒楼风，值得怀疑。原因很简单：即使不是大部分，也有相当数量的非本地购房者并不需要按揭贷款。

超过 75% 的澳门家庭拥有至少一套住房，这便是澳门地产市场的基本特点。此外，现存还有很多长期闲置的住宅和商业单位。同时，一系列的新住宅和其他建筑也在兴建当中或计划在短期内兴建，所以整个形势的确相当复杂。

当然，地产升温和炒作的原因之一，是我们的城市对于内地及其他地方的投资移民已成为颇具吸引力的地方。就算对香港的私人投资者而言，到这个昔日“沉睡之地”来炒楼，也不失为一种雅致。然而，据某些地产界的人士分析透露，房价已开始趋于平稳。最理想的情况，应当是通过市场力量而不是政府干预来进行调整。毕竟，澳门是以自由企业社会进行运作的。

七、例文 7

The Residents' Choice

While the minimum age for employment in Macao is 16, the casinos in Macao normally hire people in the 18 to 35 age bracket(1). The casino employers initially screen(2) candidates, sending those who have passed a six-month training course, followed by a formal recruitment test. Trainees are given an allowance during the training.

Despite the good pay, some young staff have become disillusioned, believing that working in a casino has a down side. "Working in this American-invested casino is meaningless to me, except for the relatively high income. I seldom have chance to talk to my colleagues or form friendships with them(3). The top management is filled with foreigners, making me and other local staff members feel inferior. Moreover, the job doesn't provide a written contract which means I would have some trouble defending myself in the case of a labor dispute."(4) A young dealer said.

The recent phenomenon of scores of students dropping out of high school to seek employment in the booming gaming industry has become a major topic of public debate(5). While we do understand concerns raised by educators, clerics and community leaders, we should also not to forget that we—civil society—must not demonize casino jobs as something that was socially reprehensible. The fact is we all continue to benefit directly or indirectly from the certainly not easy work of the gaming business which, after all, generates the dominated proportion of

Macao's wealth.

What we should be concerned about is to ensure that teenagers firstly complete their school education before hunting any jobs, and after careful consideration then choose a career in the casino sector. It is all too human that youngsters are eager for jobs that are well paid—such as those offered by Macao's three casino concessionaires.

Article 35 of the *Macao Basic Law* grants local residents the freedom of choice of profession. Certainly, the best way of enjoying this constitutionally guaranteed liberty in a responsible manner is to be equipped with a formal education(6). Perhaps, our casino operators may also cooperate in achieving this aim by urging young job applicants to accomplish their school education before being considered(7). In the long run, this would also benefit the gamming employers since better educated employees tend to offer clients and the industry better services.

【分析】

(1) Bracket 原意为括号、托架等，后引申为等级、阶层、段、档等，如 the upper or lower bracket（淘汰赛中的）上方或是下方，the high income bracket 高收入阶层。这里涉及年龄，故可用段或档，如 in the 24 to 55 age bracket 在 24 岁到 55 岁这一年龄段。

(2) Screen，这里可译为筛选。如：The candidates are being screened. 候选人正在被筛选中。

(3) 对于 I seldom have chance to talk to my colleagues or form friendships with them，不必照字面译为“我很少有机会与我的同事交谈、与他们建立友谊”，长句可简化为“我很少有机会与同事交谈、交朋友”。

(4) Labor dispute 意为 the disputation concerning rights and obligations between an employer and employee (s)，即劳方与资方对双方的权利与义务问题产生分歧而引起的纠纷，简称为“劳资纠纷”。

(5) 这一长句在译为中文时，应作适当的断句，即“……寻求就业的现象，成为公众讨论的话题”。

(6) 将这一句中的两个成分 the best way 和 a responsible manner 在译文中重新组合，即从分至合，译为“享有这种宪法赋予的自由权利的最佳和负责任的途径是要具备正规教育”。

(7) 将此一长句作适当的“切断”处理，并将 perhaps 置后。整句可译为“赌场经营者应鼓励年轻工作申请者首先要完成学业然后才予以考虑，或许可以此配合来共同达到上述目的”。

【参考译文】

居民的选择

在澳门，最低就业年龄为16岁，而澳门赌场雇用的人员通常在18岁至35岁。经过初选，赌场将通过了六个月培训的学员挑出，进行正式录用测试。学员在培训期间，享有补贴。

尽管人工不差，有的青年员工仍不免沮丧，感到赌场工作有消极的一面。一名青年荷官说：“在这家美国人投资的赌场工作，除了较高的收入之外，对我来说毫无意义。我很少有机会与同事交谈、交朋友。高层管理者都是外国人，使我和当地员工感到低人一等。而且，这份工作并未提供书面合同，这意味着如果发生劳资纠纷的话，恐怕很难保护自己。”

近来创纪录的高中生辍学到兴旺的博彩业寻求就业的现象，成为公众讨论的话题。固然，我们理解教育工作者、牧师及社团领导人对此问题的关注，但同时不要忘记，我们作为文明社会，也不应将赌场的工作丑化为社会谴责的对象。事实上，我们每个人都直接或间接地不断得益于显然并非轻而易举的博彩业，因为它毕竟带来了澳门财富的主要部分。

值得我们关注的是，要确保学生在完成学业之后再出来“揾工”，在经过慎重考虑之后再选择到赌场工作。年轻人渴望高收入的工作——诸如澳门三家赌场所提供的工作——完全是人之常情。

《澳门基本法》第35条规定当地居民享有选择职业的自由。当然，享有这种宪法赋予的自由权利的最佳和负责任的途径是要具备正规教育。赌场经营者应鼓励年轻工作申请者首先要完成学业然后才予以考虑，或许可以此配合来共同达到上述目的。长远来看，这对雇主也是有利的，因为受过良好教育的员工对于顾客和企业会提供更好的服务。

八、例文8

Progresses and Problems

The second direct and indirect legislative elections held in Macao since its reversion to China declared a success. The outcome of the polls showed that bread-and-butter[(1)] issues and a rather peculiar combination of grass-roots[(2)] and big-business interests continue to dominate Macao's political landscape[(3)].

International coverage of the elections showed once again that some Western media still find it hard to accept the fact that relations with Beijing are simply not an issue in Macao—in stark contrast to the situation in Hong Kong. One of the most surrealist articles about the polls was an American news report which claimed that "the Macao administration has a strong pro-Beijing contingent that favors Chinese rule, unlike in neighboring Hong Kong, where the government must negotiate with an outspoken pro-democracy opposition"[(4)].

Since the handover nearly six years ago, Macao's economy has grown by leaps and bounds[(5)]. This is also due to strong support by the central government in Beijing, which has granted Macao a raft of benefits and advantages since December 1999, such as in the area of trade and tourism. The Macao-Mainland Closer Economic Partnership Arrangement (CEPA), Macao's membership of the "9 + 2" Pan-Pearl River Delta Regional Cooperation and Development Forum (PPRD), the Mainland's Facilitated Individual Travel (FIT) scheme, the establishment of the Macao-Zhuhai Cross Border Industrial Zone (CBIZ) and the launch of the locally based Forum for Economic and Trade Cooperation Between China and Portuguese Speaking Countries are the most important examples of Beijing's continued "back-up" of Macao's further development as an international hub for tourism, entertainment and business-support services.

Even the most critical voices can't avoid recognizing the fact that Macao has fared[(6)] markedly well since the Sino-Portuguese handover. This does, of course, not mean that there are no problems and challenges that Macao will have to face during the second half of its first decade under Chinese administration, such as public transport, education, human resources and the import of labor, housing for low-income earners, urban planning and, last but not least, the preservation and cultivation of our city's unique cultural identity and heritage, as well as the elevation of residents' quality of life and a broader and even distribution of social wealth. All these issues are more or less pressing, and some need to be addressed[(7)] rather urgently.

【分析】

（1）Bread-and-butter，英语的基本含义为 a sustaining unit or element: source of sustaining income 持续性的单元或因素：持续收入来源；influenced by or undertaken out of necessity 谋生的，为了糊口的，受生活需求支配或承担的。如 a bread-and-butter job 一份糊口的工作。这里可译为“生计问题”。

（2）Grass-roots，英语原意为 the people of these districts when constituting or acting as a fundamental politico-economic group and a source of independent popular opinion，通常译为“草根阶层”。结合前面的 peculiar combination of ...可将此句译为“草根阶层和巨商利益的特殊结合”。

（3）Landscape，英语原意为 a picture representing a view of natural scenery（as fields, hills, forests, water）; the surface of the earth: the landforms of a region in the aggregate especially as produced or modified by geologic forces 等，但这里指的并非自然状态，故可将 Macao's political landscape 译为“澳门的政治格局”。

（4）将破折号后的 in stark contrast to the situation in Hong Kong 放在括号中处理，译为“与香港的情况形成鲜明对照”。Contingent，英语释为 an event or condition that is likely but not inevitable 偶然事件，可能发生但并非不可避免的事件或情形；dependent on, associated with, or conditioned by something else, sometimes indirectly or remotely 间接地或遥远地依赖、关联或以其他事情为条件而发生的。这里可将 pro-Beijing contingent 译为“北京倾向”。Pro-democracy opposition 不译作“民主对立派”，而译为“对立的敢于直言的民主派”。

（5）Leaps 英语释为 to run hastily or with a leaping gait。Bounds 意为 to move with a spring or leap or with a succession of springs or leaps。两词在一起译为“突飞猛进”。

（6）Fare，这里不是“费用、旅客及食物”等意，而为 to get along, make out or turn out 之意。如：It is hard to guess how minorities will fare at the hands of the new government. 不知在新政府手里，少数民族的状况将会如何。又如：How did you fare there? 你在那里过得怎样？How are you faring with your project? 怎样进行你的计划？这里译为“进展”“进步”等。

（7）Address 这里并非“地址”之意，而是“解决……问题”，如 address oneself to a problem 着手解决一个问题。

【参考译文】

进步与问题

澳门回归后的第二次直接和间接立法会选举是成功的。民调显示，百姓的生计问题以及草根阶层和巨商利益的特殊结合，仍将继续主导着澳门的政治格局。

国际上对于此次选举的报道，再次显示西方媒体难以接受北京与澳门的关系并非问题（与香港的情况形成鲜明对照）的事实。其中美国新闻界的一则最为“超现实”的报道说，“澳门当局强烈的‘北京倾向’有利于中国的统治；不像邻近的香港那样，政府必须和对立的敢于直言的民主派对话协商”。

回归近六年了，澳门经济突飞猛进，这与中央政府的大力支持分不开——其自 1999 年 12 月以来给予了澳门诸如在贸易和旅游方面的大量优惠条件。《内地与澳门关于建立更紧密经贸关系的安排》、泛珠三角洲“9 +2”地区合作与发展论坛、内地“自由行”、珠澳跨境工业区以及中国与葡语国家经济和贸易论坛等，便是北京继续支持澳门进一步发展成为旅游、娱乐和经营服务国际中心最重要的例证。

即使是最苛刻的批评，也不能回避澳门自中葡交接后的显著进步。当然，这并非意味着在中国人管理五年的澳门不再有问题和挑战了，诸如公共交通、教育、人力资源和劳工输入、低收入者的住房、城市规划、对于我们城市独特文化品性和遗产的保存及发展、提高居民生活质量以及广泛而均匀的社会财富分配等。所有这些问题都颇为紧迫，有的甚至亟待解决。

九、例文 9

Quality of Life and Population Politics

When receiving the latest population figures from the Statistics and Census Service, I suddenly remembered a treatise by US anthropologist Virginia Abernethy on “Population Politics: The Choices that Shape Our Future”. Prof. Abernethy defined a certain area’s “carrying capacity”(1) as “the number of individuals that an area can support without sustaining damage”. Quite rightly, she also points out in her paper that “humans are a little different because of wanting more than bare subsistence. Humans value their aesthetic, intellectual, cultural, and political creations. People want more than a loaf of bread and processed grape juice. For humans, then, carrying capacity refers to the number who can be supported without degrading the physical, ecological, cultural, and social environments. Carrying capacity relates to the desired quality of life".

Chief Executive Edmund Ho has said that improving the quality of life of Macao residents will be his main objective in his second five-year term. Sustainable development and population growth must go hand in hand in order to achieve the aim of what anthropologists such as Prof. Abernethy describe as a "sustainable society". That is why I think the government's future "quality-of-life think tank" should also carefully study the issue of Macao's sustainable population growth.

Even though Macao is highly populated, I agree with some of community leaders that there is still room for a gradual and cautious increase in the population. Mr. Ho announced last week that the government would reclaim more land from the sea to meet anticipated demand for more real estate. My gut feeling(2) is that Macao could well accommodate around 500,000 residents later this decade, and even more afterwards. It will all depend on our city's future economic and social development including transport, health, security, and education, as well as water and electricity supply, rubbish and sewage disposal, and protection of the environment, urban landscape and cultural heritage.

Macao needs immigrants with special skills from the Greater China area(3) and overseas to help develop our economy. However, all immigrants should be ready to fully integrate themselves into our multi-cultural society. Quality of life can only be raised if the increase in population, economic growth and social development take place in a well co-ordinated fashion. In order to achieve this important aim, government and civil society, including business and labour representatives, must closely work together. No easy task indeed.

【分析】

（1）Carry 英语释为 sustain as a burden or load and bring along to another place，这里连同 capacity 可译为“承受能力”。

（2）Gut 一般译为“内脏”“勇气”等，英语释为 strength or force of character：moral stamina，如：He has a lot of guts. 他很有勇气。而 gut feeling，类似 instinct，故译为“本能”。

(3) Greater China area，这里指“大中华地区”，包括中国内地、香港、澳门及台湾。

【参考译文】

生活质量与人口政治

得知最新人口统计数据后，我突然想到美国人类学家维吉尼亚·阿伯奈蒂教授的论文“决定我们前途的人口政治”。阿伯奈蒂教授指出，某一地区的“承受能力”是该地区在不受到持久损害情况下所能承担的个体数量。同时，她也非常恰当地提出，人类是有所不同的，因为他们不仅仅需要生存，他们还注重审美、才智、文化及政治等方面的追求；人们需要的并不仅仅是面包和果汁。于是，对于人类来讲，所谓承受能力，指的是在不造成自然、生态、文化及社会环境破坏的条件下所能承负的个体数量；承受能力与所求的生活质量相关。

行政长官何厚铧说过，提高澳门居民的生活质量，是他第二个五年任期的主要目标。可持续发展和人口增长必须协调进行，以达到人类学家如阿伯奈蒂教授所形容的“可持续社会”。所以，我认为政府关于未来生活质量的智囊团也应认真研究一下澳门可持续人口增长问题。

即使澳门人口已经非常稠密，我仍同意有的社团领导人的意见，就是澳门仍有逐渐、谨慎增加人口的空间。何先生上周宣布，政府将继续填海，以满足更多地产需要。我本能地感到，到这十年的后期，澳门人口可以达到50万，之后会更多。这将取决于我们城市未来的经济和社会发展，包括交通、健康、治安、教育、电力供应、垃圾处理，以及环境、城市景观及文化遗产保护等方面。

澳门需要从大中华地区及海外吸纳有特殊技能的移民，帮助发展经济。然而，所有移民应愿意完全融入我们的多元文化社会之中。只有当人口的增长和经济、社会的发展协调一致，才能提高生活质量。为达到这一重要目的，政府和民众及商界和劳工界的代表须紧密合作，而这并非易事。

十、例文 10

Watchdog Committee Starts to Function

Yesterday's gazetted[1] establishment of Macao's first-ever watchdog committee to oversee disciplinary issues affecting the Macao Security Forces is surely a good beginning, but challenges will certainly be galore[2].

The committee's eventual recognition and, most importantly, trust by the citizenry will depend on its effectiveness in responding to public complaints. Legislators, community leaders and commentators had called for the setting-up of a police complaints committee even before the 1999 handover, but to no avail[3].

The committee is, therefore, the government's response to public opinion, namely following a number of "cases" that caused considerable concern among citizens. Of course, it would be wrong to assume that citizens' complaints are always right. Experience tells us that any watchdog committee will, unfortunately, always be confronted with its fair share of nuisance complaints. The real challenge facing the committee will be to handle "genuine" complaints in a fair and effective manner, such as those concerning the alleged violation of citizens' legitimate rights by police officers overstepping their authority.

Strict discipline, continued professional training, high legal awareness and proper hierarchical supervision form the best foundation to ensure proper work by the police. Ideally, the committee will function as an "ombudsman platform"[4] between the police and the public. This will, among other things, depend on the profile and commitment of its five members. Independence and social awareness must be the committee members' ultimate aim when dealing with complaints, grievances and allegations that are more often than not expected to be highly emotional and legally intricate.

Considering that the committee is a novelty in Macao, we should give its future members some time to settle in and get used to their difficult task. In that sense, they will need the public's full support and trust. On the other hand, the committee's sheer existence[5] will act as a deterrent to all those in the police tempted to abuse their powers(6). Our police officers must be aware that Macao's international image does, to a large extent, depend on their discipline and strict adherence to the rule of law.

【分析】

(1) Gazette，英语释为 an official journal published at regular intervals containing records of various official acts, lists of promotions and honors, names of bankrupts, public notices, and so on。但这里该词用作动词，即 to announce or publish in a gazette: announce publicly，故这里译为“在政府公告上公布的”。

(2) Galore 原意为 in great numbers, in abundance 大量的，丰富的。如：There are book-shop galore in this town. 这个城市有很多书店。又如：He has friends galore. 他有许多朋友。这里译为“艰巨挑战”。

(3) Avail 原意为“有用”“有益”。如：He avails himself of every opportunity. 他利用每一个机会。又如：She avails herself of the books in the library. 她充分利用图书馆。No avail 可译为“无济于事”。

(4) Ombudsman 原意为“调查官员舞弊情况的政府官员”。Ombudsman platform 可译为“行政申诉职能”。

(5) Sheer 意为“纯粹的”，如 sheer nonsense 毫无意义。又如：Our army was beaten by sheer weight of numbers. 纯粹是由于敌众我寡，我军才遭到失败的。Sheer existence 可译为“存在本身（对于……）”。

(6) Abuse...powers，译为“滥用……职权”。

【参考译文】

监察委员会开始运作

昨日在政府公告上公布的澳门成立了第一个监察委员会以统揽涉及澳门警力的问题的举措，无疑是个好的开端，但今后会面临艰巨挑战。

公众对该委员会的最终认可及信任（这是最重要的）取决于其对公众投诉的处理效率。立法议员、小区领导及评论家们早在 1999 年回归之前就呼吁成立警员投诉委员会，但无济于事。

因此，该委员会的成立是响应公众舆论，特别是在发生若干引起市民关注的“案件”之后。当然，公民的投诉并非总是对的；经验表明，任何监察委员会不可避免地总会分担一些无理投诉。而委员会面临的真正挑战，则在于如何公平、有效地处理关于警员越权侵犯公民合法权益的“如实”投诉。

严明的纪律、持续的专业培训、高度的法律意识以及相应的管理监督体制，是确保警员做好工作的基础。理想上，该委员会应在警员与公众之间起到“行政申诉职能”的作用。除了其他因素之外，这取决于该委员会五个成员的形象与使命。在处理情绪激动、法律复杂的各种投诉、冤情及指控时，最重要的是委员会成员的独立性和社会觉悟。

鉴于此种委员会在澳门前所未有，我们应给予未来成员们时间以适应其艰巨的任务，故在这一点上他们需要公众的大力支持和信任。另外，委员会的存在，本身对于试图滥用职权的警员就是一种威慑。我们的警员们必须明确，澳门的国际形象在很大程度上取决于他们的纪律和对于法治的严格遵守。

十一、例文 11

Differences in Quality of Life

If you were to ask an old lady collecting cardboard in the streets of Macao about the quality of her life, I suspect she would give a very different answer from that of a well-heeled professional or a poorly paid shop assistant. However, quality of life is not only a matter of subjective perception or opinion; it also concerns objective facts. Based on a variety of indicators, the quality of life in Macao is clearly improving for many, and is very good for some, but, as many as school report once read, it still “could do better”.

By most accounts(1), Macao is experiencing a boom. Unemployment has been falling since the start of the millennium, and has now dipped below 5%, though the new jobs are being created in a comparatively limited range of industries, and are increasingly low-skilled. The average monthly income for households is rising in absolute terms(2).

Many community and cultural activities are offered and, impressively for a small city, there are locally dedicated television and radio stations. Macao has ports of all varieties: an airport, sea port, heliport, container port and fishing port, and so on. Its infrastructure is increasing exponentially(3).

There is affordable housing, though prices are surging(4). Health services are available, albeit better for those who can afford them. Education provision is assured, though there are few public indicators of quality. Even the unit of space per student in some schools is less than that given by some governments for the keeping of sheep (two square meters), and many schools are mass production factories, bent on benevolent containment.

Special education is provided, with 0.5% of school students registered as having special needs (compared to statistics in double figures for other countries). Sports and leisure facilities are becoming more numerous and available, though many school children have never seen a farm animal in real life, paddled in a stream, climbed a mountain or smelt wild flowers growing in wild areas. The reported crime rate from 2001 onwards is rising, including crimes against property, persons and the territory.

The trickle-down of benefits from the opening of the gambling franchises is not always apparent across different sectors of society(5). Social and care services do not even register perse in the government's general statistical indicators, being defined, rather, as Health, Education, and Environment data. For some, the casinos and related entertainment developments offer a wonderful prospect for the development of Macao; for others, they combine the tawdry with the tacky(6). Macao must be more than a grand amusement center.

【分析】

(1) Account，这里译为“考虑”“顾及”等。如：He put his knowledge to good account. 他使知识发挥了效益。By most accounts，这里译为“统而言之”。

(2) In…terms of，为“就……而言”。In absolute terms，译为“肯定而言”，这里不必译得那么“实”。

(3) Exponential，为“含有指数的，含有幂数的”。如：Yn is an exponential expression. Yn是幂的表达方式。Exponentially，这里译为“呈几何级数”。

(4) Surge，原意为a sudden onrush 突然来临的急流。如：A surge of joy. 喜从天降。又指 a sudden, transient increase or oscillation in electric current or voltage 波动电流和电压突然、短暂的升高或摇摆。类似的词还有 wave, billow, ripple, breaker 等，但 surge 在此并非字面含义，而为 increase sharply 之意，这里可译为“暴涨”。

（5）Trickle 为“一滴滴地流”。如：Blood trickled from the wound. 血从伤口一滴滴流出。或 a slow，small，or irregular quantity that moves，proceeds，or occurs intermittently，涓滴，细流陆续地或间断地出现、移动，或缓慢、少量地前进。此句不必译得过实，可译为“赌业开放的收益对于社会各阶层并非总是明显的”。

（6）Tawdry，意为 gaudy and cheap in nature or appearance 俗气而不值钱的本质或外表俗气而不值钱的。Tacky，意为 lacking style or good taste，tawdry，缺乏风度或良好品位的，俗艳的。二者实为一意，这里可统译为“华而不实”。

【参考译文】

不同的生活质量

如果问一下澳门街头捡纸板老妇的生活质量，我想会得到与薪金不菲的专业人士或收入低微的小商贩不同的回答。然而，生活质量并非一种主观概念和见解，而是一种客观现实。各种指数表明，澳门人的生活质量显然有所改善（一些人有了很大的改善），然而，正如学校成绩单上常用的那句话——“希望做得更好”。

统而言之，澳门正日益繁荣。失业率自 21 世纪以来持续下降，现已低于 5%，尽管新工种出现的行业有限而且多是低技能的。平均家庭月收入确是增加了。

对于一个如此小的城市，这里有着许多小区、文化活动、地方电台、电视台，已着实不易。澳门有许多口岸：机场、海港、直升飞机场、集装箱码头、渔埠等。其基本设施也呈几何级数增长。

尽管房价暴涨，仍可民有其屋；因有医疗服务，故负担得起的从中受益更多。教育制度虽已确定，却还缺乏公共素质指数。在某些学校，赋予每个学生的空间不及某些政府规定的饲养每只羊的空间（两平方米），而限于某些“善意规范”，许多学校成了“成批生产车间”。

澳门为 0.5% 登记有“特别需要”的学生（比起许多其他国家为成倍数字）提供特殊教育。尽管许多学生在现实生活中从未见过农场牲畜，未在河流中划桨，未爬过高山或未闻过荒野中的花香，但体育和休闲设施确实大量增加、随手可用。而自 2001 年以来，犯罪率（包括针对财产、人身及特区的犯罪）却有所上升。

赌业开放的收益对于社会各阶层并非总是明显的。社会服务事业本身并未登记为政府一般统计指数，而是作为医疗、教育和环境资料而统计的。对于一些人来说，赌场及相关娱乐业的发展带来了澳门繁华的未来，而对于另一些人来说，这些不过是华而不实。澳门应不仅仅是一个豪华娱乐中心。

十二、例文 12

Indicators of Macao's Quality of Life

In Macao, the noise pollution and environmental pollution from traffic and construction are awful; the traffic congestion in city streets is appalling; the luminosity at night time is dreadful; fresh air is at a premium(1) in many parts of the territory; discourteous and aggressive drivers render driving and walking a perpetual nightmare; the smell from street rubbish bins is disgusting.

One cannot have a meal in most cafes and restaurants without being assaulted(2) by television noise and having to breathe second-hand smoke, yet there seem to be no steps taken to protect innocent diners from other people's drug habit. People smoke next to "No Smoking" signs at the new ferry terminal, and nobody seems to take action. Pavement access for wheelchair and disabled citizens seems non-existent; there is scarcely a blade of grass to be seen in many areas; shops assail passers-by with thumping back-beat music. Employment conditions and contractual arrangements are heavily stacked in favor of employers rather than employees(3). Unionization and protection of workers' rights is a speck on the horizon(4) in many sectors.

The gap between the rich and the poor is wide: visitors comment on the huge numbers of luxury cars in Macao, yet those same cars have to weave past elderly men and women piling hand carts with flattened boxes to raise a few patacas(5). There is enough gold and jewellery in Macao's shops to decorate a palace, yet, in other parts of the city, people buy cheap meat and vegetables from off the ground. Streets are laid as part of infrastructural development and then dug up as part of infrastructural development; indeed it is difficult to discern a strategic plan for structural and infrastructural development in Macao.

Whilst wealth, comfort, health, prosperity, a high standard of life, status, self-respect, social mobility, autonomy and collective development are on offer for some, for others the daily experience in their lives is of inequality, poverty, worry, despair, hopelessness, pressure, joblessness, stigmatization, exploitation, mediocrity in mass culture, greed, the commoditization of life, selfishness, materialism, dehumanization, sexism and racism.

Yet, for all of these shortcomings, people love Macao—to live in and visit. It holds a fascination that other cities lack, not only for its Mediterranean past but for its vibrant present that could be the envy of many cities. Its shops, cuisine, streets, buildings, heritage, combinations of Chinese and Western, culture, environment and entertainment are hugely attractive. How can one identify how to develop Macao for the benefit of all its population?

To address the development of Macao(6), it is important to construct quality of life indicators and conduct quality of life surveys. Such data not only report on and evaluate the "state of things"; they can identify areas for intervention and development, the public and private sectors, can contribute, as resource issues are central in improving the quality of life. In using quality of life indicators, the move from description to analysis to evaluation to decision-making to action should be seamless(7).

Quality of life indicators could include survey data combined with routinely collected public domain data, covering those items as follows: Income, housing, job prospects and conditions, social mobility, education, social and care services, natural and built environment, land use, environmental protection and condition, infrastructural maintenance, development and renewal, social connectedness, civil and political rights, access to culture, equality by race, ethnicity, ability and gender, safety, utilities, law and order, public services, catering for infants, caring for children, teenagers, the elderly, the vulnerable and the disabled, sport and leisure provision, individual and community well being and so on.

【分析】

(1) At a premium，英语释为 more valuable than usual, as from scarcity 非常宝贵的、因稀缺而比寻常更为有价值的。如：Fresh water was at a premium after the reservoir was contaminated. 在水库被污染之后，干净的水便因稀有而珍贵了。故这里译为“稀有”。

(2) Assault，原意为 a violent physical or verbal attack 抨击、武力或口

头上的攻击。但这里不可取此意。类似的词还有 attack，aggression，offensive 等。Attack 和 assault 均可指“任何语言上的或武力上的激烈冲突”，强调“攻击的突然和意外”。Aggression 广泛用于外交，指“侵犯别国利益的行动或敌对行动”。Offensive 指“冒犯或进攻”。有时 offensive 可与 attack 换用，但在大多数情况下 offensive 用于“大规模的人力、物力协调的军事行动”。如：We took immediate offensive against the enemy. 我们立刻对敌人进攻。又如：They launched a propaganda offensive against the government. 他们发动了反对政府的宣传攻势。

(3) Stack 意为“堆，一大堆”，如 a stack of books 一大堆书。这里译为“繁文缛节的”。Employment conditions and contractual arrangements are heavily stacked in favor of employers rather than employees. 整句可译为“繁文缛节的雇用条件及合同条约显然有利于雇主而非雇员”。

(4) A speck on the horizon 为“极少”之意，此处译为“寥若晨星”。

(5) Visitors comment on the huge numbers of luxury cars in Macao, yet those same cars have to weave past elderly men and women piling hand carts with flattened boxes to raise a few patacas. 此句较长，含义也多，可译为“来访者评论道，澳门有大量的豪华车，而这些车却不得不和旁边老人们装着成堆压扁的纸盒以换取几元钱的手推车擦肩而过”。

(6) Address 意为“针对……而说”“针对……而写”。如：She addressed herself to all of us. 她是针对大家而说的。此句可译为“为了明确澳门的发展”。

(7) Seamless 意为 perfectly consistent 没漏洞的、完全连续的，如 a seamless plot in the novel 小说天衣无缝的构思。这里可译为“无懈可击”。In using quality of life indicators, the move from description to analysis to evaluation to decision-making to action should be seamless. 整句可译为“依据生活质量指数，从表述到分析、评估、决策及采取行动才会无懈可击”。

【参考译文】

澳门生活质量指数

澳门交通、工地的噪音及环境污染情况极糟，城市街道的交通堵塞惊人，夜间灯火通明得令人不快，新鲜空气稀有，无礼蛮横的司机使得开车和行走成为永远的噩梦，而街道旁的垃圾更让人难以忍受。

在咖啡店或餐馆就餐，难免要受到电视噪音的骚扰，且要忍受二手烟，而又没有相应措施来保护无辜餐饮者免受因他人吸烟习惯而带来的伤害。在码头，人们在“严禁吸烟”标牌旁边吸烟，无人管理。为轮椅和残疾人所修的通道几乎不存在，许多地方草坪稀疏，店铺震耳欲聋的噪音袭扰着来往行人。繁文缛节的雇用条件及合同条约显然有利于雇主而非雇员，而在许多行业，对于雇员权益的联合与保护，寥若晨星。

富人与穷人的差距在拉大：来访者评论道，澳门有大量的豪华车，而这些车却不得不和旁边老人们装着成堆压扁的纸盒以换取几元钱的手推车擦肩而过。不错，澳门店铺里的黄金、珠宝足以装饰宫殿，但城市其余地方的人们却购买从地上拾起的肉、菜。作为基建的一部分，街道被这边掀起那边挖下。的确，在澳门难以分清哪些是计划中的结构、哪些是发展中的基建。

对一些人而言，是富裕、舒适、健康、繁荣、高标准生活、身份、自尊、社会支配性、人身自由、“全面发展”；而对另一些人而言，其日常经历却是不平等、贫穷、担忧、无奈、绝望、压力、失业、受辱、盘剥、大众文化中的平庸、贪婪、商业化、自私、物质主义、非人道、大男子主义和种族主义。

尽管有这些缺点，人们还是喜欢澳门，喜欢在这里居住、逗留。这里有着许多其他城市没有的魅力：这里的店铺、菜肴、街道、建筑、遗产、中西方的结合、文化、环境及娱乐，都极具吸引力。那么，怎样发展澳门以使这里的人们受惠呢?

为了明确澳门的发展，关键的是要制定生活质量指数并进行相应的调查。这种数据不仅仅可汇报和评估现状，还可说明事情的状况，鉴别介入和发展的领域，公众和私人的可作可为，以使问题集中于提高生活质量。依据生活质量指数，从表述到分析、评估、决策及采取行动才会无懈可击。

生活质量指数应参照调查材料，并结合收集来的公众资料，包括以下方面：收入，居住环境，工作前景和条件，社会支配性，教育，社会及关爱服务，自然及建筑环境，土地使用，环境保护和条件，基建维护，发展及更新，社会联结，公民和政治权利，文化享有，在种族、能力和性别上的平等，安全，效用，法律和秩序，公众服务，对婴幼儿、儿童、少年、老人、弱者及残疾人的抚养照顾，体育休闲设施，个人及小区的福祉等等。

十三、例文 13

Building a Regional Brand Name

With the great support from the Central Government and the clear strategies of the Macao SAR Government, Macao enjoys sustained[1] economic growth and greater social stability and harmony. Under the clear objective of the SAR Government to develop Macao into a tourism and gaming, MICE and leisure hub[2], a series of new tourism and entertainment facilities have started operation or will be completed soon, creating an environment of opportunities and challenges in which Macao tourism can thrive[3].

As Macao develops its image as one of the premier tourist destinations in the Asia Pacific region, the Macao SAR Government will actively plan and support the holding of more world-class events[4] to build Macao into a "City of Events". Last year, the tourism industry of Macao has achieved appreciable growth, with over 16.67 million visitor arrivals to Macao, a surge of 40% over the year before. Among the total visitor arrivals, 9.5 million are Mainland visitors, who accounted for 57% of total visitor arrivals and have recorded a significant growth of 66%.

The further opening up of Mainland's tourism markets has brought about a structural change to the tourism market of Macao, and the strong arrivals from the Mainland has made Mainland China the key source market for Macao[5]. At present, over 30% of the total Mainlanders who visited Macao came under the "Individual Visit Scheme". By the end of 2004, statistics show that arrivals from the Mainland on "Individual Visit Scheme" exceeded 4 million since its launch on July 28 of 2003.

Since the Pan-Pearl River Delta (PPRD)[6] Regional Co-operation and Development Forum held last year, tourism authorities from the nine provinces and regions plus two Special Administrative Regions of the Pan-Pearl River Delta are working on the overall tourism cooperation in the PPRD region. Through fostering closer cooperation and complementary relationship, Macao and the PPRD region can enhance their combined competitive edge by sharing resources and joint promotions. At the same time, Macao will continue to strengthen cooperation with Guangdong and Hong Kong to jointly build a regional brand name in tourism and open up the market for high-end tourists(7).

【分析】

（1）Sustain，意为 to keep in existence，maintain 继续生存，维持；to supply with necessities or nourishment，provide for 补给，提供必需品及营养，提供。此处可译为“持续”。

（2）Hub，意为 a center of activity or interest，a focal point 焦点活动或兴趣之中心、焦点中心，在某种意义上与 center 相通。此处可译为“中心”。MICE：Meetings，Incentives and Exhibitions，即会展中心。

（3）此处的 environment 可译为“……发展的机遇与挑战的环境”。… creating an environment of opportunities and challenges in which Macao tourism can thrive. 此句的中心词是“机遇”与“条件”，故整句译为“……以创造澳门旅游业得以兴旺发展的机遇与挑战”。

（4）这里的 event，不一定译为“事件”，因“事件”多带有消极色彩，应译为“活动”。City of Events 不妨译为“举办活动城市”。

（5）The further opening up of Mainland's tourism markets has brought about a structural change to the tourism market of Macao，and the strong arrivals from the Mainland has made Mainland China the key source market for Macao. 对此长句的后半部分，不妨用破折号以进一步说明前半部分，故整句可译为“进一步开放内地旅游市场使得澳门旅游市场发生了结构性的变化——随着内地游客人数的攀升，内地已成为澳门客源的主要市场”。

（6）Pan-Pearl River Delta（PPRD），为“泛珠江三角洲地区”。

（7）Build … brand 可译为“打造……品牌”；high-end 可译为“高档”。… to jointly build a regional brand name in tourism and open up the market for high-end tourists. 整句可译为“共同在旅游业、开发高档旅游市场上打造地区品牌”。

【参考译文】

打造地区品牌

在中央政府的大力支持和澳门特区政府的明确策略下，澳门经济持续增长，社会安定而和谐。根据澳门政府的明确目标，要将澳门建成旅游、博彩、会展和休闲中心，一系列新的旅游和休闲设施已开始启动或即将完成，以创造使澳门旅游业得以兴旺发展的机遇与挑战。

随着澳门逐渐成为亚太地区的主要旅游胜地，澳门特区政府将会积极策划和支持举办国际活动以将澳门建成“举办活动城市”。去年澳门的旅游业有了长足的增长——有超过 1 667 万名游客到访澳门，比前年增长了 40%，其中 950 万人为内地游客，占总游客的 57%，其增长率 66% 创历史新高。

进一步开放内地旅游市场使得澳门旅游市场发生了结构性的变化——随着内地游客人数的攀升，内地已成为澳门客源的主要市场。目前，超过 30% 的内地游客是通过“自由行”来澳的。数据显示，到 2004 年底，自 2003 年 7 月 28 日实行“自由行”以来，从内地来的“自由行游客”已超过 400 万人。

自从去年举办泛珠江三角洲地区合作和发展论坛以来，泛珠江三角洲地区的九省及两个特区的旅游当局正致力于该地区的全面旅游合作。通过加强其相互的合作与互补关系，澳门和泛珠江三角洲地区可资源共享、联袂开发，将增强其综合竞争优势。同时，澳门也将继续与广东、香港合作，共同在旅游业、开发高档旅游市场上打造地区品牌。

十四、例文 14

Becoming an International Destination

To be an international destination, it is essential to maintain a balanced market structure. We will, in addition to greater cultivation of the Mainland market, endeavor to reinforce the promotional efforts in other major source markets(1) including Hong Kong, China Taiwan, Japan, Korea, Thailand and the Philippines.

While exploiting the full potential of these priority markets, Macao will also keep a vigilant watch on the long haul markets(2) in North America and Europe. MGTO (Macao Government Tourism Office) has recruited two representative offices on the east and west coasts of the USA, and will set up a new representation in France in the near future. MGTO will also study market development in Eastern Europe and the Middle East. To ensure the smooth operation of the 2005 PATA Annual Conference to be held in Macao in April, the Organizing Committee established last year has embarked on plans, preparations and promotions of the event[3].

To add to the cultural and leisure tourism initiative, various tourism products such as health and beauty tours, sports and games tours and ecology tours will be developed to lure tourists of different interests to visit Macao[4]. In fact, 2005 is an important year for Macao's cultural tourism. With the great support of the Central Government, the "Historical Monuments of Macao" consisting of 12 architectural sites in Macao has been put forward for inclusion in the World Heritage list of UNESCO and confirmation of such status is expected within this year. Macao will continue its efforts in promoting "cultural tourism" to make visitors aware of Macao's unique blend of Chinese and Portuguese cultures.

A favorable tourism environment and high standards of service are crucial factors to build up the image of a quality destination. In this regard, tourism facilities will be continuously improved and brand new attractions developed, while on the other hand, the relevant bills will be updated to cultivate a healthy tourism industry under the combined effort of the trade and the Government.

To this end, MGTO has completed the amendment of the "Bill of Travel Agents and Tour Guides No. 48/98/M" which was published on December 30 last year under the "Administrative Regulation No. 42/2004". The implementation of these new regulations will facilitate the proactive development of the tourism industry in Macao.

The tourism industry must swiftly sense the pulse of the market. This underlines the importance of amendments of bills to ensure the smooth implementation of new tourism measures[5]. At present, consultation on the organization articles of MGTO is well underway and it will be restructured in line with current tourism trends to enhance effectiveness in administration and enable operation with greater flexibility[6].

【分析】

(1) Endeavor to reinforce the promotional efforts 似有所重复，可不必逐字译出。...endeavor to reinforce the promotional efforts in other major source markets...可概译为“大力开发其他主要客源市场”。

(2) Vigilant 意为 on the alert; watchful，即“警惕的”“警觉的”。Long haul，为“长距离拖拉”，这里不宜直译。...keep a vigilant watch on

the long haul markets…可译为“着眼于长远的……市场”。

（3）Embark on 为“开始着手于”；promotions 这里不必译为“促进”“推进”“宣传”等。…has embarked on plans，preparations and promotions of the event，可译为“已经开始计划、筹备和展开此事”。

（4）Interest 为“利益”“兴趣”等，这里译为“品味”。…to lure tourists of different interests to visit Macao，可译为“以吸引具有不同品位的游客到访澳门”。

（5）Underline 原意为 to draw a line under；emphasize or cause to stand out；underscore，to emphasize，stress. 即“画线于……下；强调或使突出”，这里译为“凸现”。This underlines the importance of amendments of bills to ensure the smooth implementation of new tourism measures. 整句可译为“这就凸现了修改法案以确保顺利地采取新的旅游措施的重要性”。

（6）…consultation on the organization articles of MGTO is well underway and it will be restructured in line with current tourism trends to enhance effectiveness in administration and enable operation with greater flexibility，对此长句要加以分断，即在 underway 之前为一句，可译为“澳门旅游局关于组织条款的咨询正在进行当中”；trends 之前为一句，可译为“该条款将根据当前旅游业的发展趋势加以修订”；最后一句从 to enhance 开始，译为“以提高其行政效率和确保经营的更大灵活性”。

【参考译文】

成为国际旅游城市

作为国际旅游城市，关键是要保持和谐的市场结构。除了内地市场之外，我们还会大力开发其他主要客源市场，如中国香港和台湾，以及日本、韩国、泰国和菲律宾等国家。

在努力开发这些重要市场潜力的同时，澳门也应机敏地着眼于长远的北美和欧洲市场。澳门旅游局已在美国的东西两岸建立了办事处，不久也会在法国设立新的代表处，同时还会研究东欧和中东的市场开发。为确保 2005 年 4 月亚太旅游年会的顺利召开，去年成立的组委会已经开始计划、筹备和组织此事。

除了文化、休闲的创意之外，各种各样的旅游品牌——诸如健康、美容、体育、游乐及生态旅游等——也会得到开发，以吸引具有不同品位的游客到访澳门。事实上，2005 年是澳门文化旅游业的重要一年。在中央政府的大力支持下，包括12项建筑基地的“澳门历史遗迹”已申报联合国教科文组织的世界遗产名录。澳门将继续推动其“文化旅游业”，使游客感受到澳门独特的中葡文化的融合。

舒适的旅游环境和高水平的服务是打造高素质旅游胜地形象的关键。为此，旅游设施和新的景点将被不断加以改善和开发。同时，也会通过新的法案，以在商界和政府的共同努力下培育健康的旅游事业。

澳门旅游局完成了《规范旅行社及导游职业的若干规定》(No. 48/98/M) 的修改，并在2004年的《行政法规》(No. 42/2004) 上公布。这些法律的落实将有助于积极地促进澳门旅游业的发展。

旅游业必须随时感受到市场的脉搏，这就凸现了修改法案以确保顺利地采取新的旅游措施的重要性。目前，澳门旅游局关于组织条款的咨询正在进行当中，该条款将根据当前旅游业的发展趋势加以修订，以提高其行政效率和确保经营的更大灵活性。

十五、例文15

The Slowdown in Macao's GDP Growth

Macao's GDP grew just 8. 5 percent on a year-on-year basis in real terms in the first quarter, a development that our government statisticians describe as a return to a "normal pace". In fact, the first quarter's year-on-year growth is the slowest in the past six quarters, when the GDP rose between 18. 1 percent (fourth quarter last year) and a bombastic 49. 4 percent (second quarter last year) in real terms(1).

Some government officials have welcomed the deceleration as a positive phenomenon that they believe indicates that the GDP has resumed growing at a "normal rate" typically associated with pre-boom years(2). However, the 8. 5 percent growth is still pretty high by the standard of major economies. Hong Kong's GDP rose six percent in the first quarter, as against 8. 1 percent for the whole of last year, when Macao's economy expanded by a massive 28 percent(3).

It remains to be seen whether the GPD will—as forecast by top government officials—stay one-digit this year(4). The point is that economic predictions in a comparatively small economy like Macao's, which is extremely dependent on external factors, are hard to make. Macao's GPD amounts to just about four percent of Hong Kong's.

The slowdown comes at a time when Macao is in the throes of an economic transition period(5), which includes a steep decline in exports following the abolition of quotas under ATC (Agreement of Textiles and Clothing) in January, a property boom partly fuelled by speculation, a massive increase in visitor arrivals triggered by the mainland's facilitated individual travel (FIT) scheme and a raft of large-scale gaming developments on the scale of Las Vegas.

A prominent local businessman looking for a new shop said that in a state of virtual shock, he had been told to fork out a monthly rent of 240,000 patacas for a medium-sized property near the Ruins of St. Paul's that he believed was worth a rent of no more 50,000 patacas a month. "It's all too fast and too much for local businessmen like me", the entrepreneur said, adding the "crazy development speed" might ultimately drive him out of business.

That's why certain local business sectors welcome at least a temporary economic slowdown that they believe may give them some breathing space to find ways of adapting to our city's profound and rapid economic changes.

【分析】

(1) Term 为"术语，条款，条件"等。In real terms，这里译为"实际"。

(2) Some government officials have welcomed the deceleration as a positive phenomenon that they believe indicates that the GDP has resumed growing at a "normal rate" typically associated with pre-boom years. Welcome 不一定译为"欢迎"。此长句可在 phenomenon 处断句，整句可译为"一些政府官员认为这种减速是一种积极现象，标志着典型的与早期急速增长相关联的 GDP 的'正常增速'的恢复"。

(3) The 8.5 percent growth is still pretty high by the standard of major economies. Hong Kong's GDP rose six percent in the first quarter, as against 8.1 percent for the whole of last year, when Macao's economy expanded by a massive 28 percent. 前一句可断为两句，译为"就主要经济实力的标准而言，8.5% 的增长率仍显偏高"。后一句的语序须作大幅度的调整，将 8.1 percent for the whole of last year 放在前面，译为"香港的 GDP 在去年 8.1% 增速的基础上，今年的第一季度增长了 6%，而澳门的经济却大幅度地扩展了 28%"。

(4) It remains to be seen whether the GPD will—as forecast by top

government officials—stay one-digit this year. 对于此句中的破折号，在翻译时可处理为一句话，且将 it remains to be seen 放在句尾。整句可译为“澳门今年的 GDP 增长是否会如某些高层政府官员预测的那样维持在一位数上，还有待观察”。

（5）Throe 意为 a severe pang or spasm of pain，as in childbirth 剧痛，如分娩时剧烈的痛楚或疼痛的痉挛；a condition of agonizing struggle or trouble 挣扎，处于极为痛苦的斗争或苦恼中。这里译为“阵痛时期”。The slowdown comes at a time when Macao is in the throes of an economic transition period. 整句可译为“当前的经济增长放缓是因正值澳门经济转型的阵痛时期”。

【参考译文】

澳门经济增长放缓

今年第一季度澳门 GDP 实际年增长率为 8.5%，政府统计部门称之为恢复到“正常速度”。其实，这是过去六个季度中发展速度最慢的一个季度；澳门 GDP 的实际增长速度在 18.1%（去年第四季度）和言过其实的 49.4%（去年第二季度）之间。

一些政府官员认为这种减速是一种积极现象，标志着典型的与早期急速增长相关联的 GDP 的“正常增速”的恢复。然而，就主要经济实力的标准而言，8.5% 的增长率仍显偏高。香港的 GDP 在去年 8.1% 增速的基础上，今年的第一季度增长了 6%，而澳门的经济却大幅度地扩展了 28%。

澳门今年的 GDP 增长是否会如某些高层政府官员预测的那样维持在一位数上，还有待观察。问题是如同澳门这样的相对小型经济，其发展极大地依赖于外部因素，对此作出经济预测是很困难的。澳门的 GPD 总量只相当于香港的 4%。

当前的经济增长放缓是因正值澳门经济转型的阵痛时期，这时期的事件包括今年 1 月全球纺织品及服装协定废除之后澳门出口量的剧减，部分地由于炒卖而掀起的地产热，内地的“鼓励自由行”计划导致的游客大幅度增加以及拉斯维加斯式的大型赌场的开发。

本地的一位正在找店铺的显赫商人说，他还在震惊之中：在大三巴附近，过去月租金最多 5 万澳门元的中型店铺，现在要 24 万澳门元。“对于像我这样的商人而言，一切都来得太快、太沉重了。这种‘疯狂的发展速度’，将最终把我排挤出商界。”

这就是本地某些商业行业欢迎经济至少暂时放缓的原因，他们认为这可以给他们一些喘息的机会，以适应我们城市的深刻而急速的经济变化。

十六、例文 16

TCM is Introduced into a Public Hospital

A public hospital in Macao is taking the unprecedented(1) step of integrating(2) Traditional Chinese Medicine (TCM) into treatment for inpatients. The hospital starts offering the treatment to stroke and colon-cancer patients as early as next week.

About 10 patients will be recruited for a pilot scheme(3), the hospital authority source said. All will receive herbal remedies as well as Western medicine, with stroke patients also receiving acupuncture.

It is understood the hospital, the first in the city to offer such a service, will announce details of the plan on Friday. The source said patients would pay Mop 240 a day for the Chinese medicine services on top of the authority's usual Mop 100-a-day charge. However, the hospital plans to offer a waiver(4) to patients who cannot afford the charge. It already runs a Chinese medicine outpatient clinic from the hospital. The source added the hospital may designate a ward for the patients.

The decision to limit the treatment to stoke and colon-cancer patients was taken after the hospital and the Chinese medical practitioners discussed patient numbers and treatment effectiveness. But the hospital intends to expand the service to children with asthma and hay fever.

About 10 senior doctors from the hospital had expressed an interest in joining the scheme(5), the source added. The group will use its existing Chinese medical practitioners to treat patients before it recruits about three more from Hong Kong and the Mainland to work on the scheme full-time, according to the source.

"For example, a colon-cancer patient who has received surgery will be seen by both doctors and the Chinese medical practitioners who will discuss the follow-up treatment for the patient. Patients will be prescribed Chinese medicine during their stay in hospital if it is seen as appropriate", the source said.

"Both doctors and the Chinese medical practitioners will have further discussions if they find the Chinese medicine is incompatible(6) with Western medicine. We have never thought of competing with the Mainland hospitals which have integrated western and Chinese medicines for a long time”.

【分析】

（1）Unprecedented 原意为 having no previous example 没有前例的，如 unprecedented economic growth 史无前例的经济增长。这里根据上下文可译为“破例”（结合中医治疗病人）。

（2）Integrating 原意为 to make into a whole by bringing all parts together, unify 使成一体，把所有部分放在一起而成一整体，使结合；to join with something else，unite 合并，联合；to make part of a larger unit 作为较大整体中的一部分，如 integrated the new procedures into the work routine 把新程序融入了工作程序。这里译为“结合（中医）”。

（3）Pilot 原意为 serving as a tentative model for future experiment or development 试验性的，为将来的试验或发展作尝试性范例的，如 a pilot project 试点项目。Pilot scheme，这里可译为“先期治疗计划”。

（4）Waiver 原意为 intentional relinquishment of a right，claim，or privilege 放弃，自动地放弃一项权利、主张或特权。根据上下文，此处可译为“（对于无力支付治疗费的病人，医院将）免于收取”。

（5）Scheme 原意为 a systematic plan of action 计划行动的系统性计划。这里可译为“治疗计划”。

（6）Incompatible 原意为 incapable of associating or blending or of being associated or blended because of disharmony，incongruity，or antagonism 无法共存的，因为不和谐、不一致或对抗而不能共存、相容或不能被共存、相容的，如 incompatible views on religion 在宗教问题上无法达成共识的观点。这里可译为“（中医与西医）配合不力”。

【参考译文】

中医引入公立医院

澳门一家公立医院将破例结合中医治疗病人；该院最早于下周向中风和结肠癌病人提供有中医配合的治疗。

医院管理层透露，10 名病人将会参与先期治疗计划。病人将接受中草药和西医的治疗，中风病人还会接受针灸治疗。

据悉，该院是澳门首家提供此类服务的医院，其具体计划将于星期五公布。病人每天在日常100澳门元治疗费基础上再付240澳门元中医治疗服务费。然而，对于无力支付治疗费的病人，医院将免于收取。医院已设有一个中医诊所，据说还将为此特设一个病房。

该医院和中医医生在研究了病人数量和治疗效果后，决定将中医治疗限制在中风和结肠癌方面。不过，该医院有意将中医服务扩大到儿童的哮喘病和枯草热方面。

据了解，医院的10位高级医师已表示有兴趣加盟，该团队将由现有的中医师治疗病人，再从香港和内地聘请三位全职医生加入治疗计划。

有关方面透露，“例如，直肠癌病人将接收西医和中医医生的诊治，医生们会商讨对病人的接续治疗方案。如果认为适宜，在病人住院期间，医生也会为病人开写中医处方。若发现中医与西医配合不力，中西医医生将作进一步的研究。内地医院已实行中西医结合治疗多年，我们从未有意与他们竞争”。

十七、例文17

The Gaming Industry in Transition

Macao's Portuguese colonial rulers legalized the city's first gambling house in 1847, but judging by the public reaction to the opening of the flashy Sands Macao casino, you would think the Macanese had just discovered sin. Encouraged by false rumors that Sands planned to hand out free gambling chips, hundreds of people lined up in the early-morning hours hoping to get first crack(1) at the baccarat, poker and blackjack tables.

By the time the casino was opened to the public at 3 p. m., more than 15,000 had gathered in a pulsating scrum(2), ready to rush the lobby. Three sturdy plate-glass doors were ripped from their hinges and several little old ladies were nearly trampled in the ensuing stampede before police restored order by forcing stragglers back to the main street(3). As night fell, hundreds who failed to get in during the first wave disconsolately waited outside behind police barricades for a chance to place their bets.

Their time will come. The opening of the Sands Macao, a $ 240 million waterfront pleasure dome, offers Asia its first taste of Las Vegas glitz, and the casino will soon be followed by others like it. In 2002 the local government ended a 40-year monopoly(4) on the gambling business, permitting two of Vegas' biggest gaming magnates to open up shop. The economic boom that has ensued is loud even by Chinese standards(5). While nearby Hong Kong's economy, with a total population 15 times the size of Macao's 450,000, grew just 3.3% during a SARS-marred 2003, Macao's gross domestic product exploded by 15.6%. Meanwhile, more than $ 3 billion of investment in casino and resort projects is in the pipeline(6).

The sleazy, sleepy city is certainly in transition. Before Portugal handed Macao back to China in 1999, its architecturally charming but rundown streets were lined with hookers and occasionally reverberated with gunfire and car bombings from triad gang battles. The gambling business—which contributes 75% of Macao's government's revenue and supports the city's only major industry, tourism—has been the exclusive province of Stanley Ho, an elusive 96-year-old casino-and-property tycoon. His company, Sociedade de Turismo e Diversões de Macao (STDM), has not kept gaming operations in step with the times. The Lisboa hotel and casino, the flagship of 12 Macao gambling houses owned and operated by Ho, opened in 1970, and years of hard use are reflected in the venue's shopworn carpets and smoky, musty atmosphere(7).

【分析】

(1) Crack 原意为 to make a sharp, snapping sound 碎裂声，爆裂声，发出尖锐的爆裂声。这里指的是玩赌博游戏，故可译为“玩上”。

(2) Pulsating 意为 to expand and contract rhythmically, beat 搏动，跳动，律动，有节奏地扩张和收缩。Scrum 意为 scrimmage 扭打，混乱。A pulsating scrum，根据上下文，这里译为“人头攒动”。

(3) ...several little old ladies were nearly trampled in the ensuing stampede before police restored order by forcing stragglers back to the main street. 此长句在 trampled 处断开，译为两个分句“几位矮小的老妇在急奔中险些被挤倒践踏，警员则将后面的人群强行往后推到主要街道以恢复秩序”。

(4) Monopoly 原意为 exclusive control by one group of the means of producing or selling a commodity or service 垄断，通过生产或销售一种商品或服务等手段使独占。这里可译为“垄断经营”。

(5) Boom，意为 to grow or develop rapidly, flourish 快速发展，迅速成

长或发展，暴涨，如 business is booming（生意兴旺）。Ensue 意为 to follow as a consequence or result 相继发生，作为后果或结果而跟随发生。The economic boom that has ensued is loud even by Chinese standards，可译为“就是按中国的标准，澳门的经济增长态势也是强劲的”。

（6）In the pipeline，意为“在途中”“ 在运作当中”。

（7）...years of hard use are reflected in the venue's shopworn carpets and smoky，musty atmosphere. 此长句可断为几处，可译为“……经过多年的磨损，地毯已破旧，烟熏火燎，散发着霉味”。

【参考译文】

转变中的博彩业

澳门的葡萄牙统治者于 1847 年批准了该地的第一座合法赌博场，但是就公众对于澳门豪华金沙赌场揭幕的反应而言，会让人感到土生葡人才刚刚懂得什么是罪恶。听说金沙赌场要免费分发筹码的谣言，成百上千的人们一大早便排成长龙，希冀最先玩上百家乐、扑克和 21 点。

到下午三点赌场开张的时候，超过 15 000 人已集结成为人头攒动的一群，准备冲进大厅。三个金属镶边的玻璃大门被挤得脱了轴，几位矮小的老妇在急奔中险些被挤倒践踏，警员则将后面的人群强行往后推到主要街道以恢复秩序。夜幕降临，未能挤入第一拨的几百号人愁苦地等待在警员设置的障碍之外，以期有机会投上赌筹。

他们会有机会的。澳门金沙——这个 2. 4 亿美元的水边娱乐圆宫的开业，首次为亚洲提供了拉斯维加斯式的浮华品味，还会有类似赌场随之而来。2002 年，地方政府结束了历时 40 年的垄断经营，允许两家拉斯维加斯式的赌业巨头进入市场。就是按中国的标准，澳门的经济增长态势也是强劲的。邻近的香港，其总人口为澳门 45 万人的 15 倍，其经济增长率在“非典”肆虐的 2003 年仅为 3. 3%，而澳门 GDP 增长率突破了 15. 6%。同时，另有 30 亿美元的赌业和酒店投资已在运作当中。

这个破旧的沉睡之都正在转变之中。早在葡萄牙将澳门交还给中国的 1999 年之前，其富有魅力的建筑和破旧的街道站满了妓女，偶然传来黑社会火并的枪声和汽车爆炸声。旅游博彩业——占据了澳门政府税收的 75%、支撑着该城市仅有的产业旅游业——曾由深藏不露的 96 岁赌业和地产巨头何鸿燊独揽，其澳门旅游博彩娱乐有限公司已经赶不上时代的发展。何先生经营的 12 个赌场之首的葡京酒店，于 1970 年开业，经过多年的磨损，地毯已破旧，烟熏火燎，散发着霉味。

十八、例文 18

Asian Las Vegas Is Sprouting

Now, Sheldon Adelson and Steve Wynn, two formidable(1) American entrepreneurs, aim to transform Macao into a first-class tourist destination for millions of Asians, mainland Chinese in particular. Adelson and Wynn are credited with reviving Las Vegas' flagging fortunes(2) in the 1990s by building a succession of spectacular complexes that combine hotels, entertainment and gambling facilities, among them the posh Venetian (Adelson's best-known resort) and Mirage (a project by Wynn). Today, with separate gaming licenses from the Macao government, the pair are racing to duplicate their U. S. success. Adelson, 72, built the Sands Macao, so he is first out of the blocks(3). But he says the Sands is just his ante. He plans to line up investors for a strip of 203,000-room hotel-casinos, costing, he estimates, $ 12 billion, including a $ 1 billion re-creation of the Venetian due to break ground in June. "I see an Asian Las Vegas prouting in Macao", says Adelson.

Those who attended the Sands opening enjoyed a similar vision. Inside the front door, showgirls in pink, sequined bikinis and multicolored feathers pranced and greeted visitors(4). Towering above the busy slot machines, a 33-m-wide video screen flashed fireworks and ocean sunsets. Waiters in traditional Chinese peasant hats scurried(5) between the tables with free cups of tea. A jazz band jammed at the casino bar. At the "888 Las Vegas Buffet", gamblers stuffed(6) themselves silly with all-you-can-eat sushi, pasta and Indian curries for $ 17 a head—a bargain by local standards. Behind wooden doors, big spenders, or "whales" in Vegas lingo, enjoyed quiet VIP rooms with plush maroon chairs and lofty windows where minimum bets can reach $ 130. Still to come: 51 luxury suites, some with a mansion-size 740 square meters of floor space, featuring saunas, karaoke rooms, private plunge pools and Jacuzzis with views of the harbor.

Adelson and Wynn point out they are adapting their winning formulas to suit Asians(7). For example, the Sands has gaming tables for Pai Gou and other games preferred by Chinese. A jackpot combination on specially adapted slot machines is the locally auspicious "888" instead of the traditional triple seven that wins big in the U. S. But no matter how Asian-friendly, gambling alone won't be enough to fill thousands of new hotel rooms. "Right now, Macao is for gamblers, period", says Wynn, who is planning to break ground on a \$ 550 million hotel-casino he calls "the most ambitious in the Pacific Rim" later this year. "The trick is to add other dimensions to the town(8), open the door to people who haven't been going to Macao".

Is all this frenetic construction just a gamble that a "whale" might make? Adelson doesn't think so. "Risks? I don't think there are any", he says. And he might be right. Half of the world's population lives less than a six-hour flight away from Macao. The city has always attracted gamblers from Hong Kong and a few high rollers from mainland China. Beijing is now allowing more Chinese to visit Macao independently instead of in tightly controlled tour groups. A surge is under way—the number of mainland tourists to the former colony nearly doubled between 2000 and 2003. Last year, gaming revenues at Macao's 12 casinos increased 27% to \$ 3. 8 billion. Compare that with Vegas, where the 22 major casinos saw a mere 2. 4% increase to \$ 4. 7 billion last year. Each table in Macao pulls in \$ 22,100 a day compared with the \$ 2,200 Vegas average.

The only person who seems likely to lose out in the new Macao is former monopolist Ho. "Stanley Ho is going to have to change his thinking", warns Adelson. Maybe. But Ho's daughter, Pansy Ho, and STDM director is negotiating with MGM Mirage, the world's biggest casino operator, for a possible alliance. Ho is building a second, \$ 250 million Lisboa across the street from the original. And he is also constructing a \$ 140 million amusement park called Fisherman's Wharf, set to open later this year on a pier jutting into Macao's harbor. "We want to show Chinese tourists a place that's more family-style", says Ho's business partner.

Last week, Ho didn't act very concerned. He stopped by the Sand's opening, grinning broadly(9) while meeting his new competitors. "We have the opportunity to learn from one another", Ho told reporters. "The cake is going to be bigger and bigger and we all could have a share".

【分析】

（1）Formidable 原意为 inspiring awe，admiration，or wonder 不可思议的，引起敬畏、钦佩或惊奇的，这里可译为（这两位）“强劲的”（美国企业巨头）。

（2）Flagging 原意为 declining，weakening 下降的，变弱的，如 flagging strength 衰弱的力量。Fortune，意为 the chance happening of fortunate or adverse events，luck 好事或坏事的偶然发生，运气。Flagging fortunes，这里可译为“士气低迷的”。

（3）First out of the blocks，这里指的是 72 岁的安德森在澳门的投资气势，故译为“开了头炮”。

（4）Prance 意为 to walk or move about in a spirited manner，strut 昂首阔步、精神饱满地行走或活动。Pranced and greeted visitors，可译为“雀跃欢迎来客”。

（5）Scurry 意为 to go with light running steps，scamper 急匆匆地走，急赶。这里可译为“穿梭”。

（6）Stuff 意为 to cram with food 使饱食。如：He stuffed himself full of food. 他吃得很饱。

（7）Adapt 意为 to make suitable to or fit for a specific use or situation 使适合或适应某种特定用法或状况。…they are adapting their winning formulas to suit Asians，可译为“他们改良了自己的经营策略以迎合亚洲人”。

（8）Dimension 意为 extent or magnitude，scope，aspect，element 面积范围或大小，规模，各方面因素，如 a problem of alarming dimensions 警报范围的问题。The trick is to add other dimensions to the town，可译为“其要诀是为未到过该城市的人增加另一个值得来澳门的因素”，其中增加了“来澳门的”。

（9）Grin 意为 to draw back the lips and bare the teeth，as in mirth or good humor 咧嘴而笑，嘴唇后咧并露出牙齿，如高兴或情绪好时的表情。Grinning broadly，可译为“笑容可掬地”。

【参考译文】

亚洲拉斯维加斯的崛起

现在，谢尔登·安德森和斯蒂文·永利，这两位强劲的美国企业巨头，决意要把澳门变成一个为百万亚洲人特别是中国人服务的一流旅游胜地。安德森和永利据信拯救了20世纪90年代士气低迷的拉斯维加斯，他们兴建了一系列建筑群体，综合了酒店、娱乐和赌博场所，其中有威尼斯人（安德森的最著名度假酒店）和海市蜃楼（永利的项目）。如今，两者分别获得澳门政府颁发的赌牌之后，竞相重演他们在美国的成功业绩。72岁的安德森开了头炮，建成了澳门金沙，他说这只是他投的一个小赌注。他试图带起一批投资者来建成有203 000个客房的酒店娱乐场，总造价为120亿美元，包括耗资10亿美元于6月动工的威尼斯度假村。安德森说："我正目睹着亚洲的拉斯维加斯在澳门崛起。"

参加金沙开幕式的人们看到了类似的景象。前厅门内，歌舞女郎们身着粉红色的比基尼和彩色羽毛，雀跃欢迎来客。排排运转的老虎机上设立着33米宽的电视屏幕，闪烁着焰火和海中落日。男招待们则头戴中国农民帽子，穿梭于桌子之间，传递免费茶水。爵士乐队则挤在酒吧后面。在"888拉斯维加斯自助餐"区域，赌客们以17美元的费用，敞开肚皮"随便吃"（就是按当地标准也非常划算）。木门之后，赌博大户或"鲸鱼"（拉斯维加斯行话）还可享受设有豪华紫檀座椅、高档门窗的VIP房间，那里最低赌注为130美元。还有更加奢侈的51间套房，其中一些是740平方米的海景公寓，设有桑拿房、卡拉OK、私人泳池和按摩浴缸。

安德森和永利指出，他们改良了自己的经营策略以迎合亚洲人。例如，金沙增设了牌九及其他中国人喜好的赌项。老虎机大奖的幸运数为"888"而不是美国传统的"777"。但不管怎样对亚洲人友善，还不足以填满几千间新酒店的客房。永利说："眼下，澳门是招揽赌客的好时机。"今年晚些时候他计划破土动工一座耗资5.5亿美元的娱乐酒店，他称之为"环太平洋地区最具气魄的工程"，"其要诀是为未到过该城市的人增加另一个值得来澳门的因素"。

所有这种狂热的构筑仅仅是一种"巨鲸"赌博吗？安德森并不这样认为。他说："风险？我看不到什么风险。"这也许是有道理的。世界上一半的人口离澳门不到六个小时的飞行距离。该城一向吸引从香港和内地来的赌客，甚至还有若干"大户"。北京当局现在允许更多不受旅游团体约束的个人游客来澳门观光。一股新的潮流正在形成——自2000年至2003年，从内地来到这前殖民地的游客增加了几乎一倍。去年，澳门12家赌场的税收增加了27%，达到了38亿美元。与拉斯维加斯相比，那里有22家赌场，去年的增长率仅为2.4%，达到47亿美元。澳门的每张赌台平均日收入为22 100美元，而拉斯维加斯平均每张台为2 200美元。

在新澳门中唯一失利的似乎是前垄断经营者何先生。安德森警告道：

“何鸿燊正在转变思维。”也许是这样的，但何的女儿何超琼和STDM的董事正在与“MGM海市蜃楼”这个世界最大的赌业经营者商讨联盟的可能性。何正在葡京酒店原址的街对面兴建耗资2.5亿美元的第二座葡京酒店。他还同时建造一座造价1.4亿美元的“渔人码头”乐园以衔接澳门码头，预计今年底开放。何的商业伙伴说：“我们要向中国游客展示本地更具家庭特色的一面。”

上个星期，何表现得并不在意。他来到金沙开幕式，笑容可掬地与其新的竞争者会面，并对记者说：“我们将有机会相互学习。这块蛋糕会越做越大，人人都有份。”

十九、例文19

The New Tax Rates

The Executive Council's green light for the government's latest tax-cut bill, complete with a maximum rate of just 12 percent, comes at a time when many small and medium-sized enterprises (SMEs) are struggling to adjust themselves to Macao's rapidly changing economic environment.

Once passed by the legislature within the next few months, which seems to be a fait accompli(1), the reduction is set to become effective retroactively from last year, which is one more reason to welcome the move that had been part of the government's policy guidelines for this year(2).

According to the 2005 budget, corporate income tax payments are estimated to generate 450 million patacas in government revenue this year, or just 2.38 percent of the total budgeted public revenue of 18.88 billion patacas. Personal income tax payments are budgeted to amount to 220 million patacas this year, corresponding to a mere 1.16 percent of the total revenue the government expects to collect this year(3).

This situation is, of course, only possible because casino gross-revenue tax payments are forecasted by the government to total 15.23 billion patacas this year, or 80 percent of the total expected public revenue(4). The direct casino tax amounts to 35 percent of the casino's gross revenue.

While our casino operators pay a comparatively high tax rate (which is justified by the fact that Macao's casinos are reputed to be the world's most profitable), the tax rates paid by local employees and employers are "refreshingly low", as a European investor once described(5).

In fact, most Macao residents still do not pay any taxes at all because their personal or corporate incomes are simply too low to fall into the tax net. Rising salaries and business revenues in the wake of Macao's rapid economic development are bound to change the situation over the next few years(6).

Growing prosperity for many, if not most local residents will, in the medium term, lead to rising personal and corporate income tax revenues—even after the recent tax cuts and exemptions—for the government(7). After all, that's what fiscal policy is all about: Using tax rates to promote economic development and social progress.

【分析】

(1) Fait accompli 为法律用语"既成事实",意为 an accomplished, presumably irreversible deed or fact 既成事实,已完成的,大体上不可逆的行为或事实。如:After the ceremony a marriage is a fait accompli. 婚礼后,婚姻便是既成事实了。但也可用于泛指非法律范畴。如:I was presented with a fait accompli. 摆在我面前的是无法改变的既成事实。

(2) …one more reason to welcome the move that had been part of the government's policy guidelines for this year,可译为"这也是我们之所以欢迎政府今年采取这一举措的另一个原因"。

(3) Personal income tax payments are budgeted to amount to 220 million patacas this year, corresponding to a mere 1.16 percent of the total revenue the government expects to collect this year. 整句可译为"今年的个人收入税收将达2.2亿元,占今年政府总税收的1.16%"。Are budgeted 为被动语态。

(4) …or 80 percent of the total expected public revenue,可译为"即80%的政府税收总额"。这里的 or 为"即"。

(5) While our casino operators pay a comparatively high tax rate (which is justified by the fact that Macao's casinos are reputed to be the world's most profitable), the tax rates paid by local employees and employers are "refreshingly low", as a European investor once described. 括号中的内容可照译。Refreshingly 意为"清爽地,有精神地",这里译为"心旷神怡"。整句可译为"这里的赌场经营者缴纳相对较高的税率(这也是合理的,澳门赌场具有享誉世界的高额利润),而据一位英国投资商形容,该地的雇主、

雇员的税率‘低得令人心旷神怡’”。

（6）Rising salaries and business revenues in the wake of Macao's rapid economic development are bound to change the situation over the next few years. 此长句可在 development 处断开，译为“随着澳门经济急速发展而来的薪金和商业收入的增加，未来几年形势定会有所改观”。

（7）Growing prosperity for many, if not most local residents will, in the medium term, lead to rising personal and corporate income tax revenues—even after the recent tax cuts and exemptions—for the government. 将其中的 if not most local residents will 放在括号中处理。整句译为“对于许多人（就算不是大多数当地居民）来说，繁盛在相当一段时期里，必然会导致个人和公司向政府缴纳更多的税额，即便是在最近减免税额之后”。

【参考译文】

新税率

执委会对于政府的最后减税议案予以通过，其最高税率仅为 12%。此时，澳门的许多中小企业正为适应经济环境的急速变化而苦苦奋争。

在接下来的几个月内，一旦由立法会通过（这似乎已成为既定事实），其减免将追溯到去年，这也是我们之所以欢迎政府今年采取这一举措的另一个原因。

根据 2005 年的预算，今年公司营业税估计可为政府带来 4.5 亿澳门元的税收，仅占 188.8 亿澳门元财政总收入的 2.38%。今年的个人收入税收将达 2.2 亿元，占今年政府总税收的 1.16%。

当然，这种情况成为可能仅仅是因为政府预计今年博彩税总收入可达 152.3 亿澳门元，即 80% 的政府税收总额。博彩的直接税额占博彩总收入的 35%。

这里的赌场经营者缴纳相对较高的税率（这也是合理的，澳门赌场具有享誉世界的高额利润），而据一位英国投资商形容，该地的雇主、雇员的税率“低得令人心旷神怡”。

事实上，大部分的澳门居民因其个人或公司收入太低，达不到交税的额度，所以根本不用缴纳任何税款。随着澳门经济急速发展而来的薪金和商业收入的增加，未来几年形势定会有所改观。

对于许多人（就算不是大多数当地居民）来说，繁盛在相当一段时期里，必然会导致个人和公司向政府缴纳更多的税额，即便是在最近减免税额之后。归根结底，这便是财政政策的功能所在：用税率来促进经济发展和社会进步。

二十、例文 20

The Chief Executive's Visit to Brazil

China regards Brazil as a strategic cooperative partner. Brazil, being the name of a tree with a red timber, is also China's number-one trading and investment partner among the world's eight Portuguese-speaking countries. Brazil is the world's fifth largest country in terms of its area and population(1).

Some 85 percent of the world's 220 million Portuguese-language speakers are Brazilians. The huge country, which gained independence from Portugal in 1822, has meanwhile grown into the "big brother" of the eight-nation Community of Portuguese-speaking Countries(2).

Macao is the only city in China that has a Brazilian connection through its common history under Portuguese rule. Some 200 Brazilians have made Macao their home away from home, and there is even a small Brazilian eatery near the St. Paul's Ruins. Hundreds of Macanese and their descendants live in Brazil, where they have set up a raft of community associations(3).

Based on vast natural resources and a huge manpower pool, present-day Brazil is South America's economic powerhouse and regional leader. However, highly unequal income distribution among different social and ethnic groups, such as landless peasants and the descendants of black slaves, continues to be a pressing problem(4).

Based on its history and heritage(5), Macao is in a unique position of playing an intermediary role between China and the Portuguese-speaking countries, which have a combined population of 220 million, some 186 million in Brazil alone. Since Macao's return to China in 1999, the Chief Executive has paid official visits to two Lusophone countries—Portugal and Mozambique. We hope that our Chief Executive will visit more Portuguese-speaking countries, such as East Timor, during his second and constitutionally final five-year term.

East Timer, which last week celebrated the third anniversary of its independence, is keen to strengthen its ties with China, including Macao(6).

Many of East Timor's political leaders visited Macao over the past few years. Macao's Portuguese past is one of its pluses in the future. That is why the Chief Executive's visit to Brazil is much more than just a matter of diplomatic courtesy(7).

【分析】

（1）In terms of 为“根据，按照，用……的话，在……方面”，这里可不必译出。Brazil is the world's fifth largest country in terms of its area and population，可译为“巴西的面积和人口在世界排名第五”。

（2）Meanwhile 可不必译出。Has meanwhile grown into the “big brother” of the eight-nation Community of Portuguese-speaking Countries，可译为“并成长为八个葡语盟国中的‘大兄弟’”。

（3）Raft 在这里不是指“木筏，木排”，而是 a great number，amount，or collection 许多，大量，大批，如 asked a raft of questions 问了许多问题。A raft of community associations，可译为“成立了大量的社团组织”。

（4）Highly unequal income distribution among different social and ethnic groups，such as landless peasants and the descendants of black slaves，continues to be a pressing problem. 翻译时，such as landless peasants and the descendants of black slaves 可放在括号中处理。整句可译为“在各种不同社会阶层和种族（如失去土地的农民和黑奴后代）之间收入分配的极不平等，一直以来都是棘手的问题”。

（5）Based on 为“基于”。Based on its history and heritage，可译为“鉴于历史和遗产的关系”。

（6）East Timer，which last week celebrated the third anniversary of its independence，is keen to strengthen its ties with China，including Macao. 将 which last week celebrated the third anniversary of its independence 用破折号处理。整句可译为“东帝汶——上周庆祝成立三周年——热心与包括澳门在内的中国加强联系”。

（7）That is why 可译为“故此”。Courtesy 可译为“礼节”。That is why the Chief Executive's visit to Brazil is much more than just a matter of diplomatic courtesy. 整句可译为“故此，特首此次访问巴西，远远不仅是一种外交礼节”。

【参考译文】

特首访问巴西

中国视巴西为战略合作伙伴。巴西，其字面意思为“红木树”，也是中国在世界八个葡语国家之列的第一大贸易与投资伙伴。巴西的面积和人口在世界排名第五。

在世界2.2亿葡语人口中，85%为巴西人。这个巨大的国家于1822年从葡萄牙统治下独立，并成长为八个葡语盟国中的“大兄弟”。

源于同受葡萄牙统治的历史，澳门是中国唯一与巴西有联系的城市。200多名巴西人远离祖国以澳门为家，在大三巴甚至有巴西小餐馆，而更有几百个土生葡人及其后裔在巴西生活，成立了大量的社团组织。

基于丰富的自然和人力资源，现在的巴西已成为南美的经济动力与地区领头羊。然而，在各种不同社会阶层和种族（如失去土地的农民和黑奴后代）之间收入分配的极不平等，一直以来都是棘手的问题。

鉴于历史和遗产的关系，澳门在中国和葡语国家（总人口为2.2亿，其中1.86亿为巴西人）之间充当着独特的中介角色。自1999年澳门回归中国以来，特首已访问了两大葡语国家——葡萄牙和莫桑比克。希望在他的第二届任期（也是法定最后一任）期间，特首能访问更多的葡语国家，如东帝汶。

东帝汶——上周庆祝成立三周年——热心与包括澳门在内的中国加强联系。在过去几年中已有许多东帝汶的政治领袖人物到访过澳门。澳门与葡萄牙的历史渊源是其未来发展的一种优势。故此，特首此次访问巴西，远远不仅是一种外交礼节。

二十一、例文21

The Extension of Compulsory Education

There is “still room for improvement” concerning the further development of compulsory education, the government admitted in a statement released last night. The statement was published by the Education and Youth Affairs Bureau in response to last week’s government meeting with legislators-cum-activists on the issue that promises to become one of the hot-button issues of this autumn’s legislative campaign platforms (1).

The two lawmakers, who have made the issue one of the cornerstones of their re-election bid(2), had admitted that compulsory education from the pre-school-level year to the final secondary school year was the "consensual wish" of the local population. Whatever was said during the closed-door meeting between the two sides, compulsory education per se does not seem to be the stone of contention but the when and how(3). While the government appears to prefer a gradual approach towards implementing free education up to senior high-school level, the two activists are pressing for a much faster speed to reach the aim within the shortest possible time-preferably yesterday(4).

Presently, the compulsory education system covers primary and junior high-school levels. The government's statement maintains that senior high-school dropout rates were mainly due to poor marks and lack of interest and not, as often claimed by social activist, the lack of money. Whatever the reasons for students dropping out of school, compulsory education covering the senior high school level would, of course, act as an additional inducement to continued schooling(5).

Macao's rapid development into an international tourism and gaming destination and business-service requires the local workforce to be well schooled(6). That is why compulsory education—which in the case of Macao means that the government will subsidize private school—should be extended to pre-school and senior high-school levels sooner rather than later.

However, civil society and government must ensure that the expanded compulsory education scheme will not just be used as a financial incentive but, most importantly, as a means of raising the quality of teaching and learning. Otherwise Macao will further fall behind developments in the mainland's education sector.

【分析】

(1) The statement was published by the Education and Youth Affairs Bureau in response to last week's government meeting with legislators-cum-activists on the issue that promises to become one of the hot-button issues of this autumn's legislative campaign platforms. 此长句可在 issue 处断开，并将其重复为“该问题”。整句可译为“该份声明是教育暨青年局对立法议员和社会积极分子提出的问题所作的响应，该问题定会成为今年秋季立法会论坛

辩论的热门议题”。

（2）Cornerstones 为所谓的“押宝”。The two lawmakers, who have made the issue one of the cornerstones of their re-election bid. 整句译为“两名立法议员将这一问题作为其再次当选的‘押宝’之一”。

（3）Per se 意为 of, in, or by itself or oneself, intrinsically 亲身，切身它自己或某人自己的，原有的。这里可译为“本身”。Whatever was said during the closed-door meeting between the two sides, compulsory education per se does not seem to be the stone of contention but the when and how. 整句可译为“无论双方在闭门会议中讨论了什么，义务教育本身显然已不是争论的焦点，而是何时和怎样实行义务教育”。

（4）Time-preferably yesterday，放在括号里处理，译为“最好是昨天”。While the government appears to prefer a gradual approach towards implementing free education up to senior high-school level, the two activists are pressing for a much faster speed to reach the aim within the shortest possible time-preferably yesterday. 整句可译为“政府似乎倾向于逐渐实行到高中的义务教育，而两个激进分子则力主以最快的速度、在最短的时间内（最好是昨天）达到此目标”。

（5）Inducement 意为 something that helps bring about an action or a desired result; an incentive 引诱物，帮助实现目标或实施行动的事物，动机，如 tax breaks intended as an inducement to greater reinvestment 削减税收以吸引更多的再投资。Whatever the reasons for students dropping out of school, compulsory education covering the senior high school level would, of course, act as an additional inducement to continued schooling. 整句可译为“无论学生辍学的原因为何，义务教育如能包括高中，当然会对继续升学起到额外的吸引作用”。

（6）School 为动词，意为 to train or discipline 训练或受训。如：She is well schooled in literature. 她在文学上受过良好的训练。Macao's rapid development into an international tourism and gaming destinations and business-service requires the local workforce to be well schooled. 整句可译为“澳门迅速发展成为旅游、博彩胜地和服务业基地，要求本地人力资源具有良好的教育素质”。

【参考译文】

义务教育的扩展

昨晚，政府在一份声明中宣称，关于进一步展开义务教育仍有许多“改进的空间”。该份声明是教育暨青年局对立法议员和社会积极分子提出的问题所作的响应，该问题定会成为今年秋季立法会论坛辩论的热门议题。

两名立法议员将这一问题作为其再次当选的“押宝”之一，并承认从学前教育到高中最后一年的义务教育是当地居民的“共同愿望”。无论双方在闭门会议中讨论了什么，义务教育本身显然已不是争论的焦点，而是何时和怎样实行义务教育。政府似乎倾向于逐渐实行到高中的义务教育，而两个激进分子则力主以最快的速度、在最短的时间内（最好是昨天）达到此目标。

目前的义务教育制度包括小学和初中。政府的声明坚持认为，高中的辍学率主要是学生成绩差和失去学习兴趣造成的，而并非如社会积极分子经常声称的“缺乏费用”。无论学生辍学的原因为何，义务教育如能包括高中，当然会对继续升学起到额外的吸引作用。

澳门迅速发展成为旅游、博彩胜地和服务业基地，要求地方人力资源具有良好的教育背景。所以，义务教育——在澳门就意味着政府对于私校的补贴——应尽早地扩大到学前与高中。

然而，市民社会和政府必须确保扩大了的义务教育体制不仅成为经济刺激机制，更重要的，是要作为提高教学质量的一种手段。否则，澳门教育将更加落后于内地教育的发展。

二十二、例文 22

Free Education for Senior High School Students

Free education(1) for all is one of the greatest achievements of modern history. Macao joined the global trend relatively late—only in the 1990s(2). Free education has not reached the senior high-school level（F4 to F6）. The free-education system now covers kindergarten（K3）, primary school and junior high school（F1 to F3）. The government will soon grant free education to kindergarten levels K1 and K2.

Several thousand residents have signed a petition by legislators to "fight" for free education to cover also the senior high-school level(3). To a large extent, free education in Macao means that the government grants subsidies to students who attend private schools that collect school fees. In 2003, the government spent some 400 million patacas on free education in private schools.

One of the main features of Macao's education system is that most of its schools are run by private entities, namely the Roman Catholic Church and a host of other religious and charitable organizations, as well as commercially oriented interests. About 18,800 students are currently attending senior high-school level classes. Considering Macao's economic boom, which seems to be a long-term phenomenon, the extension of free education to the senior high-school level makes sense both in financial and, most importantly, educational terms(4). Macao's rapid development into one of the world's prime entertainment and gaming destinations requires an increasingly well-schooled local workforce capable to meet the private and public sectors' more and more demanding human-resources needs.

Providing senior high-school students with free education could also function as an effective tool to keep the dropout rate at a reasonable level—something that currently does not seem to be the case(5). The government's recent *Yearbook* proclaims that "education determines the quality of people, societies and government. Therefore, the Macao SAR government has always placed great emphasis on education". Following the *Yearbook*'s official reasoning, the gradual implementation of free education for the F4 to F6 levels should just be a matter of time, should it not(6)?

【分析】

(1) Free education 为"免费教育"; compulsory education 为"义务教育"。

(2) …is one of the greatest achievements of modern history. Macao joined the global trend relatively late—only in the 1990s. 翻译时，需颠倒语序且合并。整句可译为"澳门在20世纪90年代加入这一世界潮流，为时较晚"。

(3) By legislators to "fight" for free education to cover also the senior high-school level 修饰前面的 petition。Several thousand residents have signed a petition by legislators to "fight" for free education to cover also the senior high-

school level. 整句可译为“几千名市民签署了由立法会议员起草的争取高中免费教育的请愿书”。

（4）Considering Macao’s economic boom, which seems to be a long-term phenomenon, the extension of free education to the senior high-school level makes sense both in financial and, most importantly, educational terms. 翻译时，可将其中的从句 which seems to be a long-term phenomenon 以括号处理。整句可译为“鉴于澳门的经济繁荣（这看来是一种长期现象），将免费教育扩展到高中，无论是从财政还是从更重要的教育方面而言，都是合理的”。

（5）Something 指的是 to keep the dropout rate at a reasonable level。Providing senior high-school students with free education could also function as an effective tool to keep the dropout rate at a reasonable level—something that currently does not seem to be the case. 整句可译为“向高中学生提供免费教育，也可作为令学生辍学率保持在一定水平的有效途径之一，而现在的情况似乎并非如此”。

（6）Reasoning 可译为“推论”。For the F4 to F6 levels 译为“扩展到高中”。Following the *Yearbook*’s official reasoning, the gradual implementation of free education for the F4 to F6 levels should just be a matter of time, should it not? 整句可译为“根据年鉴的官方推论，免费教育逐渐扩展到高中，难道不应只是一个时间问题吗?”

【参考译文】

高中免费教育问题

全面实行免费教育，是现代历史上最伟大的成就之一。澳门在 20 世纪 90 年代加入这一世界潮流，为时较晚。然而澳门的免费教育还未达到高中程度（F4 到 F6)。免费教育现只包括幼儿园（K3）、小学和初中（F1 到 F3)，政府不久将使免费教育扩及幼儿园一、二年级（K1、K2)。

几千名市民签署了由立法会议员起草的争取高中免费教育的请愿书。在很大程度上，免费教育意味着政府要对于收取学费的私校的学生予以补贴。在 2003 年，政府在私校的免费教育方面花费了 4 亿澳门元。

澳门教育制度的主要特点之一，是大部分的学校由私人机构经营，即罗马天主教教会、其他宗教和慈善组织以及具有商业利益倾向的机构。目前大约有 18 800 名学生入读高中。鉴于澳门的经济繁荣（这看来是一种长期现象），将免费教育扩展到高中，无论是从财政还是从更重要的教育方面而言，都是合理的。澳门迅速发展为世界一流的娱乐和博彩胜地，需要更多受过良好教育的当地员工，来满足日益增加的公立和私立机构对于人力资源的需求。

向高中学生提供免费教育，也可作为令学生辍学率保持在一定水平的有效途径之一，而现在的情况似乎并非如此。最近一期的澳门年鉴指出："教育决定着人们、社会和政府的素质，因此澳门特区政府一向十分重视教育。"根据年鉴的官方推论，免费教育逐渐扩展到高中，难道不应只是一个时间问题吗？

二十三、例文 23

The Mainland Tourists' Spending

A survey released by the Statistics and Census Bureau yesterday confirmed the view that our Mainland compatriots are big spenders—one more reason to give our visitors from the north a warm welcome and treat them with friendly respect.

According to last year's tourism statistics, per capita spending of all visitors grew on a year-on-year basis by eight percent to 1,633 patacas—not including "expending on gambling", according to a source of the Macao Government Tourist Office (MGTO)(1). Per-capita spending of Mainland visitors was the highest of all visitor segments, amounting to 2,991 patacas.

Some 57 percent of last year's recorded 16.67 million visitor arrivals were mainlanders. Around 3.51 million mainlanders visited Macao under the so-called Facilitated Individual Travel (FIT) scheme, which has given our economy a big boost(2). Last year, all visitor's per capita spending rose year-on-year by nine percent to 1,449 patacas, excluding gambling and betting activities. Mainlander won the spending contest with an average daily expenditure of 2,322 patacas(3).

The survey involved some 1,500 mainland Chinese consumers in Beijing, Shanghai and Guangzhou who traveled to Hong Kong, Macao and other regions and countries in Asia and Europe over the past six months for business or recreation(4). According to the survey, almost all mainland tourists went shopping during their outbound trips, which took up one third of their budget. Hong Kong continued to be mainlanders' top destination for shopping sprees(5).

The good thing about mainlanders is that most of them, unlike their counterparts from Hong Kong, Taiwan and Southeast Asia, come here not "just" for casino gambling but also for bulk shopping, which immensely benefits our retail sector that had been in the doldrums for many years(6). That's way the government and business associations ought to double their efforts to clamp down on shady characters who sell bogus goods and dubious services, often at incredibly inflated prices, to visitors, particularly unsuspecting mainlanders(7).

After all, mainland visitors are the future of our crucially important tourism and gaming industry. In terms of their spending habits, they are Macao's model tourists.

【分析】

（1）According to last year's tourism statistics, per capita spending of all visitors grew on a year-on-year basis by eight percent to 1,633 patacas—not including "expending on gambling", according to a source of the Macao Government Tourist Office (MGTO)，可酌情译为“根据澳门旅游局的资料，按年增长计算，每位游客的平均消费增长了8%，达到1 633澳门元，其中还不包括‘博彩开销’”。

（2）Facilitated Individual Travel 为“自由行”。Boost 意为 to assist in further development or progress 刺激增长，辅助长远的发展和进步，如 a bill intended to boost local charities 一项意在刺激地方慈善事业增长的议案。Under the so-called Facilitated Individual Travel (FIT) scheme, which has given our economy a big boost，可译为“内地人是通过‘自由行’访澳的，这给了我们的经济很大的推动力”。

（3）Spending contest 翻译时需加引号。Mainlander won the spending contest with an average daily expenditure of 2,322 patacas. 整句可译为“内地人在‘消费竞赛’中获胜，平均每日的开销为2 322澳门元”。

（4）For business or recreation 可译为“分别因商务或消闲”。

（5）Spree 意为 overindulgence in an activity 行为毫不节制，此处译为“欲望”。Hong Kong continued to be mainlanders' top destination for shopping sprees. 整句可译为“而香港一直是满足其消费欲望的首选”。

（6）Doldrums 意为 a period of stagnation or slump 经济萧条或衰落期。The good thing about mainlanders is that most of them, unlike their counterparts from Hong Kong, Taiwan and Southeast Asia, come here not "just" for casino gambling but also for bulk shopping, which immensely benefits our retail sector that had been in the doldrums for many years. 整句可译为“内地游客的好处在于，他们中的大多数不像来自中国香港和台湾以及东南亚地区的游客那样‘专门’来此赌博，而是同时大量采购，这使我们多年不景气的零售业获益良多”。

(7) Shady characters 译为“害群之马”。... to clamp down on shady characters who sell bogus goods and dubious services, often at incredibly inflated prices, to visitors, particularly unsuspecting mainlanders. 整句可译为“清除兜售假货及提供劣质服务的‘害群之马’——他们往往向游客特别是容易轻信的内地人哄抬物价”。

【参考译文】

内地游客的花销

昨天统计暨普查局发布的调查肯定了这种看法：我们的内地同胞是花销大户。这让我们更有理由热烈欢迎来自北方的客人，并给予他们应有的尊敬。

根据澳门旅游局的资料，按年增长计算，每位游客的平均消费增长了8%，达到 1 633 澳门元，其中还不包括“博彩开销”。而来自内地游客的平均消费额最高，达到 2 991 澳门元。

在去年的 1 667 万游客中，57% 为内地人，而大约 351 万内地人是通过“自由行”访澳的，这给了我们的经济很大的推动力。去年，按年增长率计算，游客的人均消费增加了 9%，达到 1 449 澳门元，此外还有博彩活动等方面的花费。内地人在“消费竞赛”中获胜，平均每日的开销为 2 322 澳门元。

该项调查涉及北京、上海及广州的 1 500 名内地消费者，他们在过去六个月里分别因商务或消闲到访香港、澳门，以及亚洲其他国家或地区和欧洲。据调查，几乎所有的内地游客都外出采购，这部分费用占据其总开销的三分之一，而香港一直是满足其消费欲望的首选。

内地游客的好处在于，他们中的大多数不像来自中国香港和台湾以及东南亚地区的游客那样“专门”来此赌博，而是同时大量采购，这使我们多年不景气的零售业获益良多。所以，我们的政府和企业协会应加倍努力，清除兜售假货及提供劣质服务的“害群之马”——他们往往向游客特别是容易轻信的内地人哄抬物价。

无论如何，内地游客是我们至关重要的旅游和博彩业的未来。就其消费习惯而言，他们是澳门的“模范游客”。

二十四、例文 24

EC Welcomes Macao's Development

Macao and the European Commission (EC) "underlined their commitment to cooperate closely on issue of mutual interest", according to a joint communiqué issued after their 11th annual meeting in Brussels last Thursday(1). The joint communiqué was released by the Macao Government Information Bureau yesterday.

Secretary for Administration and Justice Florinda da Rosa Silva Chan headed Macao's delegation to the talks in the Belgian capital last week. "The EC recalled the importance it attached to the full implementation of Macao's Basic Law", the communiqué said, "It reaffirmed the positive conclusions of its 2004 Annual Report on the Macao Special Administrative Region (MSAR) and, in particular, welcomed the ongoing consolidation of the Region's governmental institutions. The EC also noted with satisfaction the vigorous economic growth in the MSAR and encouraged Macao's efforts to further diversify its economy"(2).

The communiqué also said the two sides expressed satisfaction with the successful implementation of the EC-Macao readmission agreement, which was signed on October 13, 2003, and looked forward to further cooperation in this area. Under the agreement, Macao and the European Union undertake to readmit citizens repatriated(3) by either side.

The two delegations also welcomed the successful implementation of the EC-Macao co-funded project that supports the consolidation of Macao's legal system. Finally, they expressed their willingness to develop their cooperation in areas such as the new General System of Preferences (GSP), translation and interpretation training and continued legal cooperation.

The current GSP was designed by the EU to allow industrialized countries to grant non-reciprocal tariff reductions to developing countries. The underlying idea(4) was to help the developing world to industrialize. Macao maintains a representative office in Brussels. Unlike Hong Kong, Macao maintains a cooperation agreement with the EU.

【分析】

（1）“Underlined their commitment to cooperate closely on issue of mutual interest”, according to a joint communiqué issued after their 11th annual meeting in Brussels last Thursday. 翻译时，需将语序做大调整，即将最后的提前到最前译出。整句可译为“上周四，在布鲁塞尔举行的第 11 届澳门—欧洲委员会年会签署的联合公报中指出，澳门和欧洲委员会‘强调了就其互相感兴趣的问题加强紧密合作的承诺’”。

（2）“The EC recalled the importance it attached to the full implementation of Macao's Basic Law”, the communiqué said, “It reaffirmed the positive conclusions of its 2004 Annual Report on the Macao Special Administrative Region（MSAR）and, in particular, welcomed the ongoing consolidation of the Region's governmental institutions. The EC also noted with satisfaction the vigorous economic growth in the MSAR and encouraged Macao's efforts to further diversify its economy”. 翻译时，应将 the communiqué said 提前译出。整句可译为“联合公报指出：‘欧委会回顾了充分落实《澳门基本法》的重要性。公报再次肯定了 2004 年澳门特区工作报告中的积极结论，特别是欢迎继续加强地区政府的机构建设。欧委会还满意地看到了其强劲的经济发展，并鼓励其经济进一步多样化。’”

（3）Repatriated 意为 to restore or return to the country of birth, citizenship, or origin 把……遣返回国，把……遣返或归还给其出生国、具居民资格的国家或原籍国，如 repatriate war refugees 把战争期间的难民遣返回国。这里译为“遣返”。

（4）The underlying idea 意为 present but not obvious, implicit 出现但不明显的、隐含的，如 an underlying meaning 潜在的意义。这里译为“其意图”。

【参考译文】

欧委会肯定澳门的发展

上周四，在布鲁塞尔举行的第 11 届澳门—欧洲委员会年会签署的联合公报中指出，澳门和欧洲委员会“强调了就其互相感兴趣的问题加强紧密合作的承诺”。该联合公报是由澳门新闻局昨日公布的。

政务司司长陈丽敏上周四率领澳门代表团到比利时首都进行会谈。联合公报指出："欧委会回顾了充分落实《澳门基本法》的重要性。公报再次肯定了2004年澳门特区工作报告中的积极结论，特别是欢迎继续加强地区政府的机构建设。欧委会还满意地看到了其强劲的经济发展，并鼓励其经济进一步多样化。"

公报还指出，双方对2003年10月13日签署的欧委会—澳门"重新接纳协议"的执行表示满意，并希望继续加强该领域的合作。依据此协议，澳门和欧盟可重新接纳被双方遣返的公民。

双方代表团也肯定了由双方资助的旨在加强澳门法律制度的项目的成功落实。最后，他们表达了进一步加强双方在众多领域合作的愿望，例如在普遍优惠制（GSP）、翻译和口译培训以及持续的法律协作等方面。

目前的GSP是由欧盟设计的，允许工业化国家对发展中国家赋予非互惠性的减免关税，其意图是帮助发展中世界的工业化。澳门继续在布鲁塞尔常设机构。与香港不同，澳门继续执行与欧盟的合作协议。

二十五、例文25

Singapore's Concessions to the Casinos: the Implications to Macao

As expected, Singapore gave the go-ahead for the city state's first two casinos in an attempt to "remake" its economy(1). Macao and Singapore have quite a lot in common. Both are cities comprising ethnic Chinese majorities and a number of ethnic minorities, including Eurasians. Both cities are popular tourist destinations in their respective regions and both are rather politically conservative. Multiculturalism is the declared policy of either city that was once ruled by Europeans(2).

Tiger Airway has just launched a scheduled low-cost flight service that will not only prove a long-term commercial success but also strengthen tourism, trade and cultural ties between the two cities. In terms of non-gaming tourism, Macao can learn quite a lot from Singapore, particularly in the area of theme parks, food courts and, most importantly, the development of MICE (meetings, incentives, conferences and exhibitions) tourism segment. However, in the gaming field, Macao has quite certain period of bright years ahead in terms of potential competitors in Asia(3).

Macao's gaming industry has a history of nearly 160 years that over the past few years has grown into one of the world's top three gaming destinations—alongside Las Vegas and Atlantic City. The liberalization of the gaming industry after the 1999 handover has reaffirmed the economic maxim that competition functions as a stimulus to quality improvement(4).

Singapore's future casinos will result in additional regional competition for Macao's casinos—something that ought to be seen as an additional stimulus for the local industry to further improve the quality of its services and products. Potentially, there will be many more "Singapores" in Asia in the next decade or so in response to Macao's booming gaming industry(5). This could blunt Macao's competitive edge faster than anyone might ever have imagined(6).

Good public security, strict adherence to international financial norms and constant efforts by business operators to improve their quality are the best response to the new Singapore challenge. But, first of all, we should all wish Singapore good luck in its casino gambling.

【分析】

(1) Go-ahead 意为 let it go 放行。Remake 不宜译为"再造",而应译为"更新"。Singapore gave the go-ahead for the city state's first two casinos in an attempt to "remake" its economy. 整句可译为"新加坡首先对两家赌场开了绿灯,以期'更新'其经济"。

(2) Multiculturalism 为"多元文化"。Declare 意为 to make known formally or officially 公告,正式地或通过官方使……为人所知,这里译为"奉行"。Multiculturalism is the declared policy of either city that was once ruled by Europeans. 整句可译为"二者以前都曾被欧洲人统治,现在又都奉行多元文化政策"。

(3) Bright years ahead 为"光明前景",且置后译出。In the gaming field, Macao has a quite certain period of bright years ahead in terms of potential competitors in Asia. 整句可译为"在博彩业方面,就潜在的竞争对手而言,澳门仍有相当一段的光明前景"。

(4) Competition functions as a stimulus to quality improvement 可意译为"竞争刺激提高质量"。The liberalization of the gaming industry after the 1999 handover has reaffirmed the economic maxim that competition functions as a stimulus to quality improvement. 整句可译为"1999 年回归后的赌业开放,又一次证实了这样一条经济座右铭——竞争刺激提高质量"。

（5）In response to 可译为“鉴于……”。Potentially，there will be many more “Singapores” in Asia in the next decade or so in response to Macao's booming gaming industry. 整句可译为“鉴于澳门博彩业的兴盛，在未来几十年内，亚洲还会出现许多个‘新加坡’”。

（6）Blunt 意为 to make less effective，weaken 使迟钝，使减弱，如 blunting the criticism with a smile 用微笑冲淡批评，这里译为“……消失”。Edge 为 a margin of superiority，an advantage 优势的程度，强势，如 a slight edge over the opposition 比对手稍具优势。This could blunt Macao's competitive edge faster than anyone might ever have imagined. 整句可译为“这些将使澳门的竞争优势以比人们的想象快得多的速度消失”。

【参考译文】

新加坡开赌对澳门的启示

正如人们所预料的，新加坡首先对两家赌场开了绿灯，以期“更新”其经济。澳门和新加坡有许多相同之处。二者都是华人占多数，同时具有包括欧亚人的少数民族；二者也都是各自地区热门的旅游胜地，且在政治上都非常保守；二者以前都曾被欧洲人统治，现在又都奉行多元文化政策。

虎航最近推出了来澳的廉价航程，这不仅将会是一个长期的商业成就，而且将加强两地旅游、贸易和文化的联系。除了博彩，澳门可以向新加坡的旅游业学到许多东西，特别是在旅游主题公园、餐饮业及旅游业中最为重要的会展方面。然而，在博彩业方面，就潜在的竞争对手而言，澳门仍有相当一段的光明前景。

澳门有着 160 年的博彩历史，并在过去几年里，发展成为继拉斯维加斯及大西洋城之后的世界三大博彩胜地之一。1999 年回归后的赌业开放，又一次证实了这样一条经济座右铭——竞争刺激提高质量。

新加坡未来的赌业将为澳门的赌业带来额外的地区性竞争，而这应当被视为进一步促进本地产业服务和产品质量的“额外刺激”。鉴于澳门博彩业的兴盛，在未来几十年内，亚洲还会出现许多个“新加坡”。这些将使澳门的竞争优势以比人们的想象快得多的速度消失。

良好的社会治安、恪守国际财政规范以及商界提高质量的持续努力，是对于新近新加坡挑战的最好响应。但是，首先还是让我们祝愿新加坡博彩业红运当头。

二十六、例文26

Macao's Women

Mao Zedong once famously remarked, "Women hold up half the sky". In the specific case of Macao, women hold up 52 percent of the sky, considering that men make up just 48 percent of the population. Women are not only in the majority in Macao, many of them now occupy leading positions in civil society, the business community and government. Susana Chou in her capacity as president of the Legislative Assembly ranks second in Macao's public sector hierarchy(1). Florida da Rosa Silva Chan ranks first among Chief Executive Edmund Ho Hau-wah's five policy secretaries.

However, in the public service, which comprises the male-dominated security forces, still nearly two third of the 17,900 staff members are men(2). The government gazetted yesterday the setting-up a Consultative Commission on Women's Affairs that is meant to promote the "real share" of the two sexes' responsibilities in the areas of civil society, professions, culture, business and politics(3). According to the respective by-law, which becomes effective today, the commission will also strive to encourage women's full participation in the development of the Macao Special Administrative Region and to promote women's opportunities, rights and dignity.

The commission will comprise up to 30 public and private sector members appointed by the Chief Executive. One can only hope that the commission will be able to achieve its lofty aims. The director of the Good Shepherd Center (GSC), said that she believed the commission could raise public awareness of women-related issues, such as domestic violence and lack of education. Her center, which was set up in 1990, offers shelter to single mothers, girls at risk and physically and emotionally abused women, including their small children.

The commission will, hopefully, also discuss ways to clamp down on the ugly issue of trafficking in women, which continues to besmirch(4) Macao's international image as an international tourism and entertainment destination.

【分析】

（1）Hierarchy 为 a series in which each element is graded or ranked 等次，分等级或次序的一系列事物。如：Put honesty first in her hierarchy of values. 把诚实放在她自己的价值等次的首要地位。与 public sector 合译为“公务体系”。In her capacity as president of the Legislative Assembly ranks second in Macao's public sector hierarchy. 整句可译为“她作为立法会主席，在澳门公务体系中位居第二”。

（2）Male-dominated security forces 为“以男性为主的警力”。In the public service, which comprises the male-dominated security forces, still nearly two third of the 17,900 staff members are men. 整句可译为“在公务员里，包括以男性为主的警力中，17 900 名公务员中近三分之二为男性”。

（3）Promote 可译为“促使”；real share 可译为“真正分担”。That is meant to promote the “real share” of the two sexes' responsibilities in the areas of civil society, professions, culture, business and politics. 整句可译为“这意味着，在市民社会、职业、文化、商业及政治领域，要促使两性‘真正分担’责任”。

（4）Besmirch 意为 to stain, sully 玷污，污损，如 a reputation that was besmirched by slander 名誉被诽谤所玷污，这里译为“有损”。

【参考译文】

澳门的妇女

毛泽东有过一句名言：“妇女能顶半边天。”以澳门为特例，妇女顶起了52%的天，男人仅为人口的48%。妇女不仅占澳门人口的大多数，现时还担任着市民社会、商界及政府的领导职位。曹其真，她作为立法会主席，在澳门公务体系中位居第二。陈丽敏，则在何厚铧的五大司长中名列榜首。

然而，在公务员里，包括以男性为主的警力中，17 900 名公务员中近三分之二为男性。昨天政府公告上宣布，要建立一个妇女事务咨询委员会。这意味着，在市民社会、职业、文化、商业及政治领域，要促使两性“真正分担”责任。根据今日生效的有关附属法律，该委员会还将鼓励妇女充分投入澳门特区的发展，并为妇女的机遇、权利和尊严而努力。

委员会将由特首任命的30 位公立和私立部门成员组成，而人们希望它有朝一日可达到其崇高目标。而 GSC 中心主任表示，她相信该委员会可以提高公众对有关妇女问题的重视，如家庭暴力和教育不足等。该中心成立于1990年，向单身母亲、处境危险的女孩、身心受到虐待的妇女及其年幼子女提供住宿。

希望委员会还将讨论如何严厉打击令人不快的贩卖妇女问题，该问题继续有损澳门作为世界旅游和娱乐胜地的国际形象。

二十七、例文27

Macao's Religious Freedom

One of the greatest legacies of John Paul Ⅱ is his struggle to promote religious tolerance among the world's different Christian faiths and other creeds. Macao is good—and still relatively rare—example of a city where peaceful coexistence of different religions is a way of life(1). Most Macao residents are followers of Buddhism, Taoism and traditional Chinese folk beliefs.

Some six percent of the population is Roman Catholic, Islam, Bahai, Protestantism and other Christian denominations also play an active role in Macao's religious landscape(2). Buddhist and Catholic religious festivals are an integral part of Macao's calendar of public festival(3).

Based on the fact that Macao has been part of China since ancient times, Buddhism, Taoism and folk beliefs have the longest presence here. The Catholic diocese was founded in around 1575 and Protestants regard Macao as "the place where the gospel first reached China". Buddhist and Taoist temples and Catholic churches are part of Macao's cultural heritage and major tourist attractions.

Religious freedom is not only formally guaranteed by Articles 25, 34 and 128 of the Macao Basic Law but also a fact of life here. There are indications that the Vatican will finally sever its so-called "diplomatic relations" with Taiwan and recognize the People's Republic of China(4). Dialogue is the best way of promoting understanding between the sides, founded on the principle of separation of religion and politics. Unlike its highly politicized counterpart in Hong Kong, whose Bishop is famous for its high-decibel political vocalism, Macao's Catholic diocese has been wise enough to steer clear of political strife(5).

【分析】

（1）Macao is good—and still relatively rare—example of a city where peaceful coexistence of different religions is a way of life. 原文的句式较为复杂，翻译可完全打乱语序，组织成符合汉语表达习惯的译文。整句可译为"澳门在这方面仍是相对少见的良好例证。在这里，不同的宗教生活方式可以和平共处"。

（2）Landscape 意为 the aspect of the land characteristic of a particular region 地貌，特定地区陆地特点的某些方面，如 a bleak New England winter landscape 荒凉的新英格兰冬季地貌。Religious landscape 与 urban landscape 相似，可译为"宗教格局"。

（3）An integral part of 可译为"隶属"。Buddhist and Catholic religious festivals are an integral part of Macao's calendar of public festival. 整句可译为"佛教、天主教节日也属于澳门的公共假日"。

（4）Sever 意为 to break up（a relationship，for example)，dissolve 分离断决（如关系)，解散。There are indications that the Vatican will finally sever its so-called "diplomatic relations" with Taiwan and recognize the People's Republic of China. 整句可译为"许多迹象表明，梵蒂冈将最终切断与台湾的所谓'外交关系'，承认中华人民共和国"。

（5）Unlike its highly politicized counterpart in Hong Kong，whose Bishop is famous for its high-decibel political vocalism，Macao's Catholic diocese has been wise enough to steer clear of political strife. 翻译时需颠倒语序，即将 whose Bishop is famous for its high-decibel political vocalism 提前译出。整句可译为"香港的主教具有高分贝的政治呼声，而与香港的情况相反，澳门天主教区以其足够的智慧避开了政治冲突"。

【参考译文】

澳门的宗教自由

约翰·保罗二世的伟大遗产之一，是他极力提倡在世界不同基督教信仰及其他宗教信仰中的信仰宽容。澳门在这方面仍是相对少见的良好例证。在这里，不同的宗教生活方式可以和平共处。大部分的澳门居民信奉佛教、道教及传统的中国民间信仰。

澳门人口的6%为罗马天主教徒，伊斯兰教、巴哈教、新教及包括各种教派的基督教也是澳门宗教格局中的重要组成部分。佛教、天主教节日也属于澳门的公共假日。

自古以来澳门属于中国一部分的事实，使佛教、道教及民间信仰得以长期在这里并存。天主教小区于1575年在此成立，新教则将澳门视为"福音可最先到达中国的地方"。佛教、道教的庙宇及天主教堂成为澳门文化遗产及主要景点的一部分。

宗教自由不仅得到《澳门基本法》第25、34和128条的正式保证，而且是这里生活方式的一部分。许多迹象表明，梵蒂冈将最终切断与台湾的所谓"外交关系"，承认中华人民共和国。在宗教与政治分离的基础上，对话是促进双方理解的最佳途径。香港的主教具有高分贝的政治呼声，而与香港的情况相反，澳门天主教区以其足够的智慧避开了政治冲突。

二十八、例文28

The Increase of Employees in Macao's Gaming-industry

At the end of last year, Macao's vitally important gaming industry employed 21,264 "paid employees"(1), the Statistics and Census Bureau said yesterday. Based on Macao's workforce of around 238,000 at the time, some 8.9 percent of the total was employed by the gaming sector at the end of last year.

Between the second and fourth quarter last year, the number of gaming-industry employees rose 7.5 percent. However, just 11,637 of the employees were engaged by the industry in positions directly related to gaming and betting services, such as dealers and casino floor supervisors(2).

Gaming "junket" promoters and people engaged in associated businesses were not included in the total number of gaming-sector employees(3). Observers have put the number of people working in the junket sector at "thousands". Gaming junket operators are popularly known as "middlemen".

Full-time employees of the gaming industry earned an average of 10,730 patacas in December, a drop of 1.4 percent on June last year. The average monthly salary of resident workers dropped 1.6 percent to 9,870 patacas, whereas the average monthly salary of non-resident workers reached 20,174 patacas, an increase of 0.3 percent between June and December last year.

The gaming industry reported 7,104 vacancies at the end of last year, an increase of 44.2 percent on June last year. In terms of hiring requirements, just around 10 percent of the vacancies asked for professional experience. About 70 percent of the job offers required at least senior high-school education. Apart from Cantonese, Mandarin (87.8%) and English (62.6%) were the most popular language requirements(4). Presently, Macao has 18 casinos, 15 of which are run by octogenarian(5) casino mogul(6) Stanley Ho Hung Sun's Sociedade de Jogos de Macau (SJM-Macao Gaming Company).

【分析】

(1) Paid employees 可译为"有薪雇员"。

(2) Casino floor supervisors 可译为"赌场监管"。

(3) Junket 为"野餐",这里指的是并非"正统范围之内的"。Gaming "junket" promoters and people engaged in associated businesses were not included in the total number of gaming-sector employees. 整句可译为"博彩'编外'及相关行业人员还不计算在博彩业总人数之内"。

(4) Most popular language requirements 可译为"最普遍的语言要求"。

(5) Octogenarian 意为 a person between 80 and 90 years of age 在 80 岁到 90 岁的人,此处可译为"耄耋老翁"。

(6) Mogul 意为 a very rich or powerful person, a magnate 一个非常富有而有权势的人、巨头,这里可译为"显赫的"。

【参考译文】

澳门博彩业雇员增加

统计暨普查局昨日公布,至去年年底,澳门至关重要的博彩产业雇用了21 264 名"有薪雇员"。按澳门当时的劳动力为238 000 人计,其总数的 8.9% 受雇于博彩业。

在去年第二至第四季度,博彩业的员工数额上升了 7.5%。然而,仅有 11 637 人直接涉足博彩服务,如发牌员及赌场监管。

博彩"编外"及相关行业人员还不计算在博彩业总人数之内,而观察家认为这部分有数千人。博彩编外经营者又称"中间人"。

在去年 12 月博彩业全职人员的平均工资为 10 730 澳门元,比去年 6 月降低了 1.4%。在去年 6 月到 12 月期间,居民职工的平均月工资,为 9 870 澳门元,降低了 1.6%;而非居民职工的工资则为 20 174 澳门元,上升了 0.3%。

至去年年底，据报博彩业的职业空缺为 7 104 个，比去年 6 月增加了 44.2%。就雇用条件而言，只有 10% 的职位要求具有专业经验。大约 70% 的工作要求至少具有高中学历。除了广东话，普通话（87.8%）和英语（62.6%）为最普遍的语言要求。目前，澳门有 18 家赌场，其中 15 家为显赫的耄耋老翁何鸿燊的澳博公司。

二十九、例文 29

The Room for Macao's Population Increase

Macao's latest demographic statistics released have reaffirmed its ranking as the world's most densely populated territory. Interestingly, most media colleagues from overseas visiting Macao said they hardly "feel" the global population density record(1). One of the colleagues, a seasoned corresponded from Europe, told me during a recent visit that while he found Macao to be "a bit crowded", he did "not feel inconvenienced" by the crowds of people.

No doubt, Macao is a bit crowded, but some local business people and investors from outside tell me they believe that our city's population is still "too small" to generate a pool of human resources capable to meet the growing demand for qualified labor in the tourism, gaming and other services industries(2).

Some think that Macao's resident population must rise to more than 500,000 over the next few years to be able to cope with the rising human resources demand. Others say they would prefer an increase in "temporary" import of labor to a "permanent" growth in the population(3). My view is that Macao can accommodate a further increase in its population as long as it takes place in a gradual and orderly fashion. Macao needs "fresh blood" from the Greater China area and elsewhere to meet the needs of its increasingly sophisticated labor market(4).

Casinos, off-shore companies, hotels and many other lines of business need to hire a large number of highly trained and specialized employees that a relatively small city like Macao is simply unable to produce locally. That's why I think Macao has still room for a further—step by step increase in its population, both on a temporary and a permanent basis(5). The challenge is to strike the right balance between the import of temporary labor and the granting of residence rights to non-locals who choose to make Macao their new permanent home(6).

【分析】

（1）... hardly “feel” the global population density record，可译为“……难以‘感受到’这种全球人口最高密度”。

（2）Pool 为 a grouping of resources for the common advantage of the participants 资源的集合，参与者共同利益的资源集合，如 a pool of implements for the use of all the workers on the estate 种植园中所有工人共同使用的工具，forming a pool of our talents 为将我们的才能聚集起来。... is still “too small” to generate a pool of human resources capable to meet the growing demand for qualified labor in the tourism, gaming and other services industries. 整句可译为“……仍然‘太少’，不足以提供旅游、博彩及其他服务业不断增长的高素质人力资源的需求”。

（3）Prefer ... to ... 为“宁愿…… 而不愿……”。They would prefer an increase in “temporary” import of labor to a “permanent” growth in the population，根据上下文，可译为“另有人则倾向于‘暂时的’劳力输入而非‘永久的’人口增长”。

（4）Greater China 为“大中华”，包括中国内地、香港、澳门和台湾。Macao needs “fresh blood” from the Greater China area and elsewhere to meet the needs of its increasingly sophisticated labor market. 整句可译为“澳门需要从大中华及其他地区吸收‘新鲜血液’，以满足其日益成熟的劳动市场”。

（5）That's why I think Macao has still room for a further—step by step increase in its population, both on a temporary and a permanent basis. 翻译时需将破折号后的 step by step increase in its population 调整到前面。整句可译为“我认为澳门仍有逐步增加其人口的空间，无论是暂时性的还是长久性的”。

（6）The challenge is to strike the right balance between the import of temporary labor and the granting of residence rights to non-locals who choose to make Macao their new permanent home. 在 between 之间的是 the import of temporary labor 和 the granting of residence rights to non-locals who choose to make Macao their new permanent home，特别是后半部分，组成一较长的定语词组。整句可译为“在输入暂时劳力与给予想在澳门定居的非本地人员居留权之间掌握好平衡，是我们的挑战”。

【参考译文】

澳门人口增加的余地

澳门最新的人口资料再次表明澳门是世界人口密度最高的地区。有趣的是，大部分从海外来访澳门的传媒界同事难以“感受到”这种全球人口最高密度。其中一位来自欧洲的资深记者告诉我，他最近到访澳门感到“有些拥挤”，但并未在人群中“感到不便”。

澳门无疑有些拥挤，但从外面归来的当地商人、投资者对我说，他们认为我们城市的人口仍然“太少”，不足以提供旅游、博彩及其他服务业不断增长的高素质人力资源的需求。

有人认为，为适应人力资源的需求，今后几年澳门的人口须超过50万，另有人则倾向于“暂时的”劳力输入而非“永久的”人口增长。我认为，只要采取一种循序渐进的方式，澳门还可以承受更多的人口。澳门需要从大中华及其他地区吸收“新鲜血液”，以满足其日益成熟的劳动市场。

游乐场、海外公司、酒店及其他相关行业，需要雇用大批经过培训、高度专业化的职员，而像澳门这样的小城市难以在本地培养大批此类人才。所以，我认为澳门仍有逐步增加其人口的空间，无论是暂时性的还是长久性的。在输入暂时劳力与给予想在澳门定居的非本地人员居留权之间掌握好平衡，是我们的挑战。

三十、例文30

Macao's Employment and Unemployment Rates

Macao's unemployment rate has fallen to 4. 1 percent, the lowest in 10 years, the Macao Statistics and Census Bureau announced yesterday. Year-on-year, the rate dipped 1. 4 percentage points in the period between December and February. The rate decreased 0. 1 percentage points between the periods spanning November and January and December and February(1).

Between December and February, Macao's workforce totaled 238,000 people, including 9,800 jobless residents. Some 10. 3 percent of the unemployed were looking for their first job. The labor participation rate(2) stood at 62. 4 percent between December and January, an increase of 0. 8 percent on the same period a year ago and a decrease of 0.4 percentage points from the period between November and January.

The underemployment rate(3) of 1.2 percent remained unchanged between November and February. However, the rate fell 0.9 percentage points compared with the period between December last year and February this year. The officially measured jobless rate reached its peak of 7.1 percent in the second quarter of 2000, just several months after Macao's reversion from Portuguese to Chinese administration in December 1999, when the rate amounted to 6.3 percent. In 1995, the rate stood at 3.6 percent. It rose to 4.3 percent in 1996.

Analysts expect the unemployment rate to fall under four percent later this year, when a string of new hotels and casinos are scheduled to open(4). The rate started to fall under five percent in the third quarter last year, when several new casinos and hotels began commercial operations(5). Government officials estimate that Macao's GDP grew 25 percent last year, as against a real growth of 15.6 percent in the previous year. Macao suffered four consecutive years of negative economic growth between 1996 and 1999. Manufacturing, mostly textile and garment factories, retail and tourism and gaming businesses are Macao's main employers(6).

【分析】

（1）Year-on-year 为经济学用语，意为“与上年同期数字相比的”。Year-on-year, the rate dipped 1.4 percentage points in the period between December and February. The rate decreased 0.1 percentage points between the periods spanning November and January and December and February. 整句可译为“以逐年同期计算，在 12 月至 2 月期间，又降低了 1.4 百分点；而就 11 月至 1 月同 12 月至 2 月期间相比，仍降低了 0.1 百分点”。

（2）Labor participation rate 可译为“劳动参与率”。

（3）Underemployment rate 可译为“就业不足率”。

（4）Are scheduled to open 可译为“计划开业”。

（5）Commercial operations 可译为“商业运作”。

（6）Employers 不译为“老板”，而为“雇主”。Manufacturing, mostly textile and garment factories, retail and tourism and gaming businesses are Macao's main employers. 整句可译为“制造业（特别是纺织厂和服装厂）、零售业、旅游业和博彩业，是澳门的主要雇主”。

【参考译文】

澳门的就业与失业率

澳门统计暨普查局昨天宣布，澳门的失业率已降到了4.1%，达到10年的最低点。以逐年同期计算，在12月至2月期间，又降低了1.4百分点；而就11月至1月同12月至2月期间相比，仍降低了0.1百分点。

在12月至2月期间，澳门的劳动力总数为238 000人，包括9 800名失业居民，其中有10.3%的人在寻找第一份工作。在12月至1月期间，其劳动参与率为62.4%，比去年同期增加了0.8%，而比11月至1月期间下降了0.4%。

其就业不足率在11月至2月期间保持在1.2%，而比起去年12月至今年2月同期，则下降了0.9%。据官方统计，在1999年12月澳门从葡萄牙回归中国时，其失业率为6.3%，而在几个月之后的2000年第二季度达到了7.1%的顶峰。早在1995年，其失业率为3.6%，而1996年上升为4.3%。

分析家们预测，随着一系列新酒店和游乐场的计划开业，今年的失业率将降至4%以下。去年第三个季度几个新游乐场和酒店开始商业运作时，其失业率低至5%。澳门的官方估计，去年其GDP的增长率为25%，而前一年的实际增长率为15.6%。1996年至1999年澳门遭受到持续的经济负增长。制造业（特别是纺织厂和服装厂）、零售业、旅游业和博彩业，是澳门的主要雇主。

三十一、例文31

The Sure Winner of the 4th East Asian Games

Macao's biggest sporting event in its history, the 4th East Asian Games, will also be the most costly ever staged and, I believe, the most successful one. Thanks to the games, Macao will boast one of the world's most comprehensive sports facilities for future decades to come, such as the state-of-the-art Macao Dome in Cotai that has been designed to a wide range of sporting and non-sporting events, including conventions and shows(1).

After the games, Macao will be able to hold Las Vegas-style boxing matches, shows, concerts and conventions at the Macao Dome, as well as other large-scale international sporting events. The facilities "inherited" from the East Asian Games will help boost Macao's exposure as an international destination for tourism(2). Quite probably, international superstars in the area of sports and show business will perform at the Macao Dome before very long.

That is why it is inaccurate to claim that the East Asian Games are a "waste of money" or "destined to lose money". The claims simply fail to factor in the Games' benefits for Macao as whole(3). The government's expenditure of several billion patacas on the construction and organization of the Games should be seen as a long-term investment and not, as some newspaper reports have natively suggested, as "spending on an event that lasts just two weeks". As a matter of fact, the Games' purpose-built facilities will serve locals and visitors alike for a long time in the future.

The slogan of the 4th East Asian Games is "New East, New Era". In terms of facilities, organization and Olympic spirit, the Games will, no doubt, result in a new era for Macao's sporting community. Irrespective of which teams and athletes will win the Games' medals, one of the sure winners is Macao and its people(4).

【分析】

(1) For future decades to come 可译为"惠及今后几十年的"。Thanks to the games, Macao will boast one of the world's most comprehensive sports facilities for future decades to come, such as the state-of-the-art Macao Dome in Cotai that has been designed to a wide range of sporting and non-sporting events, including conventions and shows. 整句可译为"多亏这次运动会，澳门将会拥有惠及今后几十年的令人羡慕的、齐备的世界级体育设施，如坐落在路氹城那工艺先进的澳门蛋，其设计用于举办广泛的体育及非体育的项目，诸如会议和表演"。

(2) Boost 意为 to increase, raise 增加，拔高，如 boost prices 提高价格；efforts to boost participation in the program 努力提高节目的参与率。Exposure 意为 appearance in public or in the mass media 曝光，在公共场所或在新闻媒介露面，如 an actor with much recent exposure in television 近来在电视上露面的一位男演员。Help boost Macao's exposure as an international destination for tourism，可译为"有助于澳门展示其作为国际旅游胜地的

风采”。

（3）Claim 意为 a statement of something as a fact，an assertion of truth 主张声明某事为事实，断言真实，如 makes no claim to be a cure 不能断言为有效对策。The claims simply fail to factor in the Games' benefits for Macao as whole. 整句可译为“因这种论断没能认识到该次运动会对于澳门整体带来的益处”。

（4）Sure winners 可译为“大赢家”。Irrespective of which teams and athletes will win the Games' medals，one of the sure winners is Macao and its people. 整句可译为“无论哪个运动队或运动员赢得奖牌，其中的大赢家都是澳门和澳门人”。

【参考译文】

东亚运动会的大赢家

东亚运动会是澳门历史上最大的体育事件，也将是所举办的最昂贵而且是我认为最成功的一次。多亏这次运动会，澳门将会拥有惠及今后几十年的令人羡慕的、齐备的世界级体育设施，如坐落在路氹城那工艺先进的澳门蛋，其设计用于举办广泛的体育及非体育的项目，诸如会议和表演。

运动会之后，澳门将有能力在澳门蛋举办拉斯维加斯式的拳击比赛、表演、音乐会、会议以及其他大型的体育项目。从东亚运动会承用下来的设施，将有助于澳门展示其作为国际旅游胜地的风采。而且国际级的体育和演艺明星非常有可能在不久的将来现身澳门蛋。

所以，认为东亚运动会“浪费钱”或“注定赔钱”是不正确的，因这种论断没能认识到该次运动会对于澳门整体带来的益处。政府用于该次运动会的建设与组织，应当被看作一项长期的投资，而不是如某些报社记者所消极评论的“仅仅是对为期两周项目的花费”。为运动会有的放矢而建的设施，将在未来长期服务于当地居民和来访者。

第四届东亚运动会的口号是“新东方，新时代”。就设备、组织和奥林匹克精神而言，该次运动会无疑将开辟澳门体育社团的新纪元。无论哪个运动队或运动员赢得奖牌，其中的大赢家都是澳门和澳门人。

三十二、例文 32

Macao's Press Council and Press Law

The Macao Government information Bureau and representatives of the local media yesterday continued their consultations on the setting-up of a press council and the redrafting of a press law that was promulgated back in 1990 but for a variety of reasons never implemented.

The crux(1) is that the law fails to specify the press council's composition. It only lists nine areas of competence, such as the right to "assess" media-related complaints by journalists, publishers and others, as well as to tackle deontological matters(2) and professional secrecy issues.

There seems to persist considerable disagreement among the media over the long-overdue press council's membership structure, namely who would appoint whom, and the scope of responsibility—whether the body's authority should comprise merely consultative or self-regulatory functions(3).

I reckon it will take a few more months before the council can finally be born, because opinions about its purpose, functions and structure among the media are still too divergent to reach a consensus on the issue(4). In my view, the press council should comprise around two dozen representatives. Membership should be equally divided between journalists and representatives of the judiciary, civil society, legislature and the government. The members ought to include a mix of elected and appointed and co-opted members(5).

Perhaps, the council could be born as merely consultative entity that would gradually "mature" into a self-regulatory body. Macao is reputed to have the world's highest media density(6). There are now 12 local dailies and 6 weeklies catering for a population of just 460,000 and a daily average of some 45,000 visitor arrivals. Thousands of Hong Kong newspaper copies are shipped to Macao every morning.

The press council ought to protect both local readers against unethical reporting and the local media against unfair competition by the Hong Kong press, based on the fundamental right of freedom of expression, press and editing as enshrined in Article 27 of the *Macao Basic Law*(7).

Moreover, a revised press law ought to ensure that only permanent local residents can own Macao newspapers that, after all, are an expression of Macao's unique identity. It would certainly not be in the interest of Macao's future development if its press could be easily swallowed up(8) by powerful media interests from Hong Kong or elsewhere that do not fully identify with our special way of life and multicultural heritage. But, first of all, let us hope that the press council will finally be born without major complications that could hamper its future development.

【分析】

（1）Crux 意为 the basic, central, or critical point or feature 基本的、中心的或关键的一点或特征，如 the crux of the matter 事件的关键；the crux of an argument 争论的要点。此处可译为“症结”。

（2）Deontology 意为 the theory or study of moral obligation, ethics 伦理，道德学道德义务的理论或研究。Deontological matter 可译为“道德事务”。

（3）There seems to persist considerable disagreement among the media over the long-overdue press council's membership structure, namely who would appoint whom, and the scope of responsibility—whether the body's authority should comprise merely consultative or self-regulatory functions. 翻译时需将破折号后的内容放在括号中处理。整句可译为“在传媒界，长久以来就新闻委员会的结构组成，即委员的委任及其责任范围（无论其机构职权仅仅是咨询性的或自律性的）等问题一直存在严重分歧”。

（4）Reckon 意为 to consider as being, regard as 认为，把……看作，视为，假设。I reckon it will take a few more months before the council can finally be born, because opinions about its purpose, functions and structure among the media are still too divergent to reach a consensus on the issue. 整句可译为“在我看来，该委员会至少要几个月才能最终诞生，因为关于媒体的目的、功能及结构的意见，仍旧各式各样，难以达成一致”。

（5）Mix 意为 to combine or blend into one mass or mixture 混合，混杂合成或融合成一团或一个合成物，但这里并非此意，而为“各种各样的”。The members ought to include a mix of elected and appointed and co-opted members. 整句可译为“其成员还应包括各种选举、指定及增选的成员”。

（6）这里的 repute 为动词。Macao is reputed to have the world's highest media density，可译为“澳门以最高媒体密度闻名于世”。

（7）The press council ought to protect both local readers against unethical reporting and the local media against unfair competition by the Hong Kong press, based on the fundamental right of freedom of expression, press and editing as enshrined in Article 27 of the *Macao Basic Law*. 翻译时需调整语序，将后面的内容提前译出。整句可译为“新闻委员会应根据《澳门基本法》第 27 条规定的表达、出版、编辑自由的基本权利，保护当地读者免受缺乏职业道德的报道的伤害和地方媒体免受香港媒体不公平竞争的影响”。

（8）Swallowed up 意为 to consume or destroy as if by ingestion, devour 吞噬，像消化食物一样耗尽或毁灭，吞没，如 a building that was swallowed up by fire 被火焰吞没的建筑。此处可译为“吞并”。

【参考译文】

澳门的新闻委员会与新闻法

昨日，澳门政府新闻局和地方媒体代表就建立新闻委员会及起草新闻法进行了磋商，该新闻法已于 1990 年公布，但因种种原因从未实行。其症结在于该法没有明确规定新闻委员会的组成，它只是罗列了 9 个职能领域，如“评估”记者、出版人及其他人的与媒体有关的投诉，处理道德事务及专业秘密问题。

在传媒界，长久以来就新闻委员会的结构组成，即委员的委任及其责任范围（无论其机构职权仅仅是咨询性的或自律性的）等问题一直存在严重分歧。

在我看来，该委员会至少要几个月才能最终诞生，因为关于媒体的目的、功能及结构的意见，仍旧各式各样，难以达成一致。我以为，新闻委员会至少应由几十个代表组成，其成员资格应在记者、司法人士、民间社团及政府成员代表之间平均分配；其成员还应包括各种选举、指定及增选的成员。

该委员会也许先以一个咨询性实体出现，然后逐渐发展“成熟”为一个自律机构。澳门以最高媒体密度闻名于世——这里有 12 家日报和 6 家周报，服务于 46 万居民及日平均 45 000 名左右的来访者。同时还有数以千计的香港日报每日清晨被船运到澳门。

新闻委员会应根据《澳门基本法》第 27 条规定的表达、出版、编辑自由的基本权利，保护当地读者免受缺乏职业道德的报道的伤害和地方媒体免受香港媒体的不公平竞争的影响。

此外，修改后的新闻法应确保只有当地居民能拥有澳门报社，因为它们毕竟是要表达澳门自身的特质。如果澳门的报社轻而易举地被香港的或其他实力强大的媒体吞并，而它们又不充分认同我们特殊的生活方式及多元文化遗产，那当然不利于澳门未来的发展。然而，首先还是让我们期待新闻委员会的最终诞生，而不要因种种复杂因素而影响其未来发展。

三十三、例文 33

Recent Macao's Imports and Exports

Macao's exports fell and imports rose during the first two months on the same period last year, resulting in a merchandise trade balance deficit of 1. 436 billion patacas, the Macao Statistics and Census Service said on Monday.

According to the official figures, the value of total exports, comprising domestic and re-exports(1), fell 13. 3 percent year-on-year to 2. 27 billion patacas between January and February. While domestic exports dipped 19. 8 percent, re-exports rose 9. 6 percent. Domestic exports made up 71. 7 percent of the total export value. The total value of imports amounted to 3. 71 billion patacas in the first two months, an increase of 10 percent on the same period last year.

Macao's export-import ratio decreased from 77. 7 percent in the first two months last year to 61. 2 percent in the same period this year. Textiles and garments made up 73. 8 percent of the city's total export value between January and February. The United States, Mainland China and European Union continued to be Macao's main export markets, taking up 46. 5 percent, 15. 8 percent and 15. 5 percent of all exports respectively. The Chinese Mainland, Hong Kong and Taiwan combined bought(2) 26. 9 percent of Macao's total merchandise export value in the first two months.

While Macao's exports to the US fell 4. 9 percent, those to the EU dropped 51. 5 percent. Exports to Mainland China and Taiwan grew 14. 6 percent and 28. 1 percent. Consumer goods made up 41. 8 percent of Macao's total import value in the first two months, when raw materials and semi-manufactured goods had a share of 30. 9 percent(3). A total of 51. 8 percent of Macao's import value originated from the Chinese Mainland, Hong Kong and Taiwan. Just 14. 9 percent of all imports came from the EU and 5. 4 percent from the US.

In February, Macao's total export value amounted to 794 million patacas, down 36.5 percent over the same month last year. The total value of imports fell 18.6 percent year-on-year to 1.47 billion in February, resulting in a merchandise trade deficit of 673 million patacas. The government's statisticians attributed February's decline in exports to[4] the Lunar New Year's holiday period during that month.

【分析】

（1）Re-exports 一般译为“再输出”，此处译为“转口贸易”。

（2）Combined bought 可译为“总共所购买的”。

（3）Consumer goods 不译为“消费者用品”而译为“生活消费品”。Consumer goods made up 41.8 percent of Macao's total import value in the first two months, when raw materials and semi-manufactured goods had a share of 30.9 percent，整句可译为“今年头两个月，生活消费品占据了澳门进口总额的41.8%，其中原材料和半成品占据了30.9%”。

（4）Attributed February's decline in exports to，根据上下文，宜译为“将……出口下滑归结于”。

【参考译文】

澳门近来的进口与出口

澳门统计暨普查局于星期一透露，与去年同期相比，澳门的出口额下降而进口额上升，导致14.36亿澳门元的商品贸易赤字。

根据官方数据，在1月和2月之间，包括国内及转口贸易的出口总额，与上年同期数字相比，下降了13.3%，为22.7亿澳门元。在国内产品出口下降19.8%的同时，转口贸易上升了9.6%。国内产品出口占出口总额的71.7%。今年头两个月的进口总额为37.1亿澳门元，比去年同期增长了10%。

今年的头两个月与去年同期相比，澳门的出口—进口率从77.7%降到了61.2%。在1月至2月期间，纺织品和成衣占据了澳门出口总额的73.8%。美国、中国内地及欧盟继续为澳门出口的主要市场，分别占46.5%、15.8%和15.5%。今年头两个月，中国大陆、香港和台湾总共所购买的产品，占据澳门商品出口总额的26.9%。

澳门对美国和欧盟的出口额分别下降了4.9%和51.5%，而对中国内地和台湾的出口额则分别上升了 14.6% 和 28.1%。今年头两个月，生活消费品占据了澳门进口总额的 41.8%，其中原材料和半成品占据了 30.9%。澳门进口总额的 51.8% 源自中国内地、香港和台湾，而仅有 14.9% 和 5.4% 的进口总额来自欧盟和美国。

今年 2 月，澳门的出口总额为 7.94 亿澳门元，比去年同期下降了 36.5%。2 月份的进口总额，与去年同期相比，下降了 18.6%，为 14.7 亿澳门元，导致了 6.73 亿澳门元的赤字。政府的统计官员将 2 月份的出口下滑归结于该月的农历新年假期。

三十四、例文 34

The Quantity and Quality Services in Macao's Tourism Industry

Speaking on the sidelines of a commercial promotion event yesterday, Macao's indefatigable tourism supreme Joao Costa Antunes told the Portuguese news agency Lusa called for "quality instead of quantity services(1)".

One can, of course, only agree with Mr. Antunes' appeal for the development of "quality tourism". However, the director of the Macao Government Tourist Office (MGTO) also told the wire service that Macao could expect a record 20 million visitor arrivals this year, which would amount to a year-on-year increase of 20 percent, as against an annualized growth of 40 percent last year.

The widely perceived lack of quality services by some sectors of our tourism sector, particularly certain eateries, hotels and sight-seeing services, has become a popular topic of conversation. Many locals appear to be voting "with their feet" by regularly patronizing restaurants in Zhuhai that do not only offer delicious food but also excellent service at a very reasonable price(2).

There does, of course, exist a dialectical relationship between quantity and quality. Without a certain number of tourists, certain quality services would simply be unfeasible in financial terms. In other words, Macao needs both a good quantity and quality services. Mass-market and high-end tourism are two segments that Macao that cannot do without(3).

Both quantity and quality do, in fact, matter. For instance, Las Vegas received a record 37 million visitors last year—and without this mind-bogging figure the desert gaming Mecca would certainly not be able to maintain its high-quality services. The issue of quality services in the case of Macao also refers to the pressing need to streamlines its public transport. So-called "light metro" system have become a must for any tourist destination keen to ensure a smooth flow of tourists(4). Such as in the tourism industry in general, also in the specific area of public transport, the dialectics of quantity and quality reign supreme(5).

【分析】

（1）On the sidelines 意为 to remove or keep from active participation 离开或避免积极参与，但此处并非此意，而为“从旁助威”。Indefatigable 为“不知疲倦的”。对于 quality instead of quantity services 的 services 需作重复翻译。Speaking on the sidelines of a commercial promotion event yesterday, Macao's indefatigable tourism supreme Joao Costa Antunes told the Portuguese news agency Lusa called for "quality instead of quantity services". 整句可分解成两句，译为“在昨天的商业推广活动中，澳门不知疲倦的旅游界顶头上司安东尼从旁助威，对葡文媒体 Lusa 呼吁‘要重质量服务，而非数量服务’”。

（2）Be voting "with their feet" 可译为“用他们的双脚在表态”，而 by 后面的内容宜以破折号译出，以补充说明前者。Many locals appear to be voting "with their feet" by regularly patronizing restaurants in Zhuhai that do not only offer delicious food but also excellent service at a very reasonable price. 整句可译为“似乎在用他们的双脚表态——频繁地光顾（资助）珠海的饭店，那里有价格低廉的美食和上等的服务”。

（3）High-end tourism 可译为“高档旅游业”。Cannot do without 可译为“缺一不可”。Mass-market and high-end tourism are two segments that Macao that cannot do without. 整句可译为“大众市场和高档旅游业两部分，澳门缺一不可”。

（4）Light metro 为“捷运”。So-called "light metro" systems have become a must for any tourist destination keen to ensure a smooth flow of tourists. 整句可译为“所谓的‘捷运’体系已成为任何旅游胜地确保其客流畅通的必要条件”。

（5）Dialectics 意为 the contradiction between two conflicting forces viewed as the determining factor in their continuing interaction 主要矛盾，在继续的相互作用中被视为在决定因素的两个冲突力量之间的矛盾。Such as in the tourism industry in general, also in the specific area of public transport, the dialectics of quantity and quality reign supreme. 整句可译为"就一般旅游业而言，特别是对公共交通而言，数量和质量的辩证关系决定了一切"。

【参考译文】

澳门旅游业中的数量与质量服务

在昨天的商业推广活动中，澳门不知疲倦的旅游界顶头上司安东尼从旁助威，对葡文媒体 Lusa 呼吁"要重质量服务，而非数量服务"。

当然，我们都赞同安东尼先生关于发展"质量旅游"的呼吁。然而，这位澳门旅游局局长对有些媒体说，澳门今年的游客有望达到 2 000 万人，即在去年增长了 40% 的基础上再增长 20%。

我们的有些旅游行业，特别是餐饮、酒店及观光服务方面缺乏质量服务，这已成为人们广泛议论的话题。许多当地居民似乎在用他们的双脚表态——频繁地光顾（资助）珠海的饭店，那里有价格低廉的美食和上等的服务。

确实，在数量与质量之间有一种辩证关系。没有一定数量的游客，从财政角度而言，就不可能有某种程度的质量服务。换言之，澳门同时需要好的数量和质量服务。大众市场和高档旅游业两部分，澳门缺一不可。

事实上，数量与质量二者都重要。例如，去年拉斯维加斯接待了 3 700 万游客，没有这个令人惊讶的数字，这个沙漠中的赌博胜地当然维持不了其高质量的服务。而以澳门为例，其质量服务主要是指对于公共交通改进的迫切需要。所谓的"捷运"体系已成为任何旅游胜地确保其客流畅通的必要条件。就一般旅游业而言，特别是对公共交通而言，数量和质量的辩证关系决定了一切。

三十五、例文 35

The Insurance Cover for Hong Kong and Macao Workers

"The Macao government has no plans to make employers take our additional insurance for Hong Kong workers, despite lobbying by a Hong Kong legislators and a union leader", according to a Hong Kong newspaper report, headlined "Extra cover for workers in Macao ruled out", last Saturday(1).

The report sets another "classic" example of Hong Kong's superiority complex(2). Why should Hong Kong workers receive a higher insurance cover when working in Macao than their local counterparts? How could a local government discriminate against its own workforce by granting "extra cover" for workers from Asia's self-proclaimed "world city"?

No doubt, our booming economy needs to import construction workers from the mainland, Hong Kong and elsewhere. Both local and "imported" construction workers deserve to be paid well, based on their respective qualifications and experience and considering that their profession is particularly prone to accidents(3). That's why insurance cover is an important aspect of any construction worker's employment conditions.

However, it would be utterly unfair to our local construction workers if those from Hong Kong would be deemed "more valuable" in terms of insurance cover for the simple reason that they are from, well, Hong Kong(4). It is, of course, true that industrial accident insurance payouts in Hong Kong are higher than those in Macao. After all, Hong Kong's GDP per capita is still a third higher than Macao's. Once Macao's GDP per head has reached Hong Kong's, which could be the case as early as at the end of the decade, their respective insurance payments will most likely be on the same level as well(5).

The level of insurance payments to a large degree is a reflection of the level of economic development in a particular jurisdiction. Hong Kong workers are certainly welcome in Macao. But, as any other import workers, dear Hong Kong workers, please accept Macao's rules of the game. Otherwise, try to find a job in Hong Kong—if you can(6).

【分析】

(1)　"The Macao government has no plans to make employers take our additional insurance for Hong Kong workers, despite lobbying by a Hong Kong legislators and a union leader", according to a Hong Kong newspaper report, headlined "Extra cover for workers in Macao ruled out", last Saturday. 翻译时需调整语序，即将最后部分调到最前面译出，接着译出 according to 等。整句可译为"上周六，据一位香港新闻记者写的题目为'对于在澳工人的额外保险无望'的报道，'尽管香港立法会议员和工会领袖进行了疏通，但澳门政府无意为香港工人提供额外保险'"。

(2) Complex 意为 the combination of factors, symptoms, or signs of a disease or disorder that forms a syndrome 综合症状，形成综合病症的全部因素、病症，或疾病或失调外在表象的综合特征。"Classic" example of Hong Kong's superiority complex，可译为"此篇报道为'香港优越综合征'的典型例子"。

(3) Prone to 意为 having a tendency 有……趋向的，inclined 倾向的，如 paper that is prone to yellowing 易发黄的纸；children who are prone to mischief 倾向于淘气的孩子们。这里须将其调整至前面译出。Both local and "imported" construction workers deserve to be paid well, based on their respective qualifications and experience and considering that their profession is particularly prone to accidents. 整句可译为"鉴于其职业的危险性，无论本地还是'输入'的建筑工人，都应根据其学历和经验付与优厚的待遇"。

(4) It would be utterly unfair to our local construction workers if those from Hong Kong would be deemed "more valuable" in terms of insurance cover for the simple reason that they are from, well, Hong Kong. 翻译时需将 It would be utterly unfair to...调至句末。整句可译为"如果仅仅是因为这些工人来自香港所以在保险方面'更具价值'，那样对我们当地工人就实在有失公道"。

(5) At the end of the decade 字面意思为"本时代的末期"，但不大符合中文的表达习惯，此处可译为"2010 年之前"。On the same level as well 可译为"在同一水平上"。Once Macao's GDP per head has reached Hong Kong's, which could be the case as early as at the end of the decade, their respective insurance payments will most likely be on the same level as well. 整句可译为"澳门人均 GDP 的水平最早于 2010 年之前能赶上香港，那时其相应的保险费用水平也许才会在同一水平上"。

(6) Otherwise, try to find a job in Hong Kong—if you can. 为表达此种语气，可译为"否则，若有可能，还是在香港另谋高就吧"。

【参考译文】

港澳工人的保险

上周六，据一位香港新闻记者写的题目为"对于在澳工人的额外保险无望"的报道，"尽管香港立法会议员和工会领袖进行了疏通，但澳门政府无意为香港工人提供额外保险"。

此篇报道为“香港优越综合征”的典型例子。为什么在澳门工作的香港工人要得到比澳门工人更高的保险？本地政府怎么可以对一个来自自诩亚洲“世界城市”的工人给予“额外保险”而歧视自己的工人呢？

毫无疑问，我们急速发展的经济需要从内地、香港和其他地方输入建筑工人。鉴于其职业的危险性，无论本地还是“输入”的建筑工人，都应根据其学历和经验给予优厚的待遇。所以，保险是任何建筑工人雇用条件的重要方面。

然而，如果仅仅是因为这些工人来自香港所以在保险方面“更具价值”，那样对我们当地工人就实在有失公道。当然，香港的工业事故保险支出要高于澳门；毕竟香港的人均 GDP 比澳门的要高出三分之一。澳门人均 GDP 的水平最早于 2010 年之前能赶上香港，那时其相应的保险费用水平也许才会在同一水平上。

在很大程度上，保险的支付水平反映了某一地区的经济发展水平。我们当然欢迎香港工人来到澳门；但是，如同其他“输入工人”一样，亲爱的香港工人们，请接受澳门的游戏规则，否则，若有可能，还是在香港另谋高就吧。

三十六、例文 36

The UN Special Committee's Provisional Round-up on Macao

The Committee on Economic, Social and Cultural Rights of the Office of the United Nations Commissioner for Human Rights concluded its 34th session in Geneva on Friday. The committee's "provisional round-up"(1) regarding the situation in Macao follows below:

Concerning the Macao Special Administrative Region, the Committee welcomed its assurance that the *Covenant on Economic, Social and Cultural Rights* may be directly invoked before domestic courts in the region(2), and that there had been specific decisions of domestic courts where reference had been made to the Covenant and its provisions(3). Among other things, it recommended that the Macao Special Administrative Region take effective measures to ensure that all workers were entitled to adequate social security benefits, including migrant workers, and that it strengthen efforts to provide free compulsory education to all school-aged children, including the children of migrant workers.

The Committee also welcomed the Macao Special Administrative Region's assurance that the Office of the Ombudsman CCAC had the mandate to receive complaints on violations of economic, social and cultural rights; commended it for the establishment of a special unit within the Social Welfare Institute offering assistance to victims of domestic violence; and welcomed the planned enactment of legislation to protect the rights of children specifically aimed at protecting their rights and interests.

The Committee recommended that the Macao Special Administrative Region establish a state institution responsible for the promotion and protection of gender equality, and engage in sensitization campaigns to raise awareness on gender equality, particularly in employment. It also urged the Macao Special Administrative Region to consider enacting legislation to criminalize sexual harassment in the workplace.

The Committee further recommended that the region take effective measures to promote the integration of people with disabilities into the labor market and to intensify its efforts to combat domestic violence and recommended that it make concerted efforts to combat the phenomenon of trafficking in persons(4).

【分析】

（1）Provisional 意为 provided or serving only for the time being; temporary 临时的，暂时的。Round-up 为 a summary 综述，摘要，如 a news round-up 综合新闻报道。"Provisional round-up"，此处译为"决议摘要"。

（2）Before… courts 意为 under the consideration or jurisdiction of 在考虑中，在审理中。如：The case is now before the court. 这个案子现在已交庭审理。…directly invoked before domestic courts in the region，可译为"……在本地区法院审理中的直接引用"。

（3）There had been specific decisions of domestic courts where reference had been made to the Covenant and its provisions. 翻译时需调整语序，即将条件状语移至 decisions 前。整句可译为"地区法院对涉及协约及规定的已有特殊决定"。

（4）Combat 意为 to oppose in battle 跟……战斗，在战斗中敌对；fight against 和……作战；to oppose vigorously, struggle against 强烈反对，同……斗争，这里译为"遏制"。… combat the phenomenon of trafficking in persons，可译为"并协同一致遏制贩卖人口现象"。

【参考译文】

联合国特别委员会对澳门的决议摘要

联合国人权专署办公室经济、社会及文化权利委员会于星期五在日内瓦结束了其第34次会议。关于澳门形势，委员会的“决议摘要”如下：

关于澳门特区，委员会表示欢迎其如下做法，即确保《经济、社会及文化权利协约》在本地区法院审理中的直接引用，以及地区法院对涉及协约及规定的已有特殊决定。此外，“决议摘要”还建议澳门特区政府采取有效措施，确保所有工人（包括移民工人）享有相应的社会救济金，加大为所有适龄儿童（包括移民工人的子女）提供免费义务教育的力度。

委员会同时欢迎澳门特区政府确保廉政公署的民政专员有权受理关于违反经济、社会和文化权利的投诉；着手在社会福利机构内设立特殊组织，为家庭暴力的受害者提供援助；并肯定其拟议中的保护儿童权利（特别是儿童的权力和利益）法规的制定。

委员会建议澳门特区政府成立专门机构负责促进、保护性别平等，大力开展活动，以提高特别是就业领域中的性别平等意识，同时希望澳门特区政府制定法律将工作环境中的性骚扰视为犯罪处理。

委员会进一步提议澳门应采取有效措施，帮助残障人士融入劳动市场，努力制止家庭暴力，并协同一致遏制贩卖人口现象。

第二节　汉译英
（Chinese to English）

从某种意义而论，汉译英是在英译汉基础上的延伸与发展。对于港澳学生而言，汉译英的基础应特别强调对于汉语性质的认识（即区别粤方言与标准普通话中的含义，如第一章第一节所述）。汉语中，字似乎是人人皆知的天然单位，如普通人都可说出一个句子或语言片段中有多少字（即使没有受过教育的人也是如此），但要指出其中的词，则要受过专门训练，可见汉语中的“词”不是天然单位。然而，以“字本位”的思想而论，汉语的字与词在很大程度上是重叠的，因而使得汉语词的含义异常丰富，在翻译成英文时有着多种选择。一般而言，汉语的词缀数量较少，英语的词缀数量极多；一个汉语词缀在英语中可有多种对应的词缀，如：长度

(length)、高度 (altitude)、密度 (density)、光度 (luminosity)、广度 (broadness)、气度 (tolerance)、风度 (demeanor)、浓度 (consistency)、硬度 (hardness)、精度 (precision)、经度 (longitude)、维度 (latitude)、温度 (temperature)、清晰度 (articulation) 等。同时，汉语的词缀也不一定与英语的词缀相对应，如：老战士 (veteran)、老领导 (senior leader)、老师傅 (master craftsman)、老闺女 (the youngest daughter)、老黄牛 (willing ox)、老芹菜 (overgrown celery)、老生常谈 (cliché)、申请书 (letter of application)、报告书 (report)、协议书 (agreement)、成绩通知单 (grade report)、使用说明书 (directions)、旅行委托书 (booking form)、成交确认书 (sales confirmation)、使用说明书 (operation guide)、白皮书 (white book)、家书 (letter from home) 等。

相比英语，汉语词汇意义的最重要特征是表意准确，形象鲜明，言简意赅，辨析精要。如上所述，汉语虽以字为本位，但其单字的组词能力极强，使其生成出丰富的词义。例如："生"字（词），不但可以表示与人生有关的概念，如生育、生长、生活、生命、生平；而且有"不熟""不到位"的意思，如生肉、生字、生硬；亦可表示"学习者"，如学生、招生等；还可进一步扩展，如生辰、生计、生还、生病、生动、生理、新生、放生、实习生、生搬硬套、后生可畏、急中生智、人地两生等。其中有偏正结构、动宾结构等，这些都形成了汉英翻译的难点，特别是在粤方言影响的语境之下。在第一章第三节中所论述的翻译技巧，如遣词用字、转换词性、增词法、减词法、结构重组、主动语态与被动语态表达方式、肯定与否定表达方式等都可在不同层面加以应用。本节的"分析"是以第一层次，即"词义处理"为基础的。

一、例文 1

澳门基本特性

16 世纪中叶，澳门曾是葡萄牙在远东的一个立足点(1)。从那时起，澳门便成为东西方贸易中心之一。在葡萄牙四百多年的管治(2)中，留下了许多富有中葡特色的建筑。在街道布局、建筑风格、饮食习惯、宗教信仰、教堂雕塑等方面，澳门独一无二的东西方(3)结合的风格几乎随处可见，如古庙、老宅、炮台、巴洛克风格的教堂等。同时，还有许多糅合(4)了葡萄牙、中国、印度、马来西亚配料与成分的欧亚风味烹饪。而在澳门出生的葡萄牙和华人的后裔，则称为“土生葡人”(5)。澳门是中西文化交汇点(6)，是一个多元文化和多语种的社会，她有着可追溯到 16 世纪的中葡文化遗产。澳门的地域面积通过沿岸填海(7)逐渐扩大。根据最新统计，澳门人口接近 50 万，其中 96% 的居民为华人，主要是广东人和福建人，其余为通常称作“土生葡人”的中葡混血人、葡萄牙人、菲律宾人，以及其他几十种外籍人士。澳门是世界上人口密度最高的城市之一，每平方千米约 17 131 人。澳门的官方语言为中文和葡萄牙语，而英文的使用也日趋重要。澳门的旅游景点，除了博彩业及赛马、赛狗(8)之外，还有许多宝贵的历史名胜及盛大的(9)活动。澳门目前开展系列活动推广其旅游业。澳门政府的主要财政来源是旅游博彩业(10)。行政长官指出，澳门与葡语国家在诸如商业、文化及旅游业等许多领域保持着联系。澳门在内地与葡语国家之间作为营商平台的优势(11)，已得到广泛的认可。中国—葡语国家经贸合作论坛(澳门)(12)的准备工作正在全力展开(13)。葡语国家拥有极为丰富的自然资源(14)和两亿人口的市场。澳门希望成为内地与葡语国家营商与服务的平台。中国—葡语国家“经贸合作商机”营商检索数据库(15)的建立，提供了更广阔的合作机遇。绝大部分的进口货物，只需在到岸后填报声明书，便可自由进入澳门，无须缴税(16)。

【分析】

(1) 有人将“立足点”译为 set their feet in ，笔者认为不够准确。Foothold 英语释为 a secure position that provides a base for further advancement，显然更为确切。

(2) 有人将“管治”译为 rule 或 control，其实是不准确的，因为葡萄牙人在此期间对澳门并未拥有领土主权，而只是管理与治理，故应译为 administration and jurisdiction.

(3) 这里的“东西方”主要是指文化风格方面，故用了对称的 oriental and occidental，更为达意，如 research on the comparisons between oriental and occidental traditions 关于东西方传统的比较研究。

(4) 这里将“糅合”译为 fusion，英语释为 the process or result of joining two or more things together to form a single entity。如：This series of symphony is a fusion of several different styles of music. 这一组交响乐曲是糅合几种不同风格的乐曲而成的。

(5)“土生葡人”译为 Macanese。在一般类型的字典中，很难查找到这个词。该词主要为土生葡人、土生葡人的及土生葡语（一种 Creole）之意。实际上，该词源于 Macao 一词，其派生模式类似于 Japanese 源于 Japan，以及 Canton 和 Cantonese、China 和 Chinese 等。但词类的派生模式并非全然如此，如 Greece（希腊）和 Greek（希腊人），Sweden（瑞典）和 Swedish（瑞典人）等。释义中的第一个意思用得日益广泛，如 Macanese architecture 澳门式的建筑。而第三个意思用得较少，它相当于语言学中的 Creole，使用的人很少。应当指出的是，一般类型的词典中不包括"土生葡人"之释义。该词仅限于澳门的语言环境中使用，因此在翻译时往往会造成一定的困惑。

（6）有人将"交汇点"译为 melting pot，笔者认为不够准确。因 melting pot 英语释为 a place where there is a mixing of people of different races and nations，强调的是其"熔炉"的性质。如：Australia has been a melting pot over the past hundred years. 澳大利亚百年来业已成为不同种族的大熔炉。而有人译为 meeting place（此乃葡文的直译），稍嫌浅显。

（7）这里的"填海"不能译为 fill the sea with the earth。Reclamation 的主要词义之一为"向……索要，取回，收复"。虽然在汉语里"垦荒"与"填海"似乎是风马牛不相及的两回事，但在英语里都是"向……索要土地"的意思，因此都是 land-reclamation。

（8）"赛狗"亦可译为 dog race，这里用了 greyhound，该词源于古英语，原意为灰狗、灵（一种善于狩猎或赛跑的狗），这里泛指与狗有关的比赛。

（9）"盛大的"，这里没有使用 grand，而用了 popular。字面意思似乎相差甚远，但 popular 英语可释为 cultural activities intended for or suited to the taste, understanding, or means of the general public rather than specialists or intellectuals，故在这里更为切意。

（10）"博彩业"以前多译为 gambling industry，现在倾向于译为 gaming industry。Revenue（政府的财政）英语释为 the income of a government from all sources appropriated for the payment of the public expenses，这里不可与 tax 混同。

（11）这里将"优势"译为 edge，该词常用意思为边界、边缘、锋刃等，但这里引申为"具有某方面的优势"。如：The purpose of the invasion is for maintaining its military edge in the region. 此次入侵的目的，是保持其在该地区的军事优势。He held a narrow edge in the first round of vote. 他在第一轮投票中险胜。Hong Kong and Macao should be at the leading edge of China's economic development. 港澳应在中国经济发展中占领先地位。

Platform 原意为装货平台，后演绎为演讲平台、公开发表议论的地方等。如：The channel is to provide a platform for public viewpoints. 该频道为公众提供一个发表意见的地方。

（12）“论坛”这里译为 forum，该词最早意为古罗马公开讨论的广场，后渐指专门的讨论会，如 a forum on current world economic issues 关于当前世界经济问题的讲座。该词组已成为一种特指，故应大写，同时将“澳门”写在括号之中，而不可写入该词组之中，指该次会议是在澳门召开，因每三年一次的“中国—葡语国家经贸合作论坛”是轮流在某个国家或地区举行的。

（13）“展开”，这里与 swing 连在一起，该词的常用意思为“摇摆、摆动、回转、旋转”等，但 in full swing 意为“正起劲，达到高潮，在紧张时候，正在积极进行，全面展开”。如：By 10:30 the dance was in full swing. 10 点 30 分，舞会达到了高潮。The building project is in full swing. 该项建筑工程正在全力建设之中。Have full swing 意为“自由行动，不受拘束，放荡不羁，为所欲为”；give full swing to it，give free swing to it，意为“听其自由，放任自流”；get into（the）swing of 意为“逐渐习惯并爱好，熟练地掌握”等。

（14）“丰富的自然资源”可译为 rich in natural resources，而这里用了 tremendous，表示极为丰富。类似的词还有 enormous，gargantuan，gigantic，great，huge，immense，prodigious，stupendous 等。Looking forward to 有“盼望”“渴望”之意，即不是一般的等待，而是 to anticipate with pleasure or satisfaction，具有 wholeheartedly 之意，但又不失其自然。“两亿人”有时也译成 0.2 billion people，但不如 200 million people 常用，且更易理解。

（15）“检索数据库”译为 matching database。

（16）这里的“税”不译为 tax，而为 tariff。关于 tariff 的词源存在多种解释，其中较具权威性的解释为该词源于意大利语 tarifa。直布罗陀海峡是大西洋进出地中海的必经之路。据说古时有一伙海盗盘踞在距直布罗陀 21 英里处的一个名叫塔里发（Tarifa）的港口，当时进出地中海的商船为避免被抢劫，被迫向塔里发港的海盗缴纳一笔“买路钱”，久而久之 tarifa 逐渐演变成“关税”（tariff）。该词与 customs 和 customs duties 同义，但不可与一般税费（tax）混淆。

【参考译文】

The Basic Characteristics of Macao

In the mid-16th century, Macao was a foothold of Portugal in the Far East, and from then on Macao became one of the trade centers between the East and the West. More than four hundred years of Portuguese administration and jurisdiction result in a unique style of integrated oriental and occidental cultures, which is manifested almost everywhere in Macao, such as in the street layouts, architectural styles, dietetic habits, religious beliefs, church sculptures, and so on. Architectures blending both Chinese and Portuguese characteristics can be seen in ancient temples, old residential buildings, fort barbettes, baroque churches and so on. Meanwhile, there are Eurasian fusion cuisines incorporating Portuguese, Chinese, Indian and Malay recipes and ingredients. The descendants from mixed marriage of Portuguese and Chinese are called Macanese.

Macao is an intersection of Chinese and Western cultures, a multicultural and multilingual society which can be traced back to heritage of Luso-Chinese cultures of the 16th century. The geographical area of Macao is progressively expanding by land-reclamation along the coast. According to the latest statistics, the population of Macao is close to half million. Some 96% of Macao's residents are ethnic Chinese, mostly Cantonese and Fujianese, the remainder comprising people of mixed Chinese and Portuguese, Filipinos and other foreign nationalities. Macao is one of the cities with the highest population density in the world, about 17,131 people per square kilometer. Both Chinese and Portuguese are the official languages in Macao, but the use of English is gaining increasing importance. Concerning tourist attractions, apart from gaming industry, horse races and greyhound, there are also many treasured historic sites and popular events in Macao. Currently it is launching a series of campaigns for promoting Macao's tourism. Tourism and gaming industries are the major incomes for MSAR government revenue.

The Chief Executive points out that Macao had maintained links with Portuguese-speaking countries in various areas, such as business, culture and tourism industry. The edge of Macao to function as the business platform between the Mainland and the Portuguese-speaking countries has been widely recognized. The preparation for the Forum of Economic and Trade Co-operation between China and Portuguese-Speaking Countries (Macao) was in full swing. The Portuguese-speaking countries possess tremendous natural resources and a market of 200 million people. Macao is looking forward to becoming the business and service platform between these countries and the Mainland. An "Economic and Trade Opportunities (China-Portuguese Speaking Countries)" business matching database is established to create wider space for co-operation. Most of imports are allowed to enter Macao freely without paying tariffs as long as they are declared in written forms on their arrival.

二、例文 2

特首选举

澳门立法会于2004年4月1日通过了行政长官选举法案(1)。该法案要求在现任行政长官五年任期于12月19日届满之前的至少60天，举行行政长官选举。行政长官选举法案严格遵守《澳门基本法》和《立法会选举法》。该法律于4月5日刊登在《澳门特别行政区公报》上。

根据该法案(2)，登记为选民的永久居民可以当选为选举委员会的成员。选举委员会由下列代表组成：工商金融界的代表100名，劳工、社会服务、宗教及其他领域代表80名，文化、教育及其他专业代表80名，立法会议员及澳门地区全国人大代表和全国政协委员40名。同时，将成立由终审法院法官领导的五人管理委员会，以监督(3)选举。

对于选举委员会的成员资格，并无国籍限制。大约2%的澳门人口为葡萄牙人或混血土生葡人。选举委员会成员必须年满21周岁。行政长官候选人必须是在澳门居住20年以上、年满40周岁的中国公民。根据《澳门基本法》，澳门特区行政长官只能连任一次。

选举委员会的成员包括澳门的佛教、天主教、基督教和道教社团代表。澳门的人口为446 000人，其中大约7%信仰天主教和基督教。大部分居民同时信仰佛教、道教及民间宗教。

在澳门并无西方式的政党，而主要是中国传统的代表多数民意(4)的政治。观察家们普遍认为，现任行政长官——48岁的前银行家何厚铧先生的连任是既定事实(5)。民意调查表明，他拥有80%的民众支持率。政治评论家们形容他是一位“开明的保守派”。与香港不同，在澳门并无与中央政府对抗的情绪；澳门居民一向以爱国传统著称。在葡萄牙统治442年之后，中国于1999年12月20日建立澳门特别行政区时，何先生便担任了行政长官。

【分析】

（1）Bill有多种含义，如账单、钞票、票据、列表、用海报宣传、把……列成表、给……开账单、广告等，这里用其“议案”“法案”之意。“澳门政府行政会”译为Macao Government's Executive Council，“立法会”译为the Legislative Assembly。“通过……法案”，有多种译法。如：The bill was carried by the Senate. 这项法案获得参议院通过。The bill cleared the legislature. 这项议案获得立法机关通过。这里取了最通俗易懂的pass。

（2）“根据该法案”，可译为according to the bill，based on the bill，under the bill等，这里用了最后一种。

（3）“监督”可译为to exam，supervise，direct等，这里用了oversee，有统观全局之意。

（4）Consensus英语释为an opinion or position reached by a group as a whole or by majority will 一个团体作为整体或由多数人所达成的共识或立场；或general agreement or accord 普遍的同意或一致。如：The voter's consensus was that the measure should be adopted. 大多数选民的意见是采取这个措施。Consensus politics通常译为“舆论政治”，这里视情况译为“代表多数民意的政治”。

（5）“既定（成）事实”，这里选择法律用语fait accompli［详见本章第一节例文19分析（1）］。

【参考译文】

The CE Election

Macao Legislative Assembly passed the bill on election of Chief Executive on 1st April 2004. According to the bill, it would call for election of Chief Executive at least 60 days before current office-holder's consecutive five-year term expires on December 19. The *Chief Executive Election Law*, which closely follows the *Macao Basic Law* and *Legislative Election Law*, was published in *Macao SAR Official Gazette* on 5th April.

Under the bill, permanent residents registered as voters can be elected as members of the Election Committee, which comprises 100 representatives of the industrial, commercial and financial sectors, 80 representatives of the labour, social services, religious and other sectors, 80 representatives of the cultural, educational and other professions, and 40 representatives of members of the Macao Legislative Assembly and Macao deputies to the National People's Assembly and the Chinese People's Political Consultative Conference. A five-member Adminitrastive Commission, to be headed by a judge of Macao's Court of Final Appeal, will be set up to oversee the election.

There are no nationality restrictions on the membership of the Election Committee. Around two percent of Macao's population are ethnic Portuguese and mixed-race Macanese. Members of the committee must be at least 21 years old. However, candidates for the position of Chief Executive must be Chinese citizens who have ordinarily resided at least 20 years in Macao and are at least 40 years old. Based on the *Macao Basic Law*, a Chief Executive of Macao SAR cannot be re-elected more than once.

The Election Committee's members would include representatives of Macao's Buddhist, Catholic, Protestant and Taoist communities. Some seven percent of Macao's 446,000 residents are estimated to be Catholic and Protestant. Most residents are known to follow a combination of Buddhist, Taoist and folk beliefs.

Macao, which has no Western-style political parties, continues to be dominated by traditional Chinese consensus politics. The re-election of the incumbent Chief Executive, 48-year-old former banker Mr. Ho Hau-wah, is widely seen as a fait accompli by observers. Mr. Ho enjoys an approval rating of around 80 percent, according to a number of opinion surveys. He has been described as an "enlightened conservative" by political commentators. Unlike in Hong Kong, anti-Beijing sentiment does virtually not exist in Macao, whose population known for its traditionally strong Chinese patriotism. Mr. Ho assumed office on December 20th, 1999, when China established the Macao Special Administrative Region after 442 years of Portuguese rule.

三、例文 3

爱国者的标准

爱国者[(1)]的标准[(2)]是，尊重自己民族，诚心诚意拥护祖国恢复行使对香港的主权，不损害[(3)]香港的繁荣和稳定。凡是符合这些标准的，就是爱国者，不管他们是相信资本主义制度、封建主义制度，甚至奴隶制度。我们并不要求他们赞成[(4)]中国的社会主义制度，我们只要求他们爱祖国、爱香港。

分析家们认为，邓小平关于参政的爱国主义原则，是宽松和具有包容性的。另有人认为，在目前的政治环境下引用邓公的这些话，表明北京对于普选的强硬立场。用邓小平的标准来衡量，现在一些身居政要的人物并不符合爱国主义的标准。澳门特区行政长官指出，邓小平的爱国标准，是深具含义的政治理论，对澳门和香港这两个中国的特别行政区仍然适用[(5)]。"澳人治澳"必须符合这一爱国标准，坚持基本法。

我们必须坚持这些基本原则，即"一国"是"两制"的前提；澳门必须由支持祖国统一、尊重自己民族的爱国主义者来治理；承认澳门的自治是由中央政府授予的；行政主导具有重要性；以及社会各界均衡参政。因此，很好地理解邓小平先生提出的爱国标准，会有助于"一国两制"的落实和澳门未来的发展。

【分析】

(1) Patriot，源于拉丁语的 patriota 和希腊语的 patrios，意为"自己父亲的"。其词根为 patri，与 patr，pater 一样，表示 father 父亲，country 祖国。由此派生出的词有：patriotic 爱国的，patriotism 爱国主义，patristic 教父的，compatriot 同胞，repatriate 遣返（者），expatriate 侨民，patriarch 族长、家长，patriachal 家长的，patriachism 家长政治，patriachy 父权制，patrician 贵族，patrimony 遗产，patrimonial 世袭的，unpatriotic 不爱国的，paternal 父亲的，patron 赞助人，patronize 赞助，patronage 赞助，patronizing 居高临下的等。

(2) 在翻译中，对同一词语可以用不同的方法处理。在本文中，"标准"就有多种英语译法。第一处，"爱国者的标准"，英语的行文中并未出现与之直接对应的词，而是在句子的关系中体现出来。

第二处，“凡是符合这些标准的”，用了 requirement，英语释为 something that you must do，achieve，or possess in order to be allowed to do some other thing or to be suitable for a particular purpose，其原意为“必要条件”。这里对应“标准”，以表明其重要性。如：The applicants must meet our general entrance requirements. 申请人必须符合入选的基本条件。

第三处，“用邓小平的标准来衡量”，用了 criterion（其复数形式为 criteria），英语释为 a standard by which you judge or evaluate something，其原意为检验事务的“标准”“准则”“尺度”。如：A debater's highest criterion is reasoning. 衡量辩论家最高的准则是推论能力。The eligibility criteria for government aid schemes to industry. 政府对工业补助计划的资格标准。

第四处，“并不符合爱国主义的标准”，用了 prerequisite，指对于爱国主义的基本要求。该词英语释为 something that must happen or exist before another thing is possible，这里强调其“先决条件”。如：The profitability of a mixed economy is an essential prerequisite of economic growth. 多体制混合经济的效益，是经济增长的先决条件。尽管上述几种译法不同，但异曲同工，均表达了上下文中的具体含义。

（3）“损害”有多种英译法，如 damage，harm，hurt 等。Damage 通常用于具体的损害。如：How much will you pay for the damage of my car？你要为我的汽车损害付多少钱？当然，也可用于抽象所指。如：If you do that it will damage your reputation. 如果你做那种事，就会有损你的名声。Harm 多有“伤害”之意。如：Doctors say smoking harms health. 医生都说吸烟有害健康。Hurt 则多指“受伤”“使疼痛”之意。如：The dentist's drill hurt him but didn't injure him. 牙科医生的钻头弄疼了他，但没伤着他。相比而言，这里用 impair 比较合适。英语释为 to weaken or damage something so that it stops being effective or working properly 使某方面的事情不能有效地运转。这里表示特区的运作受到某些不良影响。

（4）“赞成”，这里没有用 agree with，approval of，assent，consent 等。Agree with，表示同意某人意见。如：I agree with you，but I can't agree to your plan. 我同意你的意见，但不同意你的计划。Approval of 主要是“批准”之意。如：Have you got the approval of your application from the president？你的申请得到院长批准了吗？Assent，多指理性上的同意。如：I assent to your views. 我同意你的看法。而 consent，通常表示同意他人的申请或要求。如：The professor has consented to give us a talk. 那位教授答应了为我们作一次讲座。这里选择了 in favour of，有赞同、偏爱之意。如：Are you in favour of starting now? 你说我们现在就开始吗？又如：He refused a job in government in favour of a university appointment. 他拒绝了政府部门的工作，而选择了大学的工作。In favour of 是一个介词短语，故应注意其句法特点。

(5)“仍然适用”，这里没有用 is still applicable to，而是用了 it remains its significance to，以强调其重要性。

【参考译文】

The Criteria of Patriots

A patriot is one who respects the Chinese nation, sincerely supports the motherland's resumption of sovereignty over Hong Kong and wishes not to impair Hong Kong's prosperity and stability. Those who meet these requirements are patriots, whether they believe in capitalism or feudalism or even slavery. We don't demand that they be in favor of China's socialist system; we only ask them to love the motherland and Hong Kong.

Some analysts have pointed out that the principle of patriotism governing political participation laid down by Deng Xiaoping has been lenient and inclusive. Others say that the use of Mr. Deng's words in the present political context signals a tougher stance by Beijing on universal suffrage. Using Mr. Deng's criteria, some people who now hold political posts do not meet the prerequisite on patriotism.

The Chief Executive of Macao SAR says that Deng Xiaoping's criteria of patriot is a very meaningful political theory, and it remains its significance to both Macao and Hong Kong, the two Special Administrative Regions of China. "Macao people governing Macao" should fulfill the criteria of patriot and uphold the Basic Law.

We must stick to the basic principles, which are "one country" as the premise of "two systems"; Macao being ruled by patriots who support reunification and respect the nation; recognition that Macao's autonomy was authorized by the central government; the importance of the executive-led government; and the balanced participation in government by all sectors of society. Therefore, a better understanding of Mr. Deng's criteria of patriot would benefit the implementation of "One Country, Two Systems" and the future development of Macao.

四、例文 4

澳门申请健康城市

健康城市是由健康人群、健康环境和健康社会构成的有机整体。根据世界卫生组织的定义，所谓健康城市，是不断创造、改进其物质和社会环境，并不断拓展小区资源，以使人们能够相互支持，从而充分发挥出生活各方面潜能的城市。

换言之，健康城市是指从城市规划、建设到管理各方面都以人的健康为中心(1)，即该城市的各阶层、各界别在各自所属的范畴中，在制定政策时，都要考虑到其对市民健康所造成的影响，从而保障广大市民的健康生活(2)和工作条件，形成健康人群、健康环境和健康社会的有机整体。

澳门回归祖国以后，定位成为一个旅游城市。发展健康城市，除了可以提高市民的生活质量，更可推广旅游。随着澳门现代化和城市化的进程(3)，环境和噪音污染会更加严重。考虑到健康是经济发展的重要条件，澳门发展为健康城市，将有利于其经济发展，有利于整个城市、社会和每一个市民(4)。

下列事实证明，澳门成为“健康城市”是可行的(5)：

- 澳门特区政府非常重视居民的健康，制定和落实了多项促进人们健康、消除不利健康条件的政策。
- 澳门居民享有免费的初级卫生保健服务。
- 卫生局开展了多项符合世界卫生组织的促进健康原则的健康活动，如“吸烟与健康”“学校健康促进”“健康生活模式”“卫生监察”等。
- 饮用水质量达到欧洲标准。
- 居民具有的素质和对于社会健康活动的高度参与。
- 特区政府各部门开展的多项计划，如：社会工作局的防止滥用药物，民政总署的康体活动、绿化城市、城市清洁，教育暨青年局的公民教育，体育发展局的运动推广等。
- 居民渴求健康，并认识到健康不是必然的，有必要将澳门发展为一个健康城市。

在2004年的特区政府施政报告中，行政长官明确支持“健康城市计划”，并将此列为本澳未来几年的重要任务之一。

通过各部门、各团体组织的积极参与，可以减少或消除影响健康的危险因素，提高澳门居民的健康水平，让后代生活在健康的环境和社会中。根据世界卫生组织发展健康城市的指引，本澳卫生局成立了“健康城市筹备小组”，开展第一阶段工作。通过政府、私人机构、社会团体及市民的共同努力与合作，集中解决城市规划、建设和管理方面的问题，做到以公共健康为本，从而建造理想家园。

通过推广健康城市的概念，社会各界人士将意识到自己在健康城市中的角色，从而获得更多合作与成功的机会。参与成员包括健康城市筹备小组及其各界成员，如澳门街坊总会、澳门妇女联合会、澳门工会联合会、工商机构、学校、小区中心、院舍等。

“澳门健康城市”启动仪式可以凝聚市民力量，动员各政府机构、部门、民间团体、组织及居民的积极参与。为配合(6)启动仪式，“澳门健康城市”纪念邮票将同时发行，以获得相应的宣传效果(7)。

通过小区诊断(8)，收集澳门各种资料，确定影响健康的危险因素，排列轻重缓急(9)。然后将研究报告呈交世界卫生组织西太平洋区办事处，并按照优先处理影响健康的问题的原则制订未来的计划。

“人人享有卫生保健”是21世纪世界卫生的潮流，也是公共卫生追求的最终目标。健康城市的框架是基于人人享有卫生、人人生活在健康环境和社会的理念。一个城市若拥有健康、快乐的市民，具有美丽、活泼的环境，充溢着和谐、友善、积极进取的气氛，那么这座城市必然是一个吸引游客和投资的成功地方。相信在世界卫生组织的支持、特区政府的关注以及全澳居民的努力合作下，澳门定会成为一个名副其实(10)的健康城市。

【分析】

(1)“以人的健康为中心”，这里译为 people-health-orientated。类似的还有“以人为本的政策”people-orientated policy，“事业心强的女人”a career-orientated lady 等。当然，orientated 也可译为“重视”。如：The party's policy has increasingly become more business-orientated. 该党的政策愈加倾向于商界了。又如：The course has developed into a practical skill-orientated subject. 该课更加强调实用技能了。与此类似的还有 oriented。如：It is necessary for Macao to develop some export-oriented industries. 澳门有必要发展一些外向型的企业。

(2)“健康生活”，这里没有译作 healthy life，而是用了 well-being，该

词在英语里含义丰富，英语可释为 a condition characterized by happiness, health, or prosperity，即除了健康的意思之外，还有愉悦、积极向上的含义。如：We believe that every technological advance should contribute to the well-being of mankind. 我们认为，每一项技术进步都应能造福于人类。

（3）该句亦可译为 With the development of Macao's modernization and urbannization, environmental and noise pollution...

（4）这里的两个"有利于"，翻译时使用了不同的译法。第一个是指经济而言，故译为 backup，其实还可译为 to promote, improve, accelerate, give impetus to 等，而 backup 更有 support, strengthen 之意。而第二个是指健康而言，故用了 benefit。

（5）关于"可行的"，有三个英语词汇可用：feasible, possible, practicable。Feasible，指完全可能，成功的可能性很大。如：Your plan of going to abroad to study sounds quite feasible. 你出国学习的计划看来十分可行。Possible，则强调客观的存在和发生的可能性，如：It is possible to save SARS patiences under certain conditions. 在一定条件下拯救"非典"病人是可能的。Practicable，指经过实践证明是合乎实际的，如：While possible, it hasn't been commercially practicable yet. 尽管有可能，但在商业上目前还行不通。根据其不同含义，这里选择了 feasible。

（6）这里的"配合"其实并非"协作"之意，故不用 cooperate，实则是一种纪念、标志的意思，故用了 to mark，以更切其意。

（7）关于"宣传"，有人译为 propaganda，此为内地习惯用法。其实，该词在英语里多为贬义。英语释为 it is chiefly derogatory information, especially of a biased or misleading nature, used to promote a particular political cause or point of view，即主要是被扭曲的信息，特别是那些带有偏见、误导性质的，用以达到、形成某种政治目的或观点。或释为 doctrines, ideas, arguments, facts, or allegations spread by deliberate effort through any medium of communication in order to further one's cause or to damage an opposing cause，通过各种传播手段有意识地散布学说、思想、论点、事件、主张等，从而加强自己、诋毁对方。故舍此词，而用了 publicity，该词的核心意思是 accessibility to the public, the quality or state of being obvious or exposed to the general view，即对于大众的接受性，面对公众舆论公开暴露的程度。

（8）这里的"诊断"，有几个英译词可选择，如 judgment, estimation, evaluation, appraisal, assessment 等。Judgment，英语释为 the ability to make considered decisions or come to sensible conclusions，即作出成熟决定及敏感

结论的能力，多用于法律方面。而 estimation 多用于个人方面的主观估价。如：It is our estimation that half of them will say "no" to the director. 我们估计他们中有一半会反对主任的意见。而 evaluation 与 appraisal 相似，是指一种判断，多用于对人物某些方面的评价，很少泛指社会价值。如：I attempted an honest evaluation of my own life. 我试图对自己的生活作出坦诚的评价。又如：We need to make a detailed appraisal of the project. 我们需对此项目作出详细的评估。Assessment 意为 an action aims to analyze critically and judge definitively the nature, significance, status, or merit of something, 即对于某些事物的性质、意义、状态及优缺点的明确的、批判性的分析与判断，如 an assessment of individual student's financial needs 对于学生财政需求的个案评估。

(9) "轻重缓急"，这里没有用一般的译法，即 making an order of importance and urgency，而是用了动词 prioritize，更加简练、明确。如："Everyone should take time to be alone, to prioritize and meditate." (Art Linkletter) "每个人都应花时间独处，以理清事物的轻重缓急和进行反省。"（阿特·林克莱特）

(10) "名副其实"，直译为 the name matches the reality; be worthy of the name。这里更多地取其意译。

【参考译文】

Macao Applies for "Healthy City"

A healthy city is viewed as an organic integration of its healthy people, a healthy environment and a healthy society. According to the WHO, a healthy city is defined as one which is continually creating and improving its physical and social environment as well as expanding its community resources which enable the people to mutually support one another in performing all the functions of life and in developing their maximum potential.

In other words, a healthy city is a city where its layout, construction and management are people-health-orientated. This can be understood as the management at all levels and all fields of the city, jointly making decisions based on the consideration that their consequences may affect people's health. In that way, the well-being of its citizens with good working conditions can be ensured, and an organic whole of the healthy people enjoying a healthy environment and a healthy society can be created.

After returning to its motherland, Macao is re-positioned to be a tourist city. Apart from improving people's well-being, the development of a healthy city may also promote tourism. As a result of Macao's modernization and urbanization, environmental and noise pollution may become more severe which will harm public health. Considering health as a crucial condition for a city's economic development, the process of Macao's becoming a healthy city will strongly backup its economic development. It will benefit every citizen, every sector of the society and the city as a whole.

The following facts have fully demonstrated that it is feasible for Macao to become a healthy city:

- The Macao SAR government is very concerned with its citizens' health issues, and has formulated and implemented many policies in improving people's health and in eliminating unhealthy conditions;
- Macao citizens currently enjoy free primary health care;
- The Health Bureau of the MSAR has launched many campaigns in line with the WHO's health promotion principles, such as in areas of "Smoking and Health", "Health Promotion in Schools", "Healthy Way of Living", "Hygiene Inspection" and so on;
- The quality of drinking water in Macao has reached European standard;
- Macao citizens have the capacity and a high level of involvement in social health activities;
- Various schemes developed by different sections of the MSAR government have been put in practice, such as "Preventing Drug Abuse" organized by the Social Welfare Institute, "Healthy Activities", "Making Macao Green by Planting Trees" and "Clean the City" organized by the Civil and Municipal Affairs Bureau, "Citizen Education" organized by the Education and Youth Affairs Bureau, "Promoting Sports" organized by the Macao Sports Development Board, and so on.
- Longing for healthy living, Macao citizens have realized that being healthy should not be taken for granted, rather it is a necessity to establish Macao as a healthy city through joint efforts.

In the 2004 Policy Address, the Chief Executive of the MSAR strongly supports the Healthy City Project which will be one of the important tasks for

Macao in the coming few years.

Through active participation of all sections and organizations of our society, we will reduce even eliminate the dangerous factors that may harm public health so as to improve the well-being of Macao citizens and create a healthy environment and society for the generations to come.

Based on the WHO's healthy city development guidelines, a "Healthy City Planning Group" was set up in the Health Bureau of the MSAR to initiate the first stage of the campaign. Through joint efforts and cooperation by the government, private sectors, social organizations and individual citizens, we will concentrate on health issues and solve the problems in areas such as urban planning, construction and management—which should be made more public-health-orientated—and eventually build an ideal environment for the community.

By promoting the idea of "Healthy City Macao", people from all walks of life will learn their roles in building a healthy city, so that more cooperation and success can be achieved. Participants include the Healthy City Planning Group, the cross-sectional team members of the Healthy City Committee and all kinds of organizations or associations in Macao, such as Macao's General Association of Kai Fong, the Women's Association of Macao, the Assembly of Macao Trade Unions, other business and commercial organizations, schools, community centers, households and so on.

The inaugural ceremony of the "Healthy City Macao" campaign will summon the citizen's power in joining their efforts to build a healthy city and to encourage every government departments, associations, organizations and all the citizens of Macao to actively participate in the campaign.

To mark the inaugural ceremony of the campaign, commemorative stamps of "Healthy City Macao" will be issued to ensure the publicity so as to encourage more people to participate.

Dangerous factors will be identified and problems prioritized based on various data of the Macao community obtained by thorough assessment. A comprehensive report is to be written and submitted to the WHO Office in the Western Pacific Region. A future plan for solving health problems according to a priority list will also be devised.

"Health for All" is a global trend for the public health movement in the 21st century and is also the ultimate goal of public health. The framework of building a healthy city is based on the belief that every citizen should enjoy good health and live in a healthy environment and society. A city with beautiful and dynamic surroundings, healthy, friendly and pleasant people, and a harmonious and positive atmosphere, will be the city of success, attracting tourists as well as investors from all over the world. With the help of the WHO, the support of the MSAR government and the participation of all Macao citizens, we therefore believe that Macao will certainly be a healthy city worthy of such an honor.

五、例文 5

澳门与邻近地区合作

国务院发展研究中心副主任鼓励[1]澳门在泛珠三角合作与发展区域中，保持其旅游与博彩特性[2]，该区域包括九个内地省份与两个特别行政区。

鉴于澳门的经济发展与香港及周边地区的不同，澳门在泛珠三角区域中有着特殊地位。在泛珠三角区域合作与发展论坛上，北京的官员指出，九省份与两特区应加强其环境保护的合作，提高其经济互补性[3]。

在澳门观光塔会展中心举行的历时近两小时的澳门会议由澳门行政长官何厚铧主持。他指出，本地区的合作应与内地东部、中部和西部的发展相协调，而泛珠三角区域合作论坛应被视为一种基于区域合作与改革观念的“渐进式发展”。

行政长官同时指出，作为一个“开放的小规模出口型经济”，澳门主要依赖与外界的合作及“一国两制”原则的落实。

一位澳门立法议员指出，随着博彩业的开放，已吸引越来越多的外国投资者在酒店业和餐饮业的投资，澳门不应只是赌客的旅游目的地，而应成为“大众旅游产品的提供者”。他说：“澳门应加强在中国与葡语国家间充当中介的角色。”

其他人就地区合作、环境保护、发展人力资源等一般性问题进行了发言。观察家们认为，发言者多集中于一般性问题而较少具体性问题。该论坛由内地的广东、福建、江西、湖南、广西、海南、四川、贵州、云南以及中国的两个特别行政区香港和澳门联合主办。

澳门是“9 +2”论坛中最小的成员，经济学家估计其经济约等于香港经济的 4%。澳门去年的国内生产总值为 643 亿澳门元，人均 GDP 为

17 782 美元。澳门只有 27.3 平方千米，不到 50 万人口，其 GDP 的增长率自去年第三季度起为 21.2% ~25.6%。

澳门经济以旅游业、纺织及成衣出口为主，其规模远远小于香港。这个前葡萄牙统治的城市(4)，享有与香港同等的政治地位。除了其中国自治地区的身份之外，澳门是一个自由港及独立关税地区，是世界经贸组织和世界关税组织的正式成员。澳门是中国唯一可以合法赌博的城市。

【分析】

（1）Urge 原为“催促，怂恿，鼓励，强调”之意。如：He urged her to rest. 他催促她休息。又如：He urged its importance. 他强调其重要性。再如：The Western tendency to urge youngsters to early independence was contrasted with the Eastern practice of encouraging the young to remain dependent for a longer time upon parental guidance. 西方人的倾向是促使青年人早些自立，这与东方人的鼓励青年在较长的时间里仍然依赖父母指导的作法形成对比。与 encourage 相比，前者比后者语气更重。如：I encouraged her to work hard and to try for the examination. 我鼓励她用功并为这次考试做努力。又如：The headmaster encouraged the candidates for the national maths competition to strive for the best results. 校长鼓励参加全国数学竞赛的选手们争取最好的成绩。

（2）“特性”，这里没有用 special nature，而是用了 singularity。它有“独一，唯一，单一，异常，奇异，奇妙，稀有”之意，英语释为 the quality or condition of being singular；a trait marking one as distinct from others；a peculiarity；something uncommon or unusual。如：They were convinced of the singularity of their good taste. 他们深信自己趣味之高雅无人可及。

（3）Complementarily，英语释为 the state or quality of being complementary。如：This is where the complementarily of the masculine and the feminine so acutely emerges. They are the necessary poles of a dialectic process. 正是在这里男性与女性的互补性明显表现出来。这正是辩证过程中两个不可或缺的方面。

（4）“葡萄牙统治的城市”译为 portuguese enclave。Enclave 原意为 a distinctly bounded area enclosed within a larger unit 一个被较大单位围住的明显划出界线的区域，如 ethnic enclaves in a large city 被围于大城市之中的少数民族聚集地。

【参考译文】

Macao's Regional Co-operation

The deputy director of the Chinese State Council's Development Research Center urges Macao to keep its "singularity" as a tourism and gaming destination within the Pan-Pearl River Delta (PPRD) co-operation and development region comprising nine Mainland provinces and the two special administrative regions—Hong Kong and Macao.

Based on the fact that its economic development was different from Hong Kong and the rest of the region, Macao should have a special role to play within the PPRD. Speaking at the Pan-Pearl River Delta Regional Co-operation and Development Forum, the Beijing official also said that the region's nine provinces and two special administrative regions should co-ordinate their environmental protection efforts and raise the complementarity of their economies.

The less than two-hour Macao session at the Macao Tower Convention Centre was held by Macao Chief Executive Edmund Ho Hau-wah, who said that the regional co-operation should be co-ordinated with the development of the eastern, central and western parts of the Mainland, and the PPRD co-operation forum should be seen as a "gradual development," based on the "concept of regional co-operation and reforms."

The Chief Executive also pointed out that Macao's position as an "open and small export-geared economy" means the city was "greatly dependent on external co-operation and the implementation of the one-country-two-system principle."

A member of the Macao Legislative Assembly suggested that Macao should strive to become a regional "provider of a tourism product for all," not just as a destiny for casino gamblers, given the fact that the gaming industry's liberalisation had started to attract a growing number of foreign investors in the hospitality and restaurant industries. "Macao should strengthen its role as an 'intermediary' between China and the Portuguese-speaking countries", he said.

The other speakers focused on general aspects of regional co-operation, environmental protection and the development of human resources. Observers said most of the speeches were strong on generalities and weak on specifics. The forum is co-hosted by the mainland provinces Guangdong, Fujian, Jiangxi, Hunan,

Guangxi, Hainan, Sichuan, Guizhou, and Yunnan, and China's two special administrative regions, Hong Kong and Macao.

Macao is the smallest of the so-called "9 + 2" forum. The city's economy is estimated by economists to amount to just around four per cent of Hong Kong's. Macao's gross domestic product totalled 63. 4 billion patacas last year, when its GDP per capita stood at US $ 17,782. Macao, which has less than half million residents and covers a land area of just 27. 3 square kilometres, has enjoyed quarterly GDP growth rates ranging between 21. 2 percent and 25. 6 percent since the third quarter last year.

While Macao's economy, which is powered by gaming and tourism businesses and textile and garment exports, is much smaller than Hong Kong's. The former Portuguese enclave enjoys the same political status as Hong Kong. Apart from its status as an autonomous region of China, Macao is a free port and a separate customs territory and a full member of the World Trade Organisation (WTO) and the World Customs Organisation (WCO). Macao is the only city in China where casinos are legal.

六、例文6

政府介入博彩业的三种模式

只要有政府对于博彩业的介入(1)，某种程度的管制成分便不可避免地融入经营过程之中。对于不同政策、规则的性质可能难以准确地加以定义，而实际策略可归纳为三种类型：赌客保护型、政府中立型及政府保护型。

在赌客保护模式中，赌客有各种清规戒律的合法赌场制度的保护。这些基本政策，政府的意图是既攫取博彩业的益处，又将其消极影响限制在最低程度(2)；其中心思想是通过阻止赌客超乎其能力地进行赌博从而受到保护(3)。制定一系列的规定以限制赌场为兜售其利益所作的广告活动，可达此目的。

例如，在英国，赌业申请者只有向当局上交了足够的"非刺激性证据"之后，才可获得赌场牌照。否则，病态赌徒便会不可避免且大量出现，增加社会负担。正如有的学者指出的，对于"非刺激性需求"，政府可采用限制赌业增长的规章制度，并严格加以执行，哪怕由此会增加政府的开支。

在政府中立模式里，政府对于合法的赌业规章的介入通常是很有限的；就法律程序和规章的检查而言，对待博彩业与其他产业别无二样。在此模式中，政府对于博彩业既无社会与经济的歧视，也不承担责任(4)；当然慈善博彩通常是给予鼓励的。

类似于赌客保护模式，在政府保护模式中，需要对于博彩规章制定的大量参与；前者保护的是资助商(5)，后者保护的则是国家的经济和社会利益。在此模式中，政府的主要功能是确保从合法的博彩活动中收取税额，当然，还有其他具体功能。

【分析】

（1）（对于博彩业的）“介入”，这里可译为 involve（其名词为 involvement）。与此类似的有 include，但前者往往是指抽象的事物，后者则既可指抽象的，也可指具体的。如：He didn't want to be involved in the dispute. 他不想卷入这场争端。又如：The cost includes taxes. 费用中包括税金。

（2）“攫取”译作 reap。如：She reaped large profits from her unique invention. 她从那奇特的发明中获得了大量的利益。“政府的意图是既攫取博彩业的益处，又将其消极影响限制在最低程度”，译为 The government's intention behind the fundamental policy is to reap the benefits of the gambling industry while keeping its negative effects to the minimum.

（3）“保护”用了 safeguard，而未用 protect，因 safeguard 意为“保护、保卫、维护、捍卫”等，表示眼前还无危险，可能在遥远的将来会有危险，但对最终的危险要作出深谋远虑的防范。如：He saved money to safeguard his old age from want. 他储蓄以防患于老年匮乏。又如：Vaccination safeguards us from smallpox. 种痘能使我们免受天花。而 protect 是指提供某种掩护或障碍物以免受伤害，如：We should protect our eyes from the sun. 我们应保护眼睛以免受到阳光的伤害。又如：Protect the warship against torpedoes. 保卫军舰免受鱼雷袭击。“中心思想是通过阻止赌客超乎其能力地进行赌博从而受到保护”，译为 The central thought to this approach is that gamblers need to be safeguarded by discouraging them to bet more than their financial capacity.

（4）“政府对于博彩业既无社会与经济的歧视，也不承担责任”，可用 there is no … nor …的句式，译为 There is no social and economic prejudice nor any accountability committed.

(5)“资助商”，这里译为 patron，英语释为 one that supports，protects，or champions someone or something，such as an institution，an event，or a cause；a sponsor or benefactor，赞助人，资助人支持、保护或维护某人或某事如机构、事件或事业的人，赞助者或捐助者，如 a patron of the arts 艺术事业的赞助者。

【参考译文】

Three Models of a Government's Involvement in the Casino Industry

So long as there is government involvement in the gambling industry，a certain degree of regulated governance will be inevitably integrated into the business running process. While it may be hard to define the exact nature of different policies and regulations，the actual approaches can generally be categorized into three different models：the gambler protection model，the government neutral model，and the government protection model.

In the gambler protection model，the gambler is protected by a system which involves intense regulations of a legal casino industry. The government's intention behind the fundamental policy is to reap the benefits of the gambling industry while keeping its negative effects to the minimum. The central thought to this approach is that gamblers need to be safeguarded by discouraging them to bet more than their financial capacity. And the goal is normally achieved through establishing a series of regulations that hamper casinos from advertising activities that may promote the interest in gambling business.

For example，in England，a casino license can be obtained by an applicant only after substantial "unstimulated evidence" having been provided to the authorities. Otherwise，compulsive gambling behaviors will be inevitable and flourishing，resulting in increased social burdens. As some scholars have pointed out，with "unstimulated demand"，government can adopt gaming regulations that hinder the industry's growth，and can strictly enforce those regulations even if it decreases government revenues.

In the government neutral model，there is very limited government involvement in regulating the casino industry which has normally been legalized. Under such a model，the casino industry is treated just like any other industry in terms of legal procedures and regulatory scrutiny. There is no social and economic prejudice nor any accountability committed in this model. However, charitable gambling is generally encouraged under such conditions.

Similar to the gambler protection model, the government protection model requires a substantial involvement in regulating the casino industry. While the former protects the patron, the latter protects the economic and social interest of the state. The major role of government in this model is to ensure the receipt of all tax revenues from legalized gaming activities. Moreover, the government has some concrete functional roles to play.

七、例文 7

廉政公署第五年

2004 年是澳门廉政公署成立的第五年，也是特区政府首届任期的最后一年。回顾五年的廉政建设，最重要的是第 10/2000 号法律《廉政公署组织法》和第 31/2000 号行政法规《廉政公署部门的组织及运作》的通过和颁布。这两个法规的颁布，确立了廉政公署的定位和职能，也赋予了廉署执行反贪和行政申诉工作的基本权限和资源(1)。从另一角度看，法规的顺利通过，也体现了当时社会对廉政工作的支持和殷切的期望。

廉政公署在成立之初，确立了“肃贪、防范、立法、教育”四管齐下的工作策略(2)，一方面主动调查可能存在的贪污舞弊行为，另一方面努力健全防贪体系。五年来，在市民、政府和立法会的支持与配合下，廉署全体工作人员共同努力，今天，澳门的贪污现象已显著收敛，廉洁意识逐步增强，社会风气不断改善。根据廉署委托学术机关所作的问卷调查显示，2004 年对特区政府廉洁状况感到满意的市民已占 70.7%；同时，86.0% 的市民对于澳门可成为廉洁城市持正面态度(3)。

2004 年的廉政工作总结了过往多年的工作经验，也针对本澳廉政建设中的一些问题采取了多方面的举措。打击贪污舞弊的工作持续有力地开展，移交了多宗公务员涉嫌贪污或滥用职权的案件，当中涉及多名主管及领导级的公务员；宣传教育工作上，廉署对公务人员的宣传教育工作亦从未间断，并持续推出指引性文档，为端正公务人员操守创造了条件；廉洁教育也由普及性宣传逐步转向有针对性和专题性的宣传教育(4)。2004 年廉署收到举报投诉案件共 1 227 宗，较 2003 年的 1 077 宗上升 13.9%，当中增幅主要集中在行政申诉范畴，这估计与廉署加大行政申诉职能的宣传、采取积极便民的措施，和开展小区工作有关。然而，在这 1 227 宗收案中，具备条件跟进的只有 519 宗，比 2003 年大幅减少 225 宗。从 2003 年转入案件有 166 宗，加上 2004 年重开的案件 6 宗，全年共需处理案件 691 宗。立案方面，2004 年需立案案卷 76 宗，2003 年转入及 2004 年重开的共 163 宗，加上其他以初查、转介等非立案方式处理 528 宗。经过一年的工作，非立案案件完结 415 宗，立案案件结案 91 宗，其中移送检察院 12 宗，需转入 2005 年的案卷 72 宗，较上一年度的 81 宗积案持续减少。

【分析】

（1）“确立”译为 ratify，“赋予”译为 endue。“确立了廉政公署的定位和职能，也赋予了廉署执行反贪和行政申诉工作的基本权限和资源”，可译为 Ratifying the position and functions of the CCAC and enduing it with basic powers and resources for fighting corruption and lodging administrative complaints.

（2）“‘肃贪、防范、立法、教育’四管齐下的工作策略”，可译为 Four pronged strategy: anti-corruption, prevention, law enforcement and education.

（3）“廉洁城市”，取其反义 corruption-free，如无烟区译为 smoking-free zone，免税品译为 duty-free goods。“市民对于澳门可成为廉洁城市持正面态度”，可译为 Residents being positive about the possibility of building Macao into a corruption-free city.

（4）“由普及性宣传，逐步转向有针对性和专题性的宣传教育”，翻译时不必译得太实，可译为…have gradually been transformed from general ones to more specifically targeted ones.

【参考译文】

The Fifth Anniversary of the CCAC

2004 is the fifth anniversary of the Commission Against Corruption of Macao (CCAC) and the last year of the first term of the government of Macao Special Administrative Region (Macao SAR). Looking back at the anti-corruption institution over the past five years, the most prominent events have been the adoption and promulgation of *Organizational Law of the CCAC* (Law No. 10/

2000) and *Organization and Operation of the CCAC* (Law No. 31/2000), which have laid the foundation for ratifying the position and functions of the CCAC and enduing it with basic powers and resources for fighting corruption and lodging administrative complaints. The successful adoption of the law and the regulations was also a reflection of the public support and expectations for the anti-corruption institution.

Initially, the CCAC adopted an approach of "Four pronged strategy: anti-corruption, prevention, law enforcement and education", aiming at actively investigating the possible corruption and frauds as well as perfecting the anti-corruption system. Over the past five years, thanks to the support and cooperation of the public, the government and the Legislative Assembly as well as the joint efforts of the CCAC's personnel as a whole, Macao has witnessed a noticeable decrease in corruption, an increased awareness of clean practice and improved social ethos. According to a questionnaire survey carried out by an academic institution on behalf of the CCAC in 2004, the satisfaction rate of the residents on Macao's current anti-corruption conditions had reached 70.7%, with 86% residents being positive about the possibility of building Macao into a corruption-free city.

In 2004, on the basis of experiences summarized over the previous years as well as the existing problems in the anti-corruption institution of Macao, the CCAC took multidimensional measures. With the continuation of fighting corruption and frauds, several cases of corruption involving public servants (some of them were chief administrators or senior officials) had been transferred to the authorities concerned. In the meantime, the CCAC had promulgated a series of documents as a guide to carry out uninterrupted public education programs which have gradually been transformed from general ones to more specifically targeted ones. In 2004, the CCAC recorded a total of 1,227 complaints, an increase of 13.9% over the 1,077 complaints recorded in the previous year, concentrating on administrative complaints after their functions had been widely publicized by the CCAC and various convenient measures adopted for residents and communities. Out of these 1,227 cases, however, there were only 519 cases meeting the criteria for follow-up, a dramatic decrease over the 225 cases recorded in 2003. A total of 691 cases had been processed by the end of the year, of which 166 cases were transferred from the previous year and 6 cases reopened. In 2004, there were 76 cases commenced for investigation, a backlog of the previous year and reopened cases totaling 163 cases, and 528 cases being processed through preliminary or transferred procedures. Over one year, 415 non-commenced cases and 91 commenced cases were transfered, of which 12 cases were transferred to the Public Prosecution Office and 72 cases left for 2005, a continued decrease over the 81 cases recorded in the previous year.

八、例文 8

政府在博彩业的基本功能

首先，政府协助博彩业获取信任度(1)。公众对于合法博彩业的认识，在很大程度上取决于政府对于与博彩业相关联的犯罪活动的控制。增加政府颁布的法令法规，有助于加强这种意识，即犯罪并非一定与博彩活动相关，博彩活动本身是公平、诚实的。清除犯罪因素，也可使政府确保其应得的博彩税收。

面对外界的挑战，政府以一种机制向公众作出承诺，即对于违背诚实原则的博彩商予以严惩。另一方面，大部分的博彩经营者也愿意以牺牲这点自由为代价来保持公众的信任。

其次，政府充当博彩业的保护者。当博彩业受到外界质疑时，政府有能力向批评者说明：有关的规章制度已成功消除有组织犯罪，形成了公平竞赛场地。

再次，政府充当博彩业的问题解决者。某些问题对于某一博彩公司可能过于庞大，诸如实验设备及维修，持久大规模的人员培训，对付大规模的有组织犯罪，等等。通过从博彩业的税收和捐助中大量结集资金和人员，政府可以资助和进行大规模的运作，以克服消极因素，使博彩业和政府双方的利益得到维护。

除了以上三种模式之外，还有一种可称为“混杂模式”，即主要在引入以上三种模式因素基础之上建立起来的模式。这种模式的中心意图在于降低成本的同时扩大其财政效益。人们相信，只要政府建立某种公共政策，能有效地从博彩业中获取税收、消除弊端，便可益大于弊。

有的混合模式还试图将不同模式以不同方式加以应用。这是一种困难的方法，因为在实际中各种政策可能相互矛盾(2)。20 世纪 90 年代新泽西州政府所采取的政策便是典型一例，在其政策实施中，一部分旨在增加赌客数量、创造就业机会，而另一部分因想降低其社会代价，旨在限制赌场的推销活动。结果是使整个社会蒙受惨重损失。

总而言之，实际的方式是确定各种活动的代价与收益。就其社会效果而言，若代价超过了利益，则应选择麻烦少的一种。如果有一种利益超过代价的选择，则当义不容辞选择该项，以扩大利益对成本的比率。若利益全无，则只有放弃了。

【分析】

（1）“信任度”，这里可用 reliability，该词指对某一对象持续性的深信不疑，如 the reliability of a report 译为报告的可信度。类似的词有 trustworthiness，该词具有很强的语气。如：Only persons with great trustworthiness can be considered for a such a high position. 只有那些具有很高可信度的人，才能被考虑提拔到这样高的位置上。

（2）“相互矛盾”，这里有两个词可选择：contradictory 和 contrary。Contradictory 指两个事物彼此相互排斥、矛盾，不能成立或全部正确，强调“矛盾性”。如：The government had made two contradictory promises. 政府做出了两个相互对立的许诺。而 contrary 指两种思想、观念、态度、方法等彼此完全不同，不可能让人同时接受这两种相互对立的观点，强调“对立性”。英语释为 opposed，as in character or purpose：反对的，违反的相反的，如在性质或目的上；contrary opinions，acts that are contrary to our code of ethics：相反的意见，与我们的道德标准相悖的行为；opposite in direction or position：相反的，在方向上相反的或在位置上相对的，如 playing scales in contrary motion 逆向弹奏音阶。如：Your statement is contrary to the fact. 你的陈述与事实正相反。

【参考译文】

Basic Functions of a Government for Guiding the Casino Industry

First, the government acts as a means for the casino industry to gain reliability. Public perception of legalizing the casino industry is largely influenced by the effectiveness of the government's controlling of criminal activities that are deemed to be associated with the gambling industry. Increased regulations imposed by the government will help strengthen the perception that criminals are not necessarily engaged in casino activities and that the games are fair and honest. Keeping the criminal element out can also guarantee the government's tax revenues.

In responding to external challenges, the government has to give assurance to the public by providing a mechanism which involves strict discipline concerning infringement of the casino operators who contravene the trust of honesty. On the other hand, most casino operators are quite willing to submit themselves to losses of such freedom as the necessary price for maintaining a certain public perception.

Second, the government acts as a defender for the casino industry. When the industry is attacked by the public, the government is capable of convincing the critics that the regulatory system has successfully gotten rid of organized crime, and formed a fair-play ground.

Third, the government acts as a problem-solver for the casino industry. Some problems may be too great to be solved by a single casino, such as those involving lab equipment and maintenance, constant wide-scale personal training, handling vastly organized criminal activities and so on. By aggregating funds and personnel from casino taxes and contributions, the government is able to finance and operate wide-scale maneuvers and curb the negative elements in such a way that both the industry's and government's interests are preserved.

Apart from these three distinctive models, there are also others which may be called "hybrid models". These models are mainly based on borrowing elements of the government protection, government neutral and gambler protection models. The intrinsic idea underpinning these hybrids is to maximize the financial benefits from gambling while minimizing the costs. It is believed that the advantages can be greater than the disadvantages in regulating and controlling the gaming industry provided the government establishes a public policy which has an effective mechanism to realize the revenues as well as eliminate the side-effects from gambling.

Moreover, some hybrid models attempt to apply different models to different situations. This is a more difficult approach, because in reality the policies may be contrary to one another. A typical example can be seen in the policies adopted by the government of New Jersey in the 1990s, in which one set of policy aimed at boosting the number of gamblers and creating jobs, meanwhile another set of policies was designed to restrict the casinos from promoting their activities due to the consideration of minimizing the social costs. As a result, they cost the entire community dearly.

In short, a pragmatic approach is to define the costs and benefits of various types of models. If the costs, in terms of social effects, exceed the benefits, then look for less burdensome alternatives. If alternatives are available that produce greater benefits than costs, choose one that maximizes the benefits to cost ratio. If no profit, then the model should be abandoned.

九、例文9

法规与博彩经营

纵观博彩行业的发展，最重要的发展趋势大概是，公众对于博彩的认可既决定了该产业可提供的“游戏”形式，又决定了公众政策制定者对于该行业所制定规则的模式(1)。在此趋势中，一些突出问题显现出来。

首先，增加了竞争。以往，博彩的垄断性结构对于顾客和政府所提供的服务并非有效合理的。如同其他行业的顾客一样，博彩业的顾客应享有因政府一定程度的干预而形成的竞争市场环境(2)。

开放博彩产业，已经成为历史的必然。随着博彩业逐渐演变为一种“可接受的娱乐资产行业”，其自身结构也在变化、扩展；家庭式经营赌场已成过去。政府通过法规的手段加速了博彩业的这种转化。

进入新世纪以来，澳门进入这种发展的主流。2001 年 11 月 2 日，澳门博彩特许经营委员会正式开始了招标过程，拉开了澳门赌权开放的序幕。

2002 年 2 月 8 日，何厚铧特首签署特令，将博彩特许权授予澳博娱乐公司、永利度假村和银河娱乐公司。政府预测，赌权开放将促进澳门博彩业的立法和多样化的进程、推动澳门整体的发展，且目前发展趋势乐观。在中央政府的支持下，澳门博彩业在澳门急速经济增长中发挥着关键作用。

其次，解决赌瘾问题。鉴于博彩业已被广泛接受，“无节制赌博者”(对于有强烈赌瘾的人，称为“病态赌徒”)成为政府和社会面临的突出问题。

除了社会、教育的途径（如心理咨询、教育课程等），政府也会将其作为法律问题处理，主要是通过政府分支部门，即司法部门加以处理。例如，政府可通过制定法规，对赌场的扩展和赌博的方式、时间、参与人员加以限制(3)。

然而，一般认为，反赌博律师比起反吸烟律师会受到更大的挑战。反赌博律师试图证明赌博可导致家庭悲剧，而其赌博成性与严重后果的关系并非偶然，因此就需政府及其有关部门制定清楚而严密的法规。

再次，针对诚信问题。该问题一直困扰着博彩业，并时有丑闻传出。随着博彩业已成为“巨型娱乐产业”，其早期的“乌合之众”的形象已经淡化。其理念是既然赌场已经可以堂堂正正地获得高额利润，又何必再作弊。大部分的赌客并不认为自己“被骗”了，而政府对于赌场设备的严格规定又加深了人们的这种印象。

赌场经营者之所以公开支持这些严格的规则，主要出于两个原因：一是显示政府已确保赌场的顾客不会被轻易地“盘剥”(4)；二是这些规定作为一道屏障，可防范滥竽充数的经营者。政府通过特定的政策、法规来确保博彩业的诚信，同时保护了公众和赌场经营者。

【分析】

(1)“既决定了……又决定了……”用 both…and。“形式”和“模式”分别用 type 和 model。“大概是公众对于博彩的认可既决定了该产业可提供的‘游戏’形式，又决定了公众政策制定者对于该行业所制定规则的模式”，整句可译为 Perhaps the most important trend can be seen is that the public acceptance of gambling determines both the types of “games” that the industry will provide to the public and the model of regulations that public policy makers will impose on the industry.

(2)“应享有”可译为 deserve to have。“如同其他行业的顾客一样”，可译为 just as much as customers of any other industry。“博彩业的顾客，如同其他行业的顾客一样，应享有因政府一定程度的干预而形成的竞争市场环境”，整句可译为 The customers of the gambling industry deserve to have a competitive market environment determined by a certain degree of government intervention, just as much as customers of any other industry.

(3)“限制”可译为两个词 prohibit 和 limit，分别处理。“政府可通过制定法规，对赌场的扩展和赌博方式、时间、参与人员加以限制”，整句可译为 The government can either prohibit further expansion of gambling or place limits on how and when gambling can take place, even on who can participate in the event.

（4）“盘剥”可译为 rip off，该词一般译为“敲诈”“敲竹杠”等。如：They ripped us off at that hotel. 那家旅馆敲了我们竹杠。

【参考译文】

Regulations and the Gaming Industry

Taking a broad overview of the development in the gambling industry, perhaps the most important trend can be seen is that the public acceptance of gambling determines both the types of “games” that the industry will provide to the public and the model of regulations that public policy makers will impose on the industry. Within this trend, some prominent issues have emerged as follows.

First, competition has been increased. The monopolistic structure of the casino industry has certainly not served the customers and the government effectively and justifiably. The customers of the gambling industry deserve to have a competitive market environment determined by a certain degree of government intervention, just as much as customers of any other industry.

Opening up the casino industry has become inevitable historically. With the evolvement of the casino industry as an “accepted-entertainment-capitalized segment”, its structure has also been altered and enlarged, and the family-operated casino has thus become a thing of the past. Certainly, governments’ regulatory approaches have reinforced the transformation of the casino industry.

Macao has been in the mainstream of this development since entering the new century. On 2nd November 2001, the Macao Casino Concession Committee officially launched the bidding process, which heralded the liberalization of Macao’s gambling industry.

On 8th February 2002, the Chief Executive Edmund Ho Hau-wah issued an Executive Order granting provisional gaming concessions to Sociedate de Jogos de Macau, Wynn Resorts (Macau) and the Galaxy Casino Company. The Government anticipated that the opening up of the industry would facilitate the process of regulating and diversifying Macao’s gaming industry and further promote Macao’s economy as a whole. The trend of current development has so far been optimistic. Supported by the Central Government, Macao’s gaming industry is now playing a pivotal role as a leading sector in Macao’s booming economy.

Second, the addiction problem is being tackled. As the gaming industry has widely been accepted, compulsive gamblers (or "pathological gamblers", which refers to gamblers who are strongly addicted to gambling) has become a prominent problem challenging the government and society.

Apart from social and educational avenues, such as psychological counseling and educational programs, the government may also have to tackle it as a legal issue—most likely it has to be handled by a different branch of the government, namely the judiciary. For instance, through establishing a set of regulations, the government can either prohibit further expansion of gambling or place limits on how and when gambling can take place, even on who can participate in the event.

However, it has been generally acknowledged that anti-gambling lawyers may encounter more difficulties than anti-tobacco lawyers in taking up the challenges. While the anti-gambling lawyers would try to demonstrate that gambling had driven a person into a family disaster, the "casual" link between a person's addiction to gambling and the "serious" consequence of gambling may not be more fortuitous. Therefore, the practice requires distinctive policies and sophisticated regulations provided by the government and its responsible branches.

Third, the credibility issue is being targeted. The issue of honesty has always been hanging on the head of the casino industry, and scandals have occasionally occurred. As the casino industry has become "big entertainment business", its early "mob" image has been diluted. The rationale behind the judgment is why a casino would cheat when it can make huge profits by running an honest business openly. Most customers do not feel as if they are "deceived". Meanwhile, the government's strict regulations on gambling facilities have reinforced people's impressions.

Casino operators also openly support these strict rules mainly for two reasons. Firstly, it demonstrates the assurance that the government has provided to casino customers who will not be easily "ripped off". Secondly, these regulations are established as a fence, preventing sub-standard operators from entering the game. By defending the industry's credibility, in a way, the government protects both the public and the casino operators based on the specifically targeted policies and regulations.

十、例文 10

行政申诉职能的宣传

2004 年，廉署通过加强行政申诉职能的宣传和推广，致力让更多市民了解行政申诉和咨询管道[1]。明显地，行政申诉领域的投诉举报和求助咨询个案均大幅增加，增幅分别为 42.6% 和 85.9%。

纵观行政申诉投诉举报和求助咨询个案，涉及内容仍然以公职制度、市政问题以及法例咨询为多。在个案处理过程中，廉署一方面尽力为市民分析及解释相关法例及行政运作；另一方面，亦继续加强与各部门的沟通和接触，让有理据的投诉或廉署所发现的行政法的失当，以及政府部门可作出的改善措施得以尽快落实。

由于投诉举报及求助咨询工作大量增加，制度审查未具条件作出更大的开展。而运作审查主要仍与原来的合作部门循序渐进地就不同的附属单位开展运作审查项目，并继续跟进已完成项目的改善落实情况。

自 2003 年出版《公务采购程序指引》后，不少部门均逐步配合，并要求廉署为其人员讲解相应的规定及原则[2]，遇到难题也会主动联络廉署咨询，行政暨公职局亦在相关培训中邀请廉署派员为培训班学员举行“公务采购工作坊”。这些都反映出政府部门及公务人员对采购程序中应履行的义务及须承担的责任的认知有明显提高。

2004 年，廉署还在有关公职利益冲突问题审查报告的基础上，结合多年以来从实际个案所了解的情况，编制了《公务人员廉洁操守指引》及《公共部门及机构廉洁守则制作建议》，以进一步加强特区公务人员的廉洁意识，维护政府声誉。

此外，廉署亦继续加强行政申诉调查人员的整体培训，注重与外地相关机构的交流合作，通过参与外访及接待来访、参加行政申诉研讨会等活动开阔人员的视野，增进对各地行政申诉工作的了解[3]。

【分析】

(1) “行政申诉职能”可译为 ombudsman，该词最早从瑞典语借来，英文释为 a government official, especially in Scandinavian countries, who investigates citizens' complaints against the government or its functionaries，巡视官专门调查公民对政府或其公务员的不满的一位政府官员，尤指斯堪的纳

维亚国家的一官员。类似的还有：a government official（as in Sweden or New Zealand）appointed to receive and investigate complaints made by individuals against abuses or capricious acts of public officials，但这里指的是一种职能。"廉署通过加强行政申诉职能的宣传和推广，致力让更多市民了解行政申诉和咨询管道"，整句可译为 Through intensive promotions carried out by the CCAC in 2004，more and more residents have understood the role of ombudsman and the ways of getting the relevant information.

（2）《公务采购程序指引》可译为 *Guidelines for the Procurement and Acquisition of Public Goods and Services*，这里的"出版"不译为 publish，而为 promulgate，其英文意为 to put（a law）into effect by formal public announcement，颁布通过正式地公开地宣布使（法律）生效。"讲解"不译为 explanations，可为 consultations。"自 2003 年出版《公务采购程序指引》后，不少部门均逐步配合，并要求廉署为其人员讲解相应的规定及原则"，整句可译为 Since *Guidelines for the Procurement and Acquisition of Public Goods and Services* promulgated in 2003，in response to a widespread demand，the CCAC provided various consultations for different departments concerning the relevant regulations and principles.

（3）"扩阔……的视野"，根据上下文，不宜用 extened...one's horizon，而是用了 consultations。"通过参与外访及接待来访、参加行政申诉研讨会等活动扩阔人员的视野，增进对各地行政申诉工作的了解"，整句可译为 Through exchanging visits and participating in various seminars on ombudsman，the investors had gained a better idea of what was going on in ombudsman elsewhere.

【参考译文】

The Promotion of the Functions of Ombudsman

Through intensive promotions carried out by the CCAC in 2004，more and more residents have understood the role of ombudsman and the ways of getting the relevant information. As a result，there were a dramatic increase in cases of administrative complaints and cases requiring for consultation，accounting for 42.6% and 85.9% respectively.

Reviewing the cases in both categories，most of them still involved the system of public functions，criticism and legal consultation. During the handling process, while the CCAC did its best to explain the relevant laws, regulations and administrative operations to the public, great efforts were made to strengthen communications and contacts among various departments so that well-founded complaints, cases of administrative illegality or malpractice detected by the CCAC or situations calling for improvement can be solved promptly.

Constrained by the current conditions, while the institutional investigation were not yet in their full swing to respond to the increasing complaints and requests for consultation, the operational investigations continued to carry out the existing projects and follow up the completed ones in cooperation with the departments concerned.

Since *Guidelines for the Procurement and Acquisition of Public Goods and Services* promulgated in 2003, in response to a widespread demand, the CCAC provided various consultations for different departments concerning the relevant regulations and principles, and invited by the Public Administration and Civil Service Bureau to hold a "workshop for procurement and acquisition of public goods and services". This demonstrates the enhanced understanding of duties and responsibilities of the government departments and public servants in procuring goods and services.

In 2004, based on the report of "conflicts of interests" and the accumulated experiences of dealing individual cases, the CCAC complied *Guidelines on Professional Ethics and Conduct of Public Administrative Personnel* and *Recommendations on the Formulation of Rules and Regulations Governing the Ethics of Public Organs and Institutes* to further strengthen the integrity awareness of Macao's public servants and protect the government's reputation.

In addition, the CCAC strengthened various trainings for the investigators and paid special attention to building close links with other anti-corruption bodies outside of the territory. Through exchanging visits and participating in various seminars on ombudsman, the investigators had gained a better idea of what was going on in ombudsman elsewhere.

十一、例文 11

内部工作指引

根据多年积累的工作经验，2004 年廉政公署进一步完善了原有的行政申诉个案处理工作指引。在处理投诉举报、求助咨询、初步调查、分析整理和草拟意见报告等方面，均制定了更明确的准则。

廉署从大量投诉举报个案中发现，现行有关行政违例（即“行政上之违法行为”）的检控及处罚程序存在不少漏洞，且在执行过程中各部门有不同的演绎(1)。一般认为，这与现行《行政上之违法行为之一般制度及程序》的规定过于简单有关。对行政违例个案的检控与执行处罚的程序所需时间过长，以致阻吓力大减，亦是市民不满的重要原因(2)。事实上，具有刑事属性的轻微违反，无论是从危害性还是从严重性而言，均大于行政违例，这在逻辑上难以令人信服(3)。因此，廉署认为有必要修订有关行政违例的一般制度及程序的规定。为此，廉署展开了《有关行政违例的检控及执行处罚程序的若干问题》的分析研究。

在研究工作过程中，当局公布了《公共地方总规章》及《禁止非法工作规章》这两部与民生息息相关、牵涉不少投诉举报问题的行政法规。因此，廉署需要更全面地对当局公布执行的、涉及行政违例的检控及执行处罚程序的单行法规进行分析研究。由于涉及的法规众多，且内容的差异与法规的制定时间以及起草部门的不同，增加了分析的复杂性，因此，该项审查研究仍在继续。

【分析】

（1）“行政违例”可译为 administrative frauds。“漏洞”可译为 flaws。“现行有关行政违例（即“行政上之违法行为”）的检控及处罚程序存在不少漏洞，且在执行过程中各部门有不同的演绎”，可译为 There were quite a few flaws in the procedure of monitoring and punishing administrative frauds (administrative illegality) and variations in the implementation of different departments.

（2）“阻吓力”可译为 deterring power。“市民不满”可从反面译为 let…down…。“对行政违例个案的检控与执行处罚的程序所需时间过长，以致阻吓力大减，亦是市民不满的重要原因”，整句可译为 The delayed process of prosecuting and punishing administrative frauds has compromised its deterring power and let the public down.

（3）“具有刑事属性的轻微违反，无论是从危害性还从严重性而言，均大于行政违例，这在逻辑上难以令人信服”，可将其中的一半意思放入括号中译出。整句可译为 It is logically inconvincible that when a criminal offence（even a minor one is more severe than an administrative fraud）is prosecuted and punished in a period of time even shorter than an administrative fraud.

【参考译文】

Internal Working Guidelines

Summarized the working experience in the past, the CCAC has further improved the guidelines on processing administrative complaints. Meanwhile, more clarified regulations were formulated on handling complaints, request for consultations, preliminary investigation, analyses and syntheses, document drafting and so on.

From the piled complaints and reports, the CCAC found that there were quite a few flaws in the procedure of monitoring and punishing administrative frauds（administrative illegality）and variations in the implementation of different departments. It is generally believed that this has to do with oversimplified *General Regulations of the Acts of Administrative Illegality and its Procedures*. The delayed process of prosecuting and punishing administrative frauds has compromised its deterring power and let the public down. It is logically inconvincible that when a criminal offence（even a minor one is more severe than an administrative fraud）is prosecuted and punished in a period of time even shorter than an administrative fraud. Toward this end, the CCAC launched a research on *Some Questions Concerning the Prosecution of Administrative Illegality and the Procedure of Executing the Penalty*.

During the research, the authority concerned promulgated the two administrative regulations, *General Regulations on Public Places* and *Regulations to Prohibit Illegal Work* stipulating the fundamental issues of complaints and reports. Thus the CCAC has to analyze different single regulations governing the prosecution and punishment procedure promulgated by the authorities, that are extensively involved in different contents of regulations, produced by different departments at different times, constituting an enormous complexity which requires an on-going examination process.

十二、例文 12

与相关部门有效合作

2004 年，廉署与民政总署就上一年度第三季针对环境卫生及执照部辖下稽查处的“饮食/饮料场所及冷气机滴水的稽查工作”运作审查达成了改善共识，并于同年跟进落实情况。此外，亦与民政总署就驾驶执照处的工作进行了两阶段的运作审查，并继续跟进卫生局及澳门贸易投资促进局的改善措施落实情况。

2004 年，廉署继续向各政府部门派发及推广《公务采购程序指引》，推动政府部门及公务人员关注采购工作应遵循的原则，采购程序各阶段之注意事项，以及采购人员的义务、利益之处理、回避机制、法律责任及举报义务等问题(1)。部分政府部门及公务员也将实践中遇到的问题向廉署反映，运用廉署的咨询机制完善实务采购工作。个别部门也要求廉署为其人员主讲公务采购讲座，行政暨公职局亦因需要而在其为各部门培训的公务采购法律制度中邀请廉署派员负责其中的公务采购工作坊。全年共进行了 8 场这类型的讲座/工作坊。

2003 年，廉署完成了《关于本澳公职人员因执行职务而需要避免的利益冲突问题》的审查研究，剖析了现行公职制度中有关公务人员无私、热心、保密及不从事与所任公职有冲突的活动等义务方面的规定，向政府提出了一些建议，以便在修订公职法律制度中详加考虑。然而，从个案调查的实务中，廉署注意到，虽然约束公务人员行事为人的主要法规除了公职法律制度外，尚有《行政程序法典》和《刑法典》的相关规定，然而不少部门及公务人员未多加注意，甚至怠于遵守，以致带来犯法的风险，而政府的公信力和声誉亦难免受损(2)。因此，廉署认为，即使现行公职法律制度的相关内容未及修订，仍有必要向各政府部门及机构作出提醒，呼吁其为本身人员制作廉洁守则，并向所有公务人员解释现行法律对其行为操守的要求，以加强诚信文化的培养。基于此，廉署综合现行法律对公务人员的诚信要求，以及在个案调查中所发现的问题，分别编制了《公务人员廉洁操守指引》和《公共部门及机构廉洁守则制作建议》，提醒公务人员在执行公务的过程中须特别留意会否产生利益冲突及相应的处理方法。《公务人员廉洁操守指引》，旨在方便公务人员清晰理解约束其行为操守的法律条文的内容及精神，以避免工作上的操守不当；《公共部门及机构廉洁守则制作建议》，则以各部门及机构的领导主管为对象，解释守则的制作步骤和实施后的跟进工作，以便作为制定或充实相关内部守则的参考材料。

此外，为加强广大市民对公署行政申诉职能的认识，2004 年廉署采用多渠道、多方式宣传行政申诉职能，其中包括与社团合办"维护权益、申诉有道"(3) 座谈会，全年共举办讲座 15 场。

【分析】

(1)"推动……关注……"，为澳门公文用语中的一种用法，翻译时要有所变通，这里用了 remind。"推动政府部门及公务人员关注采购工作应遵循的原则、采购程序各阶段之注意事项，以及采购人员的义务、利益之处理、回避机制、法律责任及举报义务等问题"，可译为 Reminding the government departments and the public servants of the issues concerning the principles of procurement and acquisition of goods and services, and points for attention at its different stages, duties of suppliers, dealing with the conflicts of interests, mechanism of avoidance, legal responsibilities and the duties for complaints and reports and so on.

(2)"怠于遵守"，可译为…unwilling to follow…。"不少部门及公务人员未多加注意，甚至怠于遵守，以致带来犯法的风险，而政府的公信力和声誉亦难免受损"，整句可译为 Quite a few of departments and public servants have not yet taken notice of these; they were unwilling to follow the rules, taking the risks of breaching the law, resulting in damaging the government's public trust and reputation.

(3)"维护权益、申诉有道"，可意译为 protecting your rights and lodging your complaints.

【参考译文】

Effective Cooperation With the Relevant Departments

In 2004, the CCAC had reached an agreement with the Civic and Municipal Affairs Bureau on inspecting "Food & Beverages Venues and Leakage from Air-conditioners". The CCAC carried out a two-stage examination concerning the work of Drivers' Licensing Office as well as followed up the implementations of the previous projects with the Health Bureau and the Macao Trade and Investment Promotion Institute.

In 2004, the CCAC continuously distributed and promoted *Regulations Governing the Inspection of Public Service*, reminding the government departments and the public servants of the issues concerning the principles of procurement and acquisition of goods and services, and points for attention at its different stages, duties of suppliers, dealing with the conflicts of interests, mechanism of avoidance, legal responsibilities and the duties for complaints and reports and so on. Some government departments and public servants also reported the problems they encountered to the CCAC, to improve their procurement and acquisition of public goods and services through the enquiring mechanism provided by the CCAC. Some other departments, such as Public Administration and Civil Service Bureau, also required the CCAC to organize the seminars on public procurement and acquisition in conformity with the legal system. There were 8 seminars/workshops of this kind held throughout the year.

In 2003, the CCAC completed the examination and research on *Question of the Conflicts of Interests that Public Servants of Macao Need to Avoid in their Performance of Public Functions and Duties*, and analyzed the regulations stipulating selflessness, enthusiasm and confidentialness of the public servants and avoidance of activities that may involve conflicts of interests with their duties. As a result, the CCAC has provided the government with some suggestions as references for the law amendments. Concerning the main regulations codifying the conducts of the public servants, there were the system of public functions, and the relevant stipulations in *Code of Administrative Procedure* and *Criminal Code*, despite all these, the CCAC was aware that quite a few of departments and public servants have not yet taken notice of these; they were unwilling to follow the rules, taking the risks of breaching the law, resulting in damaging the government's public trust and reputation. Therefore, the CCAC believes that even under the current conditions where the relevant regulations concerning the public functions remained unrevised, it is still imperative for the public bodies to stipulate internal regulations while publicizing the existing laws so as to promote the culture of integrity. Towards this end, through synthesizing the legal requirements for the integrity a public servant shall possess and the problems discovered during the investigation, the CCAC has complied *Guidelines on the Professional Ethics and Conduct of Public Administrative Personnel* and *Recommendations on the Formulation of Rules and Regulations Governing the Ethics of Public Organs and Institutions*, reminding the public servants of the conflicts of interests and the dealing methods. Of these two regulations, the former aims mainly at clarifying the contents and the spirit of the relevant legal acts governing the discretion in conduct of the public servants; the latter targets mainly at the chiefs of the government bodies, explaining the formulating procedures of the regulations and the proceeded implementations so as to make it a reference for formulating or supplementing the relevant internal guidelines.

In addition, in 2004 the CCAC intensified the promotion for the functions of the ombudsman through various channels, including co-holding seminars with the communities on the topic of "protecting your rights and lodging your complaints". There were 15 seminars of this kind held throughout the year.

十三、例文 13

对内与对外交流

行政申诉服务是一项需要不断提高和努力的工作，廉署重视行政申诉调查员的培训。2004 年，廉署派遣行政申诉调查员前往北京中国人民公安大学接受短期侦查知识培训，并参加由澳门金融管理局协调、香港警务处毒品调查科财富调查组主办的财富调查课程。此外，每年举办集训营，提高人员的团队合作精神，思考作为申诉工作者所需具备的人格素质。

对外交流方面，2004 年比利时联邦申诉专员 Herman Wuyts，前国际申诉专员协会主席、前新西兰首席申诉专员 Sir Brian Elwood 访问澳门廉政公署，他们分别介绍了比利时的申诉机制及其个人对履行申诉使命的心得。此外，通过访问中国监察部及接待珠海检察院的考察团，较深入地与国内纪检及反贪机构的人员进行交流，加深了对国内反腐倡廉工作的认识。派员参加在韩国首尔举行的“第八届亚洲申诉专员协会会议”及在加拿大魁北克市举行的“第八届国际申诉专员协会会议”，亦加深了对国外申诉机构运作的认识[1]。

推动廉洁风尚(2)，争取市民对廉政工作的支持和配合，是廉署宣传教育和小区工作的基本任务。经过多年的普及性宣传，廉署近年加强了青少年的德育工作和公务员的操守建设。2004 年，廉署着重推广行政申诉职能；持续开展青少年诚信教育计划；强化公务员廉洁奉公意识的宣传(3)；举办公务采购专题讲座。

同时，小区办事处的设立，也拓展了廉署的小区关系，提升了教育成效，方便了市民的投诉咨询。对外交流联系的开展，也有助于廉署听取不同的意见和建议，以及争取更多的社会支持。各种宣传教育工作的相互配合，给廉政建设的发展提供了良好的社会环境。

【分析】

(1)"……加深了对国外申诉机构运作的认识"，不必译为 understanding 或 realization，可根据上下文译为 well informed。整句可译为 The CCAC has been very much well informed by these activities on situations of anti-corruption and ombudsman both nationally and internationally.

(2)"廉洁风尚"，有多种译法，这里译为 the social ethos of integrity。

(3)"廉洁奉公意识"可译为"honesty and integrity in the interests of the public"。"宣传"不宜译为 propaganda，该词英语原意为 the systematic propagation of a doctrine or cause or of information reflecting the views and interests of those people advocating such a doctrine or cause. 对一个学说、事业或信息的系统宣传，其反映倡导该学说或该事业的人的观点和利益，多含贬义，故此处宜用 promote，该词意为 to further or encourage the progress or existence of; to raise to a higher rank, status, degree, etc. 进一步鼓励现状的发展，提升其档次、身份和等级等。整句可译为 Reinforcing the education of raising awareness of "honesty and integrity in the interests of the public" for public servants.

【参考译文】

Internal and External Exchanges

In order to constantly improve the services of ombudsman, the CCAC has always paid close attention to the ombudsmen's training. In 2004, the CCAC sent its ombudsmen to Beijing to receive a short training course at Chinese People's Public Security University, and also attended a course on financial investigation co-organized by Monetary Authority of Macao, Drug Investigation Group of Hong Kong Police Force. In addition, there were intensified training courses held annually so as to raise the team's spirit and the personal qualities of being an ombudsman.

Externally, in 2004 the Federal Ombudsman of Belgium Mr. Herman Wuyts and former President of the International Ombudsman Institute and former Chief Ombudsman of New Zealand visited the CCAC and introduced the ombudsman system in Belgium and their personal experience in carrying out the ombudsman mission. Also, the CCAC had some exchanges with China Ministry of Procuratorate, Zhuhai Procuratorate, and some of other anti-corruption bodies in the Mainland. In addition, representatives of the CCAC attended the 8th Asia Ombudsman Association Conference in Korea and the 8th International Ombudsman Institute Conference in Quebec, Canada. Consequently, the CCAC has been very much well informed by these activities on situations of anti-corruption and ombudsman both nationally and internationally.

The basic task of the publicity and community work for the CCAC to carry out is to promote the social ethos of integrity and strive after the public support for clean administration. After years of promotion, the CCAC has recently intensified the moral and virtue education for teenagers and public servants. In 2004, the main targets of the CCAC include promoting the functions of ombudsman, continuing its "trustworthy education scheme" for teenagers, reinforcing the education of raising awareness of "honesty and integrity in the interests of the public" for public servants, and holding special seminars on procurement and acquisition of public goods and services.

In the meantime, the opening of the branch office had also strengthened its relations with the community, improved the education proficiency and opened more channels for residents to lodge their complaints. As the external exchanges had been explored widely, the CCAC received different views and suggestions more easily and thus gained enormous social supports. The combination of these various public educations has created a benign social environment to develop its clean administration.

十四、例文 14

倡廉教育工作

2004 年，廉署持续向公职人员、学生、受监管机构职员及市民进行倡廉教育工作[(1)]。由于廉署小区办事处的启用，以及“廉洁新一代——小学生诚信教育计划”及“中学生诚信教育计划”的开展，让参与廉署讲座的人数大幅上升。全年廉署共举办各类讲座 385 场，参加人数达 30 768 人次，打破历年纪录，比 2003 年上升逾 76%。

为了提升廉洁教育成效，廉署小区办事处于 2004 年 2 月开展“廉洁新一代——小学生诚信教育计划”，为小四至小六学生专门设计不同主题的廉洁教学内容，并以生动和灵活的多媒体方式（包括布偶剧、计算机动画或电视短片）[(2)]，采取互动手法，在小区的“廉洁乐园”活动室向小学生宣讲廉洁守法的知识。计划自推出以来，得到了学校的支持及欢迎。全年共举办 217 场，参与学生人数达 8 753 人次。“青少年诚信教育计划”[(3)]于 2003 年底展开，以中学生为对象。这项计划分作两个阶段，首阶段利用学校周会课或其他适当时间，派员到中学为学生举办讲座，介绍廉政工作的重要性；次阶段以毕业班学生为重点对象，针对诚信、廉洁等观念作较深入探讨，进一步巩固中学生的廉洁意识。2004 年，这项计划得到进一步开展。

为配合“青少年诚信教育计划”，深化诚信和廉洁意识，廉署在 2004—2005 学年度以数间学校为试点，向中学生推行“廉洁周”计划，以多元和互动的方式，向中学生宣传廉洁意识，培养青少年廉洁、正直的品德。2004 年 10 月“廉洁周”活动于濠江中学（正校）启动，11 月初在濠江中学凼仔分校续办。“廉洁周”活动内容包括：播放个案实录短片并由廉署人员解说，在校园内摆放展览板，让学生就相关命题书写作文或周记，做与廉政建设有关的纸上游戏等。2005 年，廉署将继续与其他学校合作举办同类活动。

2004 年，廉署对中、小学生进行廉政意识宣传的同时，也为澳门大学教育学院、工商管理学院学生，以及澳门旅游博彩技术培训中心学员举行讲座，让他们对廉署有更深入的了解，并协助其建立廉洁价值观[(4)]。2004 年，廉署以公务人员为对象的讲座以多种形式继续进行，其一是加插于公务人员基本培训课程内的讲座，二是廉署举办的专题讲座，三是应部门要求而举办的“廉洁意识”讲座，此外还包括为部门领导及主管人员而设的工作坊等。

自2001年7月起，廉署协助行政暨公职局在其举办的“公务人员基本培训课程”中加入以“廉洁奉公”为题的讲座。2004年，相关讲座共举办28场，以葡语班为主，参加者总数为720人，粤语班有120人参加。2004年，廉署独立为政府部门之公务人员举行讲座、座谈、工作坊共计21场，出席者达817人次，当中包括为多个部门举办的“公务采购程序”专题讲座，以及为治安警察局高级警员的晋升课程而举办的座谈会和为港务局领导及主管人员举办的“持廉守正——领导主管人员工作坊”等。

【分析】

（1）“倡廉教育工作”，可译为 integrity awareness promotion。

（2）“并以生动和灵活的多媒体方式（包括布偶剧、计算机动画或电视短片）”，翻译时需在标点符号上有所调整，可译为 accompanied by the vivid and flexible multimedia plays, such as puppet show, computerized cartoons, short television films.

（3）“青少年诚信教育计划”，可译为 Education Programme on Honesty for Primary School Students。

（4）“让他们对廉署有更深入的了解，并协助其建立廉洁价值观”，可合并译为 inculcating them with a better understanding of the CCAC and the value of integrity.

【参考译文】

Integrity Awareness Education

In 2004, the CCAC continued its integrity awareness promotion with public servants, students, staff of supervised departments and the citizens. Since the launch of the branch office, “New Generation of Integrity—Education Programme on Honesty for Primary School Students” and “Education Programme on Honesty” were in full swing, the number of attendees for these seminars had a dramatic increase. Throughout the year, the CCAC hosted a total of 385 various seminars, accumulated an audience of 30,768, an increase of 76% over the previous year, hitting a record high.

In order to promote integrity education more effectively, the branch office of the CCAC launched "New Generation of Integrity—Education Programme on Honesty for Primary School Students" in February 2004, targeting year 4 to year 6 primary school students with different themes on integrity, accompanied by the vivid and flexible multimedia plays, such as puppet show, computerized cartoons, short television films. Taking place in the "integrity garden" playroom of the branch office, the students received their integrity education and relevant legal knowledge by way of interactions. It was well received by the schools since the launch of the programme. Throughout the year, the office held a total of 217 seminars attended by 8,753 person-times. "Education Programme on Honesty for Primary School Students" was launched in the end of 2003, targeting middle school students. The programme was carried out in two fronts: initially lecturers were sent out to the schools to hold seminars, infusing the idea of integrity, stressing the importance of honesty and introducing Macao's clean administration; followed by an in-dept training targeting at graduating class students, further exposing them with more advanced understanding of honesty and clean administration and the consolidated awareness of these. The programme was further implemented in 2004.

Consorting with the "Education Progamme on Honesty for Youngsters", the CCAC further publicized "the week of integrity" scheme in 2004—2005. Based on several secondary schools, the students were infused with the awareness of clean administration and the virtue of integrity through multiple channels and interactions. The scheme was launched at Hou Kong middle school (main campus) in October and extended to early November 2004 at its branch campus in Taipa. The main contents include: playing the short film of individual cases, giving special seminars by the personnel of the CCAC, exhibiting in the campus, writing on assigned topics or weekly-diary and playing relevant paper games designed by the CCAC. In 2005, the CCAC will continue the activities of this kind with other schools.

In 2004, apart from providing promotions for primary and secondary students, the CCAC also held seminars for students of Education Institute of the University of Macao, the Institute of Business Management and Macao Tourism and Casino Career Center, inculcating them with a better understanding of the CCAC and the value of integrity. In 2004, the CCAC continued to provide public servants with seminars of various forms, including lectures combined with their basic trainings, seminars on special topics provided by the CCAC, symposiums on "awareness of clean administration" required by the individual departments, and workshops for chiefs and directors of the departments.

From July 2001, the CCAC contributed a special seminar "Honesty and Integrity in the Interests of the Public" to the "A Basic Training Course for Public servants" organized by Port Authority. In 2004, there were a total of 28 seminars held, of which mainly were conducted in Portuguese with 720 participants, and Cantonese with 120 participants. The CCAC arranged 21 seminars, symposiums and workshops for public services and institutions individually in 2004, with a total of 817 participants. Some of them were on special topics, including the one titled "Procedure for the Procurement and Acquisition of Public Goods and Services", seminars hosted for the career promotion of the Public Security Police and "Keeping Clean Administration—A Workshop for the Leadership and Directive Personnel".

十五、例文 15

刊物、指引、义工

2002 年 3 月创刊的《澳门廉政》季刊，有中、葡文版，内容包括廉署最新动态、肃贪案例、行政申诉个案、法例简释、外地反贪个案辑录、社会各阶层人士对廉政建设的心声、漫画故事、隽语集等。每期季刊分别赠予本澳各公共部门、机构、学校和图书馆等，并放置于公众地点，如图书馆及书局等，免费供市民索阅，也寄送至本澳以外，以便广大市民、公务人员以至国内、外相关机构、组织能更了解廉署的工作。

为继续推动公务员的廉洁操守建设，廉署在 2004 年筹备出版《公务人员廉洁操守指引》及《公共部门及机构廉洁守则制作建议》(1)。《公务人员廉洁操守指引》以全体公务人员为对象，力图用简明的文字，辅以实例来阐释相关的法律规定，以方便公务员清晰理解条文内容及精神，避免工作上的操守不当。《公共部门及机构廉洁守则制作建议》则以领导及主管人员为对象，作为制定或充实相关内部守则的参考材料。

廉署 2004 年的宣传品，主要是为配合宣传廉署行政申诉职能以及"公务人员廉洁操守"而印制，广泛派发给本澳各公共部门和机构、社团、学校等，部分放置于多个公众地点，如图书馆、书局等，供市民索阅。

2004年，廉署总部展览室和社事办事处接待了来自其他公共部门或机构、社团、学校的不少访客。一如过去两年，2004年再度举办“廉署开放日”，让市民参观廉署的内部设施，包括举报室、口供室、认人室、拘留室、财产申报室，以及廉政公署展览室等设施，不少单位更组团前来参观。

“廉署开放日”让市民加深了对廉署及其工作的认识，市民亲身了解和接触廉署的高度保密措施和设备，有助于鼓励市民亲身举报。为使市民更为了解廉署接受举报投诉，或公务人员到廉署递交“财产申报书”等过程，廉署人员还联同义工队成员亲身演绎有关过程。

廉署在2004年积极参与多项小区活动，包括：

- 参加由澳门明爱主办的第35届慈善园游会；
- 协助举办由特区政府主办之庆祝“国际儿童节”活动；
- 参加工联主办的母亲节“温馨家庭颂亲恩”活动和“六一”国际儿童节活动，协助举办由少年警讯主办的“灭罪禁毒嘉年华”活动和澳门繁荣活动促进会主办的“凝聚动力，共建关怀”活动(2)；
- 参与由教育暨青年局主办的第7届青年队际公民教育常识问答比赛；
- 参与其他社会公益活动，包括民政总署举办的植树活动、公益金百万行、集体捐血等。

2002年中，廉署组成了“廉洁义工队”。2004年，廉洁义工队在廉署举办的多项活动中提供协助，包括：参与拍摄“行政申诉”宣传短片和座谈会上所用的故事梗照、在“明爱园游会”廉署的摊位及其他多次活动的摊位中协助工作、廉署开放日时参与工作等。年初，廉署还组织了部分义工参加民政总署举办的植树活动。

【分析】

（1）《公务人员廉洁操守指引》《公共部门及机构廉洁守则制作建议》，可译为 *Guidelines on the Professional Ethics and Conduct of Public Administrative Personnel* and *Recommendations on the Formulation of Rules and Regulations Governing the Ethics of Public Organs and Institutions*。

（2）“协助举办由少年警讯主办的‘灭罪禁毒嘉年华’活动、澳门繁荣活动促进会主办的“凝聚动力，共建关怀”活动”，可译为 The Carnival held by the Junior Police Call for the purpose of fighting against crimes and drug-abuse; “Joining efforts and showing concerns” hosted by Macao Prosperity Association.

【参考译文】

Bulletin, Guidelines and Volunteers

The quarterly *CCAC Bulletin* launched by the CCAC in March 2002 is available in both versions of Chinese and Portuguese. The publication aims at reporting to the public the latest developments of the CCAC, cases relating to anti-corruption, administrative complaints, interpretation of laws and regulations, edited anti-corruption cases outside of territory, cartoon stories, dictums and remarks and so on, to enable the general public, public servants and relevant national and international organs to be better informed of the CCAC.

In order to promote the professional ethics and conduct of public servants, the CCAC compiled *Guidelines on the Professional Ethics and Conduct of Public Administrative Personnel* and *Recommendations on the Formulation of Rules and Regulations Governing the Ethics of Public Organs and Institutions* in 2004. The former targets the general public servants, explicating the relevant laws and regulations in a simple and plain language, so as to enable them to have a clear idea of the rules and avoid having any professional misconduct; the latter is designed to provide the chiefs and directors with a reference for formulating or complementing their internal regulations.

A various promotional materials prepared by the CCAC in 2004 mainly aimed at popularizing the functions of ombudsman and "the professional ethics and conduct of public administrative personnel", and they were available at public places such as government departments, organs, communities, schools, libraries and bookstores.

The Exhibition Hall of the CCAC and the branch office received a considerable amount of visitors from other public services or bodies, communities and schools in 2004. As the past two consecutive years, in 2004 an "Open Day of the CCAC" was also organized, allowing the public to visit the internal departments and facilities, including the reporting room, statement taking rooms, identification parade suites, detention wards, and office for declaration of incomes and properties. In some cases, delegations had organized to come to the event.

"Open Day of the CCAC" helped citizens to have a better understanding of the CCAC, its sophisticated measures and facilities for confidentiality so as to encourage them to report corruption cases in person. The CCAC staff and volunteers also demonstrated the procedure of lodging their complaints and the form of declaration of incomes and properties.

The CCAC activities involving several communities in 2004 include:

- The 35th Caritas Bazaar of Macao;
- The "International children festival" activities co-hosted by the SAR government;
- "Praising close relations with the warm family" on the Mother's Day and "International children festival" organized by the Labor Federation; the Carnival held by the Junior Police Call for the purpose of fighting against crimes and drug-abuse; "Joining efforts and showing concerns" hosted by Macao Prosperity Association;
- The 7th Youth Inter-Team Contest on the "Knowledge of Civic Education" hosted by the Education and Youth Affairs Bureau;
- Other charity activities including afforestation campaign, "charity walk for the millions", collective blood donation organized by the Civil and Municipal Bureau.

The CCAC organized a "volunteer team for clean administration" in 2002. In 2004, the team continuously participated in various activities organized by the CCAC, including making films and lantern slides for promoting the ombudsman, street activities during "Caritas of Macao", CCAC Open Day and jointed afforestation campaign led by the Civil and Municipal Bureau.

十六、例文 16

禽流感

A 型流感(1)病毒(2)能传染多种动物，包括鸟、猪、马、海豹及鲸鱼等。传染鸟类的流感病毒称为“禽流感病毒”（俗称“禽流感”）。鸟(3)是尤其重要的一个种类，因为 A 型流感病毒所有已知的亚型(4)在野鸟中传播，所以野鸟被认为是 A 型流感病毒的天然宿体。禽流感病毒通常不直接传染给人或在人群中传染。

A 型流感病毒可根据其表面蛋白质分为亚型—血凝素（HA）和神经氨酸（NA）。现已知有 15 个 H 亚型。禽流感通常不会使野鸟生病，但可使家禽重病或死亡。A 型禽流感病毒通常不传染给人，但自 1997 年以来已有数人受到感染和病毒暴发(5)的报告。

1997 年在香港，A 型禽流感（H5N1）传染了鸡和人。这是首次发现禽流感病毒直接由禽类传染给人。此次疫情暴发，有 18 人住院，其中 6 人死亡。为控制疫情，清除病毒来源，当局宰杀了约 150 万只鸡。科学家们发现，该病毒主要是从禽类传染给人，而极少发现人际传染。

1999 年在香港，两名儿童被确诊为患上 A 型禽流感 H9N2。但病人都恢复了健康，且未发现更多病例。证据显示，家禽是感染源，感染的主要模式是从禽类到人。然而，人际传染的可能性仍然存在。1998—1999 年，在中国内地有更多的人感染 H9N2 病例的报道。

2003 年，到内地旅行的一香港家庭中的两人患上 A 型禽流感（H5N1），一人治愈，一人死亡。无法确定他们是在哪里染病的以及如何染病的。另一家庭成员在内地死于一种呼吸疾病，当时并未测试。而后没有更多的病例报告。同时，一儿童在香港证实感染上 H9N2，经住院治疗后，恢复了健康。

禽流感在人身上所引发的症状，有典型的流感特征（如发烧、咳嗽、喉咙痛及肌肉痛）、眼睛感染、肺炎、急性呼吸困难、病毒性肺炎及其他严重危及生命的并发症等。研究表明，一些抗病毒配方药物对于预防感染禽流感是有效的。

所有流感病毒都可能发生变异，禽流感病毒也会发生变异。变异后的禽流感病毒可以传染给人并在人际传播。因为这些病毒通常并不传染给人，所以人类对它们缺少，甚至完全不具有免疫力。一旦病毒感染给人，并具有了在人际轻易传播的能力，“大规模流感瘟疫”(6)便暴发了。

【分析】

（1）“流感”这里译为 influenza，该词在医学上释为 a highly contagious virus infection that affects the respiratory system. The viruses are transmitted by coughing and sneezing，即一种高度传染性的病毒感染，影响呼吸系统。病毒通过咳嗽或喷嚏传播。

（2）“病毒”一般译为 virus，在医学上释为 a minute particle that is capable of replication but only within living cells. Viruses are too small to be visible with a light microscope and too small to be trapped by filters. The viruses infect animals，plants，and microorganisms. Each consists of a core of nucleic acid（DNA or RNA）surrounded by a protein shell. Some bear an outer lipid capsule，即仅在活细胞内有复制能力的微小颗粒。病毒极小，在光学显微镜下无法观察到，亦无法用过滤器去除。病毒侵袭动物、植物及微生物。每个病毒由蛋白壳包裹的核酸核（DNA 或 RNA）组成。有些病毒具有脂质外膜。

（3）这里的“鸟”，不一定是 bird；英文 bird 是指具体的鸟，而 avian 释为 adjective of or relating to birds，即指与鸟有关的一类飞禽。其中的 avi，源自拉丁文的词根 avis，意为 bird，即飞翔之意。由此派生出的词还有：aviary 大鸟笼，aviator 飞行员，aviation 航空，aviate 乘飞机，aviarist 鸟类饲养者等。

（4）“亚型”这里译为 subtype。“sub-”作为词的前缀（prefix）主要表示“从属”“以下”之意。用“sub-”构成的词有：subtitle 副标题，substandard 低于标准、不合格，subordinate 下级的、隶属的、次要的，subdivide 再分、细分等。

（5）这里有两个近似的词：outbreak — the sudden or violent start of something unwelcome，突然和剧烈开始的不受欢迎的事件；outburst — a sudden period of violent activity，突然出现的暴力活动。二者虽都有“爆发”之意，前者多指战争、疫情等重大事件，后者则重于具体事件。如 the outbreak of the Second World War 第二次世界大战的爆发；a wild outburst of applause 爆发出雷鸣般的掌声。

（6）“大规模流感瘟疫”，译为 influenza pandemic。pandemic ＝pan + demic。Pan 意为 all，every 即“全”“整个”“总”“泛”“每”之意，如 pannorama 全景，pandemonium 大混乱，panoply 盛典，panacea 万灵药，pantheism 泛神论，pan-American 泛美的，全美洲的，panegyric 颂词；demic 源自拉丁文的词根 demos，意为 the people，释为在人群中广泛流传的，从中世纪起多用于瘟疫。由此派生出的词还有 epidemic 流行病，瘟疫。Pandemic 在医学上释为 an epidemic so widely spread that vast numbers of people in different countries are affected. AIDS is currently considered to be pandemic，即不同国家广泛人口受感染的大规模瘟疫。艾滋病被认为是现代的大规模瘟疫。故可将“大规模瘟疫”译为 pandemic。

【参考译文】

Bird Flu

Type A influenza viruses can infect several animal species，including birds， pigs, horses, seals and whales. Influenza viruses that infect birds are called "avian influenza viruses (or 'bird flu')". Birds are an especially important species because all known subtypes of influenza A viruses circulate among wild birds, which are considered the natural hosts for influenza A viruses. Avian influenza viruses do not usually directly infect humans or circulate among humans.

Influenza A viruses can be divided into subtypes on the basis of their surface proteins—hemagglutinin (HA) and neuraminidase (NA). There are 15 known H subtypes. Avian influenza usually does not make wild birds sick, but can make domesticated birds very sick and kill them. Avian influenza A viruses do not usually infect humans; however, several instances of human infections and outbreaks have been reported since 1997.

In 1997, Hong Kong, avian influenza A (H5N1) infected both chickens and humans. This was the first time an avian influenza virus had ever been found to transmit directly from birds to humans. During this outbreak, 18 people were hospitalized and 6 of them died. To control the outbreak, authorities killed about 1.5 million chickens to remove the source of the virus. Scientists determined that the virus spread primarily from birds to humans, and rare person-to-person infection was noted.

In 1999, Hong Kong, cases of avian influenza A H9N2 were confirmed in 2 children. Both patients recovered, and no additional cases were confirmed. The evidence suggested that poultry was the source of infection and the main mode of transmission was from bird to human. However, the possibility of person-to-person transmission remained open. Several additional human H9N2 infections were reported from mainland China from 1998 to 1999.

In 2003, two cases of avian influenza A (H5N1) infection occurred among members of a Hong Kong family that had traveled to China. One person recovered, the other died. How or where these 2 family members were infected was not determined. Another family member died of a respiratory illness in China mainland, but no testing was done. No additional cases were reported. In the meantime, H9N2 infection was confirmed in a child in Hong Kong. The child was hospitalized but recovered.

The reported symptoms of avian influenza in humans have ranged from typical influenza-like symptoms (e.g., fever, cough, sore throat and muscle aches) to eye infections, pneumonia, acute respiratory distress, viral pneumonia, and other severe and life-threatening complications. Studies to date suggest that the some antiviral agents and prescription medications approved for human influenza strains would be effective in preventing avian influenza infection in humans.

All influenza viruses have the potential to change. It is possible that an avian influenza virus could change so that it could infect humans and could spread easily from person to person. Because these viruses do not commonly infect humans, there is little or no immune protection against them in the human population. If an avian virus was able to infect people and gain the ability to spread easily from person to person, an "influenza pandemic" could begin.

十七、例文 17

澳门赛马会与香港赌博条例

由于政府只发牌照给有限的赌博发牌者，因此澳门赛马会的营业额暴涨，大多人认为收入源源不断从内地流入(1)。香港的赌博条例(2)使澳门营业额大损并对其前途提出了质疑，而一年之后，澳门赛马会的收入便得以大幅度反弹——两个星期前以 6 240 万元的日营业额再创头条新闻，这也突破了两年前香港淡季时 5 800 万元的日营业额。

澳门赛马会董事昨天表示，授予投赌发牌者执照是件好事；当今在世界各地可宣称营业额上涨的并不很多。至今政府只同意发放最多六个牌照，其中三个已开始运作，第四个可能下次投入。

政府的决定意味着，过去于法律外的"不轨活动"现在可于赛马会内运作了(3)，而赌业和政府都从这种营业额中受益。董事表示："因发牌者要将一定数量金额通过赌金计算器返回以平衡账目，显然这对投注额有积极影响。若投注额的增加使得赌机投注对其余在场赌客更具吸引力(4)，这其实是件好事。"他还表示，他理解投赌发牌者试图从内地开发些赛马会得不到的"新资金"来源。

赌注发牌在香港是非法的，在过去两年里当局加大了打击黑市投注发牌的力度。6 月 5 日，一伙五人因发牌投注和洗黑钱被判入狱 30 个月。警员说，银行记录显示，过去三年里其营业额为 4.1 亿元。香港赛马会估计，香港非法赌博途径的营业额差不多与其马会的营业额相等，即一年 780 亿元。而马会、政府及慈善事业却未从中获取分毫。

而在澳门，人们却不以为然。马会周末的 12 场比赛纪录与赛狗相仿，而平时的彩盘形势亦蒸蒸日上。该董事说："星期二，因电力故障我们失去了两场比赛，但我们仍可在 8 场比赛中达到营业额 3 200 万元；我们现在对每一场赛的双股额平均为 250 万元。"

【分析】

（1）"营业额暴涨"可译为 go through the roof。"澳门赛马会的营业额暴涨"可译为 turnover has gone through the roof at the Macao Jockey Club。

（2）"赌博条例"可译为 gambling ordinance。类似的如 anti-profiteering ordinance 取缔暴利法令，building ordinance 建筑法（令），company ordinance 公司条例，municipal ordinance 城市（环境保护）法令/条例，payment ordinance 支付法，pollution prevention ordinance 污染防治条例，sewer ordinance 污水管理条例，smoke ordinance 烟管理条例等。

（3）"于法律外的'不轨活动'"可译为 off the track and outside the law。"过去于法律外的'不轨活动'现在可于赛马会内运作了"可译为 An activity that used to be conducted off the track and outside the law has now been brought into the club.

（4）"投注额"可译为 betting pools，"其余在场赌客"可译为 the rest of the on-course punters。

【参考译文】

MJC and HK Gambling Ordinance

Turnover has gone through the roof at the Macao Jockey Club (MJC) since the government gave licenses to a limited number of on-course bookmakers, with money believed to be flowing in from the Mainland. A year after the Hong Kong gambling ordinance decimated turnover levels in Macao and called the future of the club into question, the MJC has bounced back with some huge gains headlined by a new one-day record turnover of $62.4 million two weeks ago. It beat the $ 58 million set two years ago during the Hong Kong off-season.

MJC director of racing said yesterday that the licensing of the bookmakers was a good news story. There aren't too many places in the world these days that can boast about betting turnover going up. So far, it is understood that the government has agreed to license up to six bookmakers. Three are operating and a fourth one may begin operation at the next meeting.

The government's decision means an activity that used to be conducted off the track and outside the law has now been brought into the club. Both the racing industry and the government are getting the benefit of their betting turnover. "Clearly, these bookmakers are having a positive impact on our wagering turnover as they put a certain amount of money back through the tote to balance their books", the director said. "And if the stronger betting pools make the tote wagering more attractive to the rest of the on-course punters, then that's a good thing". The director said he understood the bookmakers were sourcing "new money" from the Mainland in a way the race club could not.

Bookmaking is illegal in Hong Kong and over the past two years authorities have stepped up efforts to crack down on black-market bookmakers. On June 5, a syndicate of five local men were jailed for 30 months each on bookmaking and money-laundering charges. Police said their banking records showed they had turned over almost $ 410 million in the past three years. The Hong Kong Jockey Club estimates that betting turnover through illegal channels in Hong Kong is almost on a par with what the club turns over— $ 78 billion a year—hand the racing industry, the government and charities don't get a cent of it.

It doesn't seem to be bothering anyone in Macao, however. The club's record betting turnover was recorded on a 12-race weekend meeting on the turf track, but the midweek sand track meetings are holding up strongly as well. "On Tuesday we lost the last two races because of the electrical storm, but we still turned over $ 32 million on the eight races", the director said. "We're now averaging $ 2.5 million in the win pool for every race".

十八、例文 18

内地游客

从今年 1 月中旬春节起，中国内地正式大规模开展(1)禁赌，不禁引起媒体揣测(2)这对澳门博彩业会造成怎样的影响。

事实上，据财政局统计，今年头一季度政府所得博彩总额税(3)已达 38 亿澳门元，比去年同期增长了 30%。澳门政府可从博彩业收入总额中提取

35%的直接税。

据可靠数据显示，内地的禁赌使得其周边地区如缅甸等的“非法”赌场被迫关门大吉，实际上对澳门的博彩业有利。数据同时表明，取缔内地非法赌博窝点(4)，“逼使”“核心赌客”来到澳门，亦使本澳博彩业从中得益。在整个中国，包括香港和台湾，澳门毕竟是唯一合法赌博的城市。

此外，随着“自由行”的逐步扩展、内地游客的剧增，澳门大众博彩市场显著增长，而一掷千金的“豪赌”经济效应(5)相对减弱。

在内地的芸芸赌客中，主要是社会新富(6)、成功经商而急剧崛起的中产阶级支撑着澳门博彩业。那种认为所有来澳的内地赌客都是“腐败官员”，到此浪费(7)公款、洗黑钱(8)的观点纯属不实。另外，人们也企盼内地禁赌可以清除其庞大官僚体系中的害群之马(9)，震慑(10)隐患者。澳门不指望也不需要得到内地腐败官员的黑钱。

【分析】

(1)“正式展开”这里译为 officially launch。Launch 意思是 begin，但更强调“重宣传鼓动，而不着重仪式”。如：The Treasury is launching a new government loan. 财政部正在发行一种政府新债券。

(2)“揣测”译为 speculation，其动词为 speculate，意为 to form a theory or conjecture about a subject without firm evidence。Speculation，则为 reasoning based on inconclusive evidence; conjecture or supposition，即“根据不确定的证据的推理；揣测或假定”。而另一意思则为“炒作”。

(3)“总额税”译为 gross revenue tax，gross revenue 收入总额。在强调某一收入数字尚未剪除成本时，多使用此语。而 direct tax，为“直接税”，指由纳税人自己承担、不能转嫁给别人的税种。

(4)“非法赌博窝点”译为 illegal gambling dens。Den，原意为 the shelter or retreat of a wild animal。A lair，即“兽穴”，野生“动物躲避或撤退的地方”；后引申为 a place where people meet in secret, typically to engage in some illicit activities，即“人们秘密聚集、从事某些非法活动的地方”。如 a hidden or squalid dwelling place 一个隐蔽的或肮脏的住所；a den of thieves 贼窝。

(5)“经济效应”译为 economic clout. Clout 原意为 a blow, especially with the fist，即“敲打、打击，尤指用拳”，后演化为 influence or power, especially in politics or business，即“影响或权力，特别是在政治和生意方面”。多用于通俗口语之中。如：I knew he carried a lot of clout. 我知道他

是很有“来头”的。

（6）“社会新富”译为 nouveau riche，该词英语释为 people who have recently, often suddenly acquired wealth, typically those perceived as ostentatious or lacking in good taste，即“近期、通常是暴富起来的人，且好卖弄、缺乏品位”。此词为贬义词。

（7）“浪费”这里译为 squander，该词英语释为 to waste（something, especially money or time）in a reckless and foolish manner，即“以无节制、愚蠢的方式来浪费东西，特别是钱和时间等”。如：He has squandered all his savings on gambling. 他把所有的积蓄都浪费在赌博上了。又如：Don't squander your affection on her anymore; she will never ever love you. 别再在她身上浪费感情了，她永远也不会爱你的。

（8）“洗”译为 launder，原意为 to wash（clothes, for example）洗涤（如衣物），后又引申出 launder money 或 money laundering。英语释为 to transfer（money obtained from crime）to foreign banks, legitimate businesses, etc. so as to disguise its source，即“洗赃款，以转移到国外银行、合法公司等，从而掩盖其来源”。如：The gang laundered the stolen money through their chain of restaurants. 这个黑社会帮派通过经营的连锁餐厅洗黑钱。

（9）“害群之马”这里译为 black sheep，该词英语释为 a recessive black-fleeced individual in a flock of normally white-fleeced sheep，后引申为 a member of a group that stands in conspicuous and unfavorable contrast to the other members especially by reason of socially undesirable characteristics or behavior，即“组织中的一员，特别是以其不可取的社会特性或行为而形成与他人鲜明、难堪的对比”。如：He's the black sheep of his party. 他是党内的败类。

（10）“震慑”这里译为 deter，该词不仅是一般的“阻止”，而是 to prevent or discourage from acting, as by means of fear or doubt，即“威吓，通过恐吓或怀疑的手段阻止”。如：Only a health problem would deter him from seeking re-election. 只有健康原因，可以使他对是否竞选连任而产生畏惧。

【参考译文】

The Mainland Guests

The Mainland's massive crackdown on gambling, which was officially launched before Chinese New Year in the middle of January this year, has resulted in media speculation about its impact on Macao's gaming industry.

As a matter of fact, the Macao government's income from casino gross revenue taxes in the first three months of the year reached a record 3.8 billion patacas, an increase of 30 percent on the same period last year, according to the Finance Services Bureau. The government collects 35 percent of the casino's gross revenue as direct tax.

Informed sources indicate that the crackdown did actually benefit Macao's gaming sector since it has led to the closure of scores of "illegal" casinos that operated in certain areas along China's borders, such as in Burma. The sources also say the ongoing crackdown on illegal gambling dens inside the mainland is also benefiting local casinos by "driving" hard-core gamblers to Macao. After all, Macao is the one and only city in the whole China—including Hong Kong and Taiwan—where casinos are legal.

Besides, the huge increase in visitor arrival numbers resulting from Beijing's gradually expanding facilitated individual travel (FIT) scheme has resulted in significant growth in Macao's mass gambling market and a relative decrease in economic clout of high-stakes gamblers known as "high rollers".

The hordes of mainland gamblers patronizing Macao's casinos are mainly made up of nouveau-riche social climbers and the rapidly rising middle class of successful business people. The idea that all mainlanders gambling in Macao were "corrupt officials" squandering public money or laundering ill-gotten is utter nonsense. On the other hand, one can only hope that the Mainland crackdown will succeed in weeding out black sheep in the Mainland's massive bureaucracy and deter potential wrongdoers. Macao neither wants nor needs the money of venal officials from the Mainland.

十九、例文 19

投诉记录

2004 年廉署收案 1 227 宗，较上一年度的 1 077 宗增加 13.9%。这是继 2002 年和 2003 年连续两年收案数字下降之后的再一次攀升(1)。收案数字的增加主要来自行政申诉领域。涉及刑事犯罪性质的投诉案件并无明显增加，并未显示贪污情况恶化的迹象，而在加大了行政申诉职能的宣传下，市民已逐渐了解廉署的行政申诉职能。此外，收案数字的上升，也与廉署开办小区办事处开展更为积极的小区工作有关。

在2004年的收案中，94.5%的案件来自市民举报。当中令人鼓舞的是，具名或愿意提供个人资料的投诉案件首次超过半数，多年来首次高于匿名案件，显示市民对廉政机关的信任逐步增强。此外，公共机关转介、举报或请求调查的案件近年也呈现上升的趋势，2004年达到44宗，廉政公署和其他公共机关在廉政范畴的合作也进一步增强。

数据显示，电话和函件仍是市民常用的举报方式，廉署设立了24小时热线电话(2)，市民可随时致电举报。值得注意的是，亲身投诉的案例达288宗，较上一年度的195宗大幅增加，反映出廉署鼓励市民“亲身举报”的策略逐渐生效，市民对廉署的信任感增强。然而整体而言，亲身举报的比例仍不算高，未来廉署会继续加大这方面的宣传力度。

廉政公署接获市民投诉之后，会对投诉内容进行详细分析，然后作出适当的跟进措施。2004年有708宗投诉由于数据不足、非属廉署职权等原因而未具足够条件展开调查；443宗案件，在获得当事人同意的情况下，以转介、电话沟通、会议等非正式途径展开，力图务实和具效率地帮助市民解决问题；76宗案件进行分析或初查后，立案跟进。

秉承严谨立案的原则，廉署近年的立案(3)数字持续下降。严谨立案，能让廉署更集中地运用资源，提高反贪效率，尽快响应社会诉求。2004年，仍有57宗投诉由以往的立案模式改为初查案件，而透过初查机制确认立案的有11宗。初查机制已成为廉署调查案件是否具备追查条件的便捷方法。

充分发挥法律赋予的灵活介入模式，避免立案程序所耗的时间，尽快为市民解决问题和纠纷，是近年来廉署行政申诉的工作策略。在2004年的行政申诉范畴内，廉署对57宗个案作出了促进依法行政、改善运作及完善法规的介入。此外，廉署也接获求助咨询个案645宗，较上一年大幅增加85.9%，让许多市民不致对公共行政运作或相关法律制度不熟悉而作出不必要的投诉。

【分析】

(1)“攀升”，这里可译为 rebound，该词一般意为“反弹”，英语释为 a quick recovery from or reaction to disappointment or depression，从失望或衰败中迅速恢复或迅速作出的反应。

(2)“电话和函件仍是市民常用的举报方式，廉署设立了24小时热线电话”。“举报”可分译为 to lodge complaints or report corruption。整句可译为 Phone calls and mails were the main means used by the residents to lodge complaints or report corruption, given the fact that the CCAC has also provided a round-the-clock reporting hotline.

（3）“立案”，这里不译为 file cases，而译为 commence cases。Commence，为开始、着手，如 commence learning English 开始学英语。又如：The new semester will commence in February. 新学期将于 2 月开学。

【参考译文】

Number of Complaints Recorded

There were 1,227 cases recorded in 2004, an increase of 13.9% over the previous year. This was a rebound after the two consecutive years' decrease. The increased cases were mainly administrative complaints not criminal offences, indicating no sign of deterioration in corruption. The rise was largely due to the intensified promotion for understanding the functions of administrative complaints constituted in the CCAC, the opening of the branch office and its improved community work.

As far as the sources were concerned, the citizens lodged 94.5% of complaints recorded in 2004. It was a delight to notice that there was a steady increase in the number of the complainants who signed or were willing to provide personal data, showing the growing confidence of the public in the CCAC. Meanwhile there were 44 cases referred, reported or requested by public entities, an obvious increase over the previous years, which indicated the strengthening cooperation between the CCAC and the public entities in combating corruption.

The statistics shows that phone calls and mails were the main means used by the residents to lodge complaints or report corruption, given the fact that the CCAC has also provided a round-the-clock reporting hotline. Noticeably, the number of residents willing to lodge their complaints in person reached 288 cases, a big jumps over 195 cases recorded in the previous year, reflecting a result of the CCAC's policy that encourages residents to lodge their complaints in person, although the number was still rather low. To boost the public confidence, the CCAC will carry out more efficient promotions on the issue in the coming years.

After receiving complaints, the CCAC would carefully examine the contents and then follow up accordingly. In 2004, through preliminary screening mechanism, 76 cases were commenced for investigation, 708 cases invalidated due to lack of sufficient evidence or inadequate categories, and 443 cases (most of them were administrative complaints) handled by unofficial intervention, such as referring, telephone communication, meeting and so on. In a way, these problems were solved more efficiently.

Adhering to the stringent principles, the number of cases commenced for investigation with the CCAC has been continuously declining over the previous years. This helps the CCAC to focus resources on tackling cases supported by sufficient evidence, responding promptly to the complaints and appeals from the community, and fighting corruption more effectively. In 2004, 57 complaints that would have been cases for commencement in previous years were put in the category of preliminary ones. Through the preliminary screening mechanism, which has become an easy way to evaluate cases in terms of investigation for the CCAC, only 11 were commenced for investigation.

The CCAC has recently adopted a flexible handling strategy in accordance with the law, averting the time-consuming investigation process so as to solve the problems more promptly for the public. In addition, the CCAC had received 645 requests for consultation, an increase of 85.9% over the previous year. Without these consultations, quite a number of complaints would have been made due to lack of knowledge on public services and relevant legal system.

二十、例文 20

最新举报数目

总体而言，尽管勇于挺身举报者数目有所增加，反映社会监察力量的增强，但数目仍相对偏低，不宜进行进一步调查(1)。另外，2004 年廉署主动立案的数字也有了大幅的增加。鼓励市民具名投诉，对廉署掌握详细资料、及时进行跟进调查十分重要，而且成功立案的机会也相对较高。上年度转入案卷 81 宗，加上重开的案卷 6 宗，2004 年共需处理立案案卷 163 宗。截至 2004 年 12 月，结案 91 宗，其中移送检察院案件 12 宗，结案率为 55.8%，需转入 2005 年度案卷 72 宗，累积案卷持续减少。

2004年，刑事范畴的投诉案件并无明显增幅，涉及内容仍然以公务人员贪污、滥用职权和诈骗的居多。同时，廉署也关注到经济发展可能衍生的贪污舞弊行为，揭发了多宗公务员涉嫌受贿及滥用职权的案件。对于2005年立法会选举，相关的反贿选工作已在2004年开始积极部署[(2)]。此外，廉署也举办多项内部培训，以提高人员的调查能力。新一批调查员的加入也充实了廉署的调查力量。

2004年，廉政公署收到1 227宗举报，虽然整体举报数字较上一年度有所上升，然而涉及刑事性质的案件并无增加，约为整体数字的一半，显示贪污情况没有恶化的迹象[(3)]。而相关的举报，仍以公务人员贪污、滥用职权和诈骗的居多，情况与过去数年相似。

经分析或初步调查，2004年具备条件处理的刑事案件有208宗，其中立案跟进75宗。立案数字较上一年度的85宗下降11.8%，连续第三年下降。加上2003年转入和重开的案卷，2004年共需处理刑事案卷145宗。

与举报数字相比，有条件可予追查的案件仍属偏低。立案调查数量少的原因是多方面的，包括部分举报案件不涉及贪污欺诈行为；部分则不属于廉署的职权而被转介给其他主管部门；有的则为数据不足、无法跟进，当中尤以信函形式举报的居多；也有少数涉及私人领域贪污的举报案件，超出了廉署的法定职能[(4)]。

此外，根据过去的工作经验，一些案件经立案调查后，并未发现如投诉所指的贪污现象，徒耗资源。为谨慎处理并集中资源提高反贪效率，廉署继续设立初查机制，2004年共有57宗投诉由以往的立案模式改为初查案件，而通过初查机制确认可予追查而立案的有11宗。这项机制已成为廉署调查举报案件是否具备条件跟进的便捷方法。

此外，廉政公署移送公务人员涉及刑事犯罪案件至检察院的同时，知会涉案公务人员所属机构以进行纪律调查。涉案公务人员所属部门对违法者处置方式各有不同，当中以等待法院判决的为多。2004年，一名公务人员以安排他人进入公职为名进行诈骗，一审进行审讯，初级法院判决罪名成立，处六个月监禁缓刑一年。廉政公署将判决结果通知有关部门，半年后获知由于纪律程序时效已过，对违法公职人员的纪律案归档不予处理。根据现行公职法律规定，公务人员有违反纪律者，除进行纪律调查程序外，可同时进行刑事起诉，两者独立进行。公职人员利用职务所赋予的特殊身份和权力进行犯罪，损害政府形象和公众利益，在惩治犯罪方面要有适当措施，相关机构宜对此作出果断和快速的响应。

【分析】

（1）“勇于挺身举报”不必译为 people who are brave enough to lodge their complaints… 而译为 lodge complaints in person。“不宜进一步调查”，不必译为 not suitable for investigation，而译为 unfavourable to further investigation。

（2）“对于 2005 年立法会选举，相关的反贿选工作已在 2004 年开始积极部署”。“反贿选工作”可译为 fight against electoral corruption。整句可译为 Meanwhile, the CCAC launched appropriate strategy for fighting against electoral corruption that may occur during the legislative election in 2005。

（3）“涉及刑事性质的案件并无增加，约为整体数字的一半，显示贪污情况没有恶化的迹象”，前两句并为一句译为 of which about half were criminal offences。“恶化”可译为 worsen 或 deterioration，其意为 degenerating，故选后者。整句可译为 …of which about half were criminal offences, the percentage was roughly the same as in the previous years, indicating no sign of deterioration.

（4）“有的则为数据不足，无法跟进，当中尤以信函形式举报的居多；也有少数涉及私人领域贪污的举报案件，超出了廉署的法定职能”。“当中尤以信函形式举报的居多”可放入括号中处理。而“超出了廉署的法定职能”，有两种译法，即亦可译为 … which go beyond the competence of the CCAC，这里用了 … require actions not supposed to be taken by the CCAC in legal terms。整句可译为 Some（specially these lodged by mail）failed to be followed up due to lack of sufficient evidence, as well as some complaints against private bodies that would require actions not supposed to be taken by the CCAC in legal terms.

【参考译文】

The Number of Recently Lodged Complaints

In general, despite an increased number of lodged complaints in person in 2004—which has in some way reflected the growing monitoring power of the society—the number remains relatively low and unfavourable to further investigation. On the other hand, cases initiated by the CCAC had dramatically increased. By encouraging the public to lodge their signed complaints and provide contact details, the CCAC had a better chance of gaining accurate information, making prompt responses and commencing to investigate successfully. In 2004, the CCAC handled a total of 163 officially commenced cases, including 81 cases referred from the previous year, 6 cases reopened. By the end of 2004, there were 91 cases concluded, accounting for 55. 8% , with 72 cases left to be handled in 2005, the number that has been constantly declining.

In 2004, as the economy was continuously developing, criminal complaints might not have been on the rise, but most cases detected by the CCAC were involving public servants' corruption, abuse of power and frauds. Meanwhile, the CCAC launched appropriate strategy for fighting against electoral corruption that may occur during the legislative election in 2005. The CCAC's investigating force has been constantly fortified as more internal trainings were provided and more newcomers recruited.

In 2004, there were 1,227 complaints recorded by the CCAC, a slight increase over the previous year; of which about half were criminal offences, the percentage was roughly the same as in the previous years, indicating no sign of deterioration. Most of the complaints involved public servants' corruption, abuse of power and frauds, similar to cases in the past years.

After going through analysis or preliminary screening process, out of 208 criminal cases, 75 cases found meeting the criteria were commenced for investigation, a decrease of 11. 8% when 85 cases were recorded. The number of cases commenced has been on the decrease for three consecutive years. In 2004, there were 145 criminal offences to be handled, including cases referred from the previous year and cases reopened.

Compared with the number of complaints, cases commenced for investigation were still relatively low. This may be ascribed to several reasons, such as some complaints were not about corruption and frauds; some had gone beyond the competence of the CCAC and had thus been referred to the perspective departments; some (specially these lodged by mail) failed to be followed up due to lack of sufficient evidence, as well as some complaints against private bodies that would require actions not supposed to be taken by the CCAC in legal terms.

Besides, from the past experiences it was found that some commenced complaints were proven not to be corruption cases as claimed by the complainants, resulting in a waste of resources. To treat such complaints with caution and to concentrate resources on fighting corruption more effectively, the

CCAC had maintained a mechanism of preliminary investigations. In 2004, there were 57 complaints that would have been treated as cases for commencement in previous years were put in the category of preliminary cases, of which 11 cases had been commenced for investigation after going through the preliminary screening process, which has become a simpler and quicker means for the CCAC to decide whether a case is substantiated by sufficient facts to be followed up.

In addition, when referring the criminal cases to Procuratorate, the CCAC will also inform the department of the public servants concerned for disciplinary action. Among different disciplinary action, most take the form of waiting for court's verdict. In 2004, a public servant was sentenced to jail for extortion for six months on a year probation, and the CCAC informed the competent department. Six months later, the CCAC received a reply notifying that the discipline file could not be proceeded due to delay. Such cases were not uncommon in recent years. According to the current laws of public services, public servants who have violated relations could be disciplined and prosecuted concurrently. For public servants taking advantage of their special status and power to commit a crime, which damages the government's reputation and public interests, there shall be adequate measures to deal with promptly.

二十一、例文 21

加强调查力度

预防和打击选举的贪污与欺诈行为，是廉政公署的重要职责之一。按照法律规定，2005 年举行特区第三届立法会选举，席位也由 27 人增加至 29 人。总结过往的反贿选工作经验，第三届立法会选举情况仍备受各方关注。预防和打击贿选也是 2004 年与 2005 年廉署的重点工作。2004 年，廉政公署就此成立了两个专门小组，一个为专责预防贿选和宣传廉洁选举的反贿选研究小组(1)，成员由廉署内各部门主管组成；一个为专责调查和情报搜集的调查工作组，成员由反贪局的调查人员组成。2005 年，廉政公署将以最大的资源投入此次选举的监察工作，努力建立廉洁而公平的选举氛围(2)。

2004 年，廉署协助外地执法机关调查案件 24 宗，较上一年的 38 宗减少约三分之一。全年完成协查案件 10 宗，跟进中的协查案件 14 宗。由于案件协查涉及外地众多的执法部门，亦存在跨年度协查等多方面复杂因素，所以数字的下降，不能实时断言跨域贪污犯罪出现重大变化。然而从案件的性质分析，贪污犯罪的跨域性已成趋势，犯案者的犯案范围不局限于澳门或某一地区，国际和区域合作为各地反贪部门的重要工作。未来，廉政公署会继续维持与内地公安部门、海关、检察院和反贪部门的紧密合作，加强与海外执法部门的交流合作。

2004 年，廉政公署举办了多项内部培训，亦派送了一批调查员往外地接受训练，旨在提高调查员的调查能力。内部培训方面，开办了数码摄影技术课程，举办了博彩业的专题讲座、心理学讲座、辨识新智慧身份证技术的讲座等；也邀请了中国人民公安大学罗亚萍教授主讲物证鉴定技术课程等。此外，还派遣了多批调查人员往中国人民公安大学、广东省检察院、香港廉政公署和警务署，以及亚欧等海外执法部门接受如防洗黑钱、枪械训练、情报搜集、金融犯罪和专业器材处理等各类培训课程。

在调查员招聘上，经过 17 周训练，第四期调查员培训班 2004 年 2 月开始加入调查员队伍工作。这批至少具备大学本科学历、年轻的充满干劲和富有使命感的新力量，大大充实了廉政公署的调查力量(3)。

【分析】

(1)“……研究小组”须作带引号的专有名词处理。“廉洁选举”可译为 clean election。“专责预防贿选和宣传廉洁选举的反贿选研究小组”，可译为 the “special group against electoral corruption” responsible for promoting clean election。

(2)“监察”的正规译法可为 supervise，watch over，inspect，administer，be on duty at，superintend，be in charge of，这里用了 keep a close eye on... 同时，根据实际情况，这里的“氛围”不必译为 atmosphere，“廉政公署将会以最大的资源投入此次选举的监察工作，努力建立廉洁而公平的选举氛围”，整句可译为 The CCAC will keep a close eye on the election of 2005 at all costs and spare no efforts to create a clean and fair environment.

(3)“充满干劲”可译为 energetic。“富有使命感”可译为 mission-fulfilled。“新力量”不必译为 new/fresh force，而译为 novices。“年轻的充满干劲和富有使命感的新力量，大大充实了廉政公署的调查力量”，整句可译为 As young，energetic and mission-fulfilled novices，they have enriched the investigating force enormously.

【参考译文】

Strengthening Investigation

Fighting against electoral corruption has been one of the CCAC's important tasks. As the law stipulated, the 3rd Legislative Assembly election would be held in 2005 by law and the directly elected seats were also extended from 27 to 29. In view of the importance of fighting against electoral corruption, the CCAC set up two special groups in 2004: one is the "special group against electoral corruption" responsible for promoting clean election, consisting of directors of all departments within the CCAC; the other is the "investigation group" responsible for investigating and collecting the relevant information, which insists of investigators of the anti-corruption bureau. The CCAC will keep a close eye on the election of 2005 at all costs and spare no efforts to create a clean and fair environment.

In 2004, the CCAC assisted some law enforcement departments outside the territory to investigate 24 cases, an increase of two-third over the previous year when 38 cases recorded. In terms of cross-regional cases, 10 were concluded with 14 still under investigation. Since cross-regional cases of corruption involving several law enforcement departments outside the territory were cases with complicated factors referred from the previous year, it is difficult to pass any definite judgment on the declining numbers. Judging the nature of these cases, cross-regional corruption activities have become a trend. Crimes committed by corrupt offenders are not confined to Macao or any particular region, hence it is imperative for the CCAC to maintain and strengthen the close cooperation with police departments, customs, public prosecution offices, law enforcement and anti-corruption bodies in the Mainland and overseas.

In 2004, in order to build a stronger investigating force, the CCAC organized many internal and external training programmes, such as the digital photographing technique course, seminars on gaming, psychology, intelligent ID identifying techniques as well as an invitation to Professor Luo Yaping from the Chinese People's Public Security University to give a lecture on authenticating techniques. In the meantime, quite a few batches of the CCAC personnel were sent to the Chinese People's Public Security University, the Public Prosecution Office in Guangdong, Hong Kong ICAC, Public Security Bureau and some law enforcement organizations in Asia and Europe for further professional and technical training on topics such as money laundering, weapon training, information collection, financial crime and special equipment handling and so on.

Concerning recruitment, after the 17-week professional training, the trainees of the fourth investigator training class, who are university degree holders, joined the workforce in February 2004. As young, energetic and mission-fulfilled novices, they have enriched the investigating force enormously.

二十二、例文 22

《安排》要义

考虑到内地与澳门特别行政区之间长期、良好的经贸合作背景与关系，意识到提高经济合作层次将有助于促进内地与澳门特别行政区之间稳定的经济发展及提高其生活水平，双方根据世贸规则(1)，开展(2)了《内地与澳门关于建立更紧密经贸关系的安排》（以下简称为《安排》）的磋商工作。

为促进内地和澳门特别行政区共同的经济繁荣与发展，加强双方与其他国家和地区的关系，双方决定建立更紧密经贸关系即一国之内两个单独关税区(3)，建立类似自由贸易伙伴关系(4)的安排。

《安排》于2004年1月1日开始实施。《安排》涵盖的内容广泛，273种内地2001年税则界定为澳门原产地的产品可享零关税，18个界定为“澳门服务提供商”的服务行业降低进入内地市场的准入条件，并建立促进贸易投资的制度。

《安排》由总则和六个附件组成，内容包括货物贸易、服务贸易、贸易投资便利化等三大经贸领域。《安排》的总则对建立更紧密经贸关系的目标、原则、内容及规则作了原则性的规范。附件则是总则在特定领域的具体规定，其中包括：货物贸易零关税的实施安排、货物贸易的原产地规则、原产地证书的签发和核查程序、开放服务贸易的具体内容、“提供服务的澳门企业”的定义及其相关要求。

根据原产地规则，273种内地税则界定的澳门产品可按照以下准则享受市场准入的优惠条件：198种（73%）产品采用制造工序的规定，如纺织及成衣制品、珠宝、化学产品、药物、面食及饼干等；52种（19%）产品采用税号改变标准，如化学产品、金属制品、部分电子产品、鞋类产品、玻璃纤维产品以及调制的饮品等；23 种（8%）产品采用30%附加值的方法，如钟表、部分光学仪器、部分电子产品以及转换器等。

【分析】

（1）“根据世贸规则”可译为 according to the principles of WTO。相比较而言，“根据”用 conformity 更为恰当。Conformity，英语释为 Similarity in form or character; agreement. Action or behavior in correspondence with current customs, rules, or styles. 如：We should act in conformity with our principles. 我们要按照我们的原则办事。又如 conformity to university regulations 遵守大学规则。故在此译为 in conformity with the WTO rules。

（2）“开展”有几个类似的英文词。Begin 指“开始某动作或行为”。如：She begins to appreciate her parents' advice. 她开始接受父母的劝告。Start 有“着手做某事或开始某行为之意”。如：After graduating from the university, he starts looking for a job. 大学毕业后，他开始找工作。在很多情况下，begin 和 start 可以交换使用。Launch 意为 begin，但有宣传、鼓动之意。如：The Treasury is launching a new government loan. 财政部发行一种新的政府债券。Initiate 则强调某事的原动力及创始人方面。如：These countries have recently initiated some improvements in their defence system. 这些国家最近开始对自己的防卫系统作出改进。又如：Macao has initiated trade with developing nations. 澳门开始了与发展中国家的贸易。故这里用了 initiate 一词。

（3）“单独关税区”译为 separate custom territory of a single sovereignty state，有“一国两制”框架内的含义。

（4）“类似自由贸易伙伴关系的安排”这里译为 a FTA-like arrangement。FTA 为 Free Trade Agreement，自由贸易协议，这里指“自由贸易伙伴关系”。

【参考译文】

The Main Points of CEPA

Considering the admirable tradition of economic ties and the longstanding relations between the Mainland and Macao, as well as recognizing the necessity of advancing the level of economic cooperation between the Mainland and Macao SAR for the purpose of facilitating the stable economic development and the improvement of living standard for the two sides, the Mainland and Macao initiated their consultations for establishing the *Mainland and Macao Closer Economic Partnership Arrangement* (CEPA) in conformity with the WTO rules.

In view of promoting the joint economic prosperity and development of the Mainland and Macao SAR, strengthening both sides' relations with other countries and regions, the two sides decided to institute an administrative arrangement with respect to achieving closer economic and trade links—an FTA-like arrangement between two separate custom territories of a single sovereignty state.

CEPA started its comprehensive implementation process on 1 January 2004, covering extensive commitments, such as granting tariff free for import 273 product items of Macao origin into the Mainland, classified under the Mainland 2001 version of tariff codes, lowering the market access thresholds into the Mainland for 18 service sectors that are qualified as "Macao Service Suppliers", and formulating a system to promote trade and investment.

The CEPA text consists of the General Principles and six Annexes, encompassing three main economic and trade areas—trade in goods, trade in services and trade and investment facilitation. The General Principles of CEPA formulates a framework for the objectives, principles, contents and rules to establish closer economic and trade relations. The Annexes elaborate further details of the General Principles in each specific area, including Arrangement for implementation of zero tariff for trade in goods, rules of origin for trade in goods, procedures for the issuing and verification of certificates of origin, specific commitments on liberalization of trade in services, the definition of "Macao enterprise in service supply" and its related requirements.

Concerning the rules of origin, the aforesaid 273 items of products classified under Mainland tariff codes, can enjoy preferential market access based on the following criteria: 198 goods (73%) are subject to "manufacturing or processing operations", such as textiles and clothing, jewellery, chemical products, pharmaceutical products, pasta and biscuits, etc.; 52 goods (19%) are subject to "change in tariff heading", such as chemical products, metal products, some electronics, footwear, glass fibers, and beverages, etc.; 23 goods (8%) are subject to "value-added content", such as clocks, watches, some optical apparatus, some electronics, and converters, etc.

二十三、例文 23

开放博彩业

博彩业开放(1)是特区政府成立以来的一项重点政策，其开放过程备受全球关注。中央政府在“一国两制”的原则下，对特区政府开放博彩业的工作表示关怀和支持(2)。

国家政府领导人多次明确指出，开放博彩业是特区政府的内部事务，中央政府绝不干预(3)，而对于开放过程中特区政府采取的措施，中央政府定会全力支持。同时，严禁所有中资机构直接或间接参与博彩业的竞投，强调如有发现必作处分。

随着博彩业开放的进程，在政府与经营者签订合约后，澳门博彩业预计将进入一个新纪元，逐步形成“以博彩旅游业为龙头、以服务业为主体，其他行业协调发展”的新型产业结构。

完成开启标书工作(4)后，竞投委员会展开为期四天的咨询程序，邀请 18 家获接纳的竞投公司向委员会介绍其投资计划。根据工作安排，竞投委员会将于 2002 年 1 月初完成对 18 家竞投公司的咨询工作，然后按照实际需要，再度约见其中九家竞投公司，以进一步掌握所有竞投公司的投资计划。行政长官在考虑竞投委员会所提交的说明理由的报告书后，会将娱乐场幸运博彩经营权批给三家被认为对澳门特区最为有利的公司。

【分析】

（1）“博彩业开放”，这里没用 opening the gaming industry，而是用了 the liberalization of the gaming industry。Liberalize 英语原意为 to remove or loosen restrictions on something（typically an economic or political system），如 several agreements to liberalize trade were signed 签订了若干开放贸易的协议。

（2）“关怀和支持”，这里译为 closely follow and support。Follow 英语原意为 pay close attention to（something）。如：I've been following this discussion closely. 我密切地关注着此次讨论。

（3）“干预”有多种译法，如 interfere，interpose oneself，intrude，involve oneself，mediate，arbitrate，intercede，get involved in，intervene 等，这里选择 intervene，该词的英语原意为 come between so as to prevent or alter a result or course of events. 如：He acted outside his authority when he intervened in the dispute. 他在其权力之外干预纠纷。

(4)“开启标书工作”，可译为 unseal the bids。Unseal，英文原意为 to break or remove the seal of; open bid，英文原意为 an offer to do work or supply goods at a stated price; a tender. 句中为被动语态，即 (Once all) bids were unsealed。

【参考译文】

The Gaming Industry Liberalization

The liberalization of the gaming industry is one of the most important policies undertaken by the Macao SAR Government since its establishment. The process has attracted worldwide attention. Based on the principle of "one country and two system", the central government has closely followed and supported the SAR's efforts to open the gaming market.

Chinese government leaders said on many occasions that the liberalization of the gaming industry was an internal affair of the Macao SAR and that the central government would not intervene in any circumstances. As regards the policies pursued by the Macao SAR Government in the liberalization process, the central government would extend its full support. Meanwhile, it forbade all mainland-funded organizations from directly or indirectly submitting bids, emphasizing that disciplinary action would be taken against offenders.

As liberalization of the gaming industry proceeds, it is expected that Macao's gaming industry will enter a new era after the government signs agreements with the operators. Over time, a new structure of the local economy will take shape, in which the gaming and tourist industries are regarded as the "head", the service industry as the "body", with other industries developing in concert.

Once all bids were unsealed, the committee launched a four-day consultation process. The eighteen remaining bidders were invited to present their investment plans to the committee members. According to the proposed schedule, the concessions committee was to finish consultations with the 18 bidders by early January 2002. The committee would then meet nine of the bidders to further probe their investment plans. After having carefully considered the report submitted by the committee, the Chief Executive would grant the provisional casino concessions to the three firms believed to be most favorable to the MSAR.

二十四、例文 24

港澳学生享有内地学生同等学费

昨日，教育部在北京新闻记者发布会上宣布，自今年 9 月起，就读于内地大学港澳学生，可享有与内地学生同等学费，并有资格(1)申请新设奖学金。发言人还说，来自两个特区的学生将支付与内地学生一样的学费和生活费，并可居住在同样的学生宿舍。

有港澳学生入册的内地学校，将会从中央政府得到每人每年 8 000 元人民币（918 美元）的额外教育补贴(2)。港澳学生就读于内地大学的本科，每年平均学费为 1 000 至 1 500 美元，而其内地同学却只付 367 美元。

某学生（因香港教育会考成绩(3)不佳而未能考入香港大学）热烈欢迎此项政策。他表示愿意到广州暨南大学学习经济或新闻学，学费的减免是吸引因素之一。预计将会有更多的港澳学生选择到内地学习。帮助学生报考北大、清华的教育中心预计今年将有 300 多人到访。去年 9 月给予了台湾学生同样的待遇，且可享有每年 700 万元（864 000 美元）的奖学金。

教育部没有透露为港澳学生新设奖学金的具体数额。教育部昨天还宣布，从今年 9 月起，中国西部的 16 个省和自治区郊区中小学生每年将减免学杂费 200 元（25 美元）。发言人说该项政策是永久性的，并从明年起扩展(4)到中国的所有郊区。

【分析】

（1）“有资格”，不一定译为 be qualified，其实际意思为“受益者”，即 beneficiary，英语释为 a person who derives advantage from something, or policy and so on。

（2）“额外教育补贴”，这里可不用单一词 extra educational subsidy，而可用一词组来解决，即 special subsidies ... to cover extra educational costs。

（3）“香港教育会考成绩”，可译为 the Hong Kong Certificate of Education Examination。

【参考译文】

HK, Macao Students Get Mainland-fee Parity

Students from Hong Kong and Macao studying at mainland Chinese universities will pay the same tuition fees as their mainland peers, starting this September. They will also become the beneficiaries of a newly launched scholarship fund, the Ministry of Education announced yesterday at a Beijing press conference. Students from these two special administrative regions will be charged the same tuition and boarding fees as their mainland classmates, and will live in the same dorms, said ministry spokesman.

Colleges that enroll Hong Kong and Macao students will get special subsidies of about 8,000 *yuan* (US $ 918) per student per year from the central government to cover extra educational costs. The average annual tuition for Hong Kong and Macao undergraduates studying in the mainland are about US $ 1,000 to 1,500 currently, while their mainland classmates pay the equivalent of US $ 367.

A student, who was unable to enter a Hong Kong university because of his poor marks in the Hong Kong Certificate of Education Examination in 2003, warmly supportd the policy. He said he wanted to study economics or journalism at Guangzhou's Jinan University, and "the reduction of tuition is an attractive factor". It is predicted that more students will opt to study in the mainland. The center, which helps students apply for Peking University and Tsinghua University, expects more than 300 to do so this year. Taiwan students were offered the same favorable policies last September, and they have benefited from a scholarship fund that distributes 7 million *yuan* (US $ 864,000) each year.

The ministry did not disclose the specific amount of the new scholarship for Hong Kong and Macao students. The ministry also announced yesterday that students at rural primary and junior middle schools in 16 provinces and autonomous regions in western China would be exempt from paying tuition about 200 *yuan* (US $ 25) a year beginning this spring semester. The spokesman said the policy would be permanent and would extend to all of China's rural areas next year.

二十五、例文 25

咸潮袭击珠江三角洲地区

由于潮汐引力[(1)]和长期干旱等因素，珠江三角洲地区正经历着另一次咸潮[(2)]。此次咸潮的来临正值由广东北部的北江河引水至西江工程即将完工之际。1 月中旬动工的该项工程已经帮助西江流域的城市（包括珠海、中山等）更好地控制历年中最严重的咸潮。然而，根据广东省气象家学会消息，强烈的潮汐引力，加之广东省南部的长期干旱，将引发另一严重咸潮。该学会主任告诉《中国日报》："从西江河上游流下的淡水持续放缓，是形成新一轮咸潮的另一原因。"

据该主任判断，新一轮的咸潮将持续到下周二。因潮汐现象，西江下游的水质中含有高浓度的盐分和氯离子[(3)]，其浓度高达每升 600 毫克，而国家标准的饮用水中每升氯离子的含量为 250 毫克。

然而，广东省水务当局表示，因淡水转换工程的启用目前已有大量淡水储备，故新一轮的咸潮将不会对淡水供应造成严重影响。广东省水资源管理局副主任表示，在即将到来的春节期间，珠海、中山和澳门的淡水供应是完全有保障的。

有关数据表明，3 500 万立方米的淡水已被引入西江下游的一些小河和水库。珠海这个曾多次受到咸潮袭击的城市已储备了近 1 600 万立方米的淡水，使珠海饮用水中的氯离子含量从每升 800 毫克降至 400 毫克，而澳门水中的盐含量（主要取决于珠海的淡水）[(4)]已恢复到正常水平。

【分析】

（1）"潮汐引力"，根据其字面可译为 a tidal pull。

（2）"咸潮"，可译为 salt tide。

（3）"氯离子"，可译为 chlorine hydronium。

（4）原文用括号"（主要取决于珠海的淡水）"，翻译时，可采用从句形式，即使口译中也如是，即 … which relies mostly on Zhuhai for its fresh water。

【参考译文】

Salt Tide Hits Pearl River Delta Region

The Pearl River Delta region is witnessing another major salt tide due to the combined effects of a tidal pull and a prolonged drought. It comes at a time when a diversion project directing water from Guangdong's northern Beijiang River to the lower reaches of the Xijiang River is due to be completed soon. The scheme, which started in mid-January, has already helped cities along Xijiang River, including Zhuhai and Zhongshan, better control the worst salt tide that the delta has seen in years. However, another powerful tidal pull over the course of this weekend, coupled with the long-term drought in south China's Guangdong Province, will cause another major salt tide in the area, sources with the Guangdong Provincial Astronomers Society said. "The flow of fresh water from the upper reaches of Xijiang River is continually slowing down, which is another reason for the new salt tide", the director of the society told *China Daily* .

The new salt tide is expected to last until Tuesday, according to the director. Water in the lower reaches of Xijiang River will have higher concentrations of salt and chlorine hydronium because of the tidal phenomenon. They are expected to reach more than 600 milligrams per liter. The national standard for chlorine hydronium in drinking water is only 250 milligrams per liter.

However, the Guangdong water authority said that the new salt tide should not affect water supplies too greatly as it has been conserving large quantities of fresh water since the start of the water diversion project. "Fresh water supplies to Zhuhai, Zhongshan and Macao will be guaranteed during the upcoming Spring Festival", said the vice-director of the Guangdong Department of Water Resources.

Sources with the department said that a total of 35 million cubic meters of fresh water have been diverted to some small rivers and reservoirs along the lower reaches of Xijiang River. Zhuhai, a city that has been severely hit by previous salt tides, has reserved nearly 16 million cubic meters of fresh water. As a result, the content of chlorine hydronium in drinking water has reduced from 800 milligrams per liter to 400 milligrams in Zhuhai. The salt content of supplies to Macao, which relies mostly on Zhuhai for its fresh water, has returned to normal level.

二十六、例文 26

水中盐量威胁着澳门人的健康

星期二，政府当局发布告示(1)，鉴于水中的盐分提醒市民不要直接饮用自来水(2)。告示同时告诫公众要将自来水用瓶装水稀释或只饮用瓶装水。当地唯一的自来水供货商澳门自来水公司于星期二宣布，澳门水中含盐量已达每升 620 毫克，而世界卫生组织规定的饮水标准为每升含盐量 250 毫克。

卫生当局告诫市民，长期饮用超盐量的水会引起诸如高血压、肾病及腹泻等健康问题(3)。

澳门的供水一直依靠源于广东省的西江，而西江由于在冬季引入海水而长期经历盐碱危机。今年这次属历年最严重的。运输暨公务司司长长欧文龙将于 3 月初访问广东、贵州及广西，与有关部门举行会谈，商讨携手解决(4)澳门的供水问题。

欧司长办公室周一发出声明，宣布将有澳门自来水公司代表参与其内地之行。同时，据地方媒体报道，澳门的 12 名全国人民代表大会代表计划就当前澳门“咸水危机”向中央提交报告。然而具体报告内容目前还不得而知(5)。

【分析】

(1)“发布告示”不一定译为 make an announcement，这里译为 an advisory statement（issued by…)。

(2)“鉴于”可译为 over… concern；“不要直接饮用自来水”可译为…against drinking tap water。“盐分”可译为 salinity。“……提醒市民鉴于水中的盐分不要直接饮用自来水……”，可译为…against drinking tap water over the salinity concern。

(3)“健康问题”不一定译为 health problem，可译为 health complications。“……诸如高血压、肾病及腹泻等健康问题”，可译为 … health complications as high blood pressure，kidney troubles or diarrhoea。

(4)“商讨携手解决”（供水问题），翻译时可用如下句式：discussion … on the joint-handed efforts to solve… （the water supply issue)。

(5)“具体内容目前还不得而知”，不一定“具体”地译为 the concrete

contents have not yet known，而可释译为 the details … have not been disclosed so far。

【参考译文】

Salinity Scare Macao's Health

Bureau has warned residents against drinking tap water over the salinity concern, according to an advisory statement issued by the bureau on Tuesday. The statement urged the public to "adequately dilute" tap water with bottled water or to consume bottled water alone. Macao Water, the local monopoly tap water supplier, announced on Tuesday that the salinity level has hiked to 620 mg per liter, while the World Health Organization defines the standard level for drinking water at 250 mg per liter.

The Health Bureau statement warned that if residents drink tap water with excessively high salinity level for a lengthy period, they might face health complications as high blood pressure, kidney troubles or diarrhoea.

Macao, counting the water supply on Xijiang River which is originated in Guangdong Province, has long been enduring the salinity crisis caused by the intake of the sea water during the winter season. However, the salinity crisis this year is the worst in history. Ao Man Long, Secretary for Transport and Public Works, is to visit the mainland provinces of Guangdong, Guizhou and Guangxi early in March to hold discussions with the concerned authorities on the joint-handed efforts to solve the water supply issue in Macao.

An official statement issued by Ao's office on Monday said Ao will be accompanied by representatives of the Macao Water on his mainland tour. Meanwhile, Macao's 12 members of the National People's Congress (NPC) are planning to submit a proposal to the central government on the current "salty tap water" crisis, local media reported. The details of the proposal, however, have not been disclosed so far.

二十七、例文27

更紧密文化伙伴安排

澳门和内地签署了更紧密文化伙伴安排(1)，以期加强双方的文化交流与合作。据《澳门邮报》报道，该安排于周四由澳门社会文化司司长崔世安和中央政府的文化部部长助理丁伟签署。

据官方证实，在签署仪式后，丁先生表示双方已经“非常活跃地”参与(2)相互的文化合作。在八点协议下，本着“一国两制”的原则，双方将相互支持对方的文化机构和团体。

据该报报道，安排涵盖文学、戏剧、京剧、音乐、视觉艺术和艺术教育等领域。特区和中央政府曾于2003年签署了《更紧密伙伴安排》。

与此同时，本周六在澳门成立了中国文化交流协会，以促进台湾海协两岸的文化交流。协会主席说，该协会旨在通过促进教育、科学、技术及艺术的交流，发挥在内地和台湾间的文化桥梁作用。据信，该协会由适当的人在适当的时间和地点成立(3)，将成为两岸创造新交流机遇的平台。

【分析】

(1) 类似于“更紧密的经济合作伙伴安排”译为 CEPA (Closer Economic Partnership Arrangement)，“更紧密文化伙伴安排”可译为 a Closer Cultural Partnership Arrangement。

(2)“参与”可译为 participate in 或 be engaged in 。“双方已经‘非常活跃地’参与相互的文化合作”，可译为… the two sides were already “very actively” engaged in bilateral cultural cooperation。

(3)“适当的人、时间、地点”在翻译时，可调整顺序。“据信，该协会由适当的人在适当的时间和地点成立”，整句可译为 It is believed that the association was set up at the right time, in the right place and by the right people.

【参考译文】

Closer Cultural Partnership Arrangement

Macao and the Chinese mainland have signed a Closer Cultural Partnership

Arrangement, hopefully to further enhance the cultural exchanges and cooperation between the two sides. The agreement was inked here on Thursday by Chui Sai On, Macao's Secretary for Social Affairs and Culture, and Ding Wei, the central government's assistant minister of culture, according to *Macao Post Daily*.

Mr. Ding told the newspaper at the conclusion of the signing ceremony that the two sides were already "very actively" engaged in bilateral cultural cooperation. Both sides, under the eight-article agreement, are to support each other's cultural institutions and associations, based on the principle of "one country and two systems", the official was cited.

The agreement covers cooperation in sectors including literature, theater, Chinese opera, music, visual arts and arts education, according to the newspaper. The special administrative region and the central government clinched a Closer Economic Partnership Arrangement in 2003.

Meanwhile, a Chinese Cultural Exchange Association was set up in Macao on Saturday to promote cultural exchanges between the two sides of the Taiwan Straits. The president of the association said that the main objective of this association is to function as a cultural bridge between the Chinese mainland and Taiwan by promoting educational, scientific, technological and artistic exchanges. It is believed that the association was set up at the right time, in the right place and by the right people, and it could be a platform creating new chances for cross-strait exchanges.

二十八、例文 28

澳门特区政府重视高等教育

澳门特区政府一直积极支持高等教育的发展，鼓励各高等院校提高教学质量、发展科研项目、加强与外地高等教育机构的交流合作，以提升本澳高等院校的国际地位(1)。

全澳各公、私立高等院校在过去一年均致力提升教育质量，除在国内外增聘具有博士学位及丰富教学经验的教学人员来澳任教、鼓励原有的教学人员进修及从事科学研究外，又加速改善教学条件和硬件设施，优化行政程序，改进信息技术和科研设备，以及完善新办和修订学院的课程，以配合社会发展需要(2)。其中，澳门理工学院还设立了“教学质量评审机制”，澳门大学也已就修改大学章程展开研究，改革现有的管理模式及加强校董会的决策能力，以配合澳大长远发展策略(3)。

推动科教发展是特区政府近年来的一项重要施政方针，旨在提升本澳的竞争力。为此特区政府给予各公立高等院校科学经费大幅度拨款，澳门大学除设立“学术研究奖”，科研项目亦大幅增至百余项。澳门理工学院在成立科研暨出版处的基础上又建立了科研资助和奖励制度。

此外，各高等院校也积极与本地及外地的学术机构保持紧密联系，签订不同范畴的交流和培训协议、主办和参加国际学术会议、引入国际先进教学经验。同时，还加强在内地、东南亚、欧洲及美洲等地的招生工作，希望通过来自不同地区的师生的互动，扩展学生视野(4)，促进文化与学术交流。

【分析】

(1)“以提升……的国际地位”，有几种译法，如 raise/elevate/promote … international position，这里可译为 in order to enhance their international standing。

(2)“以配合社会发展需要”，可译为… to meet the needs of a changing society。

(3) 这里的“以配合……”不译为 … to meet/cooperate，而译为 to support。“以配合…… 长远发展策略”可译为… to support its long-term strategy of development。

(4)“视野”可译为 eye shot，eyeshot，field of vision，sweep，view，visual field，这里视情况译为 outlook。“扩展学生视野”，可译为… will broaden the outlook of students。

【参考译文】

The MSAR Government Pays Close Attention to Tertiary Education

The MSAR Government has always supported tertiary education in Macao，encouraging tertiary institutions to upgrade teaching quality，develop research projects and strengthen communication and cooperation with their external counterparts，in order to enhance their international standing.

All public and private tertiary education institutions in Macao committed to improve their teaching quality in the previous year. Apart from hiring an increased number of experienced mainland and overseas doctoral education professionals, these institutions also encouraged existing education professionals to take further studies and participate in scientific research. Meanwhile, they have put every effort into accelerating progress in improving teaching conditions and educational facilities, optimizing administrative procedures, improving information technologies and research equipment, and introducing new or revised courses to meet the needs of a changing society. Example of these efforts includes the "Teaching Quality Assessment Mechanism", established by the Macao Polytechnic Institute, and the revised study programs of the University of Macao, which aim to reform the current management mode and strengthen the decision-making capability of the University Board to support its long-term strategy of development.

One of the policies of the MSAR Government in recent years has been to promote the development of science and technology, in order to sharpen Macao's competitive edge. In this regard, the MSAR Government has increased its subsidies to the research fund of tertiary education substantially. While the University of Macao has significantly expanded its research and development projects to more than a hundred, the Macao Polytechnic Institute has also formulated rules and regulations on scientific research and set up a sponsorship and reward system after establishing its Division for Research and Publications.

Moreover, educational institutions also kept in close contact with academic bodies inside and outside Macao by signing mutual exchange and training agreements in different areas, organizing and participating in international academic conferences and introducing advanced international teaching to Macao. In addition, enrolment has been extended to mainland China, South East Asia, Europe and America, which will broaden the outlook of students and promote academic exchange through interaction between teachers and students from different countries and regions.

二十九、例文 29

澳门与世界文化遗产

中西合璧、星罗棋布的历史文物建筑，是澳门的特色及迷人之处(1)。

特区政府为保留及延续这一有利于旅游事业的既有特色，致力推动文物保护，启动了澳门历史文物建筑群体申报世界文化遗产的工作，期望借此提升澳门的国际知名度，促进文化、旅游等方面的进一步发展。同时，有关方面亦加强宣传(2)，让全澳市民乃至全球游客认识到澳门这份独特遗产。

位于妈阁街龙头左巷的郑家大屋，建于1881年，是中国近代著名思想家、教育家和实业家郑观应的故居。政府在取得业权后，将耗资千万澳门元大规模修复这座具有120多年历史的建筑物。这栋大宅在工程完成后将会重新开放，成为澳门另一别具特色的文化旅游景点。

与此同时，特区政府还通过发放学术研究奖学金，支持开展有关澳门历史文化的学术研究，并积极与外地合作，共同发展有关澳门历史、文化的研究和文献搜集工作。另外，有关部门致力于收集具有历史意义的澳门文物，通过举办专题展览、教育和导赏活动，令居民对澳门的历史文化有更深的认识(3)。

特区政府还于年初开展全澳保护文物的评估和问卷调查，以充分掌握文物的现有状况，并从多方面寻求阶层人士对文物工作的意见。调查结果显示，全澳90%以上的文物属良好或普通状态，只有6%属于必须急切跟进(4)类别。

【分析】

(1)"中西合璧、星罗棋布的历史文物建筑，是澳门的特色及迷人之处"，翻译时需调整语序，可译为 Macao owes its attraction in part to its harmonious blend of Oriental and Western cultures and its numerous historic buildings.

(2)"宣传"，在内地以前多译为 propaganda（动词 propagandize），但该词在英语世界里多为贬义，主要意思为 a group or movement organized for spreading a particular doctrine or system of principles; dissemination of ideas, information, or rumor for the purpose of helping or injuring an institution, a cause, or a person. 如 steady erosion of Socialist propaganda about the wrongs done to the people Roy Lewis & Angus Maude，不断对罗伊·路易斯和安格斯·莫德进行社会主义宣传。该词多与"社会主义""共产主义"宣传等相关，故现在少用，而通常使用 promotion 或 publicizing。"有关方面亦加强宣传"，可译为 ...the authorities are publicizing (Macao's unique heritage)。

(3)这里的"认识"不一定译为 recognition 或 understanding，而不妨为 awareness。"令居民对澳门的历史文化有更深的认识"，可译为 to enhance the awareness of local people of their own history and culture。

（4）“急切跟进”为广东话用语，可译为 immediate attention。

【参考译文】

Macao and the World Cultural Heritage

Macao owes its attraction in part to its harmonious blend of Oriental and Western cultures and its numerous historic buildings. The MSAR Government is applying to have some of its historic buildings and locations listed as world cultural heritage sites in a bid to preserve them as tourist resources, to promote Macao internationally and to foster the growth of culture and tourism. Meanwhile, the authorities are publicizing Macao's unique heritage to the people of the world as well as in Macao.

The House of Zheng, built in 1881 at Travessa de Antonio da Silva on Rua da Barra, is the former residence of Zheng Guanying, a renowned philosopher, educationalist and entrepreneur in China's modern history. After taking ownership, the Government will spend 10 million patacas in repairing the 120-year-old building. When renovations are completed, the House will be open to the public as Macao's another unique tourist attraction.

At the same time, the MSAR Government grants scholarships to sponsor the study of cultural history and cooperates with agencies outside Macao to collect and study literature on the history and culture of Macao. In addition, authorities are striving to identify more cultural sites within Macao and are sponsoring seminars, exhibitions and other activities to enhance the awareness of local people of their own history and culture.

In the beginning of the year, the Government conducted a survey about Macao's protected cultural heritage sites to better understand Macao's cultural heritage; it also sought suggestions from people of all walks of life on how to preserve the cultural relics. The surveys showed that 90 percent of Macao's cultural sites and artifacts are in good or fair condition and only 6 percent require immediate attention.

三十、例文30

澳门的立法机关

根据《基本法》，澳门特别行政区享有立法权，立法会是澳门特区的立法机关。在澳门的政治体制中，立法会是独立于行政长官、行政机关和司法机关的政治实体(1)，是专掌立法权的机构；它与行政机构和司法机构既有职责上的分工和相互制约，又有运作上的合作(2)。

澳门特区享有独立的立法权。即特区可独立立法，自行处理所有立法方面的事务，不受其他地区、国家的干预。这是澳门特区享有高度自治的重要保障。而特区的立法权由立法会行使。立法会是澳门特区的立法机关，也是唯一行使立法权的机关，其他任何机关或实体均不享有立法权。立法会所制定的法律必须符合《基本法》规定。澳门特区的法律不得与《基本法》相抵触，有关的立法政策亦必须以《基本法》的规定为依据(3)。

立法权在一般意义上指制定适用于澳门特区及其居民的一般和抽象的法律权限。具体而言，立法会具有修改法律、暂停实施法律和废除法律的权限(4)。

立法权限的行使首先取决于提案的行使。《基本法》以及《立法会议程序规则》规定，立法议员和特区均有权提出法案及其修订提案，议员所提出的法案或修订的提案须由至少六名议员签署；政府提出的法案，应由行政长官签署，并注明该法案已经征询行政会的意见。议员行使提案权或随后提案权时，如果涉及政府政策，必须得到行政长官的书面许可。而特区政府对四个范围内的事项享有专属的提案权，这四个范围是：立法会选举权、公共收入和支出、政治体制及政府运作。立法会通过的法案，须经行政长官签署、公布方能生效(5)。

【分析】

(1)“政治实体”可译为 political entity。

(2)“专掌立法权的机构”可译为 the legislature。“行政机构”可译为 the administration。“司法机构”可译为 the judiciary。“分工和相互制约”可译为 collaboration in a system of checks and balances。“是专掌立法权的机构；它与行政机构和司法机构既有职责上的分工和相互制约，又有运作上的合作”，整句可译为 The administration, the legislature and the judiciary perform different functions and have different powers, but work in collaboration in a system of checks and balances.

（3）“不得……相抵触”可正译为 conform，而后一句可接顺前面的意思用 as must。“澳门特区的法律不得与《基本法》相抵触，有关的立法政策亦必须以《基本法》的规定为依据”，整句可译为 Laws formulated by the Legislative Assembly shall conform to the *Basic Law*, as must legislative policies.

（4）“具体而言，立法会具有修改法律、暂停实施法律和废除法律的权限”，翻译时需强调这几种权力，译为 the right to…。整句可译为 More specifically, the powers of the Legislative Assembly include the right to make laws; the right to amend laws; the right to suspend the execution of laws; and the right to abolish laws.

（5）“立法会通过的法案，须经行政长官签署、公布方能生效”，翻译时需将“方能生效”先译出，然后将“行政长官签署、公布”作为条件从句置后译出。整句可译为 The laws adopted by the Legislative Assembly shall come into effect only after being signed and promulgated by the Chief Executive.

【参考译文】

Macao's Legislature

According to the *Basic Law*, the MSAR enjoys legislative autonomy and the Legislative Assembly is the MSAR's sole legislature. Under Macao's political structure, the Legislative Assembly is a political entity holding legislative power independent from the Chief Executive, the executive and judiciary. The administration, the legislature and the judiciary perform different functions and have different powers, but work in collaboration in a system of checks and balances.

Macao enjoys legislative autonomy means that the MSAR makes its own laws and handles all legislative affairs independently, with no interference from the central government or any other country or region. The principle is one of the guarantees of Macao's high degree of autonomy. The legislative power of the SAR is exercised solely by the Legislative Assembly. No other body or entity has legislative power. Laws formulated by the Legislative Assembly shall conform to the *Basic Law*, as must legislative policies.

Legislative authority generally refers to the power to formulate general and abstract laws applicable to the MSAR and its residents. More specifically, the powers of the Legislative Assembly include the right to make laws; the right to amend laws; the right to suspend the execution of laws; and the right to abolish laws.

The execution of legislative power primarily depends on the exercise of right of sponsorship. According to the *Basic Law* and the *Rules of Procedure of the Legislative Assembly* , Legislative Assembly members and the MSAR Government have the right to introduce bills and propose amendments. Bills or proposed amendments introduced by the Legislative Assembly members shall be signed by no less than six legislators, while any bill introduced by the MSAR Government shall be signed by the Chief Executive. It shall be shall be specified that the Government has consulted with the Executive Council about the bill. Any bill involving Government policy that is introduced by a Legislative Assembly member, when exercising their sponsorship or co-sponsorship right, requires the written consent of the Chief Executive. The MSAR Government has exclusive sponsorship rights in four respects: electoral law for the Legislative Assembly, public income and expenditure, political structure and Government operation. The laws adopted by the Legislative Assembly shall come into effect only after being signed and promulgated by the Chief Executive.

三十一、例文 31

澳门的公务员制度

澳门公务员的一般录用条件为：具有中国国籍或葡萄牙国籍并在澳门居住，年龄介乎 18 ~ 50 岁，具备所需的学历或工作经验及任职能力；没有受过刑事或法律处罚，没有涉及法律规定不能担任或兼任公职的情形，身体健康，精神健全(1)。在特别情况下可以聘用其他国籍的人士担任专业技术、学术或教学方面的职务。

公务人员的录用形式有委任和合同两种。委任是编制内人员的录用方式，包括确定性委任、临时性委任和定期委任(2)。合同是编制外公共行政人员录用方式，包括编制外合同和散位合同。

公务人员的晋升、调动由法律规定。对违反纪律的公务人员(3)，可以给予书面谴责、罚款、停职、强迫退休、撤职等不同的处分。

公务人员的留用、任用和聘用：根据《基本法》第98、99条，澳门特区成立时，原在澳门任职的公务人员，包括警务人员和司法辅助人员，均可留用，继续工作，其薪金、津贴、福利待遇不低于原来的标准，原来享有的年资(4)予以保留。依照澳门原有法律享有退休金和赡养费待遇的留用公务人员，在澳门特区成立后退休的，不论其所属国籍或居住地点，澳门特区向他们或其家属支付不低于原来标准应得的(5)退休金和赡养费。

除《基本法》另有规定外，澳门特区可任用原澳门公务人员中持有特区永久性居民身份证的葡籍和其他外籍人士担任各级公务人员，还可聘请葡籍和其他外籍人士担任顾问和专业技术职务，但上述人员只能以个人身份受聘，并对特区政府负责。

【分析】

（1）“身体健康，精神健全”，可合成一句译为 sound health and mind。

（2）“委任”可译为 by appointment。“合同”可译为 through contract。“编制内人员”可译为 on the regular payroll。“确定性委任”“临时性委任”和“定期委任”可分别译为 permanent appointments, temporary appointments, fixed-term appointments。“公务人员的录用形式有委任和合同两种。委任是编制内人员的录用方式，包括确定性委任、临时性委任和定期委任”，整句可译为 Public servants are recruited either by appointment or through contract. All public servants on the regular payroll shall be recruited by appointment, including permanent appointments, temporary appointments and fixed-term appointments.

（3）“违反纪律的公务人员”，可译为 public servants in breach of disciplinary rules。

（4）“年资”为港澳词汇，可译为 seniority with pay。

（5）“不低于原来标准应得的”，可译为 no less favorable than before。

【参考译文】

Macao's Public Service System

Individuals meeting the following conditions may qualify to become public servants: Portuguese or Chinese nationality; aged between 18 and 50 years; possessing the appropriate educational or working experience; capable of performing the role required; having no criminal record or other conditions that render a person inappropriate for the proposed post or job on full-time or part-time basis according to law; of sound health and mind; and resident in Macao. In exceptional cases, foreign nationals may be employed for technical, professional, academic or teaching posts.

Public servants are recruited either by appointment or through contract. All public servants on the regular payroll shall be recruited by appointment, including permanent appointments, temporary appointments and fixed-term appointments. Non-permanent public administrative personnel are employed on temporary contracts or on an as-needed basis.

The promotion and re-assignment of public servants are prescribed by law. Public servants in breach of disciplinary rules may be sanctioned by written warning, fines, suspension, forced retirement or dismissal.

Continued service, appointment and employment of public servants: under Articles 98 and 99 of the *Basic Law*, upon the establishment of the MSAR, public servants, including the police and supporting members of the judiciary, previously employed in Macao may all remain in employment. They may continue in public service and retain their seniority with pay, allowances, benefits and conditions of service no less favorable than before. The MSAR Government shall pay to such public servants, or to their dependents, all pensions and allowances due to them on terms no less favorable than before, and irrespective of their nationality or place of residence.

The MSAR Government may employ Portuguese and other foreign nationals previously employed in the public service in Macao, who are permanent residents of MSAR, to serve as public officials in Government departments at all levels, unless otherwise prohibited by the *Basic Law*. The Government may also employ Portuguese and other foreign nationals as advisers or technicians and professionals. These specialized personnel shall be employed on the basis of their individual entity and shall be solely responsible to the MSAR Government.

三十二、例文 32

澳门《出版法》

澳门《出版法》共有六章 61 条。法律保障新闻工作者的资讯[(1)]权包括采访、报道和接收信息的权利。新闻工作者享有接近信息来源的权利，信息来源包括来自管理机关、公共行政当局、公共资本企业、澳门特区政府或其机关(2)、占多数出资额的公私合资企业、经营公有产业的企业、经营公共工程或公共服务的承批企业者，但不包括被视为涉及司法保密、国家机密或法律规定为机密、个人隐私及其信息。

新闻工作者有权对有关的信息来源保密，行使此项权利时，不受任何直接或间接的处分；刊物的社长和出版人，以及报刊、编印和新闻通讯等企业不需透露其信息来源。法律保障新闻工作者执行职务时的独立性(3)。但当明显涉及犯罪集团或匪徒集团的刑事事实时，经法院命令，职业保密的保障方须中止。

《出版法》容许对政治、社会和宗教学说、法律以及澳门特区本身管理机关和公共行政当局的行为、其人员的行为进行自由讨论和批评。按法律规定，出版定期物，如报纸、杂志或从事定期刊物出版的实体，澳门特区以外的传媒机构派驻本地的通讯员需向新闻局进行登记。进行定期刊物登记时，应提交刊物负责人的详细资料、刊物名称；拥有报刊、编印或新闻通讯等企业所有权的实体登记，应填写有关商业名称或公司名称、常设场所、公司机关的组成和公司资本的分配；而澳门特区以外的传媒机构派驻本地的通讯员或代表的登记(4)，应列明其本人和所任职机构的详细资料。

《出版法》还规定，通过出版品做出的刑事违法行为，受刑事一般法例和《出版法》的规定所规范。通过出版媒介做出不法行为而产生的损害赔偿请求权，受《出版法》的规定规范，并以民法一般规定作补充，但不影响相关的刑事责任(5)。

【分析】

（1）“资讯”为港澳用语，相当于普通话的“信息”，即英文的 information。

（2）（澳门特区政府或其）“机关”，这里并非一般意义上的 organ 或 department，可译为（the SAR Government and its）subsidiaries。Subsidiaries 意为“附属单位”。

（3）“法律保障新闻工作者执行职务时的独立性”，翻译时应调整语序，反译为 journalistic independence is protected by law。

（4）“代表的登记”不是一般的 registration，而应确切地译为 applying for accreditation。

（5）这里的“影响”实则为“限制”之意，故不可译为 influence。

“不影响相关的刑事责任”，可译成...cannot limit criminal liability。

【参考译文】

Macao's *Press Law*

Macao's *Press Law* consists of six chapters and 61 clauses. The law protects the rights of journalists, including those to gather, receive and report information. By law, journalists have rights of access to information from Government authorities, public administrations, public corporations and joint ventures formed by the Government, private organizations of which the Government or its subsidiaries are major shareholders, corporations that operate public assets, and contractors that provide public works or services. This freedom of access is not applicable to confidential information regarding judicial and state security or facts and documentation protected by law as private and confidential information.

Journalists have the right to protect their sources of information and will not receive any direct or indirect penalties while exercising that right. Likewise, there is no obligation for media owners and publishers, individual publications or news agencies to reveal their sources of information. In this way, journalistic independence is protected by law. However, for criminal offences or when criminal organizations appear to be involved, the media's right to protect its source of information can also be terminated by court order.

The *Press Law* allows freedom of discussion and criticism of politics, society, religious views, laws, acts of the MSAR Government itself and its departments and personnel. Publishers of regular newspapers and magazines, entities publishing periodicals, and correspondents of non-local media organizations based in Macao are legally required to register with the Government Information Bureau. Registration of a periodical requires the owner's details and publications name. Newspaper and magazine companies, publishers and news agencies must provide their commercial registration, company name, permanent premises, company structure and share capital distribution. Correspondents or representatives of media organizations outside Macao must give details of themselves and their organizations when applying for accreditation.

The *Press Law* stipulates that criminal liability for any printed matter falls under both the *Press Law* and criminal law. Any related civil claim should be made under the *Press Law*, supplemented by other civil laws where necessary, and cannot limit criminal liability.

三十三、例文 33

澳门的多元化宗教

澳门是个多宗教的地区，不同宗教人士可自由履行其信仰(1)。《澳门特别行政区基本法》第 34 条规定：澳门居民有宗教信仰的自由，有公开传教和举行、参加宗教活动的自由。第 128 条规定：特区政府根据宗教信仰自由的原则，不干预宗教组织的内部事务，不干预宗教组织和教徒同澳门以外地区的宗教组织和教徒保持发展关系，不限制与澳门特区法律不相抵触的宗教活动(2)。

《宗教自由法》(2)（第 5/98/M 号法律）是规范宗教自由、礼拜自由以及一般宗教教派的法规。法律规定：承认及保障人的宗教及礼拜自由，并确保宗教教派及其他宗教实体受适当的法律保护；宗教自由不容侵犯；任何人均不得因不信奉任何宗教或因其宗教信念或宗教活动而遭到损害、迫害、剥夺权利或者免除责任或公民义务(3)，但按法律规定行使良心抗拒权(4)者除外。同一法律明确指出：澳门地区不指定信奉任何宗教，它与各宗教教派的关系以分离原则和中立原则为基础；各宗教教派可自由组织、行使其职能及进行礼拜；澳门特区不干预宗教教派的组织、行使职能及从事礼拜，也不对宗教问题作出宣示。该法同时规定在法律面前，所有宗教教派一律平等。

澳门曾经是宗教文化中心，既有儒、释、道等古老的中国宗教，也有后来传入的天主教、基督教、伊斯兰教等。多元的宗教文化(5)在澳门得到充分体现。几百年来，不同宗教信仰的澳门居民都能和谐相处。各个宗教的门徒和信众都在自己的传统宗教节日里，以特有的方式虔诚地全情投入。

天主教在澳门历史悠久，教区每年依教历进行多项传统宗教游行活动，较大型的有圣母像出游、大耶稣游行、耶稣圣尸游行等。一批一批的教徒紧随圣像和神职人员队伍，沿教堂路线颂祷高歌，鱼贯而行，场面庄严盛大，沿途有警员指挥交通。在佛教传统节日，一众佛门弟子及信众虔诚合十、上香礼拜、敲经念佛、祈求普度众生(6)。近年来，各类宗教节日活动吸引了愈来愈多的中外游客。

【分析】

(1) 这里的“履行”实则为 practise (名词为 practice)。“可自由履行其信仰”,可译为 can freely practise their faith。

(2) “不限制与澳门特区法律不相抵触的宗教活动”,与前文相衔接,可译为 shall not...restrict religious activities which do not contravene the laws of the SAR。

(3) “任何人均不得因不信奉任何宗教或因其宗教信念或宗教活动而遭到损害、迫害、剥夺权利或者免除责任或公民义务”,此句否定语颇多,可采取正译且调整语序,将“遭到损害、迫害、剥夺权利或者免除责任或公民义务”提前译出。整句可译为 No one will be the object of infringement or persecution, or deprived of his or her rights or be exempt from his or her obligations and civic duties for not professing a religious faith or due to his or her beliefs or religious practices.

(4) “良心抗拒权”,可译为 the right to conscientious objection。

(5) “多元的宗教文化”,其中的“多元”一般采用 multi-,这里可译为 pluralistic religious culture。

(6) “敲经念佛、祈求普度众生”,佛教用语,可译为 reciting sutras for the enlightenment of all beings。

【参考译文】

Macao's Pluralistic Religions

Macao is a place with many religions, where people of different creeds can freely practise their faith. Article 34 of the *Basic Law of the Macao* SAR states: Macao residents shall have freedom of religious belief, and freedom to preach and to conduct and participate in religious activities in public. Additionally, Article 128 stipulates that the Government of the Macao SAR, consistent with the principle of religious freedom, shall not interfere in the internal affairs of religious organizations or in the efforts of religious organizations and their believers in Macao to maintain and develop relations with their counterparts outside Macao, or restrict religious activities which do not contravene the laws of the SAR.

The *Freedom of Religion and Worship Law* (Law No. 5/98/M) regulates freedom of religion, worship and beliefs in general. The law stipulates that freedom of religion and worship is recognized and protected; denominations and other religious entities are protected by proper laws; freedom of religion is not to be violated; no one will be the object of infringement or persecution, or deprived of his or her rights or be exempt from his or her obligations and civic duties for not professing a religious faith or due to his or her beliefs or religious practices, with the exemption of the right to conscientious objection, in the circumstances foreseen by the law. The same law clearly states that the Macao SAR does not recognize a state religion; its relations with all the denominations are founded on principles of separation and neutrality; all denominations are free to organize, to perform their functions and to worship; the Macao SAR shall not interfere in the organizations, the performance of their functions and the worship of denominations, or make proclamations upon religious issues.

Macao has long been a centre of religious culture, where ancient Chinese religions such as Confucianism, Buddhism and Taoism converge, and Catholicism, Protestantism and Islam meet. Pluralistic religious culture is most fully expressed in Macao. For hundreds of years, people with different religious beliefs have lived here in harmony. Adherents of different religions, in their distinctive ways, celebrate traditional festivals with devout enthusiasm.

Catholicism has a long history in Macao. Every year the diocese conducts many traditional religious processions in accordance with the church calendar. The grandest are the procession of Our Lady of Fatima, the procession of Our Lord of Passion and the Corpus Christ procession. Throngs of chanting believers follow the clergy and the Madonna's likeness along the procession routes. Traffic police help to ensure each procession is a solemn and magnificent spectacle. On the other hand, masses of Buddhist followers pray with their palms together, worshipping with burning incense sticks, reciting sutras for the enlightenment of all beings. In recent years, the numbers of tourists interested in ecclesiastical festivals have been on the rise.

三十四、例文 34

澳门地下赌场的破产

周五据当地媒体报道，公检机关[(1)]决定对涉嫌经营秘密赌场[(2)]的 11 名嫌疑犯起诉。《澳门邮报》援引有关起诉表示，嫌疑犯们在一酒店房间经营赌场，直至被警员抓获[3]。

有关消息透露给该报说，十个内地人和一个澳门人购买了赌桌、筹码，并从内地输入赌客。据报，一赌客进入非法赌场后，一小时之内便输掉[4]400 万港币（571 000 美元）。

有的赌客的家庭成员被黑社会追索赌博欠款。据司法部门透露，嫌疑犯一旦定罪，最高可判刑 12 年。澳门特区是中国唯一可合法持牌赌博的地方[5]。

与此同时，澳门的合法博彩业收益[6]据报将达到新高，即于 2006 年将达到 500 亿澳门元（6. 25 亿万美元）的新纪录。据《澳门邮报》引述的官方资料，2006 年的收入总额主要来自 7 间新开业的赌场。

目前该地区有人口 49 万，经营赌场 18 间，其税额占政府税收的 75% 以上。澳门的博彩业由赌场、赛狗、跑马场及系列彩票构成，在 2005 年的 460 亿澳门元（5. 75 亿美元）的总收入中，赌业占据了 95% 以上。

【分析】

（1）“公检机关”，这里指的是澳门的公检机构，可译为 the Public Prosecution。

（2）这里的“秘密”不是一般的 secrete，而为 clandestine，其英文原意为 kept or done in secret, often in order to conceal an illicit or improper purpose，即秘密的、暗中的、保密的或秘密进行的，常为隐藏一个非法的或不正当的目的。“经营秘密赌场”，可译为 the operation of a clandestine casino。

（3）“起诉”可译为 prosecution。“经营赌场”宜用 run，不宜用 operate。“抓获”宜为 nab，不宜用 arrest。“《澳门邮报》援引有关起诉说，嫌疑犯们在一酒店房间经营赌场，被警员抓获”，整句可译为 *Macao Post Daily* quoted sources from the prosecution as saying that the suspects had been running a casino in a local hotel suite till they were nabbed by the police.

（4）“（1小时之内便）输掉”，这里并非一般的 lose，而宜为 racketeer。Racketeer 原意为 to carry on illegal business activities that involve crimes，即诈骗，进行涉及犯罪的非法商业行为。

（5）“澳门特区是中国唯一可合法持牌赌博的地方”，这里宜用从句 where…，同时不可疏忽 part in China，即“中国的一部分”。整句可译为 The Macao Special Administrative Region is the only part in China where licensed casino gaming is legitimate.

（6）这里的“收益”实为 receipts，如 higher receipts 高收益。“澳门的合法博彩业收益”，可译为 Macao's legitimate gaming industry receipts。

【参考译文】

Underground Casino Busted in Macao

The Public Prosecution planned to charge 11 suspects allegedly to be involved in the operation of a clandestine casino, local media reported on Friday. *Macao Post Daily* quoted sources from the prosecution as saying that the suspects had been running a casino in a local hotel suite till they were nabbed by the police.

The 10 mainlanders and one local resident purchased gaming tables, chips and arranged for the traveling of the gamblers from the mainland, the sources told the newspaper. One of the victims was reportedly racketeered 4 million Hong Kong dollars (US $ 571 000) within an hour after entering the illegal casino.

The family members were later threatened by the gang to pay up the balance of the gaming debt. The suspects, if convicted, will face prison terms of up to 12 years, according to judicial sources. The Macao Special Administrative Region is the only part in China where licensed casino gaming is legitimate.

Meanwhile, it is reported that Macao's legitimate gaming industry receipts expect to reach new high—it is expected to exceed 50 billion patacas (US $ 625 million) in 2006, a new record high. *Macao Post Daily* quoted official sources as saying that the hike in gross receipts will be generated mainly by the opening of seven new casinos in 2006.

The region, with a population of 490,000, currently runs 18 casinos, which dedicates over 75 percent of the government's annual revenue. Macao's gambling sector, which comprises casinos, dog and horse races, and a string of lotteries, in 2005 recorded gross receipts of 46 billion patacas (US $ 575 million), among which the gaming industry accounted for 95 percent.

第三章　澳门法律公文翻译

(Legal Documentary Translation of Macao)

这里指的“法律公文”是广义的，包括澳门的法律、法规、文件、公文及相关的著述。从法律语言学的角度，澳门的法律公文翻译具有一般法律翻译的共性，如法律专门术语和行话的使用，经常运用常用词汇中不常用的含义，古语的运用，拉丁语单词和短语的使用，官样文章用语，具有精确性、冗长性、保守性，等等。当然，在涉及葡文法律词汇时，则需参考有关的工具书，如 Mello，Maria Chaves de（1985）. *Dicionario Juridico*：*Portugues-Ingles*：*Ingles-Portuguese*. Rio de Janeiro：Barrister's Editora，澳门行政暨公职司（1999）编写的《行政技术词汇》（*Glossário*：*Técnico—Administrativo*），以及有关的葡—中法律词典等。

本节选择了一些典型的段落进行分析与翻译。鉴于澳门主要的法律公文都是由葡文撰写的，故此处亦有部分内容涉及中、英、葡文对比综合评述。

一、例文 1

对法律的理解

“社会共同生活体现为相互帮助、利益共存、分工合作；而这些是通过建立规则、将各种活动协调一致来实现的(1)。因此，为了解决不可避免的冲突、协调各方面的利益，法律就成为必需。”(2)（孟狄士，1998）

此段话是葡萄牙法律学家对法律基本性质和功能的阐述，世界上关于这方面有代表性的论述还有很多。例如，西塞罗：“法是植根于自然的最高理性，它指令人们做该做和不该做的。”圣拖马斯·阿塞纳—马恩省斯：“法律是由管理该社会的人所制定并颁布的，用以维护公众利益的理性条令。”郝勃慈：“对每一公民而言，国内法即联邦政府以话语、文字或表示意志之其他有效符号来区别是非的规则，即规定违反规则与不违反规则的内容。”洛克：“法律的目的，不是要废除或限制而是要维护并扩大自由。”优林：“法律是最广义的社会生活诸条件的总和，由国家权力通过外在的强制手段予以保证。”卡特：“法律并非命令或命令的总体，而是由产生于法制的社会标准或由该标准本身所派生出的种种习俗而形成的规则所组成。”吕卡先·薛克氏：“法律之所以诞生于人类生活，并非出于对法制这一概念的称颂与敬畏，而是为了满足社会生活中对安全性和确定性的必然的迫切需要。关于人们立法的理由和原因，其答案既不在于法制概念的结构，也不在于如同法所预期的与之俱来的那些明显的价值观，而在于从属的适应人类需要的价值观——安全。”

在我国内地的法律界，一般将法概括为是调整社会关系或人们行为的社会规范。社会关系，即在人们相互交往中所建立的关系，法正是通过调整人们的行为来规范社会关系。法的规范性主要体现在对人们行为模式的规范上，即法规定了人们允许、禁止或必须所做的，以及违背之后所要承担的后果[(3)]。法的概括性，体现在法适用于一般概念上的人而不是具体、特定的人；法可以在相同的情况下多次适用。

【分析】

（1）“相互帮助、利益共存、分工合作”，尽力将译文配合四字对称效果，可译为 mutual help，shared benefits and cooperation of… “通过建立规则、将各种活动协调一致来实现的”，这里“实现”的实际意义为“规定”，故用被动语态的 are regulated。

（2）该段引自《法律研究概述》（孟狄士. 法律研究概述. 黄显辉，译. 澳门：澳门基金会，澳门大学法学院，1998）。其原译文为：“在社会中，共同生活的体现就是互助、同舟共济及分工，而这些均存有既定的行为准则及确保各项活动能和谐进行的规则方能实现。故此，必须解决社会生活中无可避免的冲突，而法律就是促进各利益的团结及解决利益冲突的必要工具。”

葡文原文：A convivência em sociedade traduz-se na entre-ajuda，na solidariedade，na divisão do trabalho；e tudo isto só é possivel havendo padróes estabelecidos de conduta，regaras que assegurem a harmonizaçáo das actividades entre si. Como necessário se torna a resoluçáo de conflitos que a vida social inevitavelmente suscita. O direito é necessário para promover a solidariedade de interesses，e para resolver os conflitos de interesses.

笔者在引用时作了必要的重译，原因如下：

原文 em sociedade“在社会中”，不必照译为状语，而可纳入“社会共同生活体现为……”这一整句之中。将 na entre-ajuda，na solidariedade，na divisão do trabalho 译为“就是互助、同舟共济及分工”未尝不可，但就语感而言，应都以四字为宜，可译为“相互帮助、利益共存、分工合作”。

“而这些均存有既定的行为准则及确保各项活动能和谐进行的规则方能实现”为病句，因其试图将两句话的意思（“而这些均存有既定的行为准则及确保各项活动能和谐进行的规则”和“方能实现”）合并为一句，因而造成了句中主、谓、宾语的混乱，且语言啰唆（如“能”“方能”等）、不合法律语言规范（如“均存”“方能”等）。“无可”应为“不可”。“法律就是促进各利益的团结”为病句，“利益”怎能“团结”？只有“人”能“团结”。

原文最后两句 Como necessário se torna a resoluçáo de conflitos que a vida social inevitavelmente suscita. O direito é necessário para promover a solidariedade de interesses，e para resolver os conflitos de interesses. 主要讲处理“冲突”与“利益”的关系，且重复出现 interesses（利益）及 resoluçáo，resolver（分解、解决）。葡文如此行文，自有其道理，但译成中文，则不必“对号入座”，而应采取“浓缩”译法，以简驭繁（即以简约的语言形式来驾驭繁多的语言信息量）地加以处理。Promover … interesses 不应按字面意思译为“促进……利益……”，而应译为“协调……利益”。

（3）这里的“规范性”不宜译为 criterion，应用法律术语 regulation。（行为）“模式”不用 mode，而用 pattern。“法的规范性主要体现在对人们行为模式的规范上，即法规定了人们允许、禁止或必须所做的，以及违背之后所要承担的后果”，可分译为 The regulation by law is mainly reflected in people's behavioral patterns where certain actions are permitted，prohibited and demanded. It may also stipulate the legal responsibility for breaching a law.

【参考译文】

The Understanding of Law

“Communal life in a society requires mutual help，shared benefits and cooperation of various sectors. All of which are regulated by establishing regulations and coordinating activities. Therefore，law has become a necessity for the sake of resolving conflicts and adjusting interests of different people”.

[Translated from the work of (Portuguese) Doutor João Castro Mendes, 1988, p. 3]

This passage was quoted from a Portuguese law scholar concerning the nature and functions of law. In fact, there are several other well-known comments on the issue in the world. For examples, Cicero: "Law is the highest reason, implanted in nature, which commands what ought to be done and forbids the opposite". St. Thomas Aquinas: "Law is an ordinance of reason for the common good, made by him who has care of the community, and promulgated". Hobbes: "Civil law is to every Subject, Writing, which the Commonwealth hath commanded him, by Word, Writing, or other sufficient Sign of the Will, to make use of for the Distinction of Right and Wrong; that is to say, of what is contrary, and what is not contrary to the Rule". Locke: "The end of law is not to abolish or restrain, but to preserve and enlarge freedom". Jhering: "Law is the sum of the conditions of social life in the widest sense of the term, as secured by the power of the State through the means of external compulsion". Carter: "Law is not a command or body of commands, but consists of rules springing from the social standard of justice of from the habits and customs from which that standard has itself been derived". Recasens-Siches: "Law is not born into human life by reason of the desire to render tribute or homage to the idea of justice, but to fulfill an inescapable urgency for security and certainty in social life. The question of why and wherefore men make law is not answered in the structure of the idea of justice, nor in the suite of outstanding values which accompany it as presupposed by it, but in a subordinate value-security-corresponding to human need".

In the field of legal studies on the Mainland, law is generally regarded as a social norm regulating social relations or human behaviors. During the time when people contact each other social relations are formed, which have to be regulated by law. The regulation by law is mainly reflected in people's behavioral patterns where certain actions are permitted, prohibited and demanded. It may also stipulate the legal responsibility for breaching a law. The generality of law implies that law is applied to people in general and not to a specified person. Law can be applied repeatedly under the same circumstance.

二、例文2

法律的公布

“所有法律，无论其法源如何[(1)]，须在《澳门政府公报》上公布之后，方具有法律效力。法律应写明其公布后的生效日期；否则，该法于公布后第六日起生效。任何人对法的无知或对法的理解错误，均不成其为违法的理由，亦不可因此而不受法律的制裁。”［译自《澳门民法典》（葡文版）第4条，http：//www. macaolaw. gov. mo］[(2)]

此段涉及澳门法律的公布以及相关联的法系问题。由于历史的原因，澳门特别行政区的法律制度建立在法治和司法独立的坚实基础上，以“一国两制”为原则，以大陆法为根基。就世界两大法系而言，其要点概述如下：大陆法系可追溯到罗马法，曾普及于罗马帝国版图，后适用于欧洲大陆和欧洲民族定居的国家；“普通法”术语源于英国法律体系，后传播到美国及大部分英语世界。[(3)]两种法系的根本区别，在于其所依靠的法源不同。大陆法系以法典为中心。法院或律师在遇到法律争议时，当务之急是要查找出与案情有关的适当法律条文，并适用于该案情。法院可能会查阅学者的著作，以便在解释法典条文时得到有关帮助。至于以往的案例，虽不予忽视，但对于法官不具有近于约束力的权威性。普通法则以先前的判例为主要法源，以其诸形式之一出现的 *Ustare decisis*（即“让判决继续有效”）学说为其精髓。该学说主张，法院应遵守在本法域最高一级法院判决的先例为法律，但在选取先前案例时，须考虑逻辑上的合情合理。

中国内地的法律在原则上亦属大陆法系，法律的公布是由有权机关将获得通过的法律以法定的形式公布于众的一个法定程序。根据我国宪法规定，中华人民共和国主席根据全国人民代表大会的决定和全国人民代表大会常务委员会的决定公布法律，即我国公布法律这项职权是由国家主席来行使。对于法律生效的具体时间，我国法律未作硬性规定。立法实践中，在全国人民代表大会通过法律的当天，由国家主席签署主席令予以公布。

【分析】

(1)“所有法律”，不仅是 law，这里译为 laws and regulations。“法源”，不必译为 law sources，译为 sources 即可。

(2)《澳门民法典》第4条的原译文为：“法律自公布至生效所经过之

期间由法律本身定出；无此定出者，自公布后第六日开始生效。任何人对法律之不知或错误解释，不构成其不遵守法律之合理理由，且不免除其承受法律所规定之制裁。”

葡文原文：A lei，independentemente da sua fonte，só se torna obrigatória depois de publicada no Boletim Oficial de Macau. Entre a publicação e a vigência da lei decorrerá o tempo que a própria lei fixar；na falta de fixação，a lei entra em vigor no sexto dia posterior ao da publicação. A ignorância ou má interpretação da lei não justifica a falta do seu cumprimento nem isenta as pessoas das sanções nela estabelecidas.

笔者在引用时作了必要的重译，原因如下：

葡语 fonte 原意为“源泉”。如：Trabalho é fonte de riqueza. 劳动是财富的源泉。但在这里不硬译为“渊源”，实为“法源”，葡语为 fonte de direito，英语为 sources of law。同时，“不管……为何”不是法律规范用语，应为“无论……如何”。葡语的 obrigatória 原以为“强制性的”，如 taxa obrigatória 必须交纳的税。在这里的实际意思为“法律效力”，英语为 force of law，葡语为 força de ei 等。葡语的 a vigência de lei 为“法律的生效”，decorrerá o tempo 为“过去的时间”，但这里不必刻意译出，因其意已明。同样的，própria lei fixar 不必死板地译为“由法律本身定出”，译为“法律写明”即可；na falta de fixação 也不必硬译为“无此定出者”，译为“否则”即可。

葡语 interpretação，这里是 explicaçao 的同义语，如 interpretação de um texto biblico 解释一段经文。又如：Trecho admite duas interpretacões. 这段话有两种解释。但推敲起来，在这里不宜译为“解释”，因为它容易与“法律解释”（construction of law）混为一谈。所谓“法律解释”，是指从执法者的角度对法律文本意思的理解与说明，旨在探求适用法律时对与法律规范意义的具体落实。而这里的 as pessoas 是指任何人，即从任何一个公民角度而言，故应译为“理解”或“法律认识错误”（mistakes of legal comprehension，与“事实认识错误”对称）。将 justifica 译为“合理理由”，属烦琐，译为“理由”即可。而“不构成其不遵守……”可简化译为“不成其为……”。estabelecidas 不必译为“法律所规定”，译为“法律”即可。

（3）“大陆法系”通常译为 civil-law system，英语释为 it is based mainly on statutes（legislative acts）. The majority of civil-law countries have assembled their statutes into one or more carefully organized collections called codes. 应注意，civil law（民法）这个术语既可指“大陆法”，也可指在大陆法中与“公法”相对的“私法”。而英美法中的 civil law 与大陆法中的“民法”并不是同一概念。Civil law 在我国法律系乃至整个民法法系中主要是指与刑法（criminal law）或商法（commercial law）相对的作为一个独立部门的民法；而在普通法系中，这样的部门法是不存在的。“普通法系”一般译为 common-law system，也称判例法系（case law system）或英美法系（Anglo-American legal system），它是以英国普通法为基础发展起来的法律制度，主要通行于美国和英联邦国家。

【参考译文】

Promulgation of Law

"All laws and regulations, regardless of their sources, only come into force after being published in the *Macau Gazette*. The date of a law becoming effective after it has been promulgated should be prescribed on it. In case no date is mentioned, it shall be executed on the sixth day after its promulgation. Any ignorance and misunderstanding of the law shall not be considered as legitimate reasons for violating a law, nor are they bases for exemption from legal punishment". [Translated from *Civil Code of Macao* (Portuguese Edition), article 4]

The passages are concerned with the promulgation and sources of law in Macao. Due to historical reasons, Macao SAR's legal system is based on the pattern of the Portuguese legal system, a solid foundation of rule of law and judicial independence. Guided by the principle of "one country and two systems", Macao SAR maintains the civil-law system as its legal one. Views regarding the two legal systems in the field of legal science in the West can be summarized as follows: The civil-law system can be traced back to Roman law, which extended to the limits of the Empire. It was later applied in Continental Europe and those nations settled by European peoples. The term "common law" refers to the system of law originated in England and transferred to the U. S. and most of English-speaking world. The basic distinction between the two systems lies in the sources of law upon which they rely. The civil law is oriented toward a code of laws. When a controversy is presented to a court or lawyer, the immediate problem is to find the appropriate code provision covering the situation and then to apply it to the problem at hand. The courts look to the writings of scholars to aid them in interpreting code provisions. Previous cases are not ignored, but they do not have anything approaching binding authority on judges. On the other hand, the common-law system uses prior decided cases as its main sources of law. The doctrine of *stare decisis* (let the decision stand) in one of its forms is the essence of the common-law system. The doctrine states that courts should adhere to the law as set forth in prior cases decided by the highest court of a given jurisdiction as long as the principle derived from these cases is logically reasonable to their decision.

Mainland China's legal system is in principle in line with the civil-law system. Its promulgation of law is a legal procedure where authorized organs promulgate laws that have been passed according to legal forms. According to the regulation of Chinese Constitution, the president of P. R. China, in pursuance to the decision of the N. P. C. and its Standing Committee, promulgates statutes. Namely, in China the president exercises the power of law promulgation. It is not required in Chinese law to prescribe a date to promulgate a law. In the practice of legislation, the president signs an order to promulgate a law on the day the N. P. C. passes it.

三、例文3

法律上的人

“属人法[(1)]规范下列具体权限：法人能力，法人机构的设立、运作及权限，成员资格获得、丧失的方式以及成员的权利和义务，法人、法人机关及任职者对第三人的责任，法人的变更、解散和终止。

“当法人住所迁移到某不同法律体系地方时，在两地具有相应法律规定情况下，并不丧失原法人资格。

“对不同属人法实体的合并，须根据双方属人法作出判定。”［译自《澳门民法典》（葡文版）第31条］[(2)]

此段《澳门民法典》涉及法律中的一个基本问题——人[(3)]。在法律上，人享有一定的权利同时担负一定的义务。人可分为两类：自然人和法人。概括而言，法律上的人格不以自然人为限，而自然人在实际上所组成的各种机构和团体却可以成为法人，实现某种职能，从而建立起拥有诸多与自然人所拥有的许多权利并非相悖的权利组织。回顾其发展过程，早在西方产业革命时，由于产业活动的大量增加，“股份有限公司”不可避免地出现了，随之产生了“有限责任”这一概念。当时，小规模的投资者有史以来第一次在对企业进行投资时得到了这样的保证：企业一旦失败，他们的损失不会超过其实际的投资额或其同意的投资额。由于“法律实体”和“不断延续”原则的应用，股份有限公司被认为是独立的法人，能以公司本身的名义持有财产并开展业务，而无须理会在同一时间内其股东为何人。然而，法人人格这一概念又可以被人滥用。例如，当这一概念被人以逃避法律义务为目的而利用时，法院可随时调查某人企图躲在公司幌子下进行欺诈的行为。

在我国《民法通则》中，对“自然人”和“法人”的概念和权利作了原则上的规定。主要内容：公民（自然人）从出生到死亡，具有民事权利能力，依法享有民事权利，承担民事义务；公民的民事权利能力一律平等；十八周岁以上的公民为成年人，具有完全民事行为能力，可以独立进行民事活动。至于法人，则是具有民事权利能力和民事行为能力、可依法独立享有民事权利和承担民事义务的组织。法人应具备的基本条件，包括依法成立，有必要的财产或经费，有自己的名称、组织机构和场所，能独立承担民事责任等。依照法律或法人组织章程规定，代表法人行使职权的负责人，为法人的法定代表人。

【分析】

(1) “属人法”译为 a personal law。英语释为 The law that govens a given person in family matters, usually regardless of where the person goes. In common-law systems, it refers to the law of the individual's domicile. In civil-law systems, it refers to the law of the individual's nationality (it is sometimes called *lex patriae*).

(2)《澳门民法典》第 31 条的原译文为：

“属人法尤其为规范下列事宜之准据法：法人之能力；法人机关之设立、运作及权限；成员资格之取得及丧失方式，以及成员之权利及义务；法人、法人机关及其据位人对第三人之责任；法人之组织变更、解散及消灭。

“法人住所移至属不同法律体系之地方时，不消灭法人之法律人格，只要该两住所地之法律均有如此规定。

“对具有不同属人法之实体之合并，须按双方属人法之规定作出判断”。

葡文原文：Á lei pessoal compete especialmente regular：a capacidade da pessoa colectiva；a constituição，funcionamento e competência dos seus órgãos；os modos de aquisição e perda da qualidade de associado e os correspondentes direitos e deveres；a responsabilidade da pessoa colectiva，bem como a dos respectivos órgãos e titulares，perante terceiros；a transformação，dissolução e extinção da pessoa colectiva.

A transferência da sede da pessoa colectiva para um lugar sujeito a um ordenamento jurídico distinto não extingue a personalidade jurídica desta，se nisso convierem as leis de uma e outra sede.

A fusão de entidades com lei pessoal diferente é apreciada em face de ambas as leis pessoais.

笔者在引用时作了必要的重译，原因如下：

“准据法”是一种涉外民商事案件应使用的法律，通常用拉丁文来表示，如 lex fori（法院地法）、lex domicilii（住所地法）、lex patriae（国籍所属国法）、lex loci contractus（契约订立地法）、lex loci solutionis（契约履行地法或债务偿付地法）等，但在原文里（Á lei pessoal compete especialmente regular）并无此词，为译者的加译，实无必要。compete 为“归……权限”。如：Compete ao Presidente da República daclarar a guerra e fazer a paz. 宣战与媾和属总统的权限。故将 compete especialmente regular 译为“规范下列具体权限”。

Órgão 一般译为“机关”，如 órgão do poder do Estado 国家权力机关。与此相对应的是“机构”。“机关”与“机构”虽都指“办理事务的部门”，但其用法和搭配却不尽相同。总体而言，“机关”多适用于国家政府部门，如“司法机关”、“检察机关”等，这当中的“机关”不能用作“机构”。“机构”一词除了指机关、团体内部的组织，现多用于泛指国家机关以外的组织，而这正适用于“法人”的概念，故“机关”和“机构”在这里其实都是可以考虑的。将 titulares 译为“据位人”（等同于 titular de lugar）并不十分恰当，应当说，该词是澳门译员的杜撰，而非法律通用语，故应译为“任职者”。

将 pessoa colectiva 译为“法人之组织”属专业失误，因为“法人”本身就是一种组织，是具有民事权利主体资格的社会组织，故应译为“法人”。将 extinção 译为“消灭”不准确（因没有必要、也不可能将某“法人”“消灭”），准确的表述应当是“终止”，即英文的 termination。

将 personalidade jurídica 译成“法律人格”为错译，实则为“法人资格”。而状语 se nisso convierem as leis de uma e outra sede 译为中文时，应在句子结构上作相应处理，但原译文的“生搬硬套”，使其完全不符合规范的现代汉语表达方式。

“属人法之规定”可简化为“属人法”（leis pessoais）。这里的 apreciada 不一定译为“判断”，可酌情译为“判定”。

此外，原译文中用了过多的“之”，啰唆且晦涩，完全没有必要。

（3）对于 person，有的词典译为“自然人”“人”“法人”（中国社会科学院法学研究所法律辞典编委会编，2003）；“人”“人格者”（权利主体），自然人（《英汉法学常用术语》编写组，1999），都欠全面。其实应译为“人（包括‘法人’‘自然人’‘男人’‘女人’‘大人’‘小人’等）”。

【参考译文】

Person in Law

“A personal law defines following specified jurisdiction: capacity of a legal person; establishment, functions and competence of a corporation; methods of obtaining and losing qualifications for its membership; responsibilities of a legal person, organization of a legal person and their liable members for third party; transformation, dissolution and termination of a legal person.

“A legal person shall not be disqualified when it shifts to another location with a different legal system, provided there are regulations comparable to one another.

“As regards amalgamation of different legal persons, a judgement shall be based on the relevant personal laws”. [Translated from *Civil Code of Macao* (Portuguese Edition), article 31]

The passage quoted from the *Civil Code of Macao* involves one of the basic issues in law-person. A person in law possess certain rights and owes certain duties. There are two categories of persons: natural and juristic. Generally speaking, legal personality is not restricted to human beings. In fact various bodies and associations of persons can, by forming a corporation (juristic person) to carry out their functions, create an organization with a range of rights and duties not dissimilar to many of those possessed by human beings. Looking back at its development, the enormous increase in industrial activities during the industrial revolution made necessary and inevitable the emergence of the joint stock company and concept of limited liability. For the first time it was possible for the small investor to contribute to the capital of a business enterprise with the assurance that, in the event of its failure, he could lose no more than the amount he had contributed or agree to contribute. The principles of "legal entity" and "perpetual secession" apply, whereby the joint stock company is deemed to be a distinct legal person, able to hold property and carry business in its own name, irrespective of the particular persons who may happen to be the owners of its shares from time to time. The concept of corporate personality is capable of abuse and where, for example, the concept has been used to evade legal obligations, the courts have been prepared to investigate sharp practice by individuals who are trying to hide behind a company front.

In the *General Principles of the Civil Law* of our country, there are principle stipulations on the definitions and rights of a natural person and legal person. Mainly, a citizen (natural person) shall have the capacity for civil rights from birth to death and shall enjoy civil rights and assume civil obligations in accordance with the law. All citizens are equal as regards their capacity for civil rights. A citizen aged 18 or over is regarded as an adult, who shall have full capacity for engaging in civil activities independently. As for a legal person, it shall be an organization that has capacity for civil rights and capacity for civil conduct and independently enjoys civil rights and assumes civil obligations in accordance with the law. A legal person shall have such qualifications as establishment in accordance with the law, possession of the necessary property or funds, possession of its own name, organization and premises, and ability to independently bear civil liability. In accordance with the law or the articles of association of the legal person, the responsible person who acts on behalf of the legal person in exercising its functions and powers shall be its legal representative.

四、例文4

法律解释

“法律解释[1]应不仅限于法律的字面含义，而且应特别考虑其法制的整体性、立法环境及法律适用的特定条件，从而重现其立法思想。

“然而，释法者须以法律文字为依据（即使其文字表达不尽完善），从与其对应的基本含义中，发掘其立法思想。

“在确定法律适用范围时，释法者须推定立法者的立法方案的正确性和其意图表述的恰当性。”［译自《澳门民法典》（葡文版）第8条］[2]

该段法律条文涉及立法程序中的重要一环——法律解释。所谓法律解释，就是对于成文法的解释，即对于相互冲突的法律条文、意向或由于法律对某一个案未作明确规定而引起的疑义所进行的重新发现、解释立法者原意的过程。概括而言，法律解释分为两大类。一类是字面解释（literal construction），即只考虑狭义的法律字面意思的由来，高度严谨地解释法律条文、条款，拒绝以“有关启示”“合理考虑”等来扩展法律范围，而只限于法律条文明确规范内的应用，同时顾及其立法精神和意图。此种解释，并非要与明显的立法目的相抵触，而是要解决不利于法律条文对于具体案例应用的疑虑。另一类是自由解释（liberal construction），即在法律条文的应用上考虑具体情况，力求实现法律书面意思的精神和意图；在无法律用语冲突的情况下，在明显的立法精神和意图范围之内或对需要进行补充的条文，以扩展法律条文的含义，来处理具体的案例。此种解释，是要解决有利于法律条文对于具体案例应用的疑虑。

在港、澳基本法里，关于法律解释，并无类似以上两种解释的区分，而都明确规定了其释法权属于全国人民代表大会。《澳门基本法》第144条规定，基本法的修改提案权属于全国人民代表大会常务委员会、国务院和澳门特别行政区。澳门特别行政区的修改议案，须经澳门特别行政区的全国人民代表大会代表三分之二多数、澳门特别行政区立法会全体议员三分之二多数和澳门特别行政区行政长官同意后，交由澳门特别行政区出席全国人民代表大会的代表团向全国人民代表大会提出。本法的修改议案在列入全国人民代表大会的议程前，先由澳门特别行政区基本法委员会研究并提出意见。本法的任何修改，均不得与中华人民共和国对澳门既定的基本方针政策相抵触。在我国内地，法律解释和修改属于立法程序[3]的一个环节。狭义的立法程序，是指最高国家机关制定、解释、修改、补充或废止法律的程序；而广义的立法程序，还包括其他国家机关制定、解释、修改、补充或废止所有规范性法律文件的活动程序。

【分析】

（1）“法律解释”，可译为 legal interpretation 或 construction of law。Interpretation，英语释为：There are two schools of thought with regard to how these terms apply to statutes and other types of drafting. One has it that，although “interpretation and construction are generally regarded as synonymous and used interchangeably，it is not only possible，but desirable as well，to draw a distinction. The word interpretation is used with respect to language itself；it is the process of applying the legal standard to expressions found in the agreement in order to determine their meaning. Construction，on the other hand，is used to determine，not the sense of the words or symbols，but the legal meaning of the entire contract；the word is rightly used wherever the import of the writing is made to depend upon a special sense imposed by law”.（Garner，2003）应视情况采取不同译法。

（2）《澳门民法典》第 8 条的原译文为：

“法律解释不应仅限于法律之字面含义，尚应尤其考虑有关法制之整体性、制定法律时之情况及适用法律时之特定状况，从有关文本得出立法思想。

“然而，解释者仅得将在法律字面上有最起码文字对应之含义，视为立法思想，即使该等文字表达不尽完善亦然。

“在确定法律之意义及涵盖范围时，解释者须推定立法者所制定之解决方案为最正确，且立法者懂得以适当文字表达其思想。”

葡文原文：A interpretação não deve cingir-se à letra da lei，mas reconstituir a partir dos textos o pensamento legislativo，tendo sobretudo em conta a unidade do sistema jurídico，as circunstâncias em que a lei foi elaborada e as condições específicas do tempo em que é aplicada.

Não pode，porém，ser considerado pelo intérprete o pensamento legislativo que não tenha na letra da lei um mínimo de correspondência verbal，ainda que imperfeitamente expresso.

Na fixação do sentido e alcance da lei，o intérprete presumirá que o legislador consagrou as soluções mais acertadas e soube exprimir o seu pensamento em termos adequados.

笔者在引用时作了必要的重译，原因如下：

将 reconstituir a partir dos textos o pensamento legislativo 译为“从有关文本得出立法思想”过于死板，应从整体上加以理解和翻译。这里主要意思是指对于法律的解释，不应仅仅拘泥于字面意思，而应同时考虑其他因素。Reconstituir 原意为 tornar a constituir，recompor，restabelecer，即重建、恢复之意，如 reconstituir uma associção 重建一团体。又如：Os aposentos do compositor foram reconstituídos a partir de descricões na sua correspondência. 该作曲家的旧居各处均按他信中的描述恢复了原状。结合 pensamento legislativo（立法思想），故这里将 reconstituir 译为“重现”，即英文的 rediscover。同时，鉴于前面有了 cingir-se à letra da lei，后面不一定再将 a partir dos textos 译出，而可直接译为“重现其立法思想”。

这里不妨将形容词 considerado（被认为的）译为动词“考虑”“考察”等。原译文“即使该等文字表达不尽完善亦然”，其表述和语序，都译得不伦不类，缺乏法律用语的规范化，建议用相应的翻译技巧加以处理。

“在确定法律之意义及涵盖范围时，解释者须推定立法者所制定之解决方案为最正确，且立法者懂得以适当文字表达其思想”一段译得过于啰唆。Do sentido e alcance da lei 不必译为“法律之意义及涵盖范围”，而实际为“法律适用范围”。Soluções 不必死板地译为“解决方案”，可译为“立法方案”。将 o legislador consagrou as soluções …e …o seu pensament 译为“立法者所制定之解决方案……，且立法者……其思想”，重复主语“立法者”没有必要，可将其简化为“立法者的立法方案……和其意图……”。（所制定之解决方案为）“最正确”三个字非规范法律用语，“最正确”与“正确”在这里无任何区别。

（3）“立法”或“立法程序”英语为 legislation 及 legislature process。其主要内涵为：The action of making or giving a positive law in written form, according to some type of formal procedure, by a branch of government constituted to perform this action (legislation is an arduous process); what a legislature has enacted; the whole body of enacted laws (*A Dictionary of Modern Legal Usage*, 2003).

【参考译文】

Construction of Law

“Construction of law shall not be confined to its literal meanings; rather, it shall be in light of the legislative system, circumstances and specific conditions a law is to apply. Hence the reason for legislation can be rediscovered.

"Nevertheless, an interpreter ought to ascertain the meaning and will of the lawmaking body based on the correspondent letter of the statute, regardless of its imperfectness.

"In ascertaining the sphere of application for a law, an interpreter may presume the integrity of legislative intent and its adequate expressions". [Translated from *Civil Code of Macao* (Portuguese Edition), article 8]

These statutes are concerned with one of the important issues in legislative procedure—construction of law, which is the interpretation to written law. Namely, the process of discovering and expounding the meaning and intention of the authors of the law with respect to its application to a given case, where that intention is rendered doubtful either by reason of apparently conflicting provisions or directions, or by reason of the fact that the given case is not explicitly provided for in the law. Generally speaking, there are two kinds of construction. One is literal construction, that considers words narrowly used in their historical context. Treating statutory and contractual words with highly restrictive readings, this type of construction refuses to expand the law by relevant implications or equitable considerations, but confines its operation to cases which are clearly within the letter of the statute, as well as within its spirit or reason, not so as to defeat the manifest purpose of the legislature, but so as to resolve all reasonable doubts against the applicability of the statute to the particular case. The other is liberal construction, which is an interpretation that applies a writing in light of the situation presented and that tends to effectuate the spirit and purpose of the writing. It expands the meaning of the statute to embrace cases that are clearly within the spirit or reason of the law, or within the unlawfulness, which it was designed to remedy, provided such an interpretation is not inconsistent with language used. It resolves all reasonable doubts in favor of the applicability of the statute to the particular case.

There is no such distinction in law construction in both Hong Kong and Macao's Basic Laws, which clearly stipulate that the power to interpret the *Basic Law* rests with the National People's Congress (NPC). Article 144 of the *Basic Law of Macao* stipulates that the power to propose bills for amendments to the *Basic Law* shall be vested in the Standing Committee of the National People's

Congress (NPCSC), the State Council, and the Macao Special Administrative Region (MSAR). Amendment bills from the Macao Special Administrative Region shall be submitted to the National People's Congress (NPC) by the delegation of the Region to the National People's Congress after obtaining the consent of two-thirds of the deputies of the Region to the National People's Congress, two-thirds of all the members of the Legislative Council of the Region, and the Chief Executive of the Region. Before a bill for amendment to this Law is put on the agenda of the National People's Congress, the Committee for the *Basic Law* of the Macao Special Administrative Region shall study it and submit its views. No amendment to the *Basic Law* shall contravene the established basic policies of the People's Republic of China regarding Macao. On the Mainland, legal interpretation and amendment are part of legislative procedure, which refers to the steps and ways of authoritative organs enacting, constructing, supplementing or abolishing laws. In a narrow sense, it only includes the procedure of making, revising, supplementing or abolishing laws by the highest organ of state power; whereas, in a broad sense, it also includes the procedure of making, revising, supplementing or abolishing all normative legal documents by other government departments.

五、例文 5

法律解释的原则

“无法律规定的案例，依据有适用于类似案例的法律规范。

“当无法律规范的案例中存有法律规范案例中的依据理由时，则被视为类似案例。

“在无类似情况下，则由释法者秉承立法者的法制精神，定出规范，具体处理。例外规定不可类推适用，但可扩充解释。”［译自《澳门民法典》（葡文版）第 9 条］(1)

此段涉及法律解释与运用问题，二者密不可分。在西方，法律解释的一般原则可概述如下：①文字原则，即立法的运用，须按其文字和语法含义进行解释，而无论其结果如何。对同一个词，在该法的自始至终通常须以同一含义进行解释。解释旧法时，如其含义已随时间有所变化，则须注重其当代含义。②黄金原则，即在一项法律中，词语须尽可能按其朴素而自然的意义予以解释；除非这会导致荒谬结论。法院一般是在下列场合适用这一原则的：制定法的一项规定可作不止一种文字解释，或对该制定法作全面研究的结果表明，适用文字解释原则所得的结论与立法机关的意图恰恰相反。③同类原则，即包括同类、同种及同型的诸事物。根据该原则，一般词语跟随在特定词语后时，则一般词语就解释为限制在特定词语所划定类别的人或事物之内。例如：所指的是“狗、猫和其他动物”，则最后四个字的使用就限制在家畜的范围之内，而不扩大到包括狮子和老虎在内。④表明一事物而排斥他事物原则，即所使用的是特定词语而该特定词语之后又不跟一般词语者，则有关立法就只适用于所提到的特定事物。例如：某制定法明文规定某些制定法已经废止，便意味着存在如此的推定：没有提到的其他有关的制定法并未废止。⑤考虑其他原则，即除了以上主要原则之外，法官亦须考虑其他相关因素。

如前所述，我国内地的法律对于司法解释(2)规定不多，而更多地侧重于法的适用方面。法的适用，通常称为司法，是指国家司法机关依据法定职权和法定程序，具体应用法律处理案件的专门活动。概括而言，主要的适用原则有：①司法平等原则，即指法律对于全体公民都是统一适用的；公民依法享有同等的权利和承担同等的义务；公民的合法权益都平等地受到法律的保护；任何公民的违法行为，都应平等地依法受到追究。②司法法治原则，即指在法的适用过程中，须严格依法司法，其具体体现为“以事实为根据，以法律为准绳”。③独立行使司法权原则，即国家的司法只能由国家的各级审判机关和检察机关统一行使，不受行政机关、社会团体和个人的干涉。当然，这并不意味着司法机关不受有关部门和群众的制约和监督。④司法责任原则，即司法机关和司法人员在行使司法权过程中侵犯了公民、法人和其他组织的合法权益后，应承担相应的责任。

【分析】

(1)《澳门民法典》第9条的原译文为：

“法律无规定之情况，受适用于类似情况之规定规范。

“法律规范某一情况所依据之理由，于法律未规范之情况中亦成立时，该两情况为类似。

“无类似情况，则以解释者本人定出之规定处理有关情况；该规定系解释者假设由其本人根据法制精神立法时，即会制定者。

“例外规定不得作类推适用，但容许扩张解释。”

葡文原文：Os casos que a lei não preveja são regulados segundo a norma aplicável aos casos análogos.

Há analogia sempre que no caso omisso procedam as razões justificativas da regulamentação do caso previsto na lei.

Na falta de caso análogo, a situação é resolvida segundo a norma que o próprio intérprete criaria, se houvesse de legislar dentro do espírito do sistema.

As normas excepcionais não comportam aplicação analógica, mas admitem interpretação extensiva.

笔者在引用时作了必要的重译，原因如下：

“受适用于类似情况之规定规范”是一句非常别扭的、被原文扭曲了的译文。“适用”在现代汉语中为适合、实用之意。如：规章中适用的部分，要进行修改。原译文的“受适用于”，是被动语态的表述，而在葡汉翻译中，应尽量变“被动”为“主动”。如：A caso foi vendida. 房子已卖掉。不必译为“房子已被卖掉”。又如：Não se vêem rosas no jardim. 在花园里没有看到玫瑰花。不必译为“在花园里玫瑰花没有被看到”。此句没必要译为被动语态。

“法律规范某一情况所依据之理由，于法律未规范之情况中亦成立时，该两情况为类似”，此段译文的含义和表述都非常费解。Justificativa 为“辩护的理由”，如 muitas justificativas surgiram a este respeito 提出了许多为此辩解的理由。Razõ 为“原因”“理由”，如 ter fortes razões para fazer uma coisa 以强有力的理由做某事。根据上下文，在此译为“依据之理由”未尝不可，但后面的句子就完全不是规范的现代汉语。建议打破原文的框架（这在翻译中是经常发生的），将 no caso omisso 作为主语，而将 as razões justificativas da regulamentação do caso previsto na lei 融入谓语，译为“无法律规范的案例中存有法律规范案例中的依据理由”，以使其简化而规范。Analogia 原意为 semelhança parcial de uma coisa com outra，即一事物与另一事物无相似。如：A língua italiana tem analogia com a portuguesa. 意大利语同葡萄牙语相近。而在这里，将其译为“类似案例”。

“该规定系解释者假设由其本人根据法制精神立法时，即会制定者”，此句由于死板地顺从原文，译成了笨拙的倒装句，读起来佶屈聱牙，费解难懂。Houvesse 为 haver 的过去式，有假设存在的意思，但在这里不必译为“假设”。故将原文此段中的后两句合并成一句译出：“由释法者秉承立法者的法制精神、定出规范、具体处理。”而“会制定者”为译者的杜撰术语，非法律专业通用语，建议改为“立法者”。

这里的 comportam 没有必要译为“作”，因 aplicação analógica（类推适

用）本身就是动词词组。此外，规范的现代汉语讲究语感与对应，故将“不得”和“容许”改为“不可”和“可”。

（2）在法律上，“司法解释”是相对“立法解释”和“行政解释”而言的，是法定解释权的司法机关对法律条文意义的说明。进而言之，司法解释又包括审判解释和检察解释。审判解释指最高人民法院在法院审判工作中就具体应用法律的所作的解释。审判解释具有法律效力。它分为解释、规定和批复三种形式。对于如何运用某一法律或者对某一类案件、问题如何适用法律所作的规定，采用“解释”形式；有关审判工作的规范、意见，采用“规定”形式；而对于高级法院、军事法院就审判工作中具体运用法律问题的请示所作的答复，则采用“批复”形式。

在我国内地，与“司法解释”（judicial suggestion）相关的还有司法建议，指人民法院、人民检察院在办理案件过程中，从预防犯罪目的出发，发现违法问题的有关制度原因时，以书面形式向有关单位提出意见的活动。这是对违法犯罪进行综合治理的一种手段。

【参考译文】

The Principles of Legal Interpretation

“Cases unspecified by law should be judged by the law applicable to analogous cases.

“Cases unspecified by law bear the same justifications of other specified cases are deemed to be analogous cases.

“In the absence of any analogous cases, an interpreter of law is empowered to enact a norm in dealing with a case in the spirit of the law-maker. An exception shall not be regarded as an application of analogy but an amplified interpretation”. [Translated from *Civil Code of Macao* (Portuguese Edition), article 9]

The passages are concerned with interpretation and application of law; the two are closely interrelated. In the West, the general rules concerning interpretation of law can be summarized as follows: ① The literal rule. The working of the Act must be construed according to its literal and grammatical meaning whatever the result may be. The same word must normally be construed throughout the Act in the same sense, and in the case of old statutes regarded must be had to its contemporary meaning if there has been a change with the passage of time. ②The golden rule. The words of a statute will as far as possible be construed according to their ordinary plain and natural meaning, unless this leads to an absurd result. It is used by the courts where a statutory provision is capable of more than one literal meaning or where a study of the statute as a whole reveals that the conclusion reached by applying the literal rule is contrary to the intentions of legislative body. ③The *ejusdem generis* rule. That is to cover things of the same genus, species or type. Under it, where general words follow particular words, the general words are construed as being limited to persons or things within the class outlined by the particular words. So in reference to "dogs, cats, and other animals", the last three words would be limited in their application to animals of the domestic type, and would not be extended to cover animals such as lions and tigers. ④*Expressio unius est exclusio alterius* (the expression of one thing implies the exclusion of another). That means where specific words are used and are not followed by general words, the Act applies only to the instances mentioned. For example, where a statute contains an explicit statement that certain statutes are repealed, there is a presumption that other relevant statutes not mentioned are not repealed. ⑤In addition to the major rules of interpretation, there are also several other considerations which the judge will have in mind.

As mentioned before, there are not many stipulations on judicial suggestion as application of law in the Mainland's laws. The application of law, generally called judicature, refers to the special activities that the state judicial organs actually apply law to cases according to their lawful functions, powers and procedures. Generally speaking, the basic principles of law application on the Mainland are as follows: ①The principle of judicial equality, which means that law equally applies to all citizens; all citizens are entitled to equal rights, at the same time, must perform equal obligations. ②The principle of rule by law in judicature, which refers to judicature according to law during the procedure of law application. It is specifically reflected in the practice of "basing on facts and taking law as the criterion". ③The principle of exercising judicial power independently, which means that the judicial power of the state can only be exercised by judicial and procuratorial organs at various levels and not by any organizations or individuals. However, this does not mean judicial organs are not subject to supervision and restriction by relevant organs and populace. ④The principle of judicial responsibility, which means that if judicial organs and their functionaries encroach upon the lawful rights and interests of citizens, legal persons and other organizations in the procedure of executing judicial power, they should bear the consequent responsibilities.

六、例文 6

合同法及其责任

“由于不法行为、风险或任何符合规定而产生的非合同责任，则受导致损失的主要行为发生地的法律所规范；而由于不作为而产生的责任，则适用于行为发生地的法律。

“当损害结果发生地的法律认为行为人应当负责而行为地法律不认为如此，则须适用前者的法律；但行为人应能预见其作为或不作为可在该法律规范之地造成损害。

“然而，若行为人和受害人有同一常居之地而偶然身处外地，则适用共同常居地法；而上述两款中所指定的对任何人所作的规定，仍然适用。”[译自《澳门民法典》（葡文版）第 44 条][(1)]

此段涉及合同法及其责任问题。合同[(2)]是指在两个或多人之间所定立的法律义务并具有法律强制力的协议。从本质而言，合同法强调各种商业关系和经济关系，如买卖、租赁、雇佣、建筑及其他关系。概括而言，合同法中具有两大类原则：一类主要是由众多具体案件归纳起来的，普遍适用于所有的或绝大多数种类的合同，诸如缔约能力、对价、欺诈或误解的后果，等等；另一类仅适用诸如买卖、租赁买卖等特定种类合同的原则和规则。其实，合同法是商业文明和市场经济的产物。罗马法承认不同种类的合同和协议，当然并非所有的合同都具有法律强制力。同时，有合同就难免有违约。违约一般是指一方当事人不履行合同所规定的义务，并由此产生损害赔偿请求权以补偿违约。如果属于根本违约，则另一方当事人有权终止合同，并就其完全不履行合同要求赔偿损失。

在我国的《民法通则》中，关于合同及合同责任的条款规定，当事人一方不履行合同义务或履行合同义务不符合约定条件的，另一方有权要求履行或采取补救措施，并有权要求赔偿损失。当事人一方违反合同的赔偿责任，应相当于另一方因此所受到的损失。当事人双方都违反合同的，应分别承担各自应负的民事责任。而合同的变更或接触，并不影响当事人要求赔偿损失的权利。

【分析】

(1)《澳门民法典》第44条的原译文为：

“基于不法行为、风险或任何合规范之行为而产生之非合同责任，受引致损失之主要行为发生地之法律规范；因不作为而产生责任时，适用责任人应为行为地法。

“损害结果发生地之法律认为行为人应负责，而行为地之法律不如此认为时，适用损害结果发生地之法律，只要行为人应能预见其作为或不作为会在受该法律约束之地造成损害。

“然而，如行为人及受害人有同一常居地而偶然身处外地，则适用共同常居地法，但不影响上两款所指定之法律体系中应对任何人一律适用之规定之适用。”

葡文原文：A responsabilidade extracontratual fundada, quer em acto ilícito, quer no risco ou em qualquer conduta lícita, é regulada pela lei do lugar onde decorreu a principal actividade causadora do prejuízo; em caso de responsabilidade por omissão, é aplicável a lei do lugar onde o responsável deveria ter agido.

Se a lei do lugar onde se produziu o efeito lesivo considerar responsável o agente, mas não o considerar como tal a lei do lugar onde decorreu a sua actividade, é aplicável a primeira lei, desde que o agente devesse prever a produção de um dano, em lugar sujeito àquela lei, como consequência do seu acto ou omissão.

Se, porém, o agente e o lesado tiverem a mesma residência habitual e se encontrarem ocasionalmente no exterior, a lei aplicável será a da residência comum, sem prejuízo das disposições do ordenamento jurídico designado nos termos dos números anteriores que devam ser aplicadas indistintamente a todas as pessoas.

笔者在引用时作了必要的重译，原因如下：

将causadora (do prejuízo) 译为“引致”(损失)，为译者的杜撰，规范的现代汉语中并无此词，实则为“导致”。而é aplicável a lei do lugar onde o responsável deveria ter agido的译文“适用责任人应为行为地法”，为一病句：如果“责任人”是主语，“为”是谓语，“法”是宾语，那么“人”怎么就成为“法”了呢？如果将“适用责任人”看作一动宾结构作主语，同样不通。这种病句在法典里是绝对应当杜绝的。根据前面的意思，译为"……则适用于行为发生地的法律"，此句为被动语态，亦可译为主动语态"……由行为发生地法律所规范"。

显然，译者为了表述清楚、准确，特意将 a primeira lei 译为"损害结果发生地之法律"，其实不必，在语境非常清楚的情况下，可将其译为"前者的法律"，以示精练。而将 desde 译为"只要"，似乎简单了些；该词之后引出的是一个状语从句，此种用法颇多。如：Para isso será exigida a maioria de dois terços dos deputados presentes, desde que superior à maioria absoluta dos deputados em efectividade de funções. 这需要出席议员三分之二的大多数，但应占在职议员的绝对多数。故在此将其译为"但应"，且将"但"与"应"分开，译为"但行为人应能预见……"。

将 indistintamente 译为"不影响（上两款所指定之……）"，似有不妥。根据上下文，应理解为"并无区别"，故可将原译文的否定语气改为主动语气，译为"仍然适用"。

（2）合同（contract），俗称"契约"。在民法及其学说史上，曾有合同和契约的区别。前者为两个当事人的目的相同、意思表示的方向也一致的共同行为；后者指当事人双方的目的对立、意思表示的方向相反的民事法律行为。作为法律概念的合同，有广义与狭义之分。狭义合同概念专指以发生债权债务内容的合意；广义合同概念指以发生私法上的效果为目的的一切合意。

英语中关于 contract 有多种解释。概括而言，主要为 an agreement between two or more parties to do or not to do a thing or set of things; a contract in the popular sense of the word is an agreement between two or more parties, and so on.

【参考译文】

Contract and Its Liability

"Noncontractual liability caused by illegal action, risks or behavior following the contract is liable to the law of a location where the major action was taken place resulting in the damage; whereas liability caused by omission is liable to the law of a location where the action occurred.

"In a case where the doer is ascertained to be liable for the damage by the law in a location where the damage takes place, whereas the ascertainment being otherwise in accordance with the law in a location where the behavior occurs, the former is applicable to the case; provided the doer has been able to predict the liability of his action or inaction judged by the local law.

"However, in a case where the doer and the sufferer reside in a common location, the local law is applicable; and yet regulations with indiscriminate nature stipulated by the law as a whole, as it is designated in the above two clauses, remain enforceable". [Translated from *Civil Code of Macao* (Portuguese Edition), article 44]

These passages are concerned with law of contract and its liability. A contract is an agreement between two or more persons intended to create a legal obligation between them and to be legally enforceable. In essence, law of contract exists accordingly to regulate all kinds of business and economic relations, such as sale, hiring, employment, construction and many more. In general, the law of contract, comprises both principles, mainly derived by induction from many particular cases, which are applicable generally to all or most kinds of contracts, such as about capacity to contract, consideration, the effect of fraud or mistake, and the like, and other principles and rules which are peculiar to particular kinds of contracts, such as sale or hire-purchase agreements. In fact, law of contract is a product of business civilization and a market economy. Roman law recognized various types of contracts and agreements, despite not all being legally enforceable. Meanwhile, law of contract is inevitably accompanied with breach of contract, which is the failure by either party to implement any of the duties incumbent on him by the contract and gives rise to a claim of damages in compensation for the breach, or if in a fundamental respect, to a right to treat the contract as at an end and to recover damages for its total failure.

In the *General Principles of Civil Law* of China, clauses concerning contract law and its obligations stipulate that if a party fails to fulfill its obligations or violates the terms of a contract while fulfilling the obligations, the other party shall have the right to demand fulfillment or the taking of remedial measures and claim compensation for its losses. The party that breaches a contract shall be liable for compensation equal to the losses consequently suffered by the other party. If both parties breach the contract, each party shall bear its respective civil liability. And a party's right to claim compensation for losses shall not be affected by the alteration or termination of a contract.

七、例文 7

人格

“人格(1)自完全出生且具有生命时开始。

“未出生者的法定权利取决于其出生与否。

“在符合上款条件的情况下，人格保护范围包括是否对胎儿造成损害。

“然而，生父母无须对受孕时造成子女畸形或遗传疾病负责，亦无须对在怀孕期间对子女造成的损害负责，除非是故意造成损害。”［译自《澳门民法典》（葡文版）第 63 条］(2)

人格的基础仍然是“人”的概念。如前所述，人分为自然人和法人两大类。从理论而言，在自然人中，一切有生命的人都是法律上的人。而关于一个尚未出生的活体胎儿是否属于法律上的人，在各国法学界还存有争议。在有些法律中，否认年幼者或弱智者是法律上的人；也许在某种意义上讲他们是人，然而他们的法律权利和义务是由其监护人或法定代表来代为行使的。但是在不同时期，根据不同的法律体系，对于以其他方式界定的个体，尽管活着但并不具民法能力者，则不被视为法律上的人。关于“未成年”的概念，在不同的法规中，根据特定的需要，有着不同方式的定义。有些法律也使用“儿童”和“年轻人”的术语来分别指代未满 14 岁和 14～17 岁的人。一般而言，10 岁以下的未成年人不承担任何刑事责任；10～14 岁未成年人被假定为无犯罪意图，但如有证据可推翻这一假定。总之，就本质而言，法律上的人，是指那些在特定的法律制度中可以起诉和被起诉、具有法律人格的实体，是法律关系中的主体和法律权利的享有者。

根据我国的《民法通则》，公民自出生起至死亡止，具有民事权利能力，依法享有民事权利、承担民事义务。18 岁以上的公民为成年人，具有完全民事行为能力，可独立进行民事活动。16 岁以上不满 18 岁的公民，以自己的劳动收入为主要生活来源的，视为完全民事行为能力。10 周岁以上的未成年人是限制民事行为能力人，可以进行与他的年龄、智力相适应的民事活动；其他民事活动由其法定代理人，或征得其法定代理人的同意。不满 10 周岁的未成年人无民事行为能力，由其法定代理人代理民事活动。而不能辨认自己行为的精神病人则是限制民事行为能力人，可以进行与其精神健康状况相适应的民事活动；其他民事活动则由其法定代理人代理，或者征得其法定代理人的同意。无民事行为人、限制民事行为能力的监护人是其法定代理人。同时，根据我国《婚姻法》规定，患有医学上认为不应当结婚的疾病者，则禁止结婚；而婚前患有医学上认为不应当结婚的疾病、婚后尚未治愈的，则其婚姻无效。对此，在澳门的民法典中并无明确规定。

【分析】

（1）“人格”的基础是“人格尊严权”（right of personality）。一般人格权是相对于具体人格权而言的基本权利，以包括人格独立、人格自由、人格平等、人格尊严全部内容的一般人格利益为客体，产生和规定着具体人格权的内容。

“人格”英语用了 personality，该词有着多重含义，如 legal personality，即 legal existence or status of a person 法人资格或法律人格（某人法律上的存在或地位）；corporate personality，即 legal existence of an incorporated company which can be treated as a person 公司法人（能像人一样对待的组建成公司的法律存在）；qualities of mind and spirit which make one person different from another 品格，人格（使一个与他人不同的思想和精神质量）。

（2）《澳门民法典》第 63 条的原译文为：

“人格始于完全出生且有生命之时。

“未出生之人获法律所承认之权利系取决于其出生。

“人格之保护范围包括对胎儿造成之损害，但以符合上款之条件为限。

“然而，生父母无须就受孕时对子女造成之畸形或传给子女之疾病负责，亦无须就受孕后对胎儿造成之损害负责，但属故意造成之损害者除外。”

葡文原文：A personalidade adquire-se no momento do nascimento completo e com vida.

Os direitos que a lei reconhece aos nascituros dependem do seu nascimento.

A tutela da personalidade，desde que preenchida a condição do número anterior，abrange as lesões provocadas no feto.

No entanto，os progenitores não são responsáveis pelas malformações causadas aos filhos ou pelas doenças a eles transmitidas，no momento da concepção，nem，salvo quando tenham sido intencionalmente provocadas，pelas lesões produzidas posteriormente no feto.

笔者在引用时作了必要的重译，原因如下：

Nascimento completo 为“完全出生”，即英语的 complete birth，完全产，指母体与胎儿之间的脐带断离后胎儿完全娩出。此句意为人格开始的两个条件：出生和具有生命。出生后有两种可能，一是死亡，一是具有生命，故二者缺一不可。

将 os direitos que a lei reconhece 译为“获法律所承认之权利”太啰唆，可简化为“法定权利”，而完全不失其原意。“系”（取决于）完全多余。可将 dependem 译为“由其……所决定”。

将 a tutela da personalidade，…. abrange as lesões provocadas no feto 译为“人格之保护范围包括对胎儿造成之损害”属严重表达错误。照此而言，“保护范围包括……损害”；换言之，“损害”是在“保护范围”之内，即法律保护的是这种“损害”，这不但不符合原文的意思，而且是荒谬的。原因在于两种语言的表达差异，而译文未能作出有效的调整。对此，可有两种“加译”的处理办法：①在“包括对胎儿造成之损害”后面加上“所要承担的法律责任”；②在“对胎儿造成之损害”的前面加上“是否”，以此来准确、完整地转述原文。在翻译中，有时为了准确，字字“对准”原文，以为“忠实”，结果译文所表达的意思却与原文恰恰相反。此为典型之例。而将 desde que preenchida a condição do número anterior 译为“但以符合上款之条件为限”，亦显烦琐，可简化为“基于上述条款”，而不失其原意。Concepcao 是指受孕时，feto 是指怀孕期间。

将 os progenitores não são responsáveis pelas malformações causadas aos filhos ou pelas doenças a eles transmitidas，no momento da concepção 译为“生父母无须就受孕时对子女造成之畸形或传给子女之疾病负责”固然不错，但为准确起见，应在“生父母”前加上“亲”字，在“传给”前加上“遗”字。可将“但属故意造成之损害者除外”中的“属”和“之”字去掉。法律公文，应力求字字珠玑。

【参考译文】

Personality

“A personality is gained from the moment a person is born.

“The rights for an unborn person recognized by law depend on his or her birth.

“Whether there is a harm to fetus falls into the protection for personality based on the conditions specified by the previous article.

"However, blood-parents are not liable for their children's malformation and transmissible diseases during the fertilization, nor are they liable for damages of their children during the pregnancy, except deliberate attempts were found on their part". [Translated from *Civil Code of Macao* (Portuguese Edition), article 63]

Personality is still based on the concept of "persons", which can be categorized into natural persons and legal or juristic persons as stated above. Theoretically, in law, among natural persons, every living human being is a person. The issue of whether an unborn living fetus is a person defined by law is still controversial in jurisprudence of various countries. In some laws, it is sometimes denied that young children or persons mentally incapacitated are legal persons; but probably they are in some sense, though all legal rights and duties must be discharged by a guardian or representative. But at various times and in various legal systems, persons deemed civilly dead, and other categories of individuals have been, though alive, not deemed to be legal persons. "A child", or "a person who is under the age of majority", these terms are commonly defined in different ways by particular statutes for their particular purposes. Certain statutes also use the terms "child" and "young person" for those under 14 – 17 respectively. In general, a child under 10 cannot be guilty of any offence; between 10 and 14 a child is presumed incapable of criminal intent but evidence may overcome the presumption. In short, a person in a law is any entity recognized as having an existence in law capable of suing and being sued, and being subject to duties and liabilities in legal relations.

A citizen shall have the capacity for civil rights from birth to death and shall enjoy civil rights and assume civil obligations in accordance with the law. A citizen aged 18 or over is regarded as an adult who shall have full capacity for independently engaging in civil activities. A citizen who has reached the age of 16 but not the age of 18 and whose main source of income is from his own labour shall be regarded as a person with full capacity for civil conduct. A minor aged 10 or over shall be a person with limited capacity for civil conduct and may engage in civil activities appropriate to his age and intellect; in other civil activities, he shall be represented by his agent *ad litem* or participate with the consent of his agent *ad litem*. A mentally ill person who is unable to fully recognize his own conduct shall be a person with limited capacity for civil conduct and may engage in civil activities appropriate to his mental health; in other civil activities, he shall be represented by his agent *ad litem* or participate with the consent of his agent *ad litem* . The guardian of a person without or with limited capacity for civil conduct shall be his agent *ad litem*. Meanwhile, according to the *Marriage Law* of our country, if the man or the woman is suffering from any disease, which is regarded by medical science as rendering a person unfit for marriage, the marriage shall not be contracted. Before marriage, if one party is suffering from a disease which is regarded by medical science as rendering a person unfit for marriage and, after marriage, a cure is not effected, the marriage shall be invalid. However, there is no such stipulation in the *Civil Code of Macao*.

八、例文 8

人格权（1）

"对人格权[(1)]所作的自我约束，凡涉及不可支配利益、违反公共秩序原则或有损优良社会风俗的，均属无效。

"在不属上款规定且并无与之相反规定的情况下，若人格权自我约束者年满 14 岁、对其判断及适用范围具有基本的辨别能力，则该种自我约束具有效力。

"未满 14 岁的青少年，只要具有上述条款中所指的辨别能力且不同意其法定代理人为其所作的承诺，则该承诺无效。"［译自《澳门民法典》（葡文版）第 69 条］[(2)]

所谓人格权，是广义"权利"中的一种。从根本而言，权利是由特定的法律制度规定的赋予某人好处或利益的法律概念。在古希腊哲学和罗马法中，权利似乎等于正确和正义。尔后，权利有时是从自由意志的基本论据事实中推论出来，有时则被认为在根本上是以人与人之间法律关系为基础、由法律规则确定、由法律命令予以认可和保护、被认为是法律正义规则予以认可和保护的一种利益。权利又可分为人格权和所有权。人格权（personal right），是附属个人的权利，是形成个人法律身份或人身条件的一部分，而不是其资产、产业或财产的部分，包括自由权、对配偶和子女的权利、荣誉权和名誉权、维护尊严和法定地位及诸如此类的权利。此种权利通常不能转让。而与之相对应的所有权（proprietary rights）则是指在个人的资产、产业、财产上或其某些方面的权利，可以用金钱来衡量，通常可以出卖或赠予，它们包括对土地、货物、股份、专利、商誉、债务及其他诸多方面的权利。

根据我国的有关法律，人格权主要有如下特征：①人格权为任何民事主体所具有，无论自然人还是法人，成年人还是未成年人。自然人的人格权因出生而取得，因死亡而终止。②人格权为支配权，权利人直接支配其人格利益，并排除他人的干涉。但权利人对自己的自由和生命，不能像对自己的财产那样自由处分。由于现代民法以生命、自由为人类社会的最高价值，权利人摒弃自己的自由和生命的行为绝对无效。③人格权为绝对权，即任何人都负有不侵害权利人人身权的义务。④人格权为专署权，即人身权不得与权利人相分离，不得转让。但法人、个体工商户、农村承包经营户的名称权可以转让。人格权有一般人格权和特别人身权之分。一般人格权，即以主体的全部人格利益为标志的总括性权利，包括生命、身体、健康、名誉、自由、姓名、贞操、肖像、隐私等全部人格利益。特别人格权，即法律就特定的人格利益所明确的权利。我国《民法通则》规定的特别人格权有生命健康权、姓名权、名称权、肖像权、名誉权、婚姻自由权。区别一般人身权和特别人身权的意义，在于凡对某人格里已在法律上规定为个别人格权的，便适用该规定；特别人格权未规定的人格利益，则适用关于一般人格权保护的规定。人格权通过对消除侵权行为和损失赔偿的诉求得到保护。

【分析】

(1) 人格权，过去多用 moral right，现在则多用 right of personality，是指存在于权利人自己人格上的权利，亦即以权利人自己的人格利益为标的之权利。自然人的人格权因出生而取得，因死亡而消灭，不得转让或抛弃。

英语中，personal right 是以 person 为基础的。Person 英语可释为 so far as legal theory is concerned, a person is any being whom the law regards as capable of rights and duties. Any being that is so capable is a person, whether a human being or not, and no being that is not so capable is a person, even though he be a man.

(2)《澳门民法典》第 69 条的原译文为：

“对行使人格权所作之自愿限制，凡涉及不可处分之利益，违反公共秩序原则或侵犯善良风俗者，均属无效。

“在不属上款规定之情况下，如同意人格权受限制之本人满 14 岁，且在表示同意时，具有判断同意之意义及其可及之范围之必要辨别能力者，则该自愿限制产生效力，但另有规定者除外。

“即使有关之未成年人未满 14 岁，只要其具有上款所指之辨别能力，且其反对其法定代理人所作之同意，则该同意不生效力。”

葡文原文：Toda a limitação voluntária ao exercício dos direitos de personalidade é nula，se disser respeito a interesses indisponíveis，se for contrária aos princípios da ordem pública ou se for contrária aos bons costumes.

Ressalvados os casos previstos no número anterior，e sem prejuízo de disposição em contrário，a limitação voluntária dos direitos de personalidade é eficaz se nela consentir maior de 14 anos que possua o discernimento necessário para avaliar o seu sentido e alcance no momento em que o presta.

Ainda que o menor não tenha 14 anos，o consentimento do representante legal não é eficaz se for prestado com a oposição do menor，contanto que este possua o discernimento referido no número anterior.

笔者在引用时作了必要的重译，原因如下：

将 a limitação voluntária 译为“自愿限制”，是过于死板的译句，其实可译为“自我约束”。将 a interesses indisponíveis 译为“不可处分之利益”，则是一病句，因“处分”与“利益”属词语搭配不当。“处分”的主要含义是给犯错误或犯罪的人以处罚，如“按情节轻重予以处分”；或在书面语言里有“处理”“办理”具体事情之意，而“利益”为抽象名词，不可用“处分”作其定语。原文的实际意思是，不可涉及他人的、不属自己权力范围内的利益，即英语的 unauthorized interest。而将 contrária aos bons costumes 译为“侵犯善良风俗”，亦属病句。“侵犯”的两个基本含义，一是非法进入或用武力进攻他国领域，二是损害别人权利。而“侵犯”“风俗”，则属“风马牛不相及”的搭配。其实可将 contrária 译为“有损”。将 bons costumes 译为“善良风俗”，亦属词语搭配不当。“善良”是对人的心灵、心态或性格的一种形容，意为和善纯正，如“心地善良”等。“风俗”可以是淳朴、敦厚的，但却与“善良”无缘。可将这里的 bons 理解为英语的 decent。同时，将 costumes 译为“社会风俗”。

译文“在不属上款规定之情况下…… 但另有规定者除外”，将两个状语从句 ressalvados os casos previstos no número anterior 和 sem prejuízo de disposição em contrário 分别放在句首和句尾来处理，显得有些生硬、别扭。可遵循原文，一并放在句首处理，以更加自然、通顺。将 discernimento necessário para avaliar o seu sentido e alcance no momento em que o presta 译为

"在表示同意时，具有判断同意之意义及其可及之范围之必要辨别能力者"过于烦琐，可译为"对其判断及适用范围具有基本的辨别能力"，简化原文中所包含的意思且并未有疏漏，因其在语言上下文的关系中得到了体现。而将 eficaz 译为"产生效力"属用词不当，应译为"具有效力"。

将 ainda que o menor não tenha 14 anos 译为"即使有关之未成年人未满 14 岁"过于烦琐。副词词组 ainda que 不一定要处处译出为"即使"，特别是在上下文已表明的情况下，以求精练。而"有关之未成年人未满 14 岁"过于啰唆，"未满 14 岁"的当然是"未成年人"，无须重复；而根据国际上通行的惯例，"14 岁"属青少年，故将此句译为"未满 14 岁的青少年"。而将 consentimento 译为"同意"过于简单，可译为"承诺"。

【参考译文】

Right of Personality（1）

"It shall be invalid for any self-restraint of personal right, which involves unauthorized interest, violation of the principle of public order and decent custom.

"A case which is an exception of the above article and not in contradiction with any existing regulations, shall be considered valid for the self-restraint of personal right committed by a person who has reached 14 years of age and is equipped with the capacity necessary to judge the situation and its applied scope.

"If a person under 14 years old, with the discerning ability denoted in the last article, disagrees with the commitment made by his legal representative, the commitment shall result in invalidity". [Translated from *Civil Code of Macao* (Portuguese Edition), article 69]

The so-called "personal right" is part of a larger concept of "right". Fundamentally, right is a legal concept denoting an advantage or benefit conferred on a person by rules of a particular legal system. In Greek philosophy and Roman law, a right seemed to have been identified with what was right and just. Later, a right was sometimes deduced from the fundamental datum of free will or sometimes seen as essentially based on legal relationships between persons determined by a rule of law and sanctioned and protected by the legal order, or sometimes as an interest recognized and protected by a rule of legal justice. Right can be divided into personal and proprietary rights. Personal rights are those which attach to a person, but are not part of his assets or estate or property; they include rights to freedom, rights against spouse and children, rights to honor and reputation, to honors, dignities and official position and the like. In general, these rights cannot be transferred. The related proprietary rights are rights in or to some element of a person's assets or estate or property, which may be valued in money and, usually, sold or gifted; they include rights to land, goods, shares, patents, goodwill, debts and many more.

According to the relevant laws of China, personal rights have the following characteristics: Firstly, personal rights are enjoyed by any civil subject, whether a natural person or a legal person, an adult or a minor. A natural person's personal rights are acquired upon his birth and terminated upon his death. Secondly, personal rights are rights of control. The obligee directly dominates his personal benefits free from any interference of another person, but he may not dispose his freedom and life as freely as his property. Since the modern civil law attributes the highest value to life and freedom in human society, any of the obligee's acts to abandon his freedom and life is absolutely void. Thirdly, personal rights are absolute rights. All persons are obligated not to infringe upon the personal rights of an obligee. Fourthly, personal rights are exclusive rights. Personal rights are inseparable from the obligee and may not be assigned except the rights of name of legal persons, individual businesses and lease-holding farm households. Meanwhile, personal rights fall into general personal rights and special personal rights. General personal rights refer to the general rights with all the personality benefits of the subject as the object, concerning life, body, health, reputation, freedom, name, chastity, portrait and privacy. Special personal rights refer to the rights stipulated by the law with regard to specific personal benefits. Special personal rights stipulated by *General Principles of the Civil Law* include the rights of life and health, the right of personal name, the right of name, the right of portrait, the right of reputation and the right of marriage by choice. The significance of distinguishing the two lies in the practice, where a certain personal benefit is deemed as a special personal right by the law, the relevant provision shall apply. With regard to a personal benefit stipulated by special personal rights provisions protecting general personal rights shall apply. The right of personality is protected with the rights of claim for the elimination of infringements and compensation for losses.

九、例文9

人格权（2）

“除有特殊规定者外，‘同意’可以任何方式表示，只要该种表示方式可表明受法律保护利益者或其法定代理人的自愿、自由和明确的意思。

“对人格权(1)的合法自愿限制，可随时废止；即使对由当事人的正当期待而造成损害、须承担赔偿责任者，也不例外。

“生命权不可放弃或转让，亦不受法律或意愿的限制。”［译自《澳门民法典》（葡文版）第69、70条］(2)

此段仍涉及人格权的问题，可在以前的基础上作进一步的阐述。概括而言，人格权主要包括两方面的内容：一是法律人格，即某人法律上的存在或地位，及公司法人，即能像人一样对待的组成公司的法律存在；二是品格、人格，即一个与他人不同的思想和精神质量。这里主要论述前一方面的问题。所谓法律人格，是指私法上的权利和义务所归属的主体，即权利、义务的归属点。在本质上，法律人格对自然人而言有两大属性：身份（status）和能力（capacity）。通过确定隶属于这些特定人的权利与义务，它们共同赋予法律主体这个概念以法律性内涵。尽管一切自然人都可能具有法律人格，但他们具有各不相同的能力。法律上对于法律关系主体的承认基于对法律人格的承认。换言之，生物意义上的人和社会组织形式上的人仅因其具备了法律人格，才在法律上获得了平等的权利能力，从而使得法律人格和权利能力两个概念统一到同一个实质意义上来。在罗马法中，“人”（persona）只是指自然人，不考虑该自然人是否能够行使权利及承担义务。这个概念发展到近现代才出现了法人也可以成为法律上的人的理解。有学者认为，人格是人格权的基础；人格是“天赋的权利”，而人格权、身份权和财产权属于“获得的权利”。

在现代法律制度中，法律人格一般因出生而确立。尚在子宫内未出生的胎儿不具法律人格，但有时适用假定胎儿出生准则。这样，在影响到未出生的胎儿的权利事项中，假如胎儿出生后是活体的，那么未出生的胎儿就被视为已出生的。在一些司法辖区，这一原则扩展为使婴儿一旦出生就可对它造成的伤害提出权利要求，虽然要确定对孩子承担的责任、证明被指控的不当行为和胎儿遭受的伤害的因果关系极为困难。与此类似的是，法律人格已伴随人的自然死亡而终止，但是法律人格在某些情况下并非因死亡而绝对终止。比如，被继承人可能因死亡获得资产，也可能因所负债务和致人损害而承担责任。此外，若被继承人已经表达了用一种公认有效的方式来处理遗产的愿望，这些愿望的法律效力为许多法律制度所承认，可以强制遗嘱执行人履行义务，或者必要时，指定一个遗产管理人。遗嘱执行人可被视为“被继承人”，他使被继承人的法律人格延续到遗产管理职责履行完毕之时。法人的法律人格始于设立手续完成，并被有关部门承认具法律存在之时。法人法律人格在下列情况下终止：其授权期限届满或被以适当方式解除。

【分析】

（1）在谈到“人格权”时，经常会涉及一个基本概念——人格尊严（dignity of human personality），即作为一个“人”所应有的最起码的社会地位，以及应受到社会和他人最起码的尊重。换言之，即把人真正当作“人”对待的一个基本条件。英语对此的解释为：Dignity which exists in law in a sense obsolete in non-legal contexts. It is used to mean “rank；magnitude”, especially in the phrase of constitutional dignity. E. g. , a statute and a constitution, although of unequal dignity, are both laws, and rest on the will of the people.

（2）《澳门民法典》第 69、70 条的原译文为：

“同意得以任何方法表示，只要该方法能表现出受法律保护利益之人或其法定代理人之认真、自由及已明了情况之意思；但有特别规定者除外。

“对人格权所作之合法自愿限制得随时废止，即使对他方当事人之正当期待造成损害而须负赔偿义务者亦然。

“生命权不得放弃或转让，亦不得受法定或意定之限制。”

葡文原文：Salvo norma especial, o consentimento pode ser expresso por qualquer meio que traduza uma vontade séria, livre e esclarecida do titular do interesse juridicamente protegido, ou, se for o caso, do representante legal.

A limitação voluntária dos direitos de personalidade, quando legal, é sempre revogável, ainda que com obrigação de indemnizar os prejuízos causados às legítimas expectativas da outra parte.

O direito à vida é irrenunciável e inalienável e não pode ser limitado legal ou voluntariamente.

笔者在引用时作了必要的重译，原因如下：

在将 o consentimento pode ser expresso por qualquer meio 译为中文时，因“同意”在这里特指法律概念，故应将此二字加上引号。将状语 salvo norma especial（但有特别规定者除外）作为句尾处理，似无必要，依汉语习惯，完全可将此放在句首，且可删去“但”字。Meio 一般译为“方法”。如：Tem procurado，por todos os meios，sair da má situação em que se acha. 他已想了许多办法来摆脱恶劣处境。但这里，根据上下文，宜译为“方式”，更确切地说，是“表示方式”。而将 uma vontade séria，livre e esclarecida 译为“认真、自由及已明了情况之意思”不准确，可译为“自愿、自由和明确的意思”。

将 a limitação voluntária dos direitos de personalidade，quando legal，é sempre revogável，译为一句“对人格权所作之合法自愿限制得随时废止”，有三处不妥：①“所作之”多余，宜删去；②“得”（随时废止），用字不妥，应为“可”；③句子太长，应在“限制”后，以逗号断开。而后一句，因是对前一句的补充说明，故应以分号断开。而将 ainda que com obrigação de indemnizar os prejuízos causados às legítimas expectativas da outra parte 译为“即使对他方当事人之正当期待造成损害而须负赔偿义务者亦然”，有两处不妥：①“即使对……”的结构不对，看似对“义务者”，实则是对“他方当事人之正当期待造成损害”，主语错误，应译为“对由当事人的正当期待而造成损害、须承担赔偿责任者”。②将 obrigação 译为“义务者”，一般而言无可非议，但在这里，更准确的法律含义为“责任者”。

“不得”（放弃或转让），应为“不可”。将 não pode ser limitado legal ou voluntariamente 译为“不得受法定或意定之限制”，有两处不妥：①“得”字多余，应删去；②“意定”为译者的杜撰，非法律规范用语，实为“意愿”，故此句宜译为“不受法律或意愿的限制”。

【参考译文】

Right of Personality（2）

“Except it is specifically stipulated，a consent shall be made in any forms which are expressive in terms of conveying the volition of a legally protected person or a legal agent willingly，freely and distinctly.

“Any legal self-restrain of personality made by anyone maybe annulled unexpectedly；there is no exception to those who are liable for compensating a damage caused by a legitimate expectation.

"The right of life is neither releasable nor transferable, and shall not be confined to any legal or willful limitation". [Translated from *Civil Code of Macao* (Portuguese Edition), article 69 & 70]

These passages also touch upon an issue previously discussed-personality. Generally speaking, personality mainly includes the following two meanings: a. legal personality, that is the legal existence or status of a person; corporate personality, that is legal existence of an incorporated company which can be treated as a person. b. qualities of mind and spirit which make one person different from another. The issue involved is in the former realm. In essence, legal personality refers to the civil body that right and obligation of private law depends on. Personality, particularly in relation to natural persons, has two attributes, status and capacity, which together give legal content to the idea of being a legal person by defining what legal rights and duties attach to particular kinds of persons. Though all natural persons may have personality, not all have the same status or capacity. The recognition of body on legal relations is based on the recognition of legal personality. In other words, person in biology and in social groups gets the qualification of joining legal relationship only after his personality has been recognized. A natural person under modern civil law is born to have equal capacity of civil right, which unites the seemingly different objects of legal capacity and capacity of civil right. Back to Roman law, "persona" pointed to natural person, no matter whether he had such a civil capacity. Till modern times, this concept evolved to the jurisdiction that legal person maybe looked on as a "person". Some scholars point out that personality is the base of right of personality, and personality falls into "given rights", and right of personality, personal right and property right belong to "acquired rights".

In modern legal systems, personality generally commences with birth; the unborn child in the womb has no legal personality but sometimes the maxim *nascinaru iam nato habenar* is applied, so that in matters affecting its interests, the unborn child, provided it is latter born alive, is treated as if it were already born. In some jurisdictions this principle extends to enable the child, once born, to claim for injuries inflicted on it before birth, though the difficulties of establishing that any duty was owed to the child, and of proving causal connection between the alleged wrong and any harm sustained, are very great. Similarly, personality in general ends with natural death, though personality continues to the extent that the deceased's estate may, in some cases, recover assets due to the now deceased, and may be liable for debts or damages. Also if the deceased has expressed his wishes as to the disposal of his estate in a way recognized as valid, many legal systems give effect to these wishes, enforcing the duties of the executor or, if necessary, appointing an administrator. The executor may be said to be *cadem persona cum defuncto* and to continue the deceased's personality until the administration of his estate has been completed. In the case of corporations, personality commences only when the constituting formalities have been completed and the appropriate authority has granted legal existence, and personality terminates when the grant of personality expires or is rescinded in appropriate manner.

十、例文 10

生命健康权

“任何人具有身心健全、受人尊重的权利。

“未经本人同意，不得对其实施可影响其身心健全的医学或科学方面的手术或试验。

“严禁以人体器官和其他人体部分作交易，即使其已与人体分离且获得了相关权利人的许诺。

“对身心健全权的自愿限制，如预见将对生命(1)构成严重危害，或对权利人的健康可能造成严重的、不可恢复的后果，则视为无效；但后者具有充分理由时除外。”［译自《澳门民法典》（葡文版）第 71 条］(2)

此段涉及的问题实质是人的生命健康权（the rights of life and health）。人的身体、生命、健康为自然人的最根本利益，是人之所以为人，并进而成为法律主体的根基。因此，生命健康权是自然人最基本、最重要的人格权，是自然人享有其他权利的基础。在西方，有所谓“生命主体”（subject-of-life）的概念。一个生命主体有一系列的特征，包括具有信念、欲望、记忆、感觉、自我意识、情感生活、对未来的感知、以行动追求目标的能力，以及合理的独立于他人利益功用性的存在。此种人有着与生俱来的价值，即具有可为他人独立尽功用的价值。基于这种内在价值，一个生命主体具有保护此种价值、使其不受伤害的权利，而其他主体则有义务来尊重这些权利。

进一步而言，生命健康权又可细分为生命权、身体权和健康权。生命权指自然人维持其生命和安全的权利。将生命权作为一种独立的权利进行保护，是大多数国家的立法惯例。身体权指自然人维护其身体安全、完整并支配其肢体、器官以及其他组织的权利。身体为生命和健康所附着的载体。无身体也就无所谓生命、健康，无生命的躯体则为尸体。健康权指自然人以身体功能的完整性和良好的心理状态为内容的权利。随着医学的进展，健康权包括心理权利，这已为世界上多数国家的立法和司法所认同。在一般情况下，侵害身体便同时侵害健康，但也有只侵害健康而不损及肢体的，如致人患病；或只侵害身体而不损及健康者，如非法剪人头发。在西方，关于对人身的保护，有着明确的规定。例如，每个具有健全头脑的成年人，都有权决定对于自己身体的所作所为；医生对于没有得到病人许可所做的手术，可被视为“侵害”。同样，对某人的“侵犯”是一种有意识的侵权，即一种有意识的行为，而不是损害。这种类型的侵权与无意识的侵权行为相反，例如“疏忽”是一种无意识的行为。对于有意侵权行为，可以在没有实际损害证明情况下——只需证明此种行为曾经发生过——而采取法律行为。同理，病人即使没有受到伤害，也可起诉医生的“侵害罪”。

【分析】

(1) 涉及“生命”，英语通常为 life，释为 time when a person is alive 生命（人活着的时间）。For life = for as long as someone is alive 终身（只要某人活着）。

相关联的英语有 right，in one’s own，可简释为 it refers a person’s particular title or claim to something.

(2)《澳门民法典》第 71 条的原译文为：

“任何人均有身心完整受尊重之权利。

“未经本人同意，不得对其施以可影响其身心完整之医学或科学方面之行为或试验。

“禁止以人体器官及其他人体组成部分作交易，即使已与人体分离且取得有关权利人之同意亦然。

“对身心完整权所作之自愿限制，如可预料对生命构成严重危险，或可能对权利人之健康造成严重及不可复原之损害后果，均为无效；但后者具应予重视之理由时，不在此限。”

葡文原文：Toda a pessoa tem direito ao respeito pela sua integridade física e psíquica.

Ninguém pode ser submetido，sem o seu consentimento，a intervenções ou experiências médicas ou científicas que possam afectar a sua integridade física ou psíquica.

É proibido o comércio de órgãos e outros elementos do corpo humano，ainda que dele destacados e com o consentimento do respectivo titular.

A limitação voluntária ao direito à integridade física e psíquica é nula quando，segundo for possível prever，existam sérios riscos de vida ou，salvo justificação ponderosa，dela resultem provavelmente consequências graves e irreversíveis para a saúde do titular.

笔者在引用时作了必要的重译，原因如下：

将 integridade física e psíquica 译为“身心完整”过于僵硬，因为 integridade 不一定都译为“完整”，其原意为 estado de uma coisa que tem todas as suas partes，即作为某一整体事物的有机的一部分。故在此译为“健全”。且在句中“受尊重”为并列的另一意思，应在其前面加顿号分开。

将 a intervenções 译为“行为”过于笼统。一般而言，“行为”多译为 acto，acção，comportamento，proceder，conduta 等。而这里，该词宜译为“手术”。如：Foi submetido a uma intervenção cirúrgica na coluna vertebral. 他的脊椎动了一次手术。

将 proibido 译为“禁止”未尝不可，但根据上下文的语气，译为“严禁”更妥。将 e outros elementos do corpo humano 译为“及其他人体组成部分”，有两点不妥：①易产生歧义，如“及其”“他人”等，故宜以“和”代“及”；②“组成”多余，应删去。最后一句 ainda que dele destacados e com o consentimento do respectivo titular，为前一句的让步状语从句；前后两句其实可以互换，译为“即使人体器官和其他人体部分已与人体分离且获得了相关权利人的同意，仍严禁对此予以交易”。当然，可维持原来语序，但“亦然”多余，应删去。

将 resultem provavelmente consequências graves e irreversíveis para a saúde 译为“对……健康造成严重及不可复原之损害后果”，有两点不妥：①“复原之损害后果”为病句，即把“损害后果”作为对象加以“复原”，结果与原文的意思恰恰相反，故应将“损害”二字删去。②就健康而言，将

irreversíveis 译为“不可复原”不妥，宜为“不可恢复”。同时，将 salvo 译为“不在此限”亦不恰当，根据上下文，应译为“除外”。

【参考译文】

The Rights of Life and Health

“All men are entitled to physical and psychic well-being and the rights of being respected.

“Nobody is subject to a medical or scientific operation or experiment that may affect a person's physical and psychic well-being without his or her consent.

“Commercial trade of human organs and any parts of a body is prohibited, even if they have been detached and permission has been obtained from the respective right holder.

“Any volunteering self-restrain for physical and psychic well-being shall be invalid when it may predictably result in a serious risk to life or a severe damage or an irreversible consequence to a right-holder's health, unless otherwise the latter is deemed possessing a considerable justification”. [Translated from *Civil Code of Macao* (Portuguese Edition), article 71]

The passage is actually concerned with the rights of life and health. Body, life and health are the fundamental interests of a natural person, and constitute a foundation for a person as well as a legal subject. Therefore, the rights of life and health are the most essential and important personal rights based on which a natural person is capable of enjoying other rights. In the West, there is an ideal called “subject-of-life”. It is characterized by a set of features including having beliefs, desires, memory, feelings, self-consciousness, an emotional life, a sense of their own future, an ability to initiate action to pursue their goals, and an existence which is logically independent of being of utility to anyone else's interests. Such an individual has inherent value that is the value it possesses independent of its utility for others. Because of this inherent value, a subject-of-life has rights to protect this value and the right not to be harmed. Other subjects have a duty to respect these rights.

The rights of life and health can be further classified as the rights of life, body and health. The right of life refers to the rights of sustaining a natural person's life and safety. Protecting the right of life as an independent right is the legislative practice of most countries in the world. The right of body refers to the rights of protecting a natural person's body safety, integrity and the ability of taking charge of his limbs, organs and any other parts of the body. Body is a carrier of life and health, which are meaningless without a body; a body without life is called corpus. The right of health refers to the rights of a natural person's integrity of his body functions and psychological well-being. As medical science develops, the right of health may also include psychological rights, which has become a common practice of legislation and jurisdiction of most countries in the world. Generally speaking, infracting a body will result in damaging a person's health simultaneously. However, damaging a person's health may not necessarily result in injuring a body, such as attracting a disease. In another case, trespassing a body may not necessarily result in damaging a person's health, such as cutting someone's hair illegally. In the West, concerning protecting a person's body, there are clear stipulations. Such as every human being of adult years and sound mind has a right to determine what shall be done with his own body; and a surgeon who performs an operation without the patient's consent commits an assault. Also, trespass to the person is an intentional tort, which means that the act, rather than the injury, is intended. This type of tort is in contrast to an unintentional tort, such as negligence, where the act is not intended. With intentional torts, legal action may be taken without proving actual damage: it is enough to prove that the act took place. Consequently, a patient may also sue a doctor for battery even though they have not suffered any injury.

十一、例文 11

姓名及姓名权

“任何人均享有被保护权，而避免其本人或其生活被虚构事实所牵连；即使这种虚构并不损害其名誉及对其看法，亦不涉及其私人生活。

“任何人均享有姓名权(1)，有权使用其姓名的全名或简称，并有权禁止他人非法使用其姓名作为其身份或其他用途。

“而姓名权利人，特别是在其职业活动中，不得使用其姓名以损害与其姓名全部或部分相同人的利益；对此情况，法院须依衡平原则来审判，作出相应判决，以妥善调解利益冲突。

“笔名及其他识别个人身份的方式，如具知名度，则被赋予与其本人姓名相同的保护。”［译自《澳门民法典》（葡文版）第81、82条］[(2)]

这里主要涉及的是姓名及姓名权的问题。概括而言，姓名即用以识别或区分某人或某事的词汇或词组。而一个人拥有的名字，即所谓的“法名”（legal name）是指在法律上所认可的全名，由姓（即英文的family name）和名（即英文的first name，由出生、受浸、受洗等获得）组成。姓名权是一种自然权利，属自然法的一部分，因而被认为是由政府或社会所制定的独立权利的一部分，如同生命权、自由权、财产权等。姓名权亦是私人权利（right of privacy），即自主权的一部分。一般而言，在一个国家的宪法中不会明确地规定“私人权利”，美国的宪法中就无此规定，但最高法院多次裁定，此种权利蕴含在宪法所特别承诺的“私人领地”。同时，姓名权又与“公开权”有关，即个人有权对自己的姓名、相片或爱好等加以控制，且禁止未经本人同意，被他人谋取商业利益。

总体而言，姓名权的内容主要有：①姓名决定权，又称命名权，即自然人自己决定自己姓名的权利。决定自己的姓名是自然人的基本人权，也是主体自治和自律的表现。一般而言，自然人要决定自己的姓名需有意识能力，因此，只有完全民事行为能力人才能自主决定其姓名，无民事行为能力人的姓名应由监护人决定，限制民事行为能力人决定自己的姓名应征得监护人的同意。在无行为能力人和限制行为能力人具有完全行为能力时，其监护人应当尊重其命名权，而不应妨害本人行使这一权利。②姓名使用权，指自然人使用自己姓名以明确自己身份的权利。自然人的姓名是独立主体资格的标志之一，因此，自然人在进行民事活动时，必须使用自己的姓名才能取得民事权利和承担义务。在某种情况下，自然人必须使用自己的正式姓名，如具有法律意义的书面文书的签署、证件的签字以及向法庭作证等。其他场合使用姓名不受限制。自然人的姓名也可以依法允许他人在从事民事活动时使用，如允许他人以自己的名字做广告。③姓名变动权。这是姓名决定权的自然延伸。变更姓名应依规定申请户籍管理机关批准，并在其身份证上作相应的变更。但此仅限于正式姓名。非正式姓名的变更不受限制。一些国家民法典以及中国《民法通则》规定，侵害自然人姓名权的行为主要有：干涉他人使用、决定和变更姓名；盗用他人姓名；假冒他人姓名等。

【分析】

（1）在法律上，姓名权（right of name）是指自然人决定、使用或变更自己姓名的权利并排除他人妨害的权利。姓名是标识自然人的血缘遗传关系的记号，也是自然人之间相互区别的标志，同时也是使法律上的抽象主体具体化的技术。相应的英语有 name, a word or phrase identifying or designating a person or thing and distinguishing that person or thing from others。

(2)《澳门民法典》第 81、82 条的原译文为：

"任何人均有权受保护，以免被他人指称某一虚假事实与其本人或其生活有关，即使该事实不侵犯其名誉及别人对其之观感，又或不涉及其私人生活亦然。

"任何人均享有被保护权，任何人均有权拥有一姓名及有权使用该姓名之全名或简称，并有权反对他人不法使用其姓名，以认别该人本身身份或作其他用途。

"然而，姓名权利人尤其在从事职业活动时，不得使用其姓名以损害与其姓名全部或部分相同之人之利益；如有此情况，法院须按衡平原则之判断，下令采取措施，妥善调解利益衡突。

"笔名及其他识别个人身份之方式，如具有知名度，则享有赋予其本人姓名之相同保护。"

葡文原文：Toda a pessoa tem direito à protecção contra imputações de factos falsos sobre si ou a sua vida, ainda que não ofensivos da sua honra e consideração ou não relativos à sua vida privada.

Toda a pessoa tem direito a ter um nome, a usar esse nome, completo ou abreviado, e a opor-se a que outrem o use ilicitamente para sua identificação ou outros fins.

O titular do nome não pode, todavia, especialmente no exercício de uma actividade profissional, usá-lo de modo a prejudicar os interesses de quem tiver nome total ou parcialmente idêntico; nestes casos, o tribunal decretará as providências que, segundo juízos de equidade, melhor conciliem os interesses em conflito.

As acções relativas à defesa do nome podem ser exercidas não só pelo respectivo titular, como, depois da morte dele, pelas pessoas referidas no n.º 2 do artigo 68.º

O pseudónimo, bem assim como outros meios de identificação da pessoa, quando tenham notoriedade, gozam da protecção conferida ao próprio nome.

笔者在引用时作了必要的重译，原因如下：

Direito à protecção 为"保护权"，故不必将 Toda a pessoa tem direito à

protecção 译为“任何人均有权受保护”，而译为“任何人均享有被保护权”。将 factos falsos 译为“虚假事实”欠妥，因为“虚假”与“事实”相互矛盾；“虚假”即非“事实”，而“事实”即非“虚假”，故应将“虚假”改为“虚构”。而 ainda que não ofensivos da sua honra e consideração ou não relativos à sua vida privada 为让步状语从句，故“……亦然”多余，应删去。“侵犯其名誉及别人对其之观感”则为病句，因侵犯“名誉”尚可，而侵犯“观感”则为荒谬搭配。进言之，将其中的 consideração 译为“观感”，实为蹩脚译文，既不符合法律用语又不符合现代汉语的规范，应极力避免在法典这样严肃的公文中出现此种用法。实则，consideração 为“尊重”或“看法”，如 merecer consideração 值得受尊重，em sinal de consideração 以示尊重。又如：Tenho por ele muita consideração. 我很尊重他。

将 toda a pessoa tem direito a ter um nome 译为“任何人均有权拥有一姓名”过于死板，其中的冠词 um 不必译出，因一个人其实不止享有一个姓名，如在澳门，许多人拥有一中文及英文或葡文名，可译为“任何人均享有姓名权”。将 a opor-se a que outrem o use ilicitamente para sua identificação ou outros fins 译为“并有权反对他人不法使用其姓名，以认别该人本身身份或作其他用途”，有两点不妥：①opor-se 一般情况下译为“反对”，如 opor argumentos 提出反驳的论据，opor tropas frescas ao inimigo 用主力反抗敌人。但在这里却不恰当，因其程度不够，故应译为“禁止”，即英文的 prevent 或 prohibit。②将此句译为两句，特别是“以认别该人本身身份或作其他用途”实为啰唆，完全可简化为一句，即“并有权禁止他人非法使用其姓名作为其身份或其他用途”。

将 decretará as providências que 译为“下令采取措施”，过于生硬，可译为“作出相应判决”。

Gozam da protecção conferida ao próprio nome 的译文“享有赋予其本人姓名之相同保护”为病句，应改为“被赋予与其本人姓名相同的保护”。

【参考译文】

Name and the Right of Name

“All men enjoy the right to protection in order to avoid being involved in fictitious factors, even such factors present no harm to the person’s reputation and credibility regarded by other people, nor are they involved in his personal life.

"All men enjoy the right of name, legitimately using his full name or shortened form, and prevent others to use his name for identification and other purposes.

"The owner of a legal name shall not damnify the interests of the people who have same or partially same names. For such cases, the court shall make judgment based on the doctrine of equity in order to conciliate the conflict of interest.

"A pseudonym and other means of personal identity that are well known shall enjoy an equal protection of the real name". [Translated from *Civil Code of Macao* (Portuguese Edition), article 81 & 82]

Here the main issues concerned are name and the right of name. Generally speaking, name is a word or phrase identifying or designating a person or thing and distinguishing that person or thing from others. And a person's name is actually a legal name which means a person's full name as recognized in law, consisting of a first name (in English a first name is usually given at birth or at a baptism or christening) and a last name (in English usually a family name). The right of name is part of the natural right, a right that is conceived as part of natural law and that is therefore thought to exist independently of rights created by government or society, such as the right to life, liberty, property and so on. By the same token, the right of name is also part of the right of privacy, which is the right to personal autonomy. In general, a constitution of a country does not explicitly provide for a right of privacy, such as in the American constitution, but the supreme court has repeatedly ruled that this right is implied in the "zones of privacy" created by specific constitutional guarantees. Meanwhile, the right of name is also related to the "right of publicity", namely the right to control the use of one's own name, picture, or likeness and to prevent others from using it for commercial benefit without one's consent.

In a nutshell, the main contents of the right of name are as follows: ①The right of name determination, or the right of naming, that is the right for a natural person to determine his name. Being able to determine one's name is the basic human right for a natural person as well as the demonstration of subject-autonomy and self-discipline. Generally speaking, determining a name for a natural person requires the capacity of intention. Therefore, only a person with full civil capacity is capable of determining his name. For a person of no civil capacity, his guardian shall determine his name, and a person with qualified civil capacity shall determine his name with the consent of his guardian. Once a person without civil capacity or with qualified capacity has achieved his full civil capacity, the guardian shall respect his right of name without any intrusion. ②The right to execute one's name. This is the right for a natural person to apply his name in identifying himself. A natural person's name is one of the symbols for his independent identity. Therefore, during a civil activity, a natural person shall use his real name in order to acquire the civil rights and commit to obligations. In certain circumstances, such as signing a legal document or identity card and bearing witness to the court, a natural person is required to use his formal name. And under other conditions, there may not be such requirement. A natural person's name may also be permitted to be used by others in their civil activities, such as being used in an advertisement. ③The right of changing name. This is a natural extension of the right of name. Application for name changing shall be made in compliance with the regulations to registry authority, and the name on the identity card shall also be altered accordingly. This requirement only applies to changing a formal but not an informal name. Based on the regulations stipulated in some countries' Civil Codes and China's *General Rules of Civil Law* the infringement of a natural person's right to name, are mainly reflected in such aspects as intruding on other's rights in using, purloining, counterfeiting other's names and so on.

十二、例文 12

死亡(1)和推定死亡

“失踪人的配偶、继承人及对失踪人的财产拥有权利的人（此种权利取决于失踪者的死亡），均有申请宣告失踪者推定死亡的权利。

“自失踪人的最后消息七年之后，方可提出上述申请。

“若失踪人已年满八十，即使在其失踪期间仍然生存，自其失踪最后消息五年之后，亦可申请宣告失踪者的推定死亡。

“对失踪人推定死亡的宣告，不取决于其事先是否设有监护人，而取决于根据其失踪最后消息所推定的死亡时间。”［译自《澳门民法典》（葡

文版）第 100 条］[(2)]

此段涉及的是死亡和推定死亡的问题。在诸多情况下，死亡是一种重要法律事件，尽管可能难以确定死亡是何时发生的。就主要的法律意义而言，可以说死亡发生于心脏、脉搏及呼吸停止之时。确定死亡发生与否以及准确的死亡时间，对于器官移植、婚姻的终止、继承和遗产，以及由死者的亲属办理社会保障福利和权益等，非常重要。确定死亡原因，如自然死亡、意外事故、自杀或他杀，对于许多责任原则的确立十分重要，无论这种原则是民事的还是刑事的，如请求侵权损害赔偿，对于谋杀罪或其他犯罪的起诉等。如果是自然死因，则法律很少涉及某种临床因素。一个人死亡的事实，将对根据合同或侵权行为而产生的请求权或责任产生影响。某些赔偿请求和责任会因死亡而消失，其余的则为有利或不利于其财产的目的而转移给其代理人（遗产执行人或遗产管理人）。在许多法律制度中，当某人失踪到一定期限，通常是 7 年，即可推定其死亡。这种规定，对于财产权和如婚姻权利的其他权利的确定很有必要。从另一方面推定死亡也可以称之为“推定生存”，即如果已知道某人在特定的时间活着，便作出一种可反驳的推定，即推定他超出与其同时出生的一般和正常人的生命期限继续生存了一段时间。然而，若某人至少连续 7 年没有被见到、听到或得到其有关消息，则在 7 年届满后，被推定死亡。但要确定 7 年内的准确死亡日期，则须靠证据而不是推测来确定。

在《中华人民共和国刑法通则》中，关于宣告失踪和宣告死亡，主要有以下规定：公民下落不明满两年的，利害关系人可向人民法院申请宣告其为失踪人。战争期间下落不明的，其时间从战争结束之日起计算。失踪人的财产由其配偶、父母、成年子女或关系密切的亲属、朋友代管。代管有争议的，没有以上规定的人或以上的人无能力代管的，由人民法院指定的人代管。失踪人所欠税款、债务和应付的其他费用，由代管人从失踪人的财产中支付。被宣告失踪的人重新出现或确知其下落，经本人或利益关系人申请，人民法院应撤销对其失踪的宣告。被宣告死亡的人重新出现或确知其没有死亡，经本人或其关系利害人申请，人民法院应撤销对其死亡的宣告。有民事行为能力人在被宣告死亡期间实施的民事法律行为有效。被撤销死亡宣告的人有权请求返还财产。依照继承法取得其财产的公民或组织，应返还原物；原物不存在的，应给予适当补偿。

【分析】

（1）在法律上，死亡是指自然人生命终止的生物事实。在法律上，自然人的民事权利能力，因死亡而消灭，即以死亡为自然人民事权利能力之终期。

相应的英语表达主要有：death，demise，decease，surcease。Death is the common word，the other three being formal words（in order of increasing formality）that act almost as euphemisms. There is nothing wrong with the word death，although it has inherently unpleasant connotations. But that is the nature of the subject，and writing decease or surcease in legal contexts is only a little less ridiculous than writing going to meet his Maker.

（2）《澳门民法典》第 100 条的原译文为：

"失踪人之配偶、继承人，以及对失踪人之财产拥有权利且该权利取决于失踪人死亡之人，均可声请宣告失踪人之推定死亡。

"上款所指之声请，仅自失踪人最后音信日起经过 7 年后，方得提出。

"假设失踪人在失踪期间仍生存，已满 80 岁，且自失踪人最后音信日起已经过 5 年者，亦得声请宣告失踪人之推定死亡。

"失踪人之推定死亡之宣告，不取决于先前有否设定保佐，且以失踪人最后音信日终了时为推定死亡之时。"

葡文原文：A declaração de morte presumida de pessoa ausente pode ser requerida pelo cônjuge，pelos herdeiros do ausente e por todos os que tiverem sobre os bens do ausente direito dependente da condição da sua morte.

O requerimento referido no número anterior só pode ser efectuado decorridos 7 anos sobre a data das últimas notícias.

Pode igualmente requerer-se a declaração de morte presumida do ausente que，se fosse vivo，já houvesse completado 80 anos，contanto que，sobre a data das últimas notícias，já hajam decorrido 5 anos.

A declaração de morte presumida do ausente não depende de prévia instalação da curadoria e referir-se-á ao fim do dia das últimas notícias que dele houve.

笔者在引用时作了必要的重译，原因如下：

原文中的 por todos os que tiverem sobre os bens do ausente direito dependente da condição da sua morte 因其字数较多、结构较为复杂，故不易译得简明通顺。这里可采取以括号加以说明的方式，即先表明"对失踪者的财产拥有权利的人"，再在括号中具体说明此种权利。而将 requerida 译为"声请"属译者的臆造，而非规范的现代汉语。该词的原意为"要求的""需要的"等，如 estar nas condições requeridas 符合所要的条件。这里可译为“申请”。

将 notícias 译为“音信”似有不妥。该词有“消息”等意，如 estar sem notícias de alguém 不知某人消息。又如：As notícias espalham-se rapidamente. 消息迅速传开。故这里译为“消息”。语序也可作适当调整，即将 no número anterior só pode ser efectuado decorridos 7 anos sobre a data das últimas notícias 提前译出，译为“自失踪者的最后消息 7 年之后”。而原译文中的“经过”多余，应删去。

对于 Pode igualmente requerer-se a declaração de morte presumida do ausente que，se fosse vivo，já houvesse completado 80 anos，不一定按其原来的语序译出；因根据现代汉语的习惯，应先讲明其性质、年龄等，再讲述其客观情况，故译为“若失踪者已年满 80，即使在其失踪期间仍然生存……”。

A declaração de morte presumida do ausente não depende…译为“失踪人之推定死亡之宣告，不取决于……”属于病句，应在“失踪人”之前加上“对”，从而形成一介词结构，作“宣告”的定语。既然将 não depende de 译为“不取决于……”，后边就不宜用“且以……”；现代汉语讲究对称，故后面宜译为“而取决于……”。原译文“失踪人最后音信日终了时为推定死亡之时”让人费解，应译为“根据其失踪最后消息所推定的死亡时间”。

【参考译文】

Death and Presumption of Death

“A missing person’s spouse，heirs and the person who has the right to possess the missing person’s assets（such right depends on the missing person’s death）are entitled to apply for declaring the missing person’s presumed death.

“The application can only be made subsequent seven years of the latest notice of a missing person.

“In the case when a missing person has reached eighty years of age，the application for a missing person’s death can be made subsequent five years of the latest notice of his missing，even if he may still be alive during the missing period.

“The declaration of a missing person’s death is made not on the condition of whether he has a guardian，but rather on the presumed-death-time based on his latest missing notice". [Translated from *Civil Code of Macao* (Portuguese Edition), article 100]

The passages are concerned with the issues of death and presumption of death. Death is an event of legal importance in many contexts, though it may be difficult to say when it takes place. For most legal purposes it can be said to take place when heartbeat, pulse, and breathing stop. Determination of whether death has occurred and precisely when it occurred is important for such legal purposes as removal of an organ for transplanting to a living person, and for termination of marriage, for succession and inheritance, insurance and social security benefits, claims by surviving relatives, and other purposes. Determination of the cause of death, whether by natural causes, accident, suicide, or homicide, is very important for many principles of liability, whether civil or criminal, e. g., for claims of damages for tort, or for prosecution for murder, manslaughter, or other crime. If the cause of death is natural, the law is rarely concerned with whether it is attributable to one clinical factor rather than another. The fact that a person's death has taken place has consequences for his claims and liabilities under contract or tort. Some claims and liabilities may lapse on death; others transmit to his personal representative (executor or administrator) for the benefit of or against his estate. A person who has disappeared may in many legal systems be presumed dead after the lapse of a fixed period, frequently seven years. Such a provision is necessary to enable property and other rights, e. g., marriage, to be determined. Concerning presumption of death, it may also be called, "presumption of life". It is meant that where a person is known to have been alive at a particular time, there is a rebuttable presumption that he continued in life for some time beyond the ordinary and normal duration of life for a person born at the time he was born. If, however, he has not been seen, reported or heard from or about, for at least seven years continuously he will be presumed to have died not later than the expiry of the seven years. If it is necessary to establish the precise date of death within the seven-year period, it must be done by evidence and is not established by presumption.

Concerning declarations of missing persons and death, the main stipulations in *General Principles of the Civil Law of the People's Republic China* are as follows: If a citizen's whereabouts have been unknown for two years, an interested person may apply to a people's court for a declaration of the citizen as missing. If a person's whereabouts become unknown during a war, the calculation of the time period in which his whereabouts are unknown shall begin on the final day of the war. A missing person's property shall be placed in the custody of his spouse, parents, adult children or other closely connected relatives or friends. In case of a dispute over custody, if the persons stipulated above are unavailable or are incapable of taking such custody, the property shall be placed in the custody of a person appointed by the people's court. The custodian by the people's court shall defray any taxes, debts and other unpaid expenses owed by a missing person. In the event that a person who has been declared missing reappears or his whereabouts are ascertained, the people's court shall, upon his own application or that of an interested person, revoke the declaration of his missing person status. In the event that a person who has been declared as dead reappears or it is ascertained that he is alive, the people's court shall, upon his own application or that of an interested person, revoke the declaration of his death. Any civil juristic acts performed by a person with capacity for civil conduct during the period in which he has been declared dead shall be valid. A person shall have the right to request the return of his property, if the declaration of his death has been revoked. Any citizen or organization that has obtained such property in accordance with the Inheritance Law shall return the original items or make appropriate compensation if the original items are no longer existent.

十三、例文 13

信任(1)与法律

“为了社会的延续与进步，就不仅需要规则，而且要确保这些规则具有效力——使其不形同虚设，而是被人人遵守。至于规则的对象（即被规范者）的主观愿望则不予考虑；至少违规要付出赔偿。

“例如，制定相应规则，规定‘借款须偿还’。唯其如此，才可以鼓励‘借款’(2)这种互利形式。若‘偿还借款’并非一般行为准则，则只有少数慷慨之人会借钱给别人。然而，只有‘欠债还钱’的规则还不够，因为很多人并不遵守规则，从而有损这种互助方式；而应尽力确保这些规定具有效力。”（译自孟狄士，1988）(3)

此段主要涉及信任与法律的问题。一般而言，信任有以下五个方面的内容：可靠、真实、诚实、主见和能力。“可靠”是通过一致性和可预见性形成的。一个人只有长期靠得住，才具有可靠性。“真实”是指信息和事物的传递以及接收者所展示出的确实性和温和性。一个人如果被认为善于在背后“搞小动作”，则不可能被认为是真实的。“诚实”是指具有准确和正直的特性。行为如实、在见解和判断中力求准确，则被认为是诚实的。“主见”最可展示一个人的性格、道德和正义感。如果一个人具有这些品质，在信任中能为他人的利益和福祉着想，则此人便值得信赖。“能力”则主要包括智力、专业和知识方面。同时，信任又包括人际信任和自我信任两种。人际信任即一部分个人或团体对另一部分可以信赖的个人和团体的期待，而自我信任亦是指一方对另一方的确信。

然而，只有信任通常是不够的，还需要有法律来确保。法律可以解释为法律系统中处理某一具体领域的一套规定和原则。所有的法律都是成群个体或由个体结集的团体的法律。从法学方面而言，法律分为“总法”和“分法”。总法，是指并非地方的或只适用于某些人的法律。即使某既定法律在施行中只适用于某个人或实体，而其宗旨却适用于其权限范围内的所有地域和人群中的某一特定阶层，亦属通法。分法则与通法相反，只适用和影响到某些特定个案、个人、地方或事务。

【分析】

（1）关于“信任”（trust），英语释为 it can apply to a variety of fiduciary relationships，including executorship，guardianship，and agency。

（2）这里以“借款”为例说明法律的必要性。只有信用还不够，还须有法律保护，具体而言，就是“借款合同”。在中国法律中，借款合同指贷款人将一定数额金钱之所有权移转于借款人，由借款人在还款期截止时归还相同数额金钱并支付利息的合同。借款合同属于以金钱为标的物的消费借贷合同。理论上，有时将借款合同界定为法人和其他经济组织之间的金钱借用关系，而将借贷合同界定为自然人和其他经济组织之间的金钱借用关系。

（3）原译文为：

“但是，为了社会能继续存在及进步，不仅需有规则，还需确保这些规则能发挥效力：使得这些规则能存在及被遵守，而不论这些规则的相对人（即这些规则所规范的人）的愿望及意欲为何，又或至少使得违反获得弥补。

“例一：应订出一条规则，其规定‘须还款予借款者’。这样便鼓励了以‘借款’作为内容的相互帮助。如‘偿还欠债’不是通常的行为准则，那么只有十分慷慨的人（少数的人）才会借钱予别人。然而，只订出这规则，规定欠债还钱，这是不足够的，因为有很多人是不遵守这规则的，从而损害到这种互助方式。故此，应尽可能确保这规定能产生效力。”（译自孟狄士．法律研究概述．黄显辉，译．澳门：澳门基金会，澳门大学法学院，1988）

葡文原文：Para que a sociedade subsista e progrida ê preciso，porém，mais que a pura existência de normas. É necessârio que a essas normas seja garantida a maior medida possivel de eficácia：se procura que existam e sejam respeitadas，independentemente dos desejos e vontade dos seus destinatários（das pessoas a quem se dirigem），ou pelo menos que o desrespeito seja reparado.

I oexemplo É conveniente que exista uma norma que diz，quem dinheiro deve ser reembolsado. Isso estimula a forma de entre-ajuda que se traduz em emprestar dinheiro-se o reembolso não fosse padrão normal de conduta，só os muito generosos（minoria）emprestariam. Mas a simples existência de uma norma que manda reembolsar aquilo que se pediu emprestado não basta. Muitos não compririam a norma，e de novo a referida forma de entre-ajuda seria frustrada. É preciso que à norma se dê a máxima garantia possivel de eficácia.

笔者在引用时作了必要的重译，原因如下：

原文 subsistir 有“继续”“仍然存在”之意，如 monumentos romanos que subsistente ainda 现存的古罗马建筑。但在这里不必刻板地译为“能继续存在”，可简化为“延续”。而将 possivel de eficácia 译为“能发挥效力”，是太过“尊重”原文了，可译为“具有效力”。将 se procura que existam e sejam respeitadas 译为“使得这些规则能存在及被遵守”，只译出了其字面意思，其真实含义为“使其不形同虚设，而是被人人遵守”。

将 independentemente dos desejos e vontade dos seus destinatários（das pessoas a quem se dirigem），ou pelo menos que o desrespeito seja reparado 译为“而不论这些规则的相对人（即这些规则所规范的人）的愿望及意欲为何，又或至少使得违反获得弥补”，有两个较严重的问题：①将 destinatários 译为非规范法律术语“相对人”不妥，该词在此为“对象”之意。如：O serviço tem como destinatários todos os estudantes. 该项服务以全体学生为对象。②“又或至少使得违反获得弥补”不但是语法病句，而且意思与原文相反。怎么会“违反”了之后还要“获得弥补”呢？这岂不是成了对于“违反”行为的一种鼓励吗？而 reparado 这里更多的是“纠正”“补偿”之意，如 reparar os erros anteriores 纠正以前的错误，reparar o tempo perdido 挽回失去的时间。故根据上下文，此句可译为“至于规则的对象（即被规范者）的主观愿望则不予考虑；至少违规要付出赔偿”。

将 É conveniente que exista uma norma que diz，quem dinheiro deve ser reembolsado 译为“应订出一条规则，其规定‘须还款予借款’”，过于啰唆，因其中的 uma（一条）不必译出，而“予”字多余，故译为“制定相应规则，规定‘借款须偿还’”。

在 se o reembolso não fosse padrão normal de conduta，só os muito generosos（minoria）emprestariam 一句，不必将其中的（minoria）照搬译为（少数的人），可根据其本意，将后半句直接译为“则只有少数慷慨之人会借钱给别人”。

“然而，只订出这规则，规定欠债还钱，这是不足够的，因为有很多人是不遵守这规则的，从而损害到这种互助方式”（Mas a simples existência de uma norma que manda reembolsar aquilo que se pediu emprestado não basta. Muitos não compririam a norma，e de novo a referida forma de entre-ajuda seria frustrada.）。可将其中的“只订出这规则，规定欠债还钱，这是不足够的”三句合并为一句“只有‘欠债还钱’的规则还不够”，将“这”（规则的）和“足”（够的）删去，将其译为“然而，只有‘欠债还钱’的规则还不够，因为很多人并不遵守规则，从而有损这种互助方式”。原文 máxima garantia ... 字面意思为“最高保证……”，可译为“尽力确保……”。同时，不必将 possivel de eficácia. 刻板地译为“产生效力”，而译为“具有效力”。

【参考译文】

Trust and Law

“However，in order for a society to continuously exist and progress，it not only requires a set of rules but an assurance for them to be efficient-rules which shall be objectively existent and obeyed regardless the desire and willingness of their objects（the targeted objects）. In a worse case，an offender ought to compensate victim for the loss.

“Example one，a rule shall be stipulated to force a debtor to repay the debt. In a way a lending-borrowing relation can be maintained and advocated. If the practice was not regulated，there would be fewer generous people（minority）are willing to lend money to others. Nevertheless，it is not sufficient to only have the regulation in place; they ought to be made forceful for there are always people disregarding rules, resulting in impairing the form of reciprocation. Maximizing the efficiency of the law is therefore paramount". [Translated from (Portuguese) Mendes, 1988]

The passage is mainly concerned with the trust and law. Generally speaking, the quality of trust is consisted of following five elements: reliability, genuineness, truthfulness, intent, and competence. Reliability is established through consistency and predictability. To be considered reliable, a person is consistently dependable over time. Genuineness is the quality referring to the level of authenticity and congruence exhibited by the sender or receiver of a message or product. Individuals cannot be thought of as trustworthy if they are perceived by themselves or others as operating behind a facade. Truthfulness is characterized by a devotion to accuracy and honesty. People who display honesty in actions and seek to be correct in their opinions and assertions are considered to be truthful. Intent is best explained as the display of good character, ethical behavior, and integrity. A person who exhibits these qualities may be thought of as trustworthy if he or she acts in the best interest or welfare of all individuals involved in the trust process. Competence includes all that might be referred to as intelligence, expertness, and knowledge. In the meantime, trust is also considered in terms of either interpersonal or intrapersonal. Interpersonal trust is defined as an expectancy held by an individual or group that another individual or group can be relied upon. And intrapersonal trust also refers to the perceived trustworthiness of a sender by the sender.

However, it is usually insufficient to only have trust, which normally needs to be ensured by law. Law can be simply explained as a set of rules or principles dealing with a specific areas of a legal system. All law is the law of group individuals or of a group made up individuals. Legally speaking, law is divided as "general law" and "special law". What is so called "general law" is the law that is neither local nor confined in application to particular persons. Even if there is only one person or entity to which a given law applies when enacted, it is general law if it purports to apply to all persons or places of a specified class throughout the jurisdiction. What is called "special law" is a law that pertains to and affects a particular case, person, place or thing, as opposed to the general public.

十四、例文 14

有关合同[1]的问题

“因此，可以通过法院、警力、军队等手段，以确保其效力，使债务人遵守规则。如有必要，可到债务人住所，利用强制手段，收回欠款，交还给债权人；或将债务人财物变卖，将欠款归还给债权人。

“若某人与他人签订合同，按合同规定，债务人须交付给债权人所要款额。例如，某人聘请一外科医生为其进行手术，或聘请一著名画家为其画肖像，若债务人不履行合同，则不能强迫其履行合同（nemo potest precise cogi ad factum）。于是该规定便可不受保护了吗？并非如此。

“即使不能强迫作出特定的支付，也应使该人依法作出在法律上等同的支付。Faute de mieux：对损失及损害（按照新《民法典》所使用的词语）作出赔偿，或是传统上所指的对损害作出赔偿。简言之，则是以非特别处理或罚金来取代特别处理。”（译自孟狄士，1988）[2]

这一段涉及的主要问题是“合同”。所谓“合同”，其实就是双方或多方就权利所达成的具有约束力或法律所认可的协议（如契约），合同通常以书面形式固定下来。合同这一术语用来确指下列事务，如由各方持续经营行为所导致的新的法律关系、这种法律关系中的个人权利和义务，以及由此而来的权力、优惠及豁免等。当事人订立、履行合同，应当遵守法律、行政法规，尊重社会公德，不得扰乱社会经济秩序，损害社会公共利益。依法成立的合同，对当事人具有法律的约束力。当事人应按照约定履行自己的义务，不得擅自变更或解除合同。依法成立的合同，受法律保护。订立合同的当事人，应具有相应的民事权利能力和民事行为能力。当事人可依法委托代理人订立合同。当事人可以书面、口头及其他形式订立合同。法律、行政法规规定采用书面形式的，应采用书面形式。当事人约定采用书面形式的，应采用书面形式。书面形式是指合同书、信件和数据电文（包括电报、电传、传真、电子数据交换和电子邮件）等所表现相关内容的形式。依法成立的合同，自成立时生效。

法律、行政法规规定应办理批准、登记等手续生效的，依照其规定。当事人对合同可以约定附加条件。附生效条件的合同，自条件成立时生效。附解除条件的合同，自条件成立时失效。当事人为自己的利益而不正当地阻止条件成立的，视为条件已成立；不正当地促成条件成立的，视为条件不成立。当事人对合同的效力可以约定期限。附生效期限的合同，自期限届至时生效。附终止期限的合同，自期限届满时失效。当事人应按照约定全面履行自己的义务，并遵循诚实信用的原则，根据合同的性质、目的和交易习惯履行通知、协助、保密等义务。

合同生效后，当事人就质量、价款或报酬、履行地点等内容没有约定或约定不明确的，可以协议补充；不能达成补充协议的，按合同有关条款或交易习惯确定。

合同生效后，当事人不得因姓名、名称的变更或法定代表人、负责人、承办人的变更而不履行合同义务。

【分析】

（1）英语中作为名词的 contract，可作如下特殊定义：A definition of a contract presupposes that the law recognizes a single concept of contract. In fact it is doubtful if this is really the case. Certainly there is one very central and powerful concept in the middle of contract law…But contractual obligations arise in such a very wide variety of circumstances, and are based on such a wide variety of grounds, that there is little relationship between cases on the outer extremities of contract law.

从本质上讲，这里涉及的是“合同法”。它是指调整合同关系的法律规范的总称。合同关系包括合同的概念、订立、形式、效力、履行、变更、担保以及违约责任等。广义的合同法指涉及这些内容的法律规范的总称，即作为部门法的合同法；狭义的合同法指以此名称命名的单行法律本身，中国已于 1999 年颁布实施了统一的《合同法》。

（2）原译文为：

“因此，不同的途径——法院，警员部队，军队——可达至这样的确保，通过这些途径使债务人遵守该规则。例如，到债务人的住处取回欠款。如有需要，可使用公力取回欠款，之后将之交回债权人。又例如，取去其财物出售，借此还款予债权人。

“假设某人与另一人订立合同。按合同规定，某人（债务人）须亲身为对方作出一债权人所欲之给付。例如，某人聘请一外科医生为其进行手术或聘请一著名画家为其绘画肖像。如债务人不履行合同，则不可能强迫他亲身履行合同（nemo potest precise cogi ad factum）。那么，就让这规定成为一条不获保护的规定吗？不。

“即使不可能强迫作出特定的给付，但法律应使该人履行一些在法律上视为等同的给付。faute de mieux：对损失及损害（按照新《民法典》所采用的字句）作出赔偿，又或按传统的说法，对损害作出赔偿。若嫌冗长，则可说以非特定执行或以金钱作代替物来执行，以代替特定执行。”（引自孟狄士．法律研究概述．黄显辉，译．澳门：澳门基金会，澳门大学法学院，1988）

葡文原文：Daqui resulta que a garantia se efectua deste modo; há meios-tribunais, forces policiais e militares-através dos quais se consegue obter o cumprimento d norma à custa do devedor. Vai-se buscar a casa do devedor, pela força se preciso for, dinheiro e entrega-se ao credor; ou vâo-se buscar bens que se vendem, e do mesmo modo se entrega o dinheiro ao credor.

Suponhamos agora que uma pessoa celebra com outra um contrato pelo qual se obriga a prestado pessoalmente pelo devedor-uma pessoa contrata com um cirurgiâo da sua confiança fazer uma operaçâo, ou com um pintor célebre pintar o retrato. Se o devedor nâo cumprir, nâo se pode compeli-lo a fazê-lo pessoalmente (nemo potest precise cogi ad factum). Deixa-se a norma sem protecçâo? Nâo; nâo é possivel a execuçâo forçada specifica, da prestaçâo em si; mas o direito faz cumprir algo que se considera (faute de mieux) juridicamente equivalente: uma indemnizaçâo de perdas e danos ou indemnizaçâo pelo dano tout court. Fala-se entâo, em lugar de execuçâo especifica, numa execuçâo nâo especifica, ou execuçâo por sucedâneo pecuniário.

笔者在引用时作了必要的重译，原因如下：

对于 daqui resulta que a garantia se efectua deste modo; há meios-tribunais, forces policiais e militares-através dos quais se consegue obter o cumprimento d norma à custa do devedor 不必过于拘泥其形式地译为“因此，不同的途径——法院，警察部队，军队——可达至这样的确保，通过这些途径使债务人遵守该规则”，可译为更符合汉语习惯的句式，如“因此，可以通过法院、警力、军队等手段，以确保其效力，使债务人遵守规则”。

将 vai-se buscar a casa do devedor, pela força se preciso for, dinheiro e entrega-se ao credor; ou vâo-se buscar bens que se vendem, e do mesmo modo se entrega o dinheiro ao credor 译为“例如，到债务人的住处取回欠款。如有需要，可使用公力取回欠款，之后将之交回债权人。又例如，取去其财物出售，借此还款予债权人”有几点不妥：①根据法律定义，“取回”（欠款）应改为“收回”。②“公力”的概念为误用，根据上下文可改为“强

制”。③将“又例如，取去其财物出售，借此还款予债权人”其中的“又例如”删去，“取去”改为“将”；“借此还款予债权人”是一句极其蹩脚的中文，可改为“将欠款归还给债权人”。

“假设某人与另一人订立合同。按合同规定，某人（债务人）须亲身为对方作出一债权人所欲之给付”（Suponhamos agora que uma pessoa celebra com outra um contrato pelo qual se obriga a prestado pessoalmente pelo devedor），其中的 suponhamos 可简化为“若”，删去“亲身”（pessoalmente 可不必译出），“某人（债务人）须亲身为对方作出一债权人所欲之给付”为烦琐、别扭中文的表达，须修改，同时应将该句“打通”，即将“订立合同”后的句号去掉，故该句译为“若某人与他人签订合同，按合同规定，债务人须交付给债权人所要款额”。

将 deixa-se a norma sem protecçâo? Nâo 译为“那么，就让这规定成为一条不获保护的规定吗？不”不但啰唆，而且欠专业化，可改为“于是该规定便可不受保护了吗？并非如此”。“若嫌冗长，则可说以非特定执行或以金钱作代替物来执行，以代替特定执行”（Fala-se entâo，em lugar de execuçâo especifica，numa execuçâo nâo especifica，ou execuçâo por sucedâneo pecuniário），可将“若嫌冗长”改为“简言之”，而 execuçâo especifica 不一定译为“特定执行”，可译为“特别处理”，故该句译为“简言之，则是以非特别处理或罚金来取代特别处理”。

【参考译文】

Issues Concerning Contract

“The effectiveness may be insured by different means—the court，police force and army. In the way a debtor is forced to obey the rule. Wherever it is necessary，officials have the authority to collect debt using public resources，even sell off the property to repay the creditor.

“Once a contract is signed，the debtor shall pay the creditor on the agreed conditions. For instance，after a surgeon or well-known painter was invited to provide service，if the receiver had breached the contract and would not possibly be forced to obey the contract，wouldn’t the rule be no longer protected? Absolutely not.

“Even there is no coercion，a debtor shall repay the creditor legally equivalence according to the law. Repaying the loss and damage（the term used *in New Civil Code*) or traditionally termed ‘compensate for the damage’. In short, instead of carrying a special execution, a non-special execution or money-substitute-repayment may be applied". [Translated from (Portuguese) Mendes, 1988]

The main issue this passage has involved is contract. A so-called contract is actually an agreement between two or more parties creating obligations that are enforceable or otherwise recognizable by law (a binding contract). It is normally recorded in a written form. The term contract has been used indifferently to refer to different things, such as the series of operative acts by the parties resulting in new legal relations, the legal relations resulting from the operative acts, consisting of a right or rights in personal and their corresponding duties, accompanied by certain powers, privileges, and immunities and so on. When concluding and performing a contract, the parties shall comply with the laws and administrative regulations and observe social ethics, and they may not disrupt the social and economic order or jeopardize the public interests. A lawfully formed contract shall be legally binding on the parties. The parties shall perform their respective obligations as agreed, and no party may unilaterally modify or rescind the contract. A lawfully formed contract shall be protected by law. When concluding a contract, the parties shall have the appropriate capacity for civil rights and for civil acts. A party may lawfully entrust an agent to conclude a contract on its behalf. The parties may conclude a contract in writing, orally or in another form. Where the laws or administrative regulations require a contract to be concluded in writing, the contract shall be in writing. If the parties agree that their contract shall be in writing, it shall be in writing. The term "in writing" refers to a form which is capable of tangibly stating the content, such as a written contract, letter and electrically or electronically transmitted document (including a telegram, telex, facsimile, electronic data interchange and e-mail). A lawfully formed contract shall be effective upon its formation.

Where the procedures of approval and registration are required for a contract to become effective under certain provisions of laws and administrative regulations, such provisions shall govern. The parties may agree to attach conditions to the effectiveness of a contract. A contract with conditions attached to its effectiveness shall take effect upon fulfillment of such conditions. A contract with conditions attached to its dissolution shall become void when such conditions are fulfilled. If a party illegitimately impedes the fulfillment of the conditions for its own interests, such conditions shall be deemed to have been fulfilled. If a party illegitimately facilitates the fulfillment of the conditions, such conditions shall be deemed to have not been fulfilled. The parties may agree to attach a time limit to the effectiveness of a contract. A contract with a time limit attached for its effectiveness shall come into effect upon the expiry of such time limit. A contract attached with a time for its termination shall become void when such time limit expires. The parties shall fully perform their obligations as agreed. The parties shall perform such obligations as giving notice, providing assistance and maintaining confidentiality on the principle of good faith and in accordance with the nature and purpose of the contract and trade practice.

After a contract takes effect, the parties may reach supplementary agreement on particulars such as quality, price or remuneration and place of performance which are not provided for or are not definitely stipulated in the contract. If no supplementary agreement can be reached, such matters shall be determined in accordance with the relevant clauses of the contract or trade practice.

After a contract becomes effective, no party may refuse to perform its obligations under the contract by reason of a change in its name or a change in its legal representative, responsible officer or handling person.

十五、例文 15

商业企业

"商业企业主为：独自、以个人名义或通过第三人经营商业企业的一切自然人和法人。

"商业企业[1]指以营利为目的、具有经济活动生产要素、系统地进行经营的组织。

"仅具有与主体有关的部分经济活动要素的组织，不属于商业企业。"［译自《澳门商法典》（葡文版）第 1、2 条］[2]

简言之，商业企业是牟取利润的一种组织，它可以由自然人或法人来经营。换言之，公司就是企业；或是用不大常用的解释，就是集团、合伙、结合，来从事商业或工业上的生意。据说，有限公司是现代社会的一项最伟大的发明——比蒸汽机和电力的发明还伟大，因为世界财富的绝大多数是由公司创造的。而公司常被人们用来当作经营商业的工具。许多企业起步甚微，通常是少数人之间的合作。若一家商业企业有了起色，经营者便希望扩展公司，而这就需要注入资金。资金的注入可以通过结集更多的人来投入企业进行经营所需的资本，也可通过贷款。

无论是有限公司还是股份公司，一经注册便具有了独立法人资格。它以自己的名义拥有资产，且只要守法，便可不受任何机构或个人的干预而独立地开展其企业业务，即股份持有者亦无权干涉公司的业务。公司根据市场因素作出经营决策；无论是股民还是国家都无权干涉其独立自主的经营管理。这与合作伙伴关系完全不同。这种独立的身份可以通过对股民和资产所有者的权利的比较来加以说明。资产所有者享有对资产的八项功能，并无权干涉他人及以自己的资产来影响法庭的审判。然而一旦资产所有者将财产投入公司，他便只可享有股民的权利，不可再占有、利用或转移原来的财产。

【分析】

（1）根据国际惯例，企业（business）形成的基础为：the principal corporations are composed of a number of persons and classifiable as （a） charted;（b） statutory; and （c） registered corporations. Chartered corporations are created by royal charter。

Business 主要有两种含义：①work of buying or selling 生意（买或卖的工作）: on business = on commercial work 做生意（做商业工作）。②企业。如：He owns a small car repair business. 他拥有一个小汽车修理公司。She runs a business from her home. 她在家办了一个企业。He set up in business as an insurance broker. 他开业做起了保险经纪人。

（2）《澳门商法典》第 1、2 条的原译文为：

“商业企业主为：以自己名义，自行或透过第三人经营商业企业之一切自然人或法人；

“商业企业系指以持续及营利交易为生产目的而从事经济活动之生产要素之组织，尤其从事以下活动……

“从事不能与活动主体分开之经济活动之生产要素之组织，不视为商业企业。”

葡文原文：São empresários comerciais: As pessoas singulares ou colectivas que, em seu nome, por si ou por intermédio de terceiros, exercem uma empresa comercial;

Considera-se empresa comercial toda a organização de factores produtivos para o exercício de uma actividade económica destinada à produção para a troca sistemática e vantajosa, designadamente...

Não é considerada empresa comercial a organização de factores de produção para o exercício de uma actividade económica que não seja autonomizável do sujeito que a exerce.

笔者在引用时作了必要的重译，原因如下：

Intermédio 意为“经中间人的”，如 receber uma carta por intermédio do amigo 经友人转来的一封信。故译为“透过”不妥，应改为“通过”。不必将 em seu nome，por si 译为“以自己名义，自行”，可译为“以个人名义、独自”。同时，还应将该句的语序依中文习惯调整为“独自、以个人名义或通过第三人……”。

译文“商业企业系指以持续及营利交易为生产目的而从事经济活动之生产要素之组织”，句子冗长、结构混乱、词素搭配不当，为病句。其要素为 factores produtivos para o exercício de uma actividade económica destinada à produção para a troca sistemática e vantajosa，即“具有经济活动生产要素”“系统地进行经营”“以营利为目的”。应将此长句断开，以突出表明宾语“组织”；同时调整语序，译为“商业企业指以营利为目的、具有经济活动生产要素、系统地进行经营的组织”。

将 a organização de factores de produção para o exercício de uma actividade económica que 译为“从事不能与活动主体分开之经济活动之生产要素之组织”为一语法病句。“从事……”的宾语看似为“活动”，实则为“要素”，故应将“从事”改为“具有”。而“与活动主体分开之经济活动之生产要素”亦显啰唆，可简化为“与主体有关的部分经济活动要素”。

【参考译文】

Commercial Enterprise

“Commercial entrepreneurs: natural persons and legal persons who are running commercial enterprises, whether by themselves, in their names or through third parties.

“A commercial enterprise is an organization possessing all the necessary productive factors and engages in systematic activities for the purpose of making profits.

"It is not considered to be a commercial enterprise for an organization consisting of partial factors of productivity necessary to be engaged in economic activities". [Translated from *Commercial Code of Macao* (Portuguese Edition), article 1 & 2]

In short, a commercial enterprise is an organization carrying on for profit. It can be run by natural or legal persons. In other words, a company is a corporation, or less commonly, an association, partnership, or union, which engages in commercial or industrial activities. It is said that the limited liability corporation is the greatest single discovery of modern times, which is even more important than steam and electricity, since a huge proportion of the world's wealth is generated by companies. And companies are most often used by people as a tool for running a commercial enterprise. Many of these businesses start in a small way, often by co-operation among a small number of people. If such a commercial undertaking prospers, the persons involved will wish to expand the undertaking, which will generally require an injection of money. This can be achieved by inviting more people to contribute to the capital sum which the business uses to fund its activities. The alternative is to raise a loan.

Once properly registered, the company, both limited liability company (LLC) and company limited by shares (CLS) acquires a separate legal personality different from its shareholders. It owns property in its own name, and can sue and be sued. It enjoys rights and bear civil liabilities with its own properties. It may conduct its business affairs independently without any interference from any entity or individual so long as it does not violate the law. That means even the shareholders cannot interfere with the company's business. It makes business decisions based on the market factors and is responsible for its profits and losses. That is to say neither the shareholders nor the State may interfere with its management autonomy. This is in sharp contrast with the partnership. Its separate personality can also be illustrated by comparison of rights between shareholder and property owner. The owner enjoys all the eight functions over the subject matter, and is obliged not to interfere with his or her neighbors, and use such property to enforce court judgment. However, once the owner invests such property into the company, he or she can only enjoy shareholder's rights; he or she cannot posses, use, or transfer such property.

十六、例文 16

商行为和商业企业主资格

“商行为[1]系指因商业企业需要而由法律特别规范的行为，特别是本法所规定的行为，及类似行为。

“商业企业主行为指经营企业之行为，但非经营企业的行为（由该行为及相关情况所显示）除外。

“凡具有民事能力的居民或非居民自然人及所规定的于本地区或本地区之外的法人，均可成为商业业主；特别规定者除外。”［译自《澳门商法典》（葡文版）第3、5条］[2]

本段涉及商行为、商业企业主资格等问题。所谓商行为，是指以营利性营业为目的和内容的行为。在法律适用上，商行为是与一般民事行为相对称的概念。凡属商行为首先须受商法典、特别商法及商习惯法的支配，只有在这些特别法无规定时，才适用一般民法。其法律特征为：①商行为是商事主体以营利为目的而从事的行为；②商行为是一种经营行为；③商行为具有持续经营的性质。

在澳门最常见的企业结构是个体企业。个体企业主多种多样，如向游客兜售商品的店主、自行开业的律师等。行如其名，个体企业一人做老板，利益独享，损失独担。债权或侵权亦由业主一人负责。个体业主在偿还企业债务方面没有任何法律限制，而其个人资产亦服从于企业的所有权利诉求。业主可在个人税收申报表上申报所有收入和企业课税扣除（其税率低于公司税率）。广义而言，有两种设立公司的办法，即集资和招股。前者要求集资者集成企业的全部资金，但不可接受集资者以外的投资；后者则要求持股者认购企业的部分股份，其余的则向公众出售。责任有限公司只可利用集资，而股份有限公司则可利用集资和认股两种方式。

【分析】

（1）商行为（commercial act），在法律适用上，这是与一般民事行为相对称的概念，其主要特征为：以营利为目的而从事的行为；一种经营行为；具有持续经营的性质。

而 act 在英语里是一非常重要的词，其含义广泛：Act is a vague word, being used in various senses of different degrees of generality. When it is said, however, that is one of the essential conditions of liability, we use the term in the widest sense of which it is capable.

（2）《澳门商法典》第3、5条的原译文为：

“商行为系指：法律视乎商业企业之需要而特别规范之行为，尤其本法典所规范之行为，以及类似行为；

“商业企业主所作之行为，视为因经营企业而作出之行为，但该等行为及作出行为之情况显示出有关行为并非因经营企业而作出者除外。

“具有民事能力之居民或非居民自然人及章程所定之住所设于本地区或本地区以外之法人，均得成为商业企业主，但不影响特别规定之适用。”

葡文原文：São considerados actos de comércio：Os actos especialmente regulados na lei em atenção às necessidades da empresa comercial, designadamente os previstos neste Código, e os actos análogos；…

Os actos praticados por um empresário comercial consideram-se tê-lo sido no exercício da respectiva empresa, se deles e das circunstâncias que rodearam a sua prática não resultar o contrário.

Pode ser empresário comercial toda a pessoa singular, residente ou não residente, ou pessoa colectiva, com sede estatutária no Território ou não, que tiver capacidade civil, sem prejuízo do disposto em disposições especiais.

笔者在引用时作了必要的重译，原因如下：

将 os actos especialmente regulados na lei em atenção às necessidades da empresa comercial 译为“法律视乎商业企业之需要而特别规范之行为”，其中以“法律”作为施动的主语，将“视乎”作为谓语，其搭配不妥。法律是由人制定的，不会自行“视乎……需要而……规范”，可改为“因商业企业需要而由法律特别规范的行为”。

将 os actos praticados por um empresário comercial consideram-se tê-lo sido no exercício da respectiva empresa 译为“商业企业主所作之行为，视为因经营企业而作出之行为”，太啰唆，其中的 consideram-se tê-lo 不必译出“视为因……”，特别是“作出之”（行为）多余，应删去，故改译为“商业企业主行为为经营企业之行为”。而将 se deles e das circunstâncias que rodearam a sua prática não resultar o contrário 译为“但该等行为及作出行为之情况显示出有关行为并非因经营企业而作出者除外”，不但啰唆，而且晦涩难懂。这里，由于两种语言的差距较大，不妨将“由该行为及相关情况所显示”以括号来处理，故改译为“但非经营企业的行为（由该行为及相关情况所显示）除外”。

将 pode ser empresário comercial toda a pessoa singular…译为“均得成为商业企业主”，其中的“得”字不妥，应为“可”。而将 sem pre juízo do disposto em disposições especiais 译为“但不影响特别规定之适用”过于死板，可译为“特别规定者除外”。

【参考译文】

Commercial Act and Qualifications of a Commercial Entrepreneur

“The following are considered commercial acts: acts specifically stipulated in the law required by the special needs of commercial enterprises, particularly those regulated in this Code, and analogous ones.

“The acts of a commercial entrepreneur are considered as being in the process of operating the respective enterprise; acts non-operational are not deemed in the same way.

“All natural persons with civil capacity regardless his or her residentship and legal persons without prejudice to the registered locations can be a commercial entrepreneur; special regulations may be applied”. [Translated from *Commercial Code of Macao* (Portuguese Edition), article 3 & 5]

This passage is concerned with commercial act, qualifications of a commercial entrepreneur and so on. The so called commercial act is an act of running a business for the purpose of making profits. Legally speaking, commercial act is a concept in relation to a common civil act. A commercial act is regulated by Business Law, special commercial laws and commercial customary laws in the first place. Only in the case where there are no such laws available a Civil Code can be applied. Its characteristics are as follows: a. A commercial act is an operation of making profits engaged by the commercial subject; b. A commercial act is a business act; c. A commercial act is sustainable in its nature.

The most common business structure in Macao is the sole proprietorship. Sole proprietorships are found in a myriad of forms from a shopkeeper selling his goods from his shop to tourists to professionals in solo practice such as a lawyer. As the name implies, there is a single owner of the business who alone profits from the business, but who suffers any loss alone as well. Liability for all debts or torts is passed directly to the sole proprietor. There is no legal barrier for the sole proprietorship from business debts, and his personal assets are subject to all business claims. He can claim all income and all business tax deductions on his personal income tax form (possibly at a lower rate than the corporate rate). In a broader sense, there are two methods to establish a company, i. e. by promotion and public offering. The former requires the promoters to subscribe all the corporate capitals, and cannot invite investment from non-promoters. The latter requires that the promoters purchase part of the corporate shares and the rest are offered to the general public. The LLC can only make use of promotion, while the CLS may make use of both promotion and public offering.

第四章　有关港澳广东话、普通话及英文翻译实例
(Case Study on the Translation of Cantonese, Mandarin and English)

第一节　广东话与普通话互译实例
(Case Studies: An Exploration into the Interpretation between Cantonese and Mandarin)

以广东话为母语的学生，在学习英汉及汉英口译的过程中，经常会遇到在广东话与普通话之间进行转换的问题。在港澳地区与内地合作、互动日益紧密的情况下，更是如此。从语言学上讲，这二者是一种内部语言（intra-language）的关系，而非两种外语（inter-language）。对此，已有不少学者从语音、语汇、语法等方面进行了大量的比较与研究，取得了相当的成果（曾子凡，2002）。就学习过程而言，广东话与普通话之间的互译，在某种意义上，可被视为掌握英汉互译的一种基础。

人们通常是运用母语进行思维的。当母语是一种方言，而所进行的传译又受到标准语（官方语言）的影响与制约的时候，便无形中增加了翻译的层次与难度。这正是澳门学生在学习口译时所处的形势。譬如，若将"先探讨一下，然后再作定夺"的普通话传译成英语的时候，在学生的思维里不免要出现这样的过程：先迅速出现其对应的广东话"试下先啦，之后睇下有冇办法"，然后再译成英语"Give it a go first, and we'll make a decision then"。换言之，他们很难"直接"由普通话传译成英语，而须"改道而行"，如图所示：

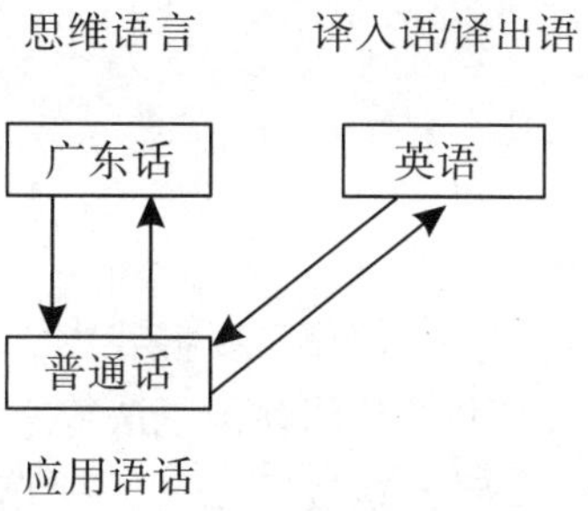

结果会出现两种负面效果：一是速度大大减慢，二是出现“语言混合物”，即通常所说的“粤式普通话”。例如，“我说少少普通话”（我会说一点普通话），“我走先了”（我先走了），“转头给电话你”（回头给你打电话），“你教坏他了”（你把他教坏了），“你真是好介绍”（你真会介绍），“我们有大把时间”（我们有很多时间）等等。正如朱自清早在 20 世纪 40 年代就已指出的：分歧的语言（即方言等不规范的语言）妨碍写作。这里，若再加上“妨碍传译”，似乎并非言过其实。

根据生理学的研究，传译中的思维理解，不同于一般人的自然理解。传译中源语的要点，是以反映符号与符号指代对象关系的显性意象、语汇或其他抽象概念为代表的、具有特征性的语义资讯。因此，当语言思维理解发生模糊时，便会直接导致传译障碍。从神经学的角度看，在人脑瞬时记忆贮存区——海马区内，神经细胞突触间的信息传递表现为短时间内生物电信号的不通。任何声学符号的信息刺激，首先进入此区，然后人脑对其进行选择、鉴别，对“有价值”的信息符号加以强化，使之进入位于大脑皮层的长时记忆区，并以较长久的生物化学编码形式保留下来（鲍刚，1998）。从语言学上讲，这一过程便是思维语言与口语及书面语的有机结合，要求各个部分的高度的对称性与协调性。

同时，这种现象从另一方面证明，提高广东话与普通话互译的水平，可以对学生的口译课程产生正面效果。然而，这一过程又有着学习外语的共性；不是仅仅依靠相关的语音、语汇、语法等知识就能解决问题，而要靠融会贯通与实际的综合运用。故此，本文就若干典型的段落、篇章，进行具体实例的分析，以期抛砖引玉。

一、实例一

【原话】（广东话）

呢种情形，你哋唔驶慌张，你哋只要揾我[(1)]，就包搞掂啦[(2)]，唔掂都掂啦。哪，澳门政府嘅法律系部分用葡国嘅法律，而葡国法律可以系“法规”及“法例”。而家，大部分新楼宇系基于所谓《批地条款》，发展商所购买嘅土地，政府亦唔会给予正式嘅《官地租约》，现在成千上万嘅小业主就变成无家可归啦！若果要担心，就只系杞人忧天。

唔紧要，政府系会攞番第二啲地嚟同你换嘅[(3)]。佢多数会俾啲档你叫做《换地公函》[(4)]，证明政府要咗你而家啲地嚟用，就会赔偿返另一啲地你嘅[(5)]。你个情况呢，因为政府唔系急住要你块地，咁所以佢哋就会俾一啲乙类嘅《换地公函》你，你有咗呢啲《换地公函》，迟下就可以同佢换番第二啲地啦。[(6)]咁又唔系，你如果将来要起屋呢，你系有权换地嘅，不过当然啦，呢个视乎个别情况而定嘅，而且你拣嘅地，地点呢系要可供发展先得嘅，唔通你拣中新马路，政府都俾你咩?![(7)]系咪?

【分析】

(1) 代词“呢”在广东话中用得很广，一般情况下都要译成“这”，而后面的数量词则不必变化。“唔驶”，用汉语拼音来标可为“mu sai”，与其汉字本身的发音有所出入。应当说，在广东话中只是借用了这两个字来表其音。一般情况下，应译为“不用”。“揾”，在这里用作动词。

(2) “就包搞掂啦”，从这一句可看出，广东话中的助词用得随便且多，而在译成普通话时，应尽量删去，如此句可简译为“就没有问题”。广东话中的口头语“啦”，在这里起一种转折及提示的作用，而在普通话里没有完全对等的词语，可略去不译。

(3) “第二”在普通话中是一种陌生的用法，或者说其意是完全不同的。在这里可译成“其他”。

(4) 该句要作直接宾语与间接宾语的结构调整，即将直接宾语“你”提前到《换地公函》之前。“多数”在这里不如“大都”更符合普通话的表达方式。

(5) “赔偿返”之“返”字在广东话中似不可缺少，而在普通话中该字实际上已包含在“赔偿”之中，而以“作为赔偿”，又可省略直接宾语“你”。

（6）“唔系急住要你块地”一句与普通话相去较远，在普通话的传译中，带有了转折语“并”，将“急住”化为“急需”，“块地”为“土地”。“迟下”译成“以后”，属不同的习惯用法。

（7）“咁又唔系”译成典型的普通话有几种不同的说法，如“又不是呀”“不见得呀”等。“起屋”，在普通话中没有这种说法，最贴切的为“建房”或“盖房子”。“视乎”在普通话中也用，但是一种比较文言的用法，这里译作“根据”比较好。“拣”在广东中广泛运用，包括在正式场合或非正式场合，在普通话中可译作“挑”“选择”“拣选”等。

【传译】（普通话）

这种情况，你们不用慌张，你们只要找我，就没有问题，就算不行的话也有办法。部分澳门政府的法律，是源自葡萄牙的，而葡萄牙法律分为“法规”及“法例”。现在，大部分新楼宇在所谓《批地条款》下，就连发展商所购买的土地，政府也不会给予正式的《官地租约》，所以，现在成千上万的小业主也变成无家可归。若要担心，只是杞人忧天而已。

不要紧，政府是会用其他的土地跟你交换的。它大都会给你《换地公函》的档，证明政府现要征收你的土地，并会以另一块土地来作为赔偿。就你的情况而言，因为政府并不是急需你的土地，所以她会给你一份乙类的《换地公函》。你有了这份《换地公函》，以后就可以跟政府交换其他土地。若不是这样，你将怎样盖楼呢？你是有权换地的，当然，还要看情况而定。况且，你选的地点，要能进一步发展才行；否则，你若选了新马路，政府也要批给你吗?！是不是这样？

二、实例二

【原话】（普通话）

财政司长傍晚出席一个劳动节酒会时表示，全球经济一体化，加上香港经济将会逐步与内地经济融合，对香港的结构转变造成很大冲击，他将会就此问题作进一步考虑(1)。

财政司长认为，若要香港的低下阶层市民也(2)能够感受到香港经济复苏的成果，香港的经济需要有高速的增长，才能让他们受惠。他说(3)，低下阶层人士主要是因为能力有别，才导致他们的财富分布出现不同，为此(4)他会协助低下阶层人士提高他们本身的技能，以适应经济转型。

【分析】

(1) 此段中，在译成广东话时，要加入许多语气助词（如“嘅”）等，因在普通话中认为通顺的，在广东话里则不大通顺，非加上一些“零碎”不可，这也是两种内部语言的显著特色之一；而“考虑”也要相应变化。

(2) “也”，在普通话的口语中广为应用，而“亦”多在书面语中出现。广东话里，“亦”的运用要广泛得多，这是古汉语的影响与存留比之普通话显著之处。

(3) 说、讲、话几个字，普通话与广东话的习惯用法颇为不同，值得注意。普通话的“说”，广东话一般用“讲”或“话”。而普通话的“讲”，只能搭配某些词语，如“讲故事”“讲课”等。

(4) 普通话中的“此”“这样”“为此”等词，一般情况下都可译为广东话的“咁”,显得简洁而有力。

【传译】（广东话）

财政司长埃晚出席一个劳动节酒会嘅时候话，全球经济一体化，加上香港经济将会逐步咁同内地经济融合，对香港嘅结构转变造成好大嘅冲击，佢将会就呢个问题再作进一步嘅思考。

财政司长认为，如果要香港低下阶层嘅市民亦都能够感受到香港经济复苏嘅成果，香港嘅经济需要有高速嘅增长，先至可以令佢哋受惠。佢话，低下阶层嘅人主要系因为能力唔同，先搞到佢哋嘅财富分布唔同，因为咁佢会帮低下阶层去提高佢哋本身嘅技能，去适应经济转型。

三、实例三

【原话】（广东话）

时间过得真系好快，上次你嚟北京探我，眨下眼都有三个月啦。我仲记得我哋几个人抵住冻系雪地度行咗大半个钟，真系过瘾！今日行番同一条路，路边嘅树一片嫩绿，春天嘅感觉已经好明显啦(1)。

你仲记得以前同我哋一齐玩潜水嘅家强吗？上个礼拜佢突然间嚟咗驻京办。原来，佢唔小心唔见咗个银包，嚟办手续，攞番(2)个临时嘅许可证返番香港。你有次问我，驻京办可以俾香港人咩嘢协助，我谂呢个都算系一个实例啩(3)。

其实，喺过去呢两年入面，驻京办做咗唔少为身在内地嘅香港人提供有实际帮助慨嘢，简单慨好似包括咗70单唔见咗旅游证件或者系钱慨个案[(4)]。我哋亦都处理咗43单因为交通意外、整亲、病咗、喺旅途入面遇到意外甚至系死亡慨香港居民慨个案。呢啲个案大部分都系需要驻京办尽快搞掂[(5)]，需要我哋同当地慨政府保持紧密慨联络，对呢啲香港人提供协助。我哋喺过去个两年入面同各中央人民政府同埋各省市政府机关建立慨关系，都有喺呢啲个案上面发挥作用。近排我哋更谂住搅一个先俾钱慨户口，向一啲有需要慨、嚟求助慨香港人提供一定限额慨钱，俾佢哋有足够慨旅费返番香港[(6)]。咁当然，番到香港之后佢哋要俾番啲钱政府[(7)]。

旧年，我哋仲特登印咗本关于内地拘留、逮捕刑事法律同埋法规慨小册子，喺内地同埋喺香港总共派咗超过二万本，希望加深香港人对内地刑事法律慨认识，令佢哋知道系内地慨法律入面，佢哋可以有乜嘢权益。系呢啲个案入面，同埋喺我哋日常同其他喺内地做生意慨香港人慨接触入面，可以得出一啲香港人喺内地投资同埋做生意普遍会遇到慨问题，我哋会适当咁将呢啲情况同中央同埋地方慨有关部门反映。对于我哋反映慨嘢，内地慨官员都抱住好开明同务实慨态度嚟回应。我谂，内地投资环境喺度不断咁改善，对于促进两地慨经贸交往肯定会产生正面慨作用[(8)]。

由一个更宏观慨层面嚟睇，国家开始实施第十个五年计划同西部大开发计划，同埋加入世贸组织，经济结构慨调整同改革肯定会更加深化，市场开放将会以前所未有慨幅度同步伐进行。呢啲种种巨大慨转变，对香港嚟讲系个机会，亦都系个挑战[(9)]。

近排，香港慨商界对驻京办点样帮佢哋打开内地慨市场有更多慨要求同更高慨期望。我哋可以加强呢两方面慨工作。首先，我哋会密切睇住内地最新慨经贸法律同埋政策慨改变，仲有市场开放慨新措施，同特区政府报告，一方面可以俾政府掌握内地最新慨发展，睇下佢对香港慨影响；另一方面，政府有关慨部门亦都可以通过佢有慨管道，将呢啲资料发放俾我哋商界[(10)]。

另外，我哋仲系呢啲活动入面安排商贸研讨会之类慨活动，等香港同内地慨官员同企业聚埋一齐，拉关系，倾下当地同香港点样优势互补，一齐发展。你或者想知，喺过去呢两年以嚟，驻京办总共收到接近三百宗内地人士慨查询，大部分都系关于香港经贸事宜或索取与香港特区政府或机关有关慨资料[(11)]。

呢啲工作，有啲比较容易见效，有啲就比较长远。驻京办成立净系得两年历史。类似慨工作，香港政府之前都无做过。两年嚟，我同驻京办慨同事都喺度不断咁学习，累积经验，亦都喺度不断咁谂点样改善我哋慨工作。作为一个老死，我一直都好重视你俾我嘅意见，希望你好似以前咁俾多啲苦口良药我[12]。

夜啦，北京最近呢几日好大风，天气都突然间冻咗。过多一两日，南边嘅天气都应该会凉啲啩。你睇住身体，得闲保持联络啦[13]。

【分析】

（1）这一段极普通的广东话“开场白”，若要译成地道的普通话，则要作许多修改。如，“真系好快”译为“真快”，“眨下眼”译为“转眼”，“仲”译为“还”，“我哋”译为“我们”，“行咗”译为“走了”，“真系爽”译为“真痛快”，“行番”译为“经过”，“嘅”一般译为“的”，“好明显啦”译为“很明显了”。这里主要是习惯性的表达用语问题。

（2）“攞”，通常译为普通话中的“拿”“取”等。番，为助词，可不译。而这里译为“领取”，更为恰当。“银包”译为“钱包”（“传译”旨在“传意”，由此可见一斑）。

（3）“俾”译为“给”；“咩嘢”译为“什么”；“谂”译为“想”；“呢”译为“这”。这些词的普通话的对应词，也是其相对的书面语。“系”是典型的助动词“是”。“啩”译为语气词“吧”。语气词的恰当运用是“传意”的重要一面。

（4）这里的“入面”须译为“内”，“嘢”译为“工作”。“个案”，是一个典型的港澳用语，在普通话中，通常用“案例”一词。

（5）“搞掂”为一典型的港澳广东话用语，普通话中可译为“搞好了”“成了”等，这里用“处理”为妥。

（6）“近排”类似的还有“早排”等，这里可译为“近来”“近些时候”“最近”等。“谂住”，可译为“考虑”，而“计划”为较正式的用语。“先俾钱嘅户口”，极为口语化，译成“预付款账户”较妥。“返番香港”译为“回港”。传译中，此处要显示诚恳语气。

（7）广东话中的“咁”，在这里没有相对应的词，也不需译出。“俾番啲钱政府”，直接宾语“钱”与间接宾语“政府”的次序，在普通话中要加以调整，即“还给政府钱”。

（8）“旧年”译为“去年”。“仲”这里不译为“更”或“重”，而译为“还”较自然。“同埋”这一典型的广东话中的连词，可视情况译为“和”“同”“以及”等。“入面”，该词在前面译为“内”，这里可译为“之中”或“中”。这里的“咁（将呢啲）”与“咁（改善）”，与前面的有所不同，可译为“这样”，而不译也可。“嚟”译作“来”。“我谂”，这里不译“我想”或“我认为”，而为“我相信”，语气更加自信与恰当。

(9)“层面”，该词在普通话中不常用，最好换成“方面”或“角度”。“嚟睇”等同“来看”。“同埋”，这里可译为“并且”。

(10)“帮”在广东话中有着比普通话中广泛得多的含义，可译为“帮助”“帮忙”“指导”等，这里根据上下文，译为“协助”。“睇住”可译为“关注”“注视”等。“同”（特区政府报告），这一介词，在普通话中可译为“向”“对”等。“可以俾”（名词 + 动词如政府 + 掌握），为典型的广东话句式，须在普通话中变换结构，以不留痕迹。一般可变为“让”或“由”等（ + 名词 + 动词），如让 + 政府 + 掌握。“睇下”，这一典型的广东话口语，可译得非常灵活，如“看一下”“观察一下”“留神一下”等，这里可译为“评估”或“评估一下”，需根据上下文及语义、口气而定。

(11)“聚埋一齐”，广东话中的助词“埋”，普通话中可省略不译，但要以其他四字成语相对应，故可译为“聚集一堂”或“共聚一堂”等。“拉关系”，在普通话中带有贬义，故应译为“建立关系”或“取得联系”等（褒贬义也应是“传意”中必需的因素之一）。“倾下”在普通话中可译为多种口头语或书面语，如“聊一下”“商讨”“探讨”等。“都系关干”应译为“都是有关（何事）的”。

(12)“净”可译为“仅仅”；“净系得”，可译为“仅仅只有”。“老死”，在普通话中很难理解，若译为“老朋友”，有些太正规。较为接近的普通话口语有“老兄”“没说的”等。“好似以前”译为“如同以往”“一如既往”等。“俾多的苦口良药我”，要作语序的调整，即将间接宾语“我”提前到“苦口良药”之前，全句可译为“多给我一点苦口良药”。

(13)广东话中许多形容词的使用与普通话有差异，如本段中的“夜”，通常要译为“晚”，若非要用“夜”的话，则要加“深”字，如“夜深了”；“冻”，要译为“冷”，否则讲普通话的人难以明白。“睇住身体”，译为典型的普通话，应为“多多保重”“保重”。“得闲”可译为“有时间”“有空”等。

【传译】（普通话）

时间过得真快，上次你来北京探望我，转眼已经三个月了。我还记得我们几个人冒着严寒在雪地里走了大半个小时，真痛快！今天经过同一条路，路旁的树一片嫩绿，春天的感觉已经很明显了。

你还记得以前与我们一起玩潜水的家强吗？上星期他突然来了驻京

办。原来，他不小心遗失了钱包，来办理手续，领取临时的许可证返港。你曾经问过我，驻京办可以向香港人提供什么协助，我想这算是一个实际的例子吧。

其实，在过往两年内，驻京办做了不少为身在内地的香港人提供实务帮助的工作，简单的，例如，70 宗遗失旅游证件或金钱的个案。我们亦处理了 43 宗因交通意外、受伤、生病、旅途中遇险甚至死亡的香港居民的个案。这些个案大都需要驻京办尽快处理，需要我们与当地的政府保持紧密联系，向这些港人提供协助。我们在过往两年内与各中央人民政府及各省市政府机关建立的关系，亦在这些个案上发挥作用。最近我们计划设立一个预付款账户，向一些有需要的、需求助的香港人提供一定限额的金钱，让他们有足够的旅费返港。当然，回到香港后他们要把钱还给政府。

去年，我们特别编印了一本有关内地拘留、逮捕、刑事法律、法规的小册子，在内地及香港共派发超过二万本，希望加深港人对内地刑事法律的认识，使他们了解根据内地法律他们所能享有的合法权益。从这些个案，以及从我们日常与其他在内地经商的香港人的接触中，可以归纳出一些香港人在内地投资和经商普遍碰到的问题，我们会适当地将这些情况向中央和地方的有关部门反映。对于我们反映的意见，内地的官员都抱着开明、务实的态度回应。我相信，内地投资环境的不断改善，对促进两地的经贸交往必定会产生正面的作用。

从一个更宏观的层面来看，国家开始实施第十个五年计划和西部大开发计划，并加入世贸组织，经济结构的调整和改革必会更加深化，市场开放将以前所未有的幅度和步伐进行。这种种巨大的转变，对于香港是机会，也是挑战。

最近一段时间，香港的商界对驻京办如何协助他们开拓内地市场有更多的诉求和更高的期望。我们可以加强这两方面的工作。首先，我们会密切关注内地经贸法律和政策的最新变化，以及市场开放的新举措，向特区政府汇报。一方面让政府掌握内地最新的发展，评估对香港的影响；另一方面，政府有关部门也可以通过既有管道将这些资料发放给商界。

另外，我们还在这些活动中安排商贸研讨会一类的活动，让香港和内地的官员和企业共聚一堂，建立联系，探讨当地与香港优势互补、共谋发展的方式。在过去两年，驻京办共收到接近三百宗内地人士的查询，大部分是有关香港经贸事宜或索取与香港特区政府或机关有关的资料。

这些工作，有些比较容易见到成效，有些则是较为长远的。驻京办成立只有两年的历史。香港政府以前未曾做过类似的工作。两年来，我和驻京办的同事都在不断学习，累积经验，也在不断考虑如何改善我们的工作。作为一个老朋友，我一直很重视你提出的意见，希望你一如既往地多给我一点苦口良药。

夜深了，北京最近几天刮很大的风，天气也突然转冷。再过一两天，南方的天气亦应该凉快一点了。你多多保重，有时间我们保持联络吧。

四、实例四

【原话】（普通话）

原以为经过几天来聆听公众的反复辩论后，医务委员会成员会了解它上周的决定为何错误(1)；原以为在经过几天反复思量后，医务委员会成员会了解到公众对医生在手术过程中使用手提电话闲聊的愤怒及忧虑。只可惜这种期望落空了，医务委员会各位成员还是不明白，还是不了解公众的忧虑及关注(2)。

其实只要稍稍留意市民几天来在电台“烽烟”节目的发言(3)、在网站上的留言、写给报刊的来信，甚至在酒楼茶室的闲聊，都知道市民最不满的，不仅是医委会纵容医生在手术期间使用手提电话闲聊，同样重要的是医委会接受甚至纵容医生对病人的轻视及不尊重。试想想(4)，在病人性命攸关的手术过程中，还容许医生使用手提电话闲聊，不正是把病人的健康不当一回事、不正是对病人的不尊重么(5)？我们认为这个才是公众最不满、最关注的问题，也是医委会最需要解决的问题(6)。

只可惜医委会昨天的声明，未能处理这种忧虑及不满，未能让公众感到医委会鼓励医生尊重病人、重视病人的福祉(7)。就手术期间使用手提电话的问题，医委会最新的立场是要有合理理由才能使用，但什么是合理理由呢？倾诉心事算不算呢？选择买什么车算不算呢？像这样模糊不清的立场，除了在姿态上算是做了一点让步外，根本无助于巩固病人的信心、恢复公众对医委会的信任。

我们认为更恰当的做法是：除了直接涉及病人的利益外，应规定手术过程中禁止使用手提电话。这样的规定一方面减少模糊不清的灰色地带，另一方面也可以让公众清楚地看到医委会及医生的确把病人的福祉放在最优先的位置。应该看到，在手术过程中，优先照顾病人的福祉、病人的利益是理所当然的事，只是不知道医务委员会为何始终不明白这个道理(8)。

事实上，很多医生都明白这个道理。例如山顶医院的周医生昨天就公开表示，医生要为病人的利益、尊严着想，不仅不应该接电话，连闲谈也是有碍聚精会神[9]的，这些都是不明智的做法。我们认为这才是医生该有的态度，也是医务委员会该要求的操守表现。如果医委会始终没认识到这个道理，不为病人的尊严、利益着想，那不管它提出任何改革或引进非医生的成员，也难以作出令公众信服的决定，也难以重建它的公信力。

【分析】

(1)“原以为”为普通话中的典型口头语，在广东话中译为四字一组的“本嚟以为”为妥。“了解”为普通话中的常用语，在这里先以“知道”代之，而在下一句中为避免重复，保留原文二字未尝不可。这一句较长，传译时在句中应有所停顿。

(2)“手术过程”，简化为“手术度”；“手提电话”简化为“手提”。“闲聊”或“聊天”译为“倾闲偈”是最贴切的口头语。普通话中的“了”或“着”一般都可用“咗”译出。“还是不明白”，在普通话中是一种语气较重的说法，为传其意，用“仲系唔明白”较妥。

(3)“烽烟”为英文“phone in”的音译，在传译时不妨恢复其原形。

(4)“试想想”，为普通话中启发读者设身处地地思考问题的常用说法，在广东话中与之相对应的恐怕非“试谂下”莫属了。

(5)“还容许医生使用手提电话闲聊”，其中“容许”在广东话中不能依词照译，而要用特定词“俾”，这里不是通常意义的“给”的意思，而是“给予权力让某人去做”。

(6)“这个才是……”语气很强，广东话用“先至……”来传其意，而用“地方”取代了“问题”，也属自然、顺达。

(7)“福祉”，其实是英文的“well-being”，在这里既可译作“权益”，亦可不译。

(8) 这几句语气很强，反问语咄咄逼人，但在传译时，一方面要传出其神，另一方面不要语气过急，而是要有板有眼、掌握好抑扬顿挫，特别是要注意与之相配的语气助词的变换。

(9)“不仅不应该……”似有些绕嘴，在广东话中以“唔单止唔应该……”为最接近的译法。“聚精会神”这一成语，若生搬到广东话里，显得有些生硬、不自然，这里译为“妨碍集中精神”较为得体。这几句虽用语平凡，但语气有力，传译时要注意传达出语言面的铿锵韵律。

【传译】(广东话)

本嚟以为医务委员会成员经过呢几日嚟聆听公众嘅反复辩论后，会知道佢上个礼拜慨决定点解系错慨；本嚟以为医务委员会成员系经过呢几日反复思量之后，会了解到公众对医生喺手术度用手提倾闲偈慨愤怒同忧虑。只可惜呢个期望落空咗，医务委员会各个成员都仲系唔明白，仲系唔了解公众慨忧虑同关注。

其实只要稍为留意下市民呢几日嚟，喺电台“烽烟”节目慨发言、喺网站上慨留言或者系写去报纸慨来信，甚至系酒楼茶餐厅里面慨倾偈，都知道市民最唔满意慨，唔单止系医委会纵容医生喺手术期间用手提倾偈，同样重要慨，系医委会接受甚至纵容医生对病人慨轻视同埋唔尊重。试谂下，喺病人性命攸关慨手术度，仲俾医生用手提倾偈，咪即系将病人慨健康唔当作一回事、咪即系对病人慨唔尊重咩？我哋认为呢个先至系公众最唔满意、最关注慨地方，亦都系医委会最需要解决慨问题。

只可惜医委会琴日慨声明，无处理呢个忧虑同不满，无俾公众觉得医委会鼓励医生尊重病人、重视病人慨权益。就攞手术期间用手提慨问题为例，医委会最新慨立场系要有合理慨原因先至可以用，但系咩嘢先至系合理慨原因呢？倾心事算唔算？买边只车算唔算？好似咁模糊慨立场，除咗喺态度上算系做咗一啲让步之外，根本帮唔到巩固病人慨信心、恢复公众对医委会慨信任。

我哋认为更恰当慨做法就系，应该规定除咗直接涉及病人慨利益之外，手术度禁止用手提。咁样慨规定，一方面减少模糊不清慨灰色地带，另一方面亦可以俾公众清楚睇到医委会同医生的确将病人慨福利摆系最优先慨位置。应该睇到，喺手术度，优先照顾病人慨权益、病人慨利益系理所当然慨事，只系唔知医务委员会点解始终都唔明呢个道理。

事实上好多医生都明白呢个道理，譬如山顶医院慨周医生，琴日就公开表示医生要为病人慨利益、尊严着想，唔单止唔应该听电话，连倾偈呢类妨碍集中精神慨行为，都系唔明智慨做法。我哋认为呢啲先至系医生应该有慨态度，亦都系医务委员会应该要求慨操守表现。而如果医委会始终都唔识呢个道理，唔为病人既尊严、利益着想，咁唔理佢提出乜野改革或者引进多啲非医生慨成员，都好难做到令公众信服慨决定，亦都好难重建佢慨公信力。

当广东话与普通话的传译水准达到相当程度之后，可逐渐培养学生以普通话进行思维的习惯。在传译过程中，逐步建立如下的思维模式：

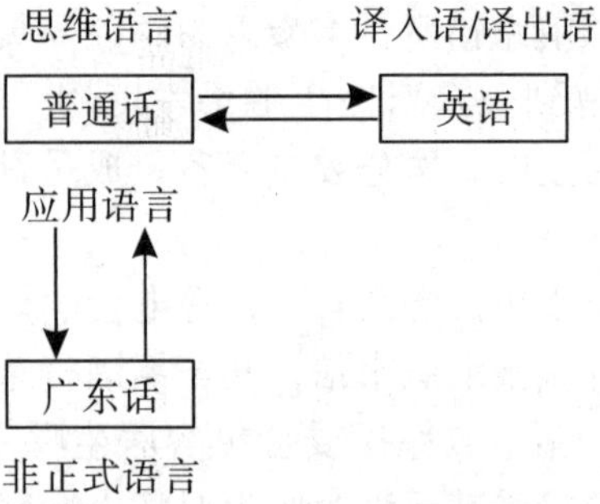

在其思维与语言系统中，将普通话“升格”为思维语言与应用语言，当需要时，可在普通话与英文之间，建立起自然的“直接沟通”，而无须再“绕道”广东话（或之前的普通话）。这样，既省时又可减少错误，从而大大提高效率。

要做到这一点，关键在于三个方面：第一，谙熟广东话与普通话两套语音、语汇、语法的系统知识，特别是在实例中的具体应用，以巩固二者之间的联系，从而做到熟能生巧，脱口而出。第二，界定口语与书面语的异同，从而以正确的书写习惯来辅助、促进相关的规范汉语的思维培养。第三，熟练掌握在两种不同语言（包括 intra-language 和 inter-language）之间进行转换的技巧。

第二节 特定的规范化：三文四语中的澳门法律公文翻译实例探讨

(The Special Standardization: An Exploration of Macao's Legal and Official Documentary Translation in the "Three-Written-Language and Four-Spoken-Language" Environment)

翻开澳门的法律及政府公文（广义的法律公文），往往让人不知所云，难以卒读；其表达之不中不西、不古不今、不伦不类，令人叹息。究其原因，常归结为：从葡文翻译过来的结果。

澳门目前的官方语言是中文和葡文，随着其赌业开放、经济搞活，日益成为国际化的都市，英语日显其重要性——许多情况下是三文并列出现——大有三足鼎立之势。而占当地人口 95% 以上的中国人在日常生活中主要使用广东话，这样便形成了中、葡、英三种文字和广东话、普通话、葡语、英语四种语言同时并用的局面，即通常所说的“三文四语”的特殊语言环境。在此条件下形成的澳门法律公文翻译，自然责任重大。

一、多元语境与规范化

由于澳门特殊的地理位置和历史渊源，四五百年以来在作为中西方文化交汇地的同时，也形成了其异常独特而复杂的多元语境。主要语种有粤方言、闽方言、吴方言、客家话、普通话、英语、葡语、菲律宾语、泰语等，随着历史的浮沉，这当中逐渐成为主导语言因素的是粤方言、普通话、葡语和英语，而它们之间相互混杂、融合。

概括而言，这种混合方式主要反映在两个方面：一是词汇层次（lexical level）。在日常生活中，英语在许多场合已以各种方式取代或“偷换”了汉语的地位和形式，如“去 shopping（买东西）”“用 cash（现金）”“找不到富太（full time，全职工）就找扒太（part time，兼职工）啦”“喂，可唔可以 hold（留）住个电话 number（号码）?”“呢度啲学生唔 friendly（友好）”。不仅一般居民这样说，政府官员也如是。与葡语有关的，如将“放假”说成葡语的“folga”（与广东话音相似），将“没有”说成葡语的“não tem”，将“统统”说成葡语的“tudo”等。同时，中英葡三语互相影响。例如，口语中流行的 latapan 一词，原本出于英文的 pan（平底锅），后来作为词根构成“花篮 pan”（铁皮水桶）、“饭 pan”（加盖的、可提的饭盒）等新词。而土生葡人亦会像华人一样，使用 pan 一词，同时仿照“花篮 pan”“饭 pan”的结构方式，合成新词 lantapan，lanta 是葡语，pan 是英语，整词义为“马口铁或锌片制成的盛器”，富有三语混合的地方色彩（黄翊、邵朝阳等，1998；程祥徽，1995）。

二是语意层次（semantic level），即更具造词意义上的语言现象。方式之一，是将外文词拆开音节，然后有机地融于母语之中。例如：“你而今 ha 唔 happy?”“佢 or 佐 der 未?”“肥（fai）唔肥（fail）佬考试，重未知。”又如，一地方电视节目名为“天天一百 fun”，其中“fun”取自英文“fun”（有趣），且增加了“分”的音译与含义。由此，以一种特殊的构造，丰富了汉语的词汇和表达形式，随之出现了一些“扭曲现象”。例如，汉语通常说的“你去过吗?”在澳方言则为“你有去过咩?”显然是受了英葡语中完成时态的影响。英语的相应句式为“Have you been there?”葡语为“Tem ido?”（问在过去一段时间是否经常去，意思与英文有所差异）又如普通话“你真漂亮”，通常不带“是”，但澳门的粤语受到外语的影响，常说成“你真系靓”；英语和葡语自然要加“是”动词的，分别为“You are beautiful”和“É bonita”，而澳门人常说的“联络我”，其中可见英语的“contact me”和葡语的“contacte-me”的影子（张卓夫，2001）。

在某种意义上，这种语言的融合丰富了地方语言色彩，有着积极的一面，但同时也会出现偏差，导致语言的滥用和不规范化。例如，混用广东话和普通话的书写体；二者虽都属中文，但在口语上，不仅在发音而且在语法方面，都有许多不同。如：动、副词词序的颠倒，普通话为“我先走了”，广东话说“我走先了”。又如：直接宾语与间接宾语语序的差异，普通话为“他送我了那本书”，广东话则为“佢送呢本书俾我”。在澳门政府公文及传媒中，可见到许多这种例子，如“提升澳门青少年参与社会意识之见意”，实则为“提高澳门青少年参与社会意识的建议”；电视节目“怀旧澳门街”，实则为“澳门街怀旧”，因后者才是普通话的书写体，符合现代汉语的规范。但澳门人（包括澳门文字、新闻和法律工作者）的这种区分意识是相当淡薄的。自然，这些从各个方面影响着澳门法律公文翻译用语的质量。

概括而言，澳门人群的语言运用模式大致如此：在家庭中，以方言（粤、闽、吴、北方等）为主；在社会活动中，以粤语为主；在政府公务中，以葡语为主；在国际活动（如国际会议、葡语国家平台等）中，以英、葡、普通话为主；而在公务与职业书面来往中，则以葡、英文为主。按理，这种多元化语境是造就“多语人才”的良好土壤，但实际情况是，这种“样样通”带来的却是“样样松”（用澳门人自己的话讲，“样样都嘛嘛地”。嘛嘛地，粤语为一般般之意），特别是中文根基异常薄弱。原因就在于，这种多元化缺乏基本的规范化。

在人际交往中，这种不规范的乱用也许不是大问题。但是在法律公文的施行中，由于对于原语、译语、转述等理解、表达的偏差和误解，就会带来严重后果。这类事例在澳门已发生过多次（张卓夫，2001）。

澳门著名语言学家张卓夫在分析了葡语结构、葡语语序以及葡文公文文种对于中文公文的影响之后，得出结论：“负责翻译或撰写公文的人员习惯于受葡文公文语言的影响以及迎合对中文认识不足的上司的喜好而忽略甚至根本不懂中文公文语言的规范性，这必然妨碍澳门公文的素质和公务活动的正常发展。”（张卓夫，2001）

所以，要提高澳门法律公文翻译质量，就应当从建立基本的规范入手。除了基础教育，在法律公文翻译领域可以做到的，首要是突破葡文束缚，排除粤语干扰，明确标准的现代汉语的法律公文表述方式。

二、"硬译"与规范化

然而，探讨澳门法律公文翻译的规范化，必然面临这样一种局面：为确保"忠实原文"，澳门法律翻译界历来的传统是要做到最大限度上的"字字对应"，于是形成了一种独特的"硬译"模式，一种不规范的"规范"。

鉴于澳门的六部基本法典及许多政府公文仍是以葡文起草的，而中文是其翻译本，故翻译的质量非常重要。然而，这种"硬译"的结果，往往导致连篇累牍的错误、不准确、不恰当。例如，《澳门民法典》第63条第三款，葡文原文为："A tutela da personalidade, desde que preenchida a condição do número anterior, abrange as lesões provocadas no feto." 准确而清晰，译文为"人格之保护范围包括对胎儿造成之损害，但以符合上款之条件为限"，在前一句中出现严重表达错误。照此而言，"保护范围包括……损害"，换言之，"损害"是在"保护范围"之内的，即法律保护的是这种"损害"，这不但不符合原文的意思，而且是荒谬的。原因在于两种语言的表达差异，而译文未能作出有效的调整。正可谓"字字忠实"而"整句失实"。对此，至少可有两种"加译"的处理办法：①在"包括对胎儿造成之损害"后面加上"所要承担的法律责任"，即"人格之保护范围包括对胎儿造成之损害所要承担的法律责任"。②在"对胎儿造成之损害"的前面加上"是否"，即"人格之保护范围包括是否对胎儿造成之损害"。这种对于原文表面上的"不忠实""不规范"，却恰恰是实质上的忠实。而英文，可译为："Whether there is a harm to fetus falls into the protection for personality based on the conditions specified by the previous article."

又如，在《澳门政府公告》的首页印有这样一段话："所有澳门政府公报内文字以葡文华文颁行者遇有辩论之处仍以葡文为正也。"（葡文原文："Quando se suscitem dúvidas sobre a interpretação das matèrias publicadas nas duas linguas, Portuguesa e Chinesa, prevalence a da versão Portuguesa."）（此段话于1993年7月改版时删除）短短一句译文，佶屈聱牙，破绽百出，与规范的现代汉语相去甚远。首先，"华文"一般是海外华人对于中文的称谓，而位于澳门的中国法律翻译者，仍沿袭着这种思维定式，刻板地"硬用"此词，显然不妥。在《澳门基本法》里，凡涉及澳门的语文时，从来用的是"中文"而非"华文"。其次，"颁行者"译语不妥。其原文为 publicadas（publicador），即公布的、颁布的，其动词形式为

publicar，如 publicar uma lei 公布一部法律。故这里译为“公布”或“颁布”为宜。再次，关于“辩论”，其原文为 dùvida，原意释为 incerteza，irresolucao，即不确定、未决、可辩论之事，但不宜硬译为“辩论”。据《实用汉语字典》解释，“辩论”为申述理由、说明见解，揭露对方的矛盾，以便最后在认识上取胜或取得共识（商务印书馆辞书研究中心，2000）。显然，该词义在此是不恰当的，故应考虑译为有“歧义”“疑义”或“争议”。最后，“正”的葡文为 prevalencer，原意为 levar vantagem，即占有某些优势，而这里刻板地以“正”来表示“正确”，显然不符合规范的现代汉语表达，而应译为“准”。此外，就其他文字而言，（澳门政府公告）“内”，不妥，应为“上”；而后的“文字”亦为误译，应为“内容”。同时，“正”字后的“也”属非古非今的表达，应当删去。故此，可将此句改译为：“凡在《澳门政府公报》上以葡文和中文颁布的内容，如有歧义，应以葡文为准。”英文可译为：“In case there is any inconsistency concerning the contents published in *Official Bulletin of Macao*, the Portugese version shall prevail.”

“硬译”或“死译”，是20世纪30年代在内地翻译界出现过的一种翻译主张和现象，由于其逐字生硬地加以翻译，因而往往会产生语义不切、意思含混、有语法错误、违反目的语常规表达习惯的译文（方梦之，2004）。所以，硬译并不等于准确和恰当，有时反而适得其反。然而，这种译法在现今澳门法律公文的翻译中却仍占据主导地位。随着澳门与内地经贸、社会及文化各方面关系的日益紧密，逐渐实现法律本地化及法律公文起草的中文化，应当说，现在大有必要突破这种格局，建立起真正意义上的规范化。

三、规范化与专业化

进一步而言，澳门法律公文翻译的规范化，主要体现在两个专业方面：一是语言方面。法律与语言有着特殊的内在关系，在法学界流传这样一句话，“欲治法学，必先治语言学”。如上所述，具体到澳门现实，就是如何在复杂的语言环境中，逐渐走向规范的现代汉语表达。二是法律方面。澳门目前的法律体系是建立在葡萄牙的主要法典框架之上的，其实与中国内地法律体系同属大陆法系，即都以成文法为主要法律渊源；二者在本质上并不难接轨，但经葡—中转述之后，生出了许多“异样”，不但让一般人望而生畏，就是法律专业人士也常为此瞠目。这对于澳门法律的本地化（《澳门基本法》中提出的三大核心任务之一）极为不利。

就存在的问题而言，在前一方面，由于多种语言因素的影响及中文根基的浅薄，主要体现在句子结构混乱、语法错误百出、用语修辞失当等；在后一方面，由于其独特的法律传统，主要表现在杜撰的法律概念和不规范的法律用语。自然，这些问题交织在一起，往往是“剪不断，理还乱”，形成了复杂的法律翻译现象。

对此，不妨就具体事例，进行综合分析。

例如，在《法律研究概述》（中译本）这部澳门高等院校法律教材中，有这样一段：“在社会中，共同生活的体现就是互助、同舟共济及分工，而这些均存有既定的行为准则及确保各项活动能和谐进行的规则方能实现。故此，必须解决社会生活中无可避免的冲突，而法律就是促进各利益的团结及解决利益冲突的必要工具。”（黄显辉译，1998）（葡文原文：“A convivéncia em sociedade traduz-se na entre-ajuda，na solidariedade，na divisão do trabalho；e tudo isto só é possivel havendo padróes estabelecidos de conduta，regaras que assegurem a harmonizaçáo das actividades entre si. Como necessário se torna a resoluçáo de conflitos que a vida social inevitavelmente suscita. O direito é necessário para promover a solidariedade de interesses，e para resolver os conflitos de interesses.”）（Mendes，1984）

原文 em sociedade “在社会中”，大可不必照原文译为状语，而可纳入“社会共同生活体现为……”这一整句之中。“而这些均存有既定的行为准则及确保各项活动能和谐进行的规则方能实现”为语法病句，因试图将两句话的意思（“而这些均存有既定的行为准则及确保各项活动能和谐进行的规则”和“方能实现”）合并为一句，因而造成了句中主、谓、宾语的混乱，且语言啰唆（如“能”“方能”等）、不符合法律语言规范（如“均存”“方能”等）。“无可”应为“不可”（此句显然是受到广东话的影响）。“法律就是促进各利益的团结”为病句，“利益”怎么能够“团结”？只有“人”能“团结”。原文最后两句“Como necessário se torna a resoluçáo de conflitos que a vida social inevitavelmente suscita. O direito é necessário para promover a solidariedade de interesses，e para resolver os conflitos de interesses”，主要讲处理“冲突”与“利益”的关系，且重复出现 interesses（利益）和 resoluçáo，resolver（分解、解决）。葡文如此行文，自有其道理，但译成中文，则可不必“对号入座”，而应采取“浓缩”译法，以简驭繁（即以简约的语言形式来驾驭繁多的语言信息量）。同时，其中的 promover…interesses 不应按字面意思译为“促进……利益……”，而为“协调……利益”。

可将此段改译为：“社会共同生活体现为相互帮助、利益共存、分工合作；而这些是通过建立规则、将各种活动协调一致来实现的。因此，为了解决不可避免的冲突、协调各方面的利益，法律就成为必需。”相应地，英文可译为：“Communal life in a society requires mutual help, shared benefits and cooperation of various sectors. All of which are regulated by establishing regulations and coordinating activities. Therefore, law has become a necessity for the sake of resolving conflicts and adjusting interests of different people.”

再如，《澳门民法典》第44条第一款：“基于不法行为、风险或任何合规范之行为而产生之非合同责任，受引致损失之主要行为发生地之法律规范；因不作为而产生责任时，适用责任人应为行为地法。”（葡文原文：“A responsabilidade extracontratual fundada, quer em acto ilícito, quer no risco ou em qualquer conduta lícita, é regulada pela lei do lugar onde decorreu a principal actividade causadora do prejuízo; em caso de responsabilidade por omissão, é aplicável a lei do lugar onde o responsável deveria ter agido.”）

将causadora（do prejuízo）译为“引致”（损失），为译者根据广东话习惯而来的杜撰，规范的现代汉语中并无此词，实则为“导致”。而é aplicável a lei do lugar onde o responsável deveria ter agido的译文“适用责任人应为行为地法”为病句：如果“责任人”是主语，“为”是谓语，“法”是宾语，那么“人”怎么成为“法”了呢？如果将“适用责任人”看作一动宾结构做主语，也同样不通。这种病句在法典里是绝对应当杜绝的。这里可根据前面的意思，译为“……则适用于行为发生地的法律”，此句为被动语态，而亦可为主动语态“……由行为发生地法律所规范”。

故此条法典可重译为：“由于不法行为、风险或任何符合规定而产生的非合同责任，则受导致损失的主要行为发生地的法律所规范；而由于不作为而产生的责任，则适用于行为发生地的法律。”相应地，英文可译为：“Noncontractual liability caused by illegal action, risks or behavior following the contract is liable to the law of a location where the major action was taken place resulting in the damage; whereas liability caused by omission is liable to the law of a location where the action occurred.”

又如，《澳门民法典》第4条第一、二款和第5条：“法律不管其渊源为何，仅在《澳门政府公报》上公布后，方具约束力。”“法律自公布至生效所经过之期间由法律本身定出；无此定出者，自公布后第六日开始生效。”“任何人对法律之不知或错误解释，不构成其不遵守法律之合理理由，且不免除其承受法律所规定之制裁。”（葡文原文：“A lei，independentemente da sua fonte，só se torna obrigatória depois de publicada no Boletim Oficial de Macau.” “Entre a publicação e a vigência da lei decorrerá o tempo que a própria lei fixar；na falta de fixação，a lei entra em vigor no sexto dia posterior ao da publicação.” “A ignorância ou má interpretação da lei não justifica a falta do seu cumprimento nem isenta as pessoas das sanções nela estabelecidas.”）

葡文 fonte 原意为“源泉”。如：Trabalho é fonte de riqueza. 劳动是财富的源泉。但在这里不宜硬译为“渊源”，实则为“法源”，葡文为 fonte de direito，英文为 sources of law。同时，“不管……为何”不是法律规范用语（显然受广东话影响），应为“无论……如何”。葡文的 obrigatória 原意为“强制性的”，如 taxa obrigatória 必须缴纳的税。在这里的实际意思为“法律效力”，英语为 force of law，葡文为 força de lei 等。葡文的 a vigência de lei 为“法律的生效”，decorrerá o tempo 为“过去的时间”，但这里不必刻意译出，因其意已明。同样的，própria lei fixar 不必死板地译为“由法律本身定出”，而用“法律写明”即可。而 na falta de fixação 也不必硬译为“无此定出者”，仅以“否则”即可。葡文 interpretação，这里是 explicaçao 的同义语，如 interpretação de um texto biblico 解释一段经文。又如：Trecho admite duas interpretacões. 这段话有两种解释。但推敲起来，这里不宜译为“解释”，因为它容易与“法律解释”（construction of law）混同。所谓“法律解释”，是指从执法者的角度，对法律文本意思的理解与说明，旨在探求适用法律时对与法律规范意义的具体落实。而这里的 as pessoas 是指任何人，即从任何一个公民角度而言，故应译为“理解”或“法律认识错误”（mistakes of legal comprehending，与“事实认识错误”对称）。将 justifica 译为“合理理由”，属烦琐，“理由”即可。而“不构成其不遵守……”可简化为“不成其为……”。Estabelecidas 不必译为“法律所规定”，“法律”即可。

故此处法典可重译为：“所有法律，无论其法源如何，须在《澳门政府公报》上公布之后，具有法律效力。”“法律应写明其公布后的生效日期；否则，该法于公布后第六日起生效。”“任何人对法的无知或对法的理解错误，均不成其为违法的理由，亦不可因此而不受法律的制裁。”相应地，英文可译为：“All laws and regulations，regardless of their resources，only come into force after being published in *Official Bulletin of Macao.*” “The date of becoming effective for a law after it has been promulgated should be prescribed on it. In case of no date mentioned，it will be executed on the sixth day after its promulgation." "Any ignorance and misunderstanding of the law should not be considered as legitimate reasons for violating a law, nor are their bases for exemption from legal punishment."

再如,《澳门民法典》第31条第二、三、四款:"属人法尤其为规范下列事宜之准据法:法人之能力;法人机关之设立、运作及权限;成员资格之取得及丧失方式,以及成员之权利及义务;法人、法人机关及其据位人对第三人之责任;法人之组织变更、解散及消灭。""法人住所移至属不同法律体系之地方时,不消灭法人之法律人格,只要该两住所地之法律均有如此规定。""对具有不同属人法之实体之合并,须按双方属人法之规定作出判断。"(葡文原文:"Á lei pessoal compete especialmente regular: a capacidade da pessoa colectiva; a constituição, funcionamento e competência dos seus órgãos; os modos de aquisição e perda da qualidade de associado e os correspondentes direitos e deveres; a responsabilidade da pessoa colectiva, bem como a dos respectivos órgãos e titulares, perante terceiros; a transformação, dissolução e extinção da pessoa colectiva." "A transferência da sede da pessoa colectiva para um lugar sujeito a um ordenamento jurídico distinto não extingue a personalidade jurídica desta, se nisso convierem as leis de uma e outra sede." "A fusão de entidades com lei pessoal diferente é apreciada em face de ambas as leis pessoais.")

"准据法"是一种涉外民商事案件应使用的法律,通常用拉丁文表示,如lex fori(法院地法)、lex domicilii(住所地法)等,但原文中(Á lei pessoal compete especialmente regular)并无此词,是译者画蛇添足的"赘译"。

将titulares译为"据位人"(等同于titular de lugar)是澳门译员的杜撰,而非法律通用语,应译为"任职者"。而将pessoa colectiva译为"法人之组织"属法律专业失误,因为"法人"本身就是一种组织,是具有民事权利主体资格的社会组织,故应译为"法人"。将extinção译为"消灭"不确切(因没有必要也不可能将某"法人""消灭"),准确的表述应当是"终止",即英文的termination。将personalidade jurídica译为"法律人格"为错译,实则为"法人资格"(尽管二者在某种情况下可以互换)。而状语se nisso convierem as leis de uma e outra sede译为中文时,应对句子结构作相应处理,但译者未能脱开葡文结构的束缚,而是生搬硬套,使其完全不符合规范的现代汉语表达方式。同时,"属人法之规定"可简化为"属人法"(leis pessoais)。这里的apreciada不一定译为"判断",应酌情译为

“判定”。此外，原译文中用了过多的“之”，啰唆而晦涩，与规范的现代法律用语表述相去甚远。

故此条法典可重译为：“属人法规范下列具体权限：法人能力，法人机构的设立、运作及权限，成员资格获得、丧失的方式以及成员的权利和义务，法人、法人机关及任职者对第三人的责任，法人的变更、解散和终止。”“当法人住所迁移到某不同法律体系地方时，在两地具有相应法律规定情况下，并不丧失原法人资格。”“对不同属人法实体的合并，须根据双方属人法作出判定。”相应地，英文可译为：“A personal law defines following specified jurisdiction: capacity of a legal person; establishment, functions and competence of a corporation; methods of obtaining and losing qualifications for its membership; responsibilities of a legal person, organization of a legal person and their liable members for third party; transformation, dissolution and termination of a legal person.” “A legal person will not be disqualified when it shifts to another location with a different legal system, provided there are regulations comparable to one another.” “As regards amalgamation of different legal persons, a judgement shall be based on the relevant personal laws.”

综上所述，不难发现，澳门法律公文翻译走向规范化的过程，实际上也是走向“双接轨”的过程。对内，主要体现在与规范的现代汉语及规范的法律概念、术语表述的吻合；对外，主要体现在与其他大陆法系的德、意等术语及普通法系的英语术语进行对比、参照，从而有效地提高翻译的专业化水平。

这种规范化的“双接轨”其实并不深奥，完全可以从日常点滴的具体翻译做起。例如，在澳门法律教科书上，将“义务”（dever）依据葡文定义译为“作出或不作出某种行为之精神上的必要性”（a necessidade moral de praticar ou não praticar certos factos），这样似乎准确了，但读起来实在让人费解。参照葡文法律辞典：“Dever: obrigaçao moral ou juridica, a primeira não sujeita senao a vontade livre do individuo e ã segrunda sejeita à sanção das lei.”（Mello, 1985）同时参照英文法律辞典对 duty（义务）极其相似的解释：“Duty: an act that is due by legal or moral obligation. A man is subject to a duty when the law commands or forbids him to do an act…A duty is to act or not to act so as to produce certain consequences.”（Curzon, 2002）而根据我国高等院校法律教材的解释，公民的义务“是指宪法和法律规定的公民应当履行的某种责任。具体表现为国家要求公民必须为某种行为或禁止公民为某种行为”（王士如，2002）。综合三者，我们是否可以达成这样

的共识（或许可以通行于澳门的法律公文或法律教科书中）："所谓'义务'就是根据一定的道德或法律，人们所采取的有着某种实际效果的作为或不作为。"这样，就在某种程度上做到既与内地接轨，又与国际接轨。

再如，关于"司法见解"（jurisprudência），在中国内地和国外其他大陆法系的法律中都无此概念，而澳门同样的法律教材将此概念的后半部分译为"除此之外，可以对有关论据的效力及准确性游说，但别无其他"（黄显辉译，1998）。这使得人们对这一概念的理解更加困难。查对原文"Fora disso，pode persuadir pela força e exatidão dos argumentos，não mais"，发现此段译文极不专业化。主要问题有三：①将 persuadir 译为"游说"，完全失去了法律用语的规范性，实则为"阐述"；②将 argumentos 译为"有关论据的"不妥，应译为"此案依据的"；③将 não mais 译为"别无其他者"，属含糊其辞，亦非规范化法律表述。对此，应结合大陆法系来理解：在大陆法系里，法院所判的案例（某种意义上的司法解释）不可以成为一种法律渊源，即对其他案例无法律效力。故此处应译为"不具其他法律效力"，即英文的 without legal force for other cases。

其实，澳门法律公文翻译的专业化和规范化水平，互为因果。这要求译者不但具有坚实的双语乃至多语的语言功底、与时俱进的法律知识，而且要有衔接内外的意识和使命感，从而在翻译时，形成其"特定的规范化"。

四、规范化与通俗化

长期以来，在澳门法律界、翻译界有着一种传统意识，认为法律公文是一种专业化极高的文体，因而其用语、表达要相当讲究，甚至有意识地将其撰写或翻译得高深莫测、晦涩难懂。广大民众看不懂则被认为是正常的；正所谓自古而来，"刑不可知，则威不可测"。

其实，将法律公文的专业化、规范化与通俗化对立起来，是一种落后于时代的表现。在美英等国，自 20 世纪 70 年代起，便发起了"简明英语运动"（Plain English Movement），其宗旨是要求政府各部门所颁布的每项法令"以简明易懂的英语撰写，以使须依照有关法令办事的人都能看懂"（季益广，2005）。而澳门法律公文译语的规范化，实际与中葡联合声明中的两大核心问题——中文的官方地位和法律本地化——息息相关。就此而言，澳门的法律公文翻译不但未做到以上提到的对内、对外的"双接轨"，而且尚未做到与澳门平民百姓对于法律接受能力的接轨。

对此仍需具体事例分析。例如，在《澳门商法典》中关于“竞争行为”的界定：“如作出行为之情况客观显示出该行为能促进或确保其本人或第三人之产品或服务在市场上销售者，则推定为以竞争为目的而作出之行为。”此句字数太多，导致表述烦琐、语意不清。根据其原文“Presume-se que o acto é praticado com fins concorrenciais quando，pelas circunstâncias em que se realize，se revele objectivamente idóneo para promover ou assegurar a distribuição no mercado dos produtos ou serviços do próprio ou de terceiro”，可将“作出行为之情况客观显示出该行为”简化为“在客观效果上”，将“其本人或第三人之”简化为“自己或他人的”，将“推定为以竞争为目的而作出之行为”简化为“推定为竞争行为”。此句可改译为：“凡在客观效果上，确保或有助于自己或他人的产品或服务在市场上出售的行为，即推定为竞争行为。”

在澳门现行的法律公文用语里，这类例子可随手拈来，不必赘述。值得一提的是，研究如何提高澳门翻译质量的文章都常常让人费解。例如，一著名澳门法律翻译家所写文章，其题目为“澳门之法律翻译——给予法律一把声音之双语法律”（澳门《法域纵横》第二期），笔者百读不得其意，只好自叹水平不及。

古人言“随事立体，贵乎精要；意少一字则义阙，句长一言则辞妨”（刘勰《文心雕龙·书记》）。可见，文贵简约、明了。以笔者的实践，就经常出错的法律词语翻译而言，为了便于读者接受，有时不妨采取“分解处理”的办法。例如，葡文中的 coacao moral 一词，澳门有的法律公文译为“精神胁迫”，让人难以理解。对此在中译和英译时，可根据不同的上下文，分别译为“精神伤害”（mental injury，spiritual damage）、“道德损害”（moral damage）、“精神制裁”（moral sanction）等与国内外接轨的术语。同样，对于葡文的 patrimonio，不能一概而论地译为“遗产”，而要视其语境是否与“财产”有关系，分别译为“资产”（assets）或“债务”（liabilities）。以此化难为易，化抽象为具体。概言之，这种法律公文译语应如其他法律翻译一样，当尽力做到“三易”，即易看、易读、易懂（潘庆云，2004），因而要尽量避免使用生僻的字词和冗长拗口的句子，力求简明、通顺，事理清晰。正因其通俗易懂，法律公文才更具权威性。而这个简单道理，要得到澳门法律翻译界的认同，似仍需时间。

综上所述，笔者认为，改变目前澳门法律公文翻译中诸多问题的有效途径，是从其传统的“硬译”模式走向“双接轨”的特定的规范化。这当中必然会打上多种语言因素的烙印，但归根结底要以规范的现代汉语表述为基础，同时与国内和国际通行的法律翻译用语（特别是英语）相吻合，既有个性，又有共性。

第三节 若干典型澳门英汉互译实例辨析
(Analyses on English-Chinese and Chinese-English Translations Based on Some Typical Practices in Macao)

教授英汉翻译和传译课程需经常涉猎有关澳门英汉互译方面的资料，包括澳门的报刊、书籍、网站、电台、电视、新闻发布会、学术会议以及部分学生作业等。对其中的一些翻译错误或不妥之处，感触深的，随笔记下，日积月累，有不少心得。

由于可以理解的原因，这里就不一一注明原文的出处。下面就进入这些实例，首先列出原文和原译文，然后加以辨析，找出具体问题，最后是笔者的改译。

一、例 1

【原文】

If joining forces can make European companies more competitive, it is also true for Asian companies: business co-operation and being part of a network of partners open up horizons and bring access to technology, know-how and quality management systems.

【原译】

倘若共同力量可助欧洲企业提升竞争力，那么对亚洲企业而言，同样有效：通过商业合作和作为伙伴网络的一部分来增广见闻，以及连接到科技、专门知识和优质管理系统。

【辨析】

这是典型的澳门式的翻译。虽大致意思无误，但读起来却非常别扭，甚至包括标点符号的使用，都不像是地道的中文。主要原因是，原译者太多地迁就于原文，因而失去了自由运用中文的能力。正确的做法应当是，在吃透原文意思的基础上，摆脱原文的束缚，而用地道的译文表达出来。根据上下文，这一段主要讲企业联合起来的力量，故 joining forces 不必译为蹩脚的“共同力量”，而应为“联合力量”。第一整句大可不必跟从原文的句式，译为“……那么对亚洲企业而言，同样有效”。英文和中文有着两套不同的标点符号系统，不可在两种语言之间生搬硬套。此处译文中的“:”毫无意义，故此处应译为一句，且以句号打住。下一句原文中的主语是 business co-operation and being part of a network of partners，即“企业联合和成为合作网络中的一员”。但译文却用了“通过……”的句式，将其变为条件状语，该句没有了主语。而将 part of a network of partners 译为“伙伴网络的一部分”也属牵强，可译为“合作网络中的一员”。同时，将 open up horizons 译为“增广见闻”，显然太离谱了。实则，原文的意思是使企业拓宽其经营的领域和发展的机会。

将 bring access to technology，know-how and quality management systems 译为“连接到科技、专门知识和优质管理系统”，实属食而不化的“硬译”。Access 虽为名词，但这里有“获取”之意。如：We need easy access to books we want. 我们需要很容易地得到我们所需要的书。而将其译为“连接”，配之后面的宾语，就出现了“连接 + 科技”“连接 + 专门知识”的说法，实在让人费解。实则，应将其名词性质转译为动词“获取”，即“获取技术、技能”。而 access 对 quality management systems 应取其“进入、入口”之意。如：This is the only means of access to the library. 这是进入图书馆的唯一入口。故此处可译为“进入”或“跨入”。而 quality management，在管理学中已有固定名称与含义——“质量管理”，故这不宜再节外生枝地译为“优质管理”。

【改译】

如果说联合的力量使得欧洲的企业更具竞争力的话，那么对于亚洲的企业也具有同样的效果。企业的联合以及成为合作网络中的一员，可以使企业扩展途径，获取技术与技能，同时跨入质量管理体系。

二、例 2

【原文】

特区政府海关要求每人都要进行体温监测，以确保对“非典”的控制。

【原译】

The custom officers of SAR demand everyone to have their body temperature checked before entering to Macao in order to strictly control SARS situation.

【辨析】

原译文中所用“demand + 宾语 + to do”句型，是一种误用，正确的应当是“demand + that 从句”。在美式英语和英式英语之间，二者有所区别。如“我要他去那里”，美式英语为“I demand that he go there”，而英式英语为“I demand that he should go there”。在否定句中，美式英语为“I demand that he not go there”，而英式英语为“I demand that he should not go there”。应当指出的是，现在 go 和 not go 比 should go 和 should not go 有用得愈加普遍的趋势。或者，此处可以不用 demand，而用 require 以使句子更加简练。此外，人称代词 everyone 应保持其数的一致，故应用 he、she、his、her 而不应用 their。同时，“体温测量”或“体温监测”不应只是从字面上译为 temperature check，而应符合英语表达习惯，即 take temperature。再者，enter 此处为及物动词，所以后面不需加 to，如 enter school/college 入学。另，“对于‘非典’的控制”，根据当时澳门并无 SARS 的具体情况而言，似不应用 SARS situation，而以 SARS virus 为宜。

【改译】

SAR officials in the Customs Department require everyone entering Macao to have his or her body temperature taken for the purpose of controlling the spread of the SARS virus.

三、例 3

【原文】

The joy of a visit to Macao, now more than ever before, is largely to be found in its past. Its monuments to the present day are often pedestrian, ugly and lacking in inspiration, built without heed to either their surroundings or their context; the beauties of the Macanese past subsumed into an often very tasteless, short-term and unfeeling now.

【原译】

现在来访澳门的最大乐趣，比起以往任何一个时候，都会主要地在它的过去中找到。它的保留至今的、纪念碑式建筑，往往是那些人们经常走过的、丑陋的、缺乏灵感的建筑，它们不顾周围的环境和内容；过去的澳门建筑的美丽，被常常包围在非常无味、短期的、没感觉的现在。

【辨析】

英文中惯用的 to be found，在汉语中不必译得那样“实”，即一定要译成“找到”或“发现”，只需将意思表明即可。如：I found what they were doing was very interesting. 可译为“我对他们的所作所为非常感兴趣”，而不必译为“我发现了他们所做的是非常有兴趣的”。将 Its monuments to the present day 译为“它的保留至今的、纪念碑式建筑”是一种误解。这里的 to 有“属于”之意。如：They have the right to this land. 可译为“他们拥有这块地的所有权”。故此句是指“现代的纪念性建筑物”。而 pedestrian 还有一意，便是“单调、枯燥的”。原译者在没有完全弄清此词含义的情况下，便贸然将其译为“人们经常走过的”，显然是望文生义，失之甚远。将 without heed to either their surroundings or their context 译为“它们不顾周围的环境和内容”，也显得十分拘谨与死板，不如译为“与周围环境格格不入”来得简单、明快。最后一句，译得虽无错误，但缺乏中文应有的节奏与韵律，这也是讲究的译文应考虑的问题。如：将 very tasteless，short-term and unfeeling 译为“非常无味、短期的、没感觉的”不如全部译成四字结构的形容词——“枯燥乏味、目光短浅、毫无感觉”，以显中文之表达特色。同时，将 now 直译为“现在”，亦不如译为“现代”更为贴切。

【改译】

现在来澳门一游的乐趣，比起以往，莫过于追溯过去。澳门那些富有纪念性的现代建筑物，往往是单调、丑陋和缺乏灵感的，与周围环境格格不入。昔日澳门式建筑之华美，被包围在一片枯燥乏味、目光短浅、毫无感觉的现代之中。

四、例 4

【原文】

澳门半岛开埠四百年来，路、氹两离岛亦经历了百多年的经营。过去，由于地域的分隔和发展的滞后，不少中西文化特色的古旧建筑和幽静的小街窄巷被保留了下来，风景名胜比比皆是。

【原译】

Along with the development of Macao Peninsular for the past four hundred years, Taipa and Coloane have also been explored for over hundred years. However, due to the geographical isolation and relatively stagnated evolvement lagged behind the Peninsular, there are many traditional architectures blending with Chinese and Western styles and quiet narrow alleys preserved in these two islands where sceneries and cultural relics can be found everywhere.

【辨析】

原文中的第一句，译成英文时有“随着……而同时”之意，但原译文用 along with 不够切意。如：There was a book along with the letter. 随信寄来的还有一本书。有“跟……一块”之意，表示具体的物体。而用“while”，表示正在做……的时候（发生了另一件事）。如：While I was at the institute, I met her. 我在学院时遇到了她。“半岛”译为 peninsula，而 peninsular 为其形容词，应细心区别。“发展的滞后”，原译文用了“过去分词短语” + “动词短语”即 stagnated evolvement lagged behind 比较啰唆，不如以一名词 stagnation 取代之。但此意并不完全——尽管原文中没有“与澳门半岛相比”的字样，但在充分理解原文的基础上，应加上 compared to the Peninsula 为宜。而“中西文化特色的”，原译文用了 blending with Chinese and Western styles，但 blend 在此为及物动词。如：The activity has blended people of all ages together. 该项活动使得不同年龄的人们融合在了一起。故应去掉后面的介词 with。“风景名胜比比皆是”，原译文为 where sceneries and cultural relics can be found everywhere，似乎忠于原文，但分析起来，这里的“风景名胜”实则指前面提到的“特色的古旧建筑”和“幽静的小街窄巷”，故若将这一层意思译得充分了，后面则不必再费笔墨，可略去不译，可谓“此意尽在不言中”。

【改译】

While the development of the Macao Peninsula has gradually evolved over the past four hundred years, Taipa and Coloane have only been relatively explored for just over one hundred years. However, due to their geographical isolation and relative stagnation compared to the Peninsula, many traditional examples of architecture and cultural relics, blending both Chinese and Western styles amongst the quiet narrow alleys, have been preserved.

五、例 5

【原文】

Feeling comfortable in a new business environment has as much to do with bridging cultural divides as with knowledge about local business systems, rules and regulations. The Language and Business Culture Familiarisation programme offers financial support for seminars or courses that bring together groups of

European and/or Asian companies, where they gather together to learn about new customs and new ways of doing business in different environments. The scheme aims to smooth the way for both Asian and European companies to negotiate effectively and enter international markets successfully.

【原译】

要在新的营商环境中有舒适的感觉，就必须认识当地的商业系统、规则和条例，以便在不同文化间之空隙上架桥。在熟悉语言暨营商文化计划中，将提供资助予欧洲或亚洲的企业群举办研讨会或学习课程，好让它们能一起学习在不同的环境中最新的营商习惯和手法。这项计划旨在协助亚欧企业双方更有效地磋商，以及成功地进军国际市场。

【辨析】

Comfortable 不一定要译为“舒适”，这里有“适应”新环境之意。将 bridging 译为“不同文化间之空隙上架桥”显得十分牵强，主要是过于拘泥于原文。实则，该词有“弥合”“融合”“协调”之意。“在熟悉语言暨营商文化计划中，将提供……”，由于误用了“在……中”的结构，该句失去了主语，成为病句。“好让它们能……”此语与通篇语体不符，混淆了口头语与书面语，宜为“以便”“使其”等。此外，主语“计划”重复太多，可简化。

【改译】

为了适应新的经营环境，就需了解当地的管理体系、制度和规则，协调不同文化间的差异。“语言暨企业文化熟悉”项目为欧亚企业举办研讨会或学习课程提供资助，以便他们能够学到在不同环境中的新习俗和新的经营方式，从而能使他们更有效地进行谈判，进而成功地打入国际市场。

六、例 6

【原文】

当局正密切注视外围地区的非典型肺炎事件对本澳经济的影响，但政府目前没有必须因此而调低今年本澳的经济增长预测。

【原译】

The Government is closely watching the effect on Macao's economy imposed by SARS situation in neighbouring regions and it is not necessary to lower the estimation on annual economic growth at this stage.

【辨析】

应当说，该原文的中文表达有些问题，这是澳门传媒界中普遍存在的问题，应引起重视。“注视”在此实为“关注”之意，相对的英文有 be concerned with, pay close attention to, show concern for 等，时尚流行的还有 keep an eye on。而原译文选择了 watch，watch 的宾语一般是具体的事物。如：We watched his car until it disappeared round the bend. 我们注视着他的汽车，直到在拐弯的地方消失了。而这里的宾语却是抽象名词 effect，watch... effect on，实难达意。况且，effect on 后面又有 imposed by SARS situation，便更加让人费解。原文的“但政府目前没有必须因此而调低……”实为一病句，可更正为：“但政府认为目前没有必要因此而调低……”而原译文却跟随其错，译为 and it is not necessary to ...，于是出现了一个前后主语（The Government 和 it）混乱的句子，晦涩而不达意。

【改译】

The SAR Government is keeping a close eye on the development of the SARS situation in its neighboring regions and has not yet decided to lower its annual economic growth rate at this stage.

七、例 7

【原文】

Indeed, because of such detailed preparation, success rates are high: up to 25% of the participating companies conclude agreements after each event. The main distinguishing factor between the different partnership events co-funded under Asia-Invest is scope and size.

【原译】

事实上，正因为这些周详的准备，成功率相当高：使得每次会后都有高达 25% 的参加企业圆满地达成合作协议。在亚洲投资计划共同资助活动中，不同合作会议的主要辨别要素是范围和规模。

【辨析】

Indeed 在此译为“的确”较好，不应译为“事实上”。“加词”有时是必要的。如：Saving is to an individual what profit is to business. 翻译时需增加下面加线的词汇：“一个人不能不储蓄，就像一个企业不能没有利润一样。”关键是要恰到好处，使句子通畅，意思完整。故将 success rates are high 简单地译为“成功率相当高”，不够明确，此处指的是“该项活动的成功率”，故应加上。Conclude agreements 则可译为“达成协议”或为明确，加上“合作”二字未尝不可，但原译文中加了“圆满地”就属画蛇添足。最后一句中，将 distinguishing factor 译为“辨别要素”，实属死抠字眼的“硬译”，不伦不类，故酌情译为“不同之处”。而跟从原文，在…is scope and size 之后，戛然而止，似显唐突，少了宾语，应当加词，如“……的区别”等。

【改译】

的确，正是因为有了如此周密的准备，使得该项活动的成功率非常之高——每次活动之后，有高达25%的参与企业达成协议。由亚洲投资计划所资助的各种类型的合作伙伴活动，主要不同之处，在于其范围和规模上的区别。

八、例8

【原文】

“龙环葡韵”为“澳门八景”之一，位于氹仔嘉模区内一个环境优美的小山岗下，整个景点包括海边马路的住宅群、嘉模圣母教堂、市政公园及图书馆等富有南欧色彩的建筑物，当中尤以五栋落成于1921年的淡绿葡式住宅及其周边景物最为人乐道。茂密的老榕，古雅的路灯、茶亭、剧场，犹如一幅典雅又新颖的美丽风景画，充满浪漫迷人的欧陆风韵。

【原译】

“Taipa House Museum”, as one of the “Eight Famous Macao's Sceneries”, is located under a beautiful little hill in the Carmel District of Taipa, in its surroundings there are many architectures with Southern European style, such as the sea-front residential areas, Chapel of Our Lady of Carmel, the Municipal Park and a public library and so on, among which five live green Portuguese residential buildings and their milieu are one of the most talkative things among visitors. Besides, Taipa is dotted with dense forest of old banyans, road lamps of classic elegance, tea-kiosks and theatres, which are a picturesque vista in a graceful classical and a refreshing style, full of romantic European charm.

【辨析】

对于“澳门八景”之一的译文有一个修饰语的语序问题。如：他是澳门的十大著名商人之一，不应译为 He is one of the ten famous Macao's businessmen，而应译为 He is one of Macao's ten famous businessmen. 原文自“位于氹仔嘉模区……”至“……南欧色彩的建筑物”，字里行间流露着“和谐”之意，尽管作者并没有用此字眼，但译者应善于挖掘出原文背后的含义与情调，故此处应以“... harmonizing with its surroundings in conjunction with ...”的句式译出，以充分呼应原文的意图与境界。对于原文“当中尤以……为人乐道”的处理，原译文显得有些捉襟见肘：一是漏译了年代（“落成于 1921 年”）；二是将“为人乐道”译为 the most talkative things，可以说是典型的“直译”。其实，原文的意思并非真是“道”，而是“让人有看头”，言外之意为吸引游客，故应译为（one of the most）popular visitor spots（in Macao）。还应将“典雅又新颖”中的“又”字译出，即应在 a graceful classical and 后加入“yet”，以体现其精致的表现风格。

【改译】

For instance，Taipa House Museum，as one of “Macao's Eight Famous Sceneries”，is located under a beautiful little hill in the Carmel District of Taipa，harmonizing with its surroundings in conjunction with many Southern European architectural styles，such as the sea-front residential areas，the Chapel of Our Lady of Carmel，the Municipal Park，a public library，and so on. It is amongst this fascinating scenery that one can discover five light green Portuguese residential buildings established in 1921，the idyllic location being one of the most popular visitor spots in Macao. In addition，Taipa is blessed with dense forests of old banyans，road lamps of classic elegance，tea-kiosks and theatres，all providing picturesque vistas in a graceful，classical and yet refreshing style，full of romantic European charm.

九、例 9

【原文】

The tradition of the significant cross-cultural place and environment of Macao could be continued. The rich history of Macao，her cultural heritage and her ability to change and to preserve her identity throughout the centuries should be encouraged. Perhaps the interaction and mix of the Portuguese and Chinese cultures，of the Far West and the Far East is not only a thing of the past but，above all，a task for the future.

【原译】

澳门重要的交叉文化的地域与环境之传统，应当继续发展。澳门丰富的历史和她的文化遗产以及她在几个世纪中的不断变化和保存自己身份的能力应当受到鼓励。也许，葡萄牙国文化和中国文化以及远东和远西的这种互动与结合，不仅仅是一件过去的事，而更重要的，是将来的一项任务。

【辨析】

在吃透原文意思的基础上，可不必拘泥于个别词义的对应，而应当进行灵活的转化与调整。Significant 通常的意思是“重要的”，但根据澳门的特点，在这里译为“非同寻常的”似更贴切。Place 和 environment 此处本指同一物，故在这里可不必分别译为“地域与环境”，而只以“交汇地”即可。Could 与 should 有所区别，英文释为 what is or might be possible, but without real force or certainty，即不是那么肯定。如：It could be weeks before we know the true story. 可能要等几个星期，我们才会知道事情的真相。又如：It should be two weeks before we know the true story. 两个星期之内，我们就会知道事情的真相。故此处应译为“可以”，而非“应当”。

将 the rich history of Macao, her cultural heritage and her ability to change and to preserve her identity throughout the centuries should be encouraged 译为“澳门丰富的历史和她的文化遗产以及她在几个世纪中的不断变化和保存自己身份的能力应当受到鼓励”。单从字面上看，就显得冗长与不雅。Rich 一定要译成“丰富”，特别是与后面的“文化遗产”一并考虑，可译为“灿烂”，而灿烂的色彩之中不乏丰富之意。将 change 平铺直叙地译为为“不断变化”，显得有些欠缺。原文的意思是随着几个世纪的历史而变化，不就是时下常用的“与时俱进”吗？而将 preserve her identity 译为“保存自己身份”，固然非常“忠实”，但过于直露，不如“保持其特色”或“本色犹存”。encourage 除了具有“鼓励”的意思之外，还有“支持”与“赞扬”的含义。如：This kind of spirit should be encouraged whatsoever. 不管怎么样，这种精神是应当受到表扬的。这里可将其译为“发扬光大”。

Perhaps 在译文中的位置，应当以其强调的重点来决定。原文指的是 the interaction and mix 不仅是……而且是……，故其译文“也许（或许）”亦应出现在该处，因为如像原译文那样，会把“战线”拉得过长，在语气上不易衔接。above all，确有重要之意。如：And above all, don’t forget to wash you hands frequently. 最重要的，是要经常洗手。但不必处处以“最重要的”“更重要的”等字眼出现。此处，根据上下文可用转折、对比的语气，辅之以一“更”字表明其意，使译文显得更为紧凑与自然。

【改译】

澳门非同寻常的跨文化交汇地的传统可以延续下去。澳门灿烂的历史和文化遗产，以及几个世纪以来澳门与时俱进、本色犹存的能力，应当发扬光大。葡萄牙与中国文化，以及远东同远西的交往与融合，或许并非仅仅是历史。相反，却更是我们未来的一项任务。

十、例10

【原文】

路环意度亚忌士花园位于路环市区中心，园内古树林荫，矮墙环回，茶座两旁，前临海湾，风光旖旎，环境清幽。园中竖立一座“路环战胜海盗纪念碑”，记载澳门军警与盘踞路环的海盗作战的一段历史，庄严肃穆。园端一所古老的圣方济各教堂更增添幽雅景致，该堂为两层砖屋，中间耸立钟楼，建筑颇具葡国风格，美观夺目。

【原译】

In the middle of Clonoane municipal center in the island, there is Jardim Eduardo Marques where the shade of old trees and the tea-kiosks in both sides with a gulf-front view, which makes a beautiful and quiet scenery. Monumento Comemorativo da Vitória sobre os Piratas em Coloane in the Park, which looks very solemn, recording a history of the service of Macao military forces in fighting with pirate oppression. The St. Francis Xavier Church in the Park, which is a brick building with two floors built in Portuguese style and with a clock tower in the middle, makes the scene even more tranquil and elegant, catching one's eyes.

【辨析】

“位于”有几种译法，如 be located，be situated，lie 等，原译文用了平叙的 there is …，不如用 one can find …更为生动。将“两旁”译作 in (both sides) 属介词错用，应为 on。如 trees on both sides of the street 街道两旁的树。“前临海湾”，应译为 a view fronting the gulf，原译文为 gulf-front view，但实际上英文很少这样用，不如改为 sea view，且原文中有因前面这些景为后者“呈现出”之意，故其前面不妨加上动词 offer。“风光旖旎，环境清幽”，原译文以从句 which makes …译出，不如分词从句 making …简练。而 beautiful 和 quiet scenery 虽不能说是错译，但色彩平平，落入俗套，可以 enchanting and yet secluded spectacle 代之。

“路环战胜海盗纪念碑”，对于这一类的特定名词，因历史原因，通常惯用其葡文译文，但如此列入文中不免有些唐突，且会使英文读者不解其意，故应同时将英文译文写在括号中，即（the Coloane Victory Memorial），以示明确。“记载”，原译文平译为 record，不能说很好地表达了原文，应译为 commemorate，有纪念、追怀之意，英文释为 to give honour to the memory of something …如：We have built this statue to commemorate（而不能用 to record）those who died in the battle. 我们制作了这一塑像，以纪念在这次拼搏中牺牲的人们。这里将“作战”译为 fight，亦显平实，实则原文中有“战胜”之意，故 overcome 更贴其意。solemn 这里可作副词 solemnly 处理，以求精练。“两层”不是 two floors，应是 two storeys。原译文将“美观夺目”译为 catching one's eyes 有些欠妥。catch 固然有吸引、夺目之意，但更多的只是引起注意而已。如：The photo on the wall caught my attention. 墙上的相片引起了我的注意。Dazzling 更有“夺目”之意，如 a dazzling display of performance 光彩夺目的表演。

【改译】

Meanwhile, in the middle of Coloane island, one can find Jardim Eduardo Marques (Coloane Park), where the shade of old trees and leisurely tea-kiosks on both sides offer a sea view, making an enchanting and yet secluded spectacle. In the Park, there is also Monumento Comemorativo da Vitória sobre os Piratas em Coloane (the Coloane Victory Memorial), which was solemnly erected to commemorate a history of the service of Macao's military forces in overcoming pirate oppression. The St. Francis Xavier Church in the Park, a Portuguese-style brick building of two storeys with a clock tower in its center, makes the panorama even more tranquil and elegant, dazzling the eyes.

十一、例 11

【原文】

Whether in Europe or Asia, for companies to remain competitive they must internationalize their business strategies. One way to do this is to build strategic alliances. For European companies, a partner in Asia offers a privileged access to a new market: it allows a company to tap into local knowledge and experience and it constitutes a crucial factor in the successful diffusion of technologies and products beyond traditional markets.

【原译】

无论在欧洲或亚洲，企业必须达到商业策略国际化，才能保持竞争优势；而其中一个方法就是建立策略协议。对于欧洲企业而言，倘在亚洲拥有一家合作伙伴便能造就通往新市场的优势：它能让一家企业发掘当地的知识和经验，并能在超越传统市场的重要因素下，成功地传播科学和产品。

【辨析】

根据上下文，这里的 business 不仅仅是指商业，译为“经营”更为恰当。将 strategy 译为“策略”是概念的狭窄化。英文释为 the science or art of planning and directing large-scale movements and operations，即一种宏观上的、对于大规模运作的计划与运筹帷幄。而“策略”通常译为 tactic，英文释为 any maneuvers for gaining advantage for a specific purpose，即一种达到特定目标的具体指导。毛泽东说过，“我们要在战略上藐视敌人，在战术上重视敌人”，将二者划分得十分清楚。Competitive 是具有竞争力的，但不等于是“有竞争优势”。如：The prices of that supermarket are very competitive. 那家超级市场的价格很便宜。“竞争优势”应译为 competitive edge。如：Due to the high exchange rate，the product has lost its competitive edge. 由于汇兑率的升高，该产品失去了其竞争优势。而将 strategic alliances 译成“策略协议”，实在找不出什么合理的地方。所有字典都会将 alliance 解释为“联盟”“同盟”等，或将其引申为“合作伙伴关系”“搭伙”等都不为过；且“策略协议”在文法上亦晦涩难解。接下来，原译者顺着原文的句式，坠入翻译的云雾之中。在“倘在亚洲拥有一家合作伙伴便能造就通往新市场的优势”的意思扭曲的基础上，一个“:”将后面的错误推向了极端。“它”指的是什么，是否为前面的一整句？那样显然不通。若果真如是，该句应与前句为并列关系，故前面的标点符号应为“;”。如果是指“在亚洲拥有一家合作伙伴”，在意思上是完全可以的，但是由于该前置主语（姑且这样称之）被放置在“倘在……的优势”的结构之中，使其无法独立充当主语，因而发生句子成分间的不协调。实则，应当冲破原文中由于使用“:”而出现的句式隔阂，而将此句一气呵成。将 to tap into local knowledge and experience 译为“发掘当地的知识和经验”是典型的“硬译”，且有语病。之后便更加令人费解：什么是“并能在超越传统市场的重要因素下”？分析原文，不难看出 beyond traditional markets 意为“在超出传统市场的规模（意义）上”，而 it constitutes a crucial factor

是指与亚洲一家企业建立合作联盟“构成……方面的一个重要因素”。而原译者在没有完全弄清原文意思的情况下，索性将这一长句随意头尾捏合，译出这样一句恐怕连原译者自己也不明白的译文。不能不说，这里还有一个翻译态度的问题。至于 successful，英文释为 to be done or completed as one had wished，with a favorable result，故不一定永远译为“成功地”，而“理想的/地”“有效的/地”等，都不失为其选择。

【改译】

无论是欧洲或亚洲，企业要保持其竞争力，就必须采取国际化的经营战略，而途径之一便是结成战略联盟。对于欧洲的企业而言，找到一个亚洲的经营伙伴，有助于打入新的市场，汲取当地的知识与经验。而这对于有效地在超出传统市场的规模上来推广技术与产品，是一个重要的因素。

十二、例 12

【原文】

21 日凌晨收入隔离病区作进一步观察的 30 岁香港男商人今天已退烧，卫生局公共卫生化验所和香港卫生署为患者的呼吸道分泌物和粪便样本进行 PCR 检测工作，结果均是阴性，初步临床表现为一般肺炎。另，仍在隔离病区观察的，居住在中山的男性 48 岁澳门居民未发烧多天，病情正在好转。

【原译】

The 30-year-old Hong Kong businessman，who had been admitted to the isolation ward on 21 May evening，also has no fever today. The patient’s secretion were sent to the local Public Health Laboratory and Hong Kong Health Department respectively for PCR test and both results came out negative，suggesting that he had ordinary pneumonia. On the other hand，the 48-year-old Zhongshan residing man has no fever during the past few days and was recovering.

【辨析】

首先是将“凌晨”误译为“夜晚”（evening）。即便如此，应当为 on evening 21st May 2003 / May 21，2003 这两种常用的日期表达方式，可根据文体而取其一。“退烧”，应为 allay a fever，或若是指已完全不烧了，应为 the fever was gone。基于此长句，原译者却顺从原文，以定语从句形式 who had admitted to …修饰主语，造成主语与谓语、宾语的位置相距甚远，不大协调，此种译文应尽量避免。故最好断为两句，即以一句先将“他已退烧”（...has allayed his fever）说清，再详述其前因后果。“临床表现”，原译文有所疏漏，未能译出，实则可译为 clinical symptoms，而其中又有“诊断”之意（虽原文并无此字眼），故应加上 diagnosis。这里的“一般肺炎”（typical pneumonia）是与“非典型肺炎”（atypical pneumonia 或 SARS）对比而言，故应照用前者的英译文，而不宜再杜撰出一个 ordinary pneumonia。On the other hand，通常是指在讲完一个方面而涉及另一方面而言的。如：On the one hand，we must be very aware of Sars virus，but on the other hand，we should also live a normal life. 一方面，我们对 Sars 病毒要十分警觉，但另一方面，我们又应过一种正常生活。而在此处，没有这种双方的互应关系，故应用 an other case 等。

原译文以 residing man 来说明此人本是澳门居民，但目前住在中山。以现在分词（residing）来修饰中心词（man）固然是一种通常的修辞手法，具有主动或正在进行的含义。如发展中国家，译为 developing countries，而不译为 countries that are developing；旅行推销员，译为 traveling salesman，而不译作 salesman who is traveling，以求其简洁、明快，但是这种用作修饰语的分词与中心词的位置却有所讲究。一般而言，分词如果单独作为修饰语，通常要放在中心词的前面，如配角— supporting role，下列问题—following questions，剧烈头痛— splitting headache 等。但是在与其他词语结合使用时，往往需将其放在中心词后面（以连字符构成的复合式形容词除外），如被逐渐遗忘的作家— an author sinking into oblivion，出入物品— goods flowing in and out 等。故这里可译为 the Macao man residing in Zhongshan，或 the Macao man who currently resides in Zhongshan。Recover，英文释为 to get back or bring back something lost or taken away。如：He recovered his consciousness soon after the accident. 事故后不久，他便恢复了知觉。故这里用 recover 不尽如人意，且其前面的是动词（was）用错了时态，应为 has been（recovering）。实则，这里的“病情好转”，应更确切地译为 the patient's condition takes a favorable turn，或将谓一宾语简化为 is improving。

【改译】

The thirty-year-old Hong Kong businessman has now overcome his fever. He was admitted to the isolation ward for further observation on the morning of 21st May. Samples of his bodily secretions were sent to the local Public Health Laboratory and Hong Kong Health Department for PCR testing and both results were negative. A diagnosis based on his clinical symptoms suggests he has typical pneumonia. Fears of a second case involving a forty-eight-year-old Macao man residing in Zhongshan have proven unfounded as he has had no fever for several days and his condition is improving.

综上所述，笔者在重新分析原文的基础上，从词义辨析、语法分解、理解判断、中文修养、基础知识等方面对原译文进行了剖析与比较，而后进行了改译。这些改译当然不是“标准答案”，只是期望能更加准确、贴切、流畅甚至优美地表达原文，从而能够对提高澳门现阶段英汉互译的质量起到小小的帮助。

参考文献

澳门行政暨公职司．行政技术词汇（*Glossário*：*Técnico—Administrativo*）．澳门：澳门行政暨公职司，1999.

澳门法务局．法域纵横 1998. http：//www. macaolaw. gov. mo.

澳门民法典．http：//www. macaolaw. gov. mo.

澳门商法典．http：//www. macaolaw. gov. mo.

鲍刚．口译理论概述．北京：旅游教育出版社，1998.

陈定安．英汉比较与翻译．北京：中国对外翻译出版公司，2000.

程祥徽．语言与沟通．澳门：澳门基金会，1995.

方梦之．译学辞典．上海：上海外语教育出版社，2004.

高名凯．高名凯语言学论文集．北京：商务印书馆，1990.

黄翊，龙裕琛，邵朝阳．澳门：语言博物馆．香港：和平图书．海峰出版社，1998.

季益广．从简明法律语言原则看法律英译．中国科技翻译，2005（1）.

刘勰．文心雕龙・书记．北京：人民文学出版社，1962.

孟狄士．法律研究概述．黄显辉，译．澳门：澳门基金会，澳门大学法学院，1998.

潘庆云．中国法律语言鉴衡．上海：汉语大词典出版社，2004.

宋天锡，等．英汉互译实用教程．北京：国防工业出版社，2004.

商务印书馆辞书研究中心．实用汉语词典．北京：商务印书馆，2000.

王力．汉语史论文集．香港：商务印书馆，1970.

王士如．法律基础双语教程．天津：南开大学出版社，2002.

王佐良．王佐良文集．北京：外语教学与研究出版社，1997.

托马斯・赫胥黎．天演论（中英对照全译本）．严复，译．北京：世界图书出版公司，2013.

曾子凡．广州话・普通话口语词对译手册．香港：三联书店有限公司，2002.

张卓夫．澳门多语现象研究．澳门：澳门写作学会，2001.

GARNER, BRYAN A. A dictionary of modern legal usage: Second Edition. New York: Oxford University Press, 2003.

Macau Everbright Co. Ltd. Publishing, Editing & Consultancy. Macau post daily (ISSN 1813-2898), Director: Harald Buning.

MELLO, MARIA CHAVES DE. Dicionario juridico: portugues-ingles: ingles-portuguese. Rio de Janeiro: Barrister's Editora, 1985.

MENDES, JOÃO DE CASTRO. Introdução ao estudo do direito, Lisboa, 1984.

Merriam-webster's unabridged dictionary. Springfield, Mass.: Merriam-Webster, 2001.

CURZON L B. Dictionary of law. Beijing: Law Press, 2002.